빛이 드리운 자리

회고록

Where the Light Fell
A Memoir
by Philip Yancey

회고록

빛이 드리운 자리

WHERE THE LIGHT FELL

A Memoir

필립 얀시

홍종락 옮김

비아토르
viator

재닛에게 바칩니다.

당연한 일이죠.

태양 빛을 따라갔더니 태양에 이르렀다.

_레프 톨스토이, 타티야나 톨스토이의 《딸이 본 톨스토이》에서

차례

4부. 무질서

5부. 은혜를 받다

1부.

가족 이야기

01 / 비밀

하지 않은 이야기를 품고 사는 것에 비길 만한 고통은 없다.
　　—조라 닐 허스턴, 《길 위의 먼지 자국*Dust Tracks on a Road*》

나는 대학생이 되어서야 아버지의 죽음에 얽힌 비밀을 알게 된다.

1986년 초, 나중에 나와 결혼하는 여자 친구가 내 고향인 애틀랜타를 처음 방문한다. 어머니와 함께 조부모님 댁을 찾은 우리 둘은 간식을 먹은 후 거실로 간다. 조부모님은 안락의자에 앉고 재닛과 나는 덮개를 씌운 맞은편 소파에 앉는다. 텔레비전에서는 배경음악처럼 나직한 소리가 흘러나온다. 늘 지루한 〈로런스 웰크 쇼〉다.

평소에 여든 살의 할아버지는 프로그램 내내 코를 골다가 끝날 무렵에 깨어나서 이렇게 말씀하신다. "정말 멋진 쇼였어!" 하지만 오늘 밤에는 모두가 말짱한 정신으로 재닛에게 집중한다. 필립은 여자애를 집에 데려온 적이 없어. 이번에는 진지한가 봐.

대화가 어색하게 이어지다가 어느 순간 재닛이 말한다. "얀시 집안에 대해 말씀 좀 해 주세요. 필립의 아버지를 뵐 수 없어서 너무 아쉬워요." 그녀의 관심에 신이 난 할머니가 벽장을 뒤져서 몇 권의 앨범과 가족 스크랩북을 가져오신다. 재닛은 페이지가 넘어갈 때마다 획획 지나가는 여러 이름과 얼굴을 익히려고 애쓴다. 이 어른은 남북전쟁 때 남부연합을 위해서 싸우셨지. 저이는 먼 사촌인데 흑색과부거미에게 물려서 죽었어. 그 아버지는 스페인 독감으로 돌아가셨고.

그때 〈애틀랜타 저널 컨스티튜션〉에서 오려 둔 기사가 접힌 채로 팔랑이며 바닥에 떨어진다. 오래된 신문이 누렇게 변해 있다. 몸을 굽혀서 주워 보니 처음 보는 사진이 눈길을 끈다.

병원 침상에 몸이 처량할 만큼 쪼그라든 한 남자가 베개를 베고 누워 있다. 미소를 짓고 있는 여성이 그 옆에서 몸을 굽혀 순가락으로 남자에게 음식을 떠먹이고 있다. 더 날씬하고 젊은 시절의 어머니임을 금세 알아본다. 지금과 똑같은 오똑한 코, 곱실거리는 풍성한 갈색 머리, 이제는 이마에 선명히 자리 잡은 주름의 초기 흔적.

사진 아래에 붙은 표제를 읽던 나는 그대로 얼어붙는다. "소아마비 환자와 아내가 철폐鐵肺*를 거부하다." 오려 낸 신문 기사를 눈 가까이 대고 읽는다. 웅성대는 가족들의 잡담이 더 이상 귀에 들어오지 않는다. 인쇄된 글자들이 점점 커지는 것 같다.

두 달 전 소아마비로 쓰러진 23세의 침례교 목사가 '철폐'를 떠

• 밀폐된 철제 용기에 목 아래 부분을 집어넣고 음압(陰壓)을 간헐적으로 걸어 주어 폐를 부풀게 해 호흡시키는 인공호흡 장치. 예전에 소아마비 치료에 사용되었다.

났다. 그가 그래디 병원의 철폐에서 나온 이유는 "주님이 내게 그것을 원하셨다고 믿었"기 때문이다.

헤이프빌 폴크리크로 436번지의 마셜 얀시 목사는 조지아에서 캘리포니아까지 5천 명가량의 사람들이 자신의 회복을 위해 기도하고 있다며, "그리 오래지 않아" 건강해질 것을 확신한다고 말했다.

그는 의사의 만류에도 불구하고 그래디 병원의 퇴원 서류에 서명했다.

"의사의 만류에도 불구하고." 이 세 어절을 보자 누군가 내 등에 얼음물이라도 부은 듯 온몸이 오싹해진다. 뭔가 이상함을 눈치챈 재닛은 의아한 눈으로 나를 바라본다. 그녀가 앞머리에 닿을 정도로 왼쪽 눈썹을 한껏 치켜 올린다. 나는 함께 읽을 수 있게 기사를 그녀 쪽으로 밀어 준다.

신문기자는 호흡기를 떼면 "심각한 해를 입을 수 있다"고 경고하는 그래디 기념병원 의사의 말을 인용한다. 하지만 뒤이어 환자는 "분명히 호전되고" 있고 자신에게 계속 치료를 받으면 6주 후에는 걷기 시작할 거라고 주장하는 척추 교정 전문의의 말이 인용된다.

기사는 이어서 어머니의 말을 다룬다.

목사의 젊은 아내인 파란 눈의 얀시 부인은 남편이 그래디 병원을 떠난 이유를 이렇게 설명했다.

"우리는 남편이 철폐에서 나와야 한다고 생각했어요. 신앙 치료를 믿는 많은 사람이 남편을 위해 기도하고 있어요. 우리는 의사들을 믿지만, 하나님이 우리 기도에 응답하실 것이고 남편이 나을 거라고 믿어요."

신문의 날짜를 본다. 1950년 12월 6일. 아버지가 돌아가시기 9일 전이다. 내 얼굴이 빨갛게 상기된다.

재닛이 기사를 다 읽었다. '왜 내게 이 얘기를 안 한 거야?' 눈으로 그렇게 묻고 있다. 나는 놀란 시늉을 한다. '나도 몰랐으니까!'

아버지의 죽음에 얽힌 이야기는 수십 번이나 들었다. 잔인한 질병이 어떻게 한창때의 유능한 젊은 설교자를 무너뜨리고 무일푼의 과부에게 그 비극적 사건에서 의미를 끌어내는 고귀한 과제를 남겼는지. 나의 성장기는 어머니의 서원에 지배받았다, 아니 그 속박 아래 있었다. 서원의 내용은 형과 내가 아버지의 인생을 이어받아 그 비극을 만회하게 하겠다는 것이다.

하지만 아버지의 죽음을 초래한 질병의 뒷이야기는 한 번도 듣지 못했다. 오려 낸 기사를 스크랩북에 도로 넣고 보니, 맞은편에도 어머니의 고향 지역신문 〈필라델피아 불리틴〉에 실린 비슷한 기사가 보인다. 지난 세월 내내 아버지는 내게 거룩한 거인이었고 알 기회가 없었던 사람이었다. 그런데 그 남자가 사실은 '거룩한 바보'에 지나지 않았다는 사실을 상당히 우연히 발견했다. 그는 하나님이 자신을 치유해 주실 거라고 굳게 믿고 경력, 아내, 두 아들, 자신의 목숨까지 모든 것을 건 도박을 했다가 다 잃었다.

아버지의 벌거벗은 몸을 봤던 노아의 아들 중 하나가 된 느낌이다. 아버지를 드높이고 수천 명의 후원자를 안겨 준 믿음. 그 믿음이 아버지를 죽이기도 했음을 발견했다.

밤에 침대에 눕자 어린 시절의 기억과 일화들이 불현듯 떠오른다. 이제는 예전과 사뭇 다르게 다가온다. 남편의 무덤에 엎드린 채 흐느끼며 두 아들을 하나님께 바치는 젊은 과부. 아들들이 아파서 경련하듯 뒹굴 때면 바로 그 과부인 어머니가 도움을 간구하기 전에, "주님, … 하지 않으시려거든 차라리 아이들을 데려가소서"라고 기도하시던 모습. 형과 내가 우리의 정해진 운명에서 벗어나는 것처럼 보일 때면 터져 나오던 어머니의 분노.

새롭고 끔찍한 깨달음이 나를 후려친다. 형과 나는 믿음의 치명적 오류를 만회하기 위한 속죄물이다. 어머니가 그토록 이상한 자녀 양육관을 가진 것, 우리를 놓아주기를 그토록 맹렬히 저항한 것은 당연했다. 아버지의 죽음을 정당화할 수 있는 것은 우리뿐이니까.

* * *

그 신문기사를 우연히 본 이후, 나는 어머니와 많은 대화를 나눈다. 어머니는 이렇게 말한다. "아버지에게 그런 삶은 아무 의미가 없었어. 마비된 상태로, 그 기계 안에 있는 것 말이다. 생각해봐라, 성인 남자가 제 코에 앉은 파리도 쫓을 수 없다니. 아버지는 그래디 병원에서 나오기를 간절히 원하셨어. 누구도 다시 자기를 그리로 데려가지 못하게 해 달라고 내게 간청하셨지." 어머니의 논리는 만족스럽지는 않아도 정당하다.

내가 따진다. "그건 알겠어요. 하지만 신앙 치료에 대해서는 왜 한마디도 안 하셨어요? 아버지의 죽음에 관한 가장 중요한 사실을 스크랩북을 통해 우연히 알게 되었잖아요. 어머니는 기자와 사진기자를 병실로 불렀어요. 그 사람들한테는 사실을 말해놓고 형과 내게는 아무 말도 안 했어요!"

한번 폭로된 아버지의 죽음에 관한 비밀은 내 안에서 새롭고 강박적인 힘을 발휘한다. 여기저기 묻고 다니는 내게 가족의 지인이 이렇게 털어놓는다. "네 아버지를 시설 좋은 병원에서 척추교정 센터로 옮기는 결정을 많은 사람이 유감스럽게 생각했지."

누군가가 우리 가족 신화의 만화경을 뒤틀어서 그 안의 파편들이 완전히 새로운 모습을 이루게 된 것 같은 느낌이다. 나는 이 소식을 교회를 떠난 형에게 들려준다. 애틀랜타의 히피 저항 문화에 합류해 어머니의 진노를 산 형은 어머니가 남편의 "생명유지 장치를 제거해" 우리에게서 아버지를 빼앗았다는 결론으로 대뜸 뛰어들었다. 우리 적은 가족 안에 결코 메우지 못할 것 같은 깊은 골이 생긴다.

어떻게 생각을 정리해야 할지 모르겠다. 내가 아는 건 그동안 잘못 알고 있었다는 사실뿐이다. 비밀이 드러났고, 그것을 조사해 언젠가 최대한 진실하게 글로 쓰겠다고 다짐한다.

02 / 도박

꿈속의 사랑에 비하면 실제 사랑은 가혹하고 끔찍하다.
—표도르 도스토옙스키, 《카라마조프 가의 형제들》

20세기 중반을 경험한 사람이 아니라면 소아마비가 한때 불러일으킨 두려움을 제대로 이해할 수 없다. 그것은 이후 HIV/에이즈와 코로나19 같은 전염병이 불러일으킨 두려움에 육박했다. 소아마비가 어떻게 퍼지는지는 아무도 몰랐다. 공기로 퍼질까, 물로 퍼질까? 오염된 음식으로? 지폐로? 예방 조치로 미국 전역의 수영장이 문을 닫았다. 고양이가 매개체라는 소문이 돌자 뉴욕 시민들은 7만 2천 마리의 고양이를 죽였다.

이런 두려움에 더해, 소아마비는 주로 아이들을 노렸다. 부모들은 이것을 아이들을 위협하는 궁극의 무기로 이용했다. 아이들이 지나치게 노는 것부터 공중전화를 사용하는 것, 더러워지는 것, 부적절한 무리와 어울리는 일까지 막으려고 걸핏하면 이렇게 물었다. "남은 평생 철폐에서 보내고 싶니?" 신문에서는 매일같이 사망자 수를 보도했고 죽 늘어놓은 인공호흡기 사진들도 실었다. 한쪽 끝에 작은 머리가 삐죽이 튀어나온 모습이 마치 거대한 소시지 롤처럼 보였다.

모든 환자가 어린이는 아니었다. 세계에서 가장 유명한 소아마비 환자 프랭클린 델라노 루스벨트는 서른아홉 살에 이 병에 걸렸다.

아버지는 그보다 이른 스물세 살에 이 병의 마수에 걸려들었다. 처음 증상은 독감과 비슷했다. 인후염, 두통, 가벼운 메스꺼움 증세가 나타나더니, 근육이 전반적으로 약해졌다. 그러나 1950년 10월 7일, 잠에서 깨어나 보니 다리가 마비되어 있었다. 움직이기는커녕 침대에서 나올 수조차 없었다. 아버지는 최악의 상황을 염려했다.

구급차가 왔을 때 어머니는 이웃 사람에게 세 살배기 마셜 2세를 창에서 떼어 놓아 달라고 부탁했다. 하지만 형이 너무나 서럽게 우는 통에 그 이웃은 눈물에 넘어가 형이 창밖을 지켜보게 해 주었다. 이후 몇 주 동안 형은 아버지가 꼼짝 못 하는 상태로 무력하게 집에서 실려 나가는 악몽에 계속 시달렸다.

구급차는 조지아 침례병원으로 달렸다. 의사들은 약식 진찰을 하더니 병원 환자복만 걸친 채 휠체어에 앉은 아버지를 갑자기 바깥으로 내보냈다. 의사들이 어머니에게 말했다. "소아마비입니다. 그래디 병원으로 데려가세요. 이 지역에서 소아마비를 치료할 장비를 갖춘 곳은 거기뿐입니다."

그 주의 어느 날 어머니는 필라델피아의 고향 교회와 부모님의 선교 사역을 후원하기로 약속했던 여러 교회에 절박한 편지를 썼다. 그녀의 메시지는 단순하고 직접적이었다. "제발 기도해 주세요!"

* * *

그래디 기념병원은 애틀랜타 시내에서 널찍한 대표 건물이자 누구나 갈 수 있는 자선병원이었다. 1950년에 지역 주민들은 그 병원을 '가르는 병원the Gradies'이라고 불렀는데, 남부 대부분의 병원처럼 인종을 분리했기 때문이다. 백인과 '유색인'을 위한 각각의 시설들이 도로 아래쪽 터널에서 이어졌다. 환자들은 그래디 병원이 모든 인종을 평등하게, 똑같이 엉망으로 대우한다고 농담했다. 인종에 상관없이 환자들은 자신의 번호가 불리기를 기다리며 로비에서 몇 시간 동안 대기해야 했다. 하지만 소아마비 환자라면 달랐다. 병원의 보조원들이 즉시 아버지를 끌고 복도를 따라 격리병동으로 데려갔다.

당시 우리는 블레어 빌리지에 살고 있었다. 제2차 세계대전 참전 용사들을 위해 정부에서 지은 주택단지다. 군대 막사처럼 생긴 너덧 개의 콘크리트블록 아파트가 막다른 골목을 빙 둘러 말굽 모양을 이루었다. 아버지가 병에 걸리자, 보건소 간호사가 우리 집 현관문에 격리 표지판을 붙였다. 일시적으로 외부인의 방문을 금지하는 조처였다.

그 후 두 달간 어머니는 매일 같은 일과에 따라 움직였다. 아이들에게 아침을 먹이고 기저귀와 장난감들을 챙겨서 그날 아이들을 돌봐 주겠다며 도움을 제안한 이웃에게 데려갔다. 그다음, 버스를 타고 수십 개의 정거장을 지나 시내로 갔다. 그때는 어머니가 운전을 배우기 전이었다. 노동자들이 가득한 버스에서 어머니가 유일한 백인 승객인 경우도 많았다. 그럴 때면 어머니는 백인들 전용 좌석인 앞쪽 좌석에 홀로 앉았다. 그래디 병원에서 어머니는 남편 곁을 지키다가 날이 저물면 버스를 타고 귀가했다.

간호사들은 어머니에게 일흔다섯 명의 성인 소아마비 환자 중에서 마비된 사람은 한 명뿐이라고 말했다. 아버지가 바로 그 불운의 당사자였다. 횡격막도 마비되었기 때문에 그래디 병원에서는 아버지를 그 끔찍한 철폐에 넣었다.

거대한 겨자색 금속 실린더 형태의 장치가 쿠션 위의 머리를 제외한 아버지의 전신을 둘러쌌다. 아버지의 목 주위에는 빡빡한 고무 칼라가 있어서 공기가 빠져나오지 못하게 막았다. 이 기계는 펌프질로 공기를 밀어 넣었다가 뽑아내는 식으로 진공상태를 만들어 혼자서는 기능하지 못하는 아버지의 폐가 확장과 수축을 하게 만들었다. 아버지는 기계 소음 때문에 잠을 잘 수가 없다고 불평했다. 기계에 달린 풀무에서 규칙적으로 쉭 소리와 끽하는 기계음이 났기 때문이다. 닳은 와이퍼 날이 차량 앞유리를 긁는 소리와 비슷했다.

당시에는 텔레비전을 갖춘 병원이 거의 없었고, 아버지는 책장 하나 넘길 수 없었다. 밤이고 낮이고 꼼짝 못 하고 누워 있었다. 천장을 바라보며 방음 타일 구멍의 패턴을 살피는 일로 시간을 보냈다. 눈을 돌리면 출입구 방향으로 놓인 거울을 통해 병실 문의 작은 창을 지나치는 얼굴들을 볼 수 있었다.

아버지의 시점에서는 다가오는 모든 사람이 거인처럼 거대해 보였다. 마스크를 쓴 보조원이 음식 한 숟가락을 내밀어도 아버지는 움찔했다. 접속구들이 철폐의 옆쪽에 줄지어 나 있었고 의료진이 장갑 낀 손으로 그 구멍을 통해 바늘을 꽂거나 이동 변기를 교체했다. 그들은 기계 바깥에 나와 있는 유일한 부위인 머리가 기계 내부에 있는 신체와 따로 떨어져 존재하는 것처럼 행동했다.

아버지는 기본적인 신체 기능에 대한 통제력을 상실했다. 화장실에 갈 수 없고 잠을 잘 수 없고 음식을 먹을 수도 없었다. 숨 쉬는 일마저 마음대로 할 수 없었다. 인공폐가 그 일을 대신했다. 세상이 쪼그라들었다. 5년 전, 아버지는 전함을 타고 고향으로 돌아오는 중이었고, 인생이 통째로 그를 기다리고 있었다. 그러나 이제는 철폐 안에 꼼짝없이 갇혀 있다. 그것은 게 껍데기 같은 일종의 외골격이 되었다.

그래디 병원은 방문객을 엄격히 따졌다. 다른 병원 간호사였던 도리스 고모가 간호복 차림으로 병문안을 왔을 때, 그래디 병원의 수간호사는 고모가 소아마비에 대한 적절한 훈련이 되어 있지 않다고 판단하고 이렇게 말했다. "환자 상태가 아주 안 좋아요. 보지 않는 게 좋겠어요."

몇 번인가 아버지의 어머니, 즉 할머니가 마스크를 쓰고 병실 창 앞에서 손을 흔들었다. 딱 한 번 방문했던 할아버지는 형과 나를 데리고 가 주셨다. 힘센 대장장이였던 할아버지는 우리를 들어 올려 양어깨에 앉히고 창문 앞으로 갔다. 아버지는 기계에 연결된 거울을 통해 창문 너머로 비치는 자기 아들들의 모습을 볼 수 있었다.

위험을 감수한 유일한 방문객, 의료진이 아닌데도 아버지를 만진 유일한 사람은 어머니였다. 아버지의 정서적 생명줄이었던 어머니는 아버지에게 책을 읽어 주고 부드럽게 찬양을 불러 주고 더 나은 대우를 요구하며 간호사와 보조원들을 괴롭혔다. 어머니는 본인의 세계가 무너지는 와중에도 약하게나마 아버지를 격려했다.

어머니는 겉으로는 내면의 두려움을 감췄지만, 일기장에는 기록했다. "너무나 괴롭다. 거의 온종일 제정신이 아닌 채로 지낸다. 그이가 그렇게 고통받아야 한다면 차라리 본향으로 데려가 달라고 하나님께 간구했다."

* * *

어머니는 한 시간씩 버스를 타고 그래디 병원을 오가면서, 그리고 남편이 철폐 안에서 낮잠을 자는 동안, 그와 함께한 폭풍 같은 5년을 오래오래 돌아보았다.

어머니가 아버지를 만난 시점은 1945년 4월이었다. 당시 버지니아주 노포크 해군기지에 주둔하던 한 무리의 수병들이 주말 휴가를 받아 필라델피아로 관광 여행을 왔다. 아버지는 일요일 아침을 교회에서 보내기로 했고, 그곳의 한 중년 부부가 "군인을 집으로 초대해 점심 식사를 대접하시라"는 목사의 요청에 응했다. 아버지는 그들의 집에서 밀드레드 디엠을 처음 만났다. 그녀는 수술을 받은 뒤 그들 부부와 함께 지내며 회복 중이었다.

애틀랜타 출신의 모험심 강한 수병은 소심하고 곱게 자란 세 살 연상의 밀리에게 홀딱 빠져버렸다. 남자 친구를 사귄 적이 없었던 밀리는 그의 남부 억양과 신사다운 방식에 매료되었다. 자신의 억압된 본성과는 정반대인 남자의 태평한 기질도 경이롭게 느껴졌다.

서로의 성장 과정에 대해 이야기를 나누면서 밀리는 젊은 마셜 얀시에게 야성적인 면이 있음을 알게 되었다. 그는 모험을 감수하는 소년이었고, 도박사의 기질이 있었다. 마셜은 열네 살 때 아무 말 없이 집을 나갔다. 나흘이 지나고 어머니가 걱정으로 병이 날 지경이 되었을 때, 그는 미주리 세인트루이스에서 수신자 부담 전화를 걸어 이렇게 설명했다. "여기에 최고로 손꼽히는 거대한 동물원이 있다고 해서 보러 왔어요."

아들의 자신만만한 독립심에 뿌듯해진 그의 아버지는 기차를 타고 집으로 돌아올 돈을 보내 주었다. "저 아이는 독자적인 정신을 갖고 있다고!" 할아버지는 그렇게 자랑했다.

이후 마셜은 시카고 대학교에서 운영하는 영재 프로그램 이야기를 들었다. 똑똑한 고등학생들이 철학 수업을 듣게 해 주는 프로그램이었다. 어느 날 가족들과 언쟁 끝에 그는 다시 집을 나갔다. 열여섯 살이 된 그는 지나가는 차를 얻어 타고 시카고로 가서 대학 관계자와 이야기를 나누고 해당 프로그램에 참여했다. 몇 달간은 문제없이 잘 지냈는데 패혈성 인두염에 걸리는 바람에 쇠약해지고 말았다. 그는 다소 겸연쩍게 다시 부모에게 전화를 걸어 집으로 돌아가게 도와달라고 했다. 그의 아버지는 미소를 지었다. "내 아들은 배짱이 있어. 뭐든 시도할 거야."

시카고 대학교에서 상급 과목들을 맛본 마셜은 애틀랜타의 학교에 입학할 마음이 나지 않았다. 당시 유럽에서는 제2차 세계대전의 불길이 잦아들었지만, 태평양 전선의 불길은 여전히 맹렬했다. 마셜은 그 시대의 모든 미국 청년들처럼 자신의 몫을 감당하고 싶었다. 열일곱 살이 되자 그는 미성년 신병으로 입대해도 된다는 부모의 허락을 받았다. 그의 아버지는 이렇게 조언했다. "해군을 선택해라. 육군은 참호에서 지내야 하지만, 해군은 늘 침대에서 잘 수 있을 거야."

시카고 북부의 그레이트 레이크스 해군기지에서 기본 훈련을 받기 시작하고 3주가 지났을 때, 마셜은 애틀랜타로 또다시 전화를 걸었다. "아빠, 제가 실수했어요. 제발 이곳에서 꺼내 주세요. 끔찍해요. 축농증이 생겼고, 북부는 진절머리가 나요. 교관들은 독재자들이고요." 마셜의 아버지는 아들을 위해 하원의원에게 연락했지만, 전시에 군대에서 빠져나오는 것은 쉬운 일이 아니었다. 생전 처음으로 아버지는 빠져나올 수 없는 곳에 갇혔다.

그해에는 눈이 일찍 내렸고 미시간호에 얼음덩어리들이 떠다녔다. 그리고 평생 가장 외로운 성탄절을 맞았다. 서리가 내리는 어느 날 호숫가를 따라 걷던 그는 안개가 밀려드는 것을 바라보며 자신의 인생 전체가 안개 같다는 생각을 했다. 그에겐 고등학교 졸업장조차 없었고, 곧 배를 타고 전쟁터로 나갈 텐데 돌아올 수나 있을지 확신할 수도 없었다.

한 친구의 제안으로 그는 차를 타고 시카고 시내로 들어가 퍼시픽 가든 선교회Pacific Garden Mission*를 방문했다. 그곳에서 진행하는 인기 라디오 프로그램 〈사슬을 끊고〉를 통해 선교회의 이름을 들은 적이 있었다. 〈사슬을 끊고〉는 "역사상 최장기 라디

---

* 1877년 설립한 시카고 지역 최대 규모의 노숙인 쉼터. 잠자리와 식사, 의료 진료, 상담 치료를 제공하고 성경 공부와 신앙 훈련 프로그램을 운영한다.

오 드라마"로 복음 전도자 드와이트 L. 무디가 세운 노숙인 쉼터에서 신앙을 갖게 된 노숙인과 중독자들 이야기들을 주로 방송으로 내보냈다. 이야기는 모두 동일한 줄거리를 따랐고 오르간 음악과 음향 효과도 진부했지만, 거기에는 '새 생명의 비밀'이라는 약속이 있었다.

군복 차림의 마셜은 시카고 최악의 슬럼가를 지나면서도 상당히 안전한 느낌을 받았다. 그래도 온기를 얻으려 환풍구 위에 누운 이들을 피해서 몇 번이나 길을 돌아서 가야 했다. 놀랍게도, 선교회에서 마셜을 맞아 준 봉사자는 마셜이 좋아하는 철학자의 책 중에서 몇 권을 읽은 사람이었다. 봉사자는 이렇게 인정했다. "그들이 좋은 질문을 많이 던지긴 했어요. 하지만 죄책을 없애는 법을 말하는 철학자는 한 사람도 없었죠. 하나님만이 그 일을 하실 수 있어요. 마셜, 하나님이 당신을 추적하고 계십니다." 달리 의지할 데가 없었던 아버지는 긴 대화 끝에 1944년 말이었던 그날, 영접 기도를 드리고 그리스도인이 되었다.

그다음 몇 달간 아버지는 남는 시간을 성경 공부에 쏟았고 '새 생명'을 이해하려고 애썼다. 밀리를 만난 후에는 더더욱 그랬다. 그러다 6월에 항공기 수리선 USS 클로리스호를 타고 전장으로 나갔다. 하와이로 가는 길에 깜짝 놀랄 소식이 들려왔다. 미국이 두 개의 원자폭탄을 일본에 투하했고, 일본이 무조건 항복을 했다는 것이었다. 드디어 전쟁이 끝났다.

* * *

아버지의 나머지 해군 경력은 노포크에서 제대를 기다리며 시간

빛이 드리운 자리

을 견디는 일로 채워졌다. 제대 후에 밀리에게 청혼할 생각이었다. 편지들이 오갔고 아버지는 시간이 날 때마다 주말에 필라델피아에서 휴가를 보냈다.

두 사람의 로맨스를 가로막는 장애물이 한 가지 있었다. 밀드러드는 아프리카 선교사로 섬기겠다고 하나님께 약속한 터였다. 뱀, 사자, 열대 질환, 정치 불안이 만연한 아프리카 대륙은 당시의 그리스도인에게 진정한 믿음의 시험대였고, 그래서 어머니의 이상주의와 잘 맞았다. '검은 대륙'에 관해 말하는 사람들의 말을 들을 때면, 하나님이 자신이 그곳에 있기를 원하신다는 강한 느낌을 받았다. 결혼에 대한 생각도 그 결심을 약화시키지 못했다.

여름에 두 사람이 뉴저지의 케직 호숫가 벤치에 앉았을 때, 마셜은 태연하게 청혼했다. "당신의 남편으로 함께 아프리카에 가고 싶어요. 허락해 줄래요?" 밀리가 이 질문에 대답하기까지 이틀이 걸렸지만, 의구심은 전혀 없었다. 두 사람은 만난 지 겨우 5개월째인 9월에 밀리의 고향 교회에서 결혼식을 올렸다. 많은 해외 선교사들을 후원하는 마라나타 교회의 도움을 받아 젊은 부부는 교회의 잠재적 후원자들의 주소를 늘려 나갔다.

부모님은 다음 3년 동안 필라델피아에 머물면서 대학에 입학했다. 아버지는 학위를 취득했지만, 결혼 1주년이 지나고 얼마 후, 마셜 2세가 태어나면서 어머니는 학업을 중단해야 했다. 아버지는 인디애나의 신학교에서 훈련을 더 받기로 했다. 그는 1927년형 포드 모델T를 25달러에 구입했다. 그 차에는 좌석이 하나뿐이어서 아버지는 버려진 식탁 의자를 주워다가 다리를 짧게 자르고 차 바닥에 볼트로 고정했다. 밀드러드는 여덟 달 된 내 형을 무릎에 앉히고 그 차에 올라 당당하게 인디애나로 갔다.

그러나 실망스럽게도, 그들의 계획은 수포로 돌아갔다. 마셜 2세에게 심각한 알레르기가 생긴 것이다. 의사는 이렇게 조언했다. "마셜이 제 아들이라면, 모든 걸 내려놓고 애리조나로 이사갈 겁니다." 그래서 그들은 서쪽으로 향했다. 그 식탁 의자에 앉은 어머니는 기침을 하며 옹알대는 아기를 돌보면서 흔들리는 몸의 균형을 잡았다.

아버지가 바라던 교회 일자리를 전혀 얻을 수 없었다. 애리조나에서의 실망스러운 몇 달이 지난 후 그들은 포기하고 애틀랜타로 장거리 자동차 여행에 나섰다. 아버지의 모험은 다시 한번 안 좋게 끝났다. 그는 카버 성경 연구소에서 한동안 가르쳤는데, 그곳은 애틀랜타 중부에 위치한 '유색인 학교'였다. 이 학교는 급료를 지불하지는 않았지만 숙소는 제공했다. 하지만 알고 보니 숙소는 2층의 교실 안에 두 개의 야전침대를 붙여 놓은 공간이었고 복도 아래 공중화장실을 써야 했다. 1949년 11월에 내가 태어나자 어머니는 더 나은 숙소를 찾자고 주장했다.

새해가 시작되면서 마침내 전망이 밝아졌다. 아버지는 비행 청소년들을 위한 집에서 일자리를 구했다. 아버지는 일반적인 급료를 받았고 블레어 빌리지의 참전 용사 주택에 들어갈 자격을 얻었다. 이제 두 사람은 다음번의 큰 이동, 곧 선교 현장으로 떠나는 삶을 계획할 수 있었다. 이 모든 시간 동안 어머니는 젊은 선교사들을 후원하는 일에 관심이 있는 사람들에게 꾸준히 '기도 편지'를 썼다. 그사이에 그 명단은 수천 명으로 늘어났다. 아프리카에서 섬기려는 그들의 꿈이 이제 곧 실현될 참이었다.

그러나 그들에게 찾아온 것은 꿈의 실현이 아니라 소아마비, 철폐 안에서의 두 달, 과감한 믿음의 도약, 그리고 시시각각 죽음이 다가오는 상황이었다.

* * *

소아마비 병동에 밤이 오면 아버지는 잠 못 이루며 불구자로 사는 삶을 상상했다. 그는 점차 어린 두 아이를 보살펴야 하는 젊은 아내에게 자신이 부담만 주는 존재라는 생각을 하게 되었다. 어느 날 오후 아버지는 어머니에게 말했다. "이제 나와 결혼한 것을 후회하겠군요. 시원찮은 상대를 골랐어요."

어머니는 항변했다. "아니에요! '좋을 때나 나쁠 때나, 병들 때나 건강할 때도' 함께하겠다고 서약했을 때 난 진심이었어요." 그날 밤 혼자 있을 때 어머니는 더욱 열렬히 기도했다. "하나님, 그이를 제게서 데려가지 마옵소서!"

그들에게는 희미하게 가물거리는 희망이 남아 있었다. 한 의사가 웜스프링스에서 새로운 최신 치료 기법이 나왔다고 말해 준 것이다. "그곳은 루스벨트 대통령이 지원한 애틀랜타 남부의 치료 센터입니다. 대통령은 그곳이 도움이 되었다고 주장했어요. 하지만 들어가기가 아주 힘들다더군요."

웜스프링스의 입원 자격을 얻는 일은 복권 당첨과 비슷했다. 그래디 병원 간호사들은 병동 안의 잘생긴 십 대 청소년을 좋아했다. 그들은 그의 머리를 다듬어 주고 세심히 보살피고 그와 시시덕거렸다. 그는 자신이 소아마비 복권에 당첨되었다고 생각했지만 웜스프링스로 가는 길에 구급차 안에서 사망했다. 그렇게 한 사람씩 소아마비 병동의 환자들이 떠나갔다.

아침 일찍 그래디 병원의 조무사가 집에 있는 어머니에게 전화를 했다. "부인, 이 전화 때문에 저 해고될 수도 있어요. 하지만 남편분이 설교자라는 걸 아니까 도와드리고 싶어요. 남편분이 어젯밤에 숨이 끊어졌었어요. 심장이 정지한 거죠. 의사들이 주사를 놔서 되살려 냈죠. 그런데 정신이 돌아온 후에 남편분이 대뜸 이렇게 말했어요. '왜 나를 살린 겁니까?'"

어머니는 남편에게 포기하지 말라고 필사적으로 간청했다. "당신을 위해 기도하고 있는 모든 사람을 생각해 보세요." 어머니는 그 사실을 상기시켰다. 두 사람은 유일한 희망인 기적에 모든 것을 걸어 보기로 했다. 그들은 치유의 능력이 있는 하나님을 믿지 않는가? 자신들의 믿음을 그분의 손에 맡겨야 하지 않겠는가? 일평생 섬기기로 헌신한 사람을 하나님이 '데려가실' 이유가 있겠는가?

새롭게 힘을 얻은 아버지는 두 가지 야심 찬 목표를 세웠다. 철폐에서 나오는 것, 그리고 그래디 병원에서 퇴원하는 것이었다. 그는 하나님이 치유해 주실 거라고 믿었지만 자신의 역할을 다하고 싶었기에 의사에게 그 지긋지긋한 장치에서 매일 몇 분씩 나오게 해 달라고 졸랐다. "달리 제가 어떻게 힘을 얻겠습니까?" 그는 그렇게 주장했다.

처음 며칠, 위축된 폐가 기능을 되찾기 위해 애쓰는 동안 아버지는 가쁜 숨을 내쉬고 헐떡였다. 어머니는 언제든 도움을 청하러 달려갈 준비를 하고 아버지를 지켜보았다. 아버지는 매일매일 기계의 도움 없이 호흡하는 시간을 조금씩 늘려 갔다. 10분,

15분, 그러다 30분이 되었다. 철폐 바깥에서 보내는 모든 시간은 재난을 감수한 모험이었다. 간호사들이 늘 호출에 반응하는 것은 아니었기 때문이다. 재빠른 처치가 없으면 아버지는 그대로 숨이 막히거나 질식해서 죽을 수 있었다.

아버지는 휴대용 인공호흡 장치의 도움을 받아 기계 밖에서 지내는 시간을 몇 시간으로 늘렸다. 여전히 드러누워서 움직이지 못하는 상태였지만 철폐에서 나와 여덟 시간을 버티면서 추수감사절을 지켰다. 서서히 단계적으로 기적이 일어나고 있었다.

12월 2일, 어머니는 분수령이 되는 사건을 일기장에 기록했다. "마셜을 스탠퍼드 척추 교정 센터로 옮겼다. 마셜은 자기를 사랑한다면 그래디 병원에서 나오게 해 달라고 간청했다. 나는 주님이 그 마지막 바람을 들어주셨다고 믿는다." 그것은 의사들의 반대를 무릅쓰고 내디딘 거대한 믿음의 발걸음이었다. 그래디 병원에서는 의사의 만류에도 불구하고 환자가 자진하여 떠나는 것이라고 진술하는 서류에 서명할 것을 두 사람에게 요구했다.

구급차에 실려 피치트리 스트리트로 내려갈 때, 아버지는 거의 두 달 만에 처음으로 햇살을 보았고 신선한 공기를 호흡했다. 어지러움과 불안함, 자유와 큰 희망을 동시에 느꼈다.

남편이 입원한 이래 처음으로, 어머니는 밤새 머물러도 된다는 허락을 받았다. 그 첫날 밤, 어머니는 아버지에게 무슨 일이 생길까 봐 두려워하며 병상 옆 의자에 앉아 있었다. 걱정과 달리, 아버지는 잘 주무셨다. 소아마비 병동의 소음과 밝은 조명들에서 벗어난 덕분이었을까.

아버지는 두 가지 목표를 다 이루었다. 철폐에서 나오고 그래디 병원에서 마침내 벗어났다. 기적을 행하시는 하나님이 그들의 기도에 응답하고 계셨다.

03 / 죽음

날마다

새 과부가 울부짖고 새 고아가 울어 대고

새 슬픔이 하늘의 얼굴을 치니….

―셰익스피어, 《맥베스》

아버지가 척추 교정 센터로 옮길 계획을 세울 동안, 어머니는 형과 내가 더 나은 보살핌을 받을 방안을 찾았다. 필라델피아의 바이올렛 이모가 애틀랜타로 와서 우리와 함께 지내겠다고 제안했다. 그것은 이상적 해결책 같았지만 당장 외할머니가 반대하고 나섰다. "어림없는 소리. 집을 떠나 남부 설교자와 결혼한 건 밀드러드야. 자업자득이지. 한동안 고생하게 내버려 둬." 필라델피아의 외할머니는 냉정했다.

열두 살에 아버지를 잃었던 외할아버지는 할머니보다 동정심이 많았다. "우리가 어떻게 해 보마. 항공사가 허락해 주면 아이들이 항공편으로 이리 올 수 있을 거야." 동행자 없는 5세 미만의 아이가 비행기를 이용하려면 특별한 인가가 필요했기에 외할아버지는 '뉴욕주, 뉴욕시, 이스턴 항공 대표 에드워드 V. 리켄바커 대위'에게 호소하는 편지를 써서 보냈다. 편지는 우여곡절 끝에 리켄바커에게 전달되었고, 그는 즉시 그 제안에 동의했다. 허가 편지는 아버지가 그래디 병원에서 척추 교정 센터로 이송되는 당일에 도착했다.

고립된 두 달을 보내고 척추 교정 센터에서 온전한 하루를 맞는 첫째 날, 센터에서는 아버지가 아들들을 보고 만질 수 있도록 허락해 주었다. "필립, 아버지께 보여 드리렴." 어머니는 그렇게 말했고, 아버지는 내가 걷는 모습을 처음으로 보았다. 걷기는 아버지가 더 이상 할 수 없는 일이었다. 이어서 아버지는 마셜 형을 침상으로 불러 집안일을 도우라고 격려하는 말을 했다. 우리 형제가 할머니 할아버지와 함께 병실을 나설 때, 어머니는 우리에게 작별의 키스를 했다.

다음 날 아침, 조부모님은 우리를 애틀랜타 공항으로 데려갔다. 타맥 포장 구역을 지나 더글러스 DC-3 비행기 계단까지 배웅해 주셨다. 디너 롤 씹는 것을 좋아했던 형은 단단한 디너 롤을 한 가방 들고 비행기에 올랐다. 말쑥한 유니폼을 입은 스튜어디스 한 명이 비행하는 네 시간 내내 지나칠 정도로 우리에게 관심을 보였다. 그녀는 우리에게 고구마를 먹이려고 했지만, 형은 자기 디너 롤 말고는 아무것도 먹지 않았다. 한 부유한 승객이 나를 돌보는 일을 맡아 주었다. 이후 몇 년 동안 나는 학교 친구들에게 내가 13개월 때 첫 비행기를 탔고 그때 한 백만장자가 나를 예뻐해 주었다고 자랑했다.

형과 나는 거의 2주 동안 외조부모님과 함께 머무르면서 두 이모의 전폭적인 사랑과 보살핌을 받았다. 운명의 12월 15일, 외가의 온 가족은 라디오 주위에 모여 해리 트루먼 대통령의 대국민 연설을 듣고 있었다. 미국은 한국의 전장에서 완패하고 있었고, 그날 밤 트루먼 대통령은 비상사태를 선포했다. 그는 심각한 용어들을 구사하며 소련과 중국 공산주의자들의 위협을 설명했다.

트루먼의 라디오 연설 중간에 전화벨이 울렸고 전화 교환원이 드문 단어를 말했다. "장거리 [수신자 부담] 전화입니다." 외할아버지는 한쪽 팔로 나를 안은 채 비용을 부담하겠다고 말했다. 외할아버지가 말없이 귀를 기울이며 몇 마디를 중얼거리는 사이에 다른 가족들은 주위에 둘러서서 소식을 기다렸다. 수화기를 내려놓았을 때 외할아버지의 눈은 눈물로 반짝였다. 그분은 내 얼굴을 내려다보시며 말했다. "필립, 애야, 앞으로 네 인생이 험난하겠구나."

* * *

아버지가 척추 교정 센터로 옮긴 것은 장밋빛 구상처럼 보였다. 더 이상 철폐의 삐걱거림과 소음에 시달리지 않게 된 환자는 편안하게 잠들 수 있었다. 아이들을 필라델피아로 보냈으니 어머니는 남편에게 온전히 관심을 쏟을 수 있었다. 아버지에게 흡인이 필요할 때는 조무사를 불렀는데, 그들은 그래디 병원 직원들보다 훨씬 재빨리 반응했다. 치료사들은 아버지의 근육을 증기로 찐 양모 팩으로 감쌌고 관절의 유연성을 길러 주기 위해 팔다리를 운동시켰다.

"장담할 수는 없지만, 다시 걸을 가능성도 있습니다." 한 의사가 아버지에게 말했다. 애틀랜타와 필라델피아 신문사에서 온 여러 기자가 젊은 목사의 호전된 병세 상태를 보도했고 회복을 바라는 그의 희망을 알렸다.

하지만 한 주 후, 아버지의 상태는 급격히 악화되었다. 호흡은 한층 더 힘들어졌고 어머니는 다시 두려움에 휩싸였다. 12월 13일 두 사람은 창문 밖에서 사람들이 찬송을 부르는 소리를 들었다. 어머니는 남편 앞에서 처음으로 감정을 주체하지 못했다. "당신 없이 살아야 한다면 … 난 어떻게 살아야 하나요? 직업도 없고, 운전면허증도 없고, 돌봐야 할 아이는 둘이나 되는데?" 어머니는 흐느꼈다.

아버지는 아내를 위로하려 애쓰면서 성탄절 무렵에는 모든 것이 해결될 거라고 장담했다. "믿음을 가져야 해요. 밀리, 내 모토를 기억해요. '하나님의 은혜는 충분하다.'"

하지만 아버지 역시 죽음을 예감했다. 그는 아내에게 이렇게 물었다. "만약, 내가 잘못되면 어떻게 할 건가요? 아이들을 필라델피아로 데려갈 건가요?" 그는 처갓집을 신뢰하지 않았고 북부에서 아이들을 키우는 것도 내키지 않았다. 어머니는 아니라고 대답했다. 부모의 뜻을 거역하고 필라델피아를 떠났기에, 돌아가도 환영받지 못할 것을 어머니는 알고 있었다.

"그럼 얀시 집안으로 들어갈 생각인가요?" 아버지가 캐물었다. 아버지는 본인의 가족도 신뢰하지 않았다. 가족들이 자신의 종교적 신앙을 온전히 공유하지 않았기 때문이다. 어머니는 혼자서 아이들을 키울 방법을 찾아내겠다고 남편을 안심시켰다. "좋아요, 그게 좋겠네요." 아버지는 그렇게 말하고 마음을 가라앉혔다.

12월 15일의 금요일, 어머니는 아버지의 아침 면도를 위해 면도기를 꺼냈다. 아버지가 말했다. "오늘은 하지 말아요." 남편의 반응에 깜짝 놀랐지만, 어머니는 그의 뜻을 존중했다. 몇 시간 후에 아버지의 여동생 도리스가 병실로 찾아왔고 오후에는 그의 부모님도 도착했다. 바깥 날씨가 차가웠는데도 그는 한사코 창문을 열어 놓게 했다. 네 사람의 방문자 모두 겨울 코트 차림으로 병상 주위에 앉았고, 아버지는 땀에 푹 젖은 면 잠옷 차림으로 누워 가쁘게 숨을 쉬었다.

갑자기 아버지의 몸이 늘어지고 호흡이 느려졌다. 혼수상태에 빠진 것이다. 어머니는 벌떡 일어나 비상벨을 눌렀고 1분 후 호출을 받은 척추 교정 센터의 의사가 도착했다. 그는 의식이 없는 환자를 한번 보더니 이렇게 말했다. "그래디 병원에 연락해야겠습니다."

의사는 그래디 병원에 비상전화를 걸어서 휴대형 인공호흡 장치를 요청했다. 그것은 애틀랜타에 하나뿐인 장치였다. 철폐와 같은 원리로 작동했지만 크기가 그보다 작고 야구 심판의 흉부 보호대처럼 몸통에 끼워서 사용했다.

혼수상태에서도 아버지는 눈을 뜬 채로 있었다. 만질 수도 있을 것 같은 날카로운 침묵이 병실을 가득 채웠다. 마침내 도리스 고모가 말했다. "오빠가 볼 수는 없는 것 같아요. 하지만 청각은 오감 중에서도 가장 마지막까지 남아 있어요. 계속 이야기를 해요." 모두가 억지스럽고 부자연스러운 대화나마 이어 가려고 애썼다.

열린 창 너머로 구급차의 사이렌 소리가 들려왔을 때, 가족들의 마음속에 희망이 밀려들었다. 그러나 그래디의 직원들이 병실로 들어온 순간 희망은 사라졌다. 그들은 인공호흡 장치를 가져오지 않았다.

"이런 상태로는 병원으로 이송할 수는 없습니다." 구급차 직원 한 사람이 말했다. 그들은 아버지의 맥박을 측정하고 체온을 잰 다음, 어떤 이유에서인지 몸을 뒤집어 엎드린 자세가 되게 했다. 소아마비 환자에게는 최악의 처치였다. 아버지는 한 번 더 숨을 쉬었으나, 그것이 마지막이었다.

잠시 후 어머니는 필라델피아로 그 장거리 [수신자 부담] 전화를 걸었다.

어머니의 일기장에는 12월 15일에 쓴 글이 더 있다. "마셜이 주님과 함께하기 위해 갑자기 본향으로 돌아갔다. 우리는 이 병원에서 복된 2주를 함께 보냈다. 내 모든 시간을 그이와 함께 보낼 수 있었다. 얼마나 귀한 추억인지! … 아이들이 자라서 그이처럼 되기를."

일기는 거기서 끝난다. 기록은 더 이상 없다. 어머니는 우리의 삶을 추스르기 위해 애쓰는 과정에서 무슨 일이 일어날지 알 수 없었을 것이다.

* * *

필라델피아행 비행기 여행에 대한 기억도, 장례 예배에 참석하기 위해 차를 타고 애틀랜타로 가던 여행에 대한 기억도 없다. 척추 교정 센터의 병실, 그래디 병원에서 할아버지가 나를 들어 올려 보게 해 준 노란색 기계, 그 기계 안에 누워서 거울에 비친 내 모습을 보던 쇠약한 남자도 기억나지 않는다.

내가 아는 거라곤 친척들이 전해 준 몇몇 사건과 주님을 섬기는 전도유망한 삶을 단번에 중단시킨 치명적인 질병에 맞서 용감하게 싸운 아버지의 이미지뿐이다. 나는 17년이 지나서야 그 신문기사를 통해 실현되지 않은 기적의 이야기를 알게 되었다. 모든 비밀이 그렇듯, 그 비밀도 숨겨져 있었기에 힘을 갖게 되었다.

나에게는 아버지가 존재했다는 실제 증거도 몇 개 없다. 복무 기념으로 해군에서 발행한 소책자를 포함해 몇 장 안 되는 흑백 사진들. 손으로 쓴 메모들이 남아 있는, 닳고 검은색 표지의 아버지 성경. 곰팡내 나는 《윌리엄 셰익스피어 전집》과 《로마제국 쇠망사》, 대학 시절에 쓴 기말 리포트 두 편, 연애 시절에 아버지가 어머니에게 쓴 편지 한 묶음.

나무도 한 그루 있다. 양치류처럼 생긴 잎과 부드러운 껍질을 가진 자귀나무는 묘목일 때 아버지가 집 앞에 심은 것이다. 조부모님 댁을 방문할 때면 나는 이제 집보다 더 높이 솟은 그 나무에 올라가 가지 안쪽의 달콤한 향이 나는 핑크색 꽃들 사이에 앉아 아버지의 삶에 대해 궁금해하곤 했다. 그러다 보면 개미와 말벌이 나를 찾아냈다.

친가 쪽 친척들과 아버지가 그들과 공유했던 집은 아버지를 떠올리게 하는 산 증거였다. 그 집에 도착하면, 형과 나는 도로 바로 아래에 있는 학교 운동장으로 달려가곤 했다. 아버지가 다녔던 초등학교였다. "네 아빠가 이 그네와 구름사다리에서 놀았지." 할아버지는 매번 이 점을 환기시켰다.

아버지가 돌아가신 후, 조부모님은 어머니를 안심시켰다. "걱정하지 마라. 우리가 널 돌봐 줄게." 그리고 그분들은 정말 그 약속을 지켰다. 우리가 방문했다가 돌아갈 때면 할아버지는 어머니에게 몰래 돈을 찔러 주었고 형과 내게는 1달러짜리 은화를 주셨다. 할머니는 식사 때마다 두 종류의 고기를 내놓으셨는데, 가난한 우리 집 형편을 배려해 순전히 우리를 위해 그렇게 하셨다는 것을 나중에야 깨달았다.

조부모님 집에서는 모든 것이 이상하고 멋져 보였다. 냉온수가 따로 나오는 수도꼭지, 자동으로 움직여서 다음번 LP판이 톡 소리를 내며 떨어지게 해 주었던 전축의 톤암, 공용선과 연결되지 않은 개인 전화가 그랬다. 형과 나는 매일 아침 현관 베란다로 나가 물방울이 맺힌 유리병에 담긴 배달 우유—초콜릿 우유—를 가져왔다.

버지니아에 있는 조부모님의 집은 우리의 피난처였다. 집에서라면 엉덩이를 맞았을 거친 장난도 조부모님은 귀엽게 봐주셨다. 방문을 마치고 그 집을 떠날 때면 따스하고 사랑이 넘치는 곳을 뒤로하고 나오는 기분이 들었다.

* * *

어릴 때는 아버지를 그리워하지 않았다. 그럴 수가 없었다. 아버지가 세상을 떠났을 때 나는 한 살도 채 되지 않았으니 아버지를 전혀 몰랐다. 두 장의 흐릿한 사진이 아버지의 모습을 그려 보는 데 도움이 되었다. 한 장의 사진에는 마르고 맵시 있는 수병이 해군모를 비스듬히 쓴 채 난간 울타리에 기대어 서 있다. 다른 한 장

빛이 드리운 자리

은 좀 더 공식적인 느낌의 얼굴 사진이다. 금속 테 안경을 쓴 아버지는 좀 더 나이 들어 보이고 학자 같은 분위기도 풍긴다. 옷깃이 넓은 두 줄 단추의 정장에다 폭이 넓은 넥타이를 매고 있다. 곱슬머리는 한쪽에서 가르마를 타서 반대쪽으로 빗어 넘겼다.

"네 아빠야." 어머니는 내가 말을 이해하기도 전부터 이 사진들을 가리키며 종종 말했다. 어머니는 아버지를 "네 아빠"라고 불렀지만, 나는 그분을 어떤 호칭으로도 부르지 않았다. 아버지는 내가 말을 배우기도 전에 돌아가셨으니까.

아버지가 세상을 떠날 당시 세 살이던 형은 아버지의 이름(마셜 와츠 얀시 2세)뿐 아니라 세 가지 기억도 간직하고 있다. 한번은 형이 달려나가 거대한 검은 폰티악을 맞았는데 아버지가 자동차 사물함에서 막대사탕을 꺼내서 내밀었다. 형이 회상하는 두 번째 기억은 아버지와 함께 조지아의 붉은 점토로 이루어진 언덕을 오른 일이었다. 형의 눈에는 그 언덕이 거대해 보였다. 아버지는 한쪽 팔로는 아기인 나를 안고 다른 팔로 형을 끌어주었다. 형은 집으로 돌아와서 이렇게 뻐겼다. "난 산을 올랐어! 필립은 걷지도 못해."

세 번째 기억은 늘 형을 따라다녔다. 마비되어 이제 숨을 쉬는 것조차 버거워진 남자가 병원 침대에서 형을 향해 천천히 머리를 돌리고 힘겹게 말을 내뱉었다. 한 번에 한두 어절씩 꺼내고 중간중간 힘겹게 숨을 쉬어 가면서 말했다. "아들 … 내가 … 여기 … 있는 동안 … 네가 … 가장 … 이다. … 네가 엄마와 … 어린 … 동생을 … 돌봐 … 야 해." 형은 고개를 끄덕였고 세 살배기가 할 수 있는 선에서 최대한 엄숙하게 그 부담의 무게를 받아들였다. 형은 내 엉덩이를 때려 주는 일은 당장 자기가 맡아야 한다고 어머니에게 말했다.

몇 년 후, 태어난 지 몇 개월 안 되었을 때 찍은 내 사진을 우연히 발견했다. 여느 아기와 똑같은 모습이다. 통통한 볼, 반 대머리, 밝고 초점 없는 눈빛. 사진은 강아지가 갖고 논 것처럼 구겨지고 훼손되어 있다. 어머니가 그렇게 된 경위를 설명했다. "네 아빠가 철폐 안에 계실 때 내 사진과 너희들 사진을 달라고 하시더구나. 그 사진들을 기계의 금속 손잡이 사이로 밀어 넣어야 했어. 그래서 그렇게 구겨진 거야."

갑자기 가슴이 뭉클해졌다. 난생처음으로, 아버지와의 정서적 유대를 느꼈다. 사실상 낯선 사람이나 다름없는 아버지가 나를 사랑하는 모습을 상상하니 이상했다. 인생의 마지막 몇 달 동안, 아버지는 깨어 있는 시간을 자신의 가족 세 사람의 모습을 보면서 보냈다. 그들은 내 가족이기도 했다. 아버지의 시야에는 우리 외에 다른 아무것도 없었다.

아버지가 나를 위해 기도했을까? 물론이다. 아버지가 나를 사랑했을까? 그렇다. 하지만 그는 병실 출입이 금지된 자식들에게 그 사랑을 표현할 길이 없었다.

나는 그 구겨진 사진을 자주 생각했다. 그것은 나의 아버지인 낯선 남자와 나를 이어 주는 몇 안 되는 연결고리 중 하나였다. 내가 전혀 기억하지 못하는 사람, 감각적으로 전혀 모르는 사람이 나를 생각하고 내게 자신을 바치고 나를 최대한 사랑하면서 매일매일을 보냈다. 그러다 많은 흔적을 남길 시간도 없이 이 세상을 떠났다.

빛이 드리운 자리

아버지와 나의 관계는 시작되자마자 끝났다. 그 시점부터는 죽 어머니가 나를 책임졌다.

04 / 서원

기억은 뭔가 벌어지고 완전히 없었던 일이

되지 않을 때 남는 것이다.

─에드워드 드 보노, 《마음의 메커니즘》

자라면서 아버지의 부재가 오히려 하나의 존재로 느껴진다. 아버지는 결정적 순간마다 어머니가 지니처럼 불러내는, 유령 같은 존재다. 네 아버지가 널 지켜보신다. 네 아버지가 너무나 자랑스러워하실 거다.

학교에서 나는 아버지가 없다는 점에서 여느 아이들과 다르고, 그것이 맘에 든다. 다른 아이들을 괴롭히는 아이들이 나는 그냥 봐주기도 한다. 하지만 경우에 따라서는 내게 더 비열하게 굴 때도 있다. 나에겐 그 아이들 집으로 찾아가 부모에게 항의할 보호자가 없기 때문이다.

어떤 아이들은 눈치도 없이 형이나 내게 이렇게 묻는다. "너네 아빠 어떻게 죽었어?" 소아마비 이야기를 하면 우리의 지위는 대번에 올라간다. 1950년대에는 광견병이나 자살보다 소아마비가 훨씬 더 극적인 효과를 발휘했다. 모든 학교 벽에 걸린 '소아마비 구제 모금 운동' 포스터에는 다리에 금속 교정기를 착용하거나 무시무시하게 생긴 장치 안에 누워 있는 어린이들이 등장한다. 아버지가 저런 철폐 안에 있었다고 덧붙이면, 아이들은 무슨 말을 해야 할지 모를 때 으레 그러듯 눈이 커진다.

형과 나는 교회에서 많은 관심을 받는다. 여자들은 뻣뻣이 일어선 내 머리카락들을 눌러 주면서 혀를 차며 이렇게 말한다. "가엾은 것, 엉클어진 곱슬머리 하며 네 아빠랑 아주 똑같구나." 그들의 남편들은 갑자기 자기들 손톱에 관심을 갖거나 옷에 수염이 붙지 않았는지 살핀다. 나는 우리 가족의 곤경이 이끌어 내는 동정을 즐긴다.

가끔은 교인들이 우리를 위로한답시고 이런저런 말을 한다. "네 아버지는 지상에서의 일을 완수했고 하나님이 천국으로 승진시키신 거야." 그보다 더한 말도 있다. "분명, 너희 둘보다 하나님께 더 네 아버지가 필요하셨던 게지." 형은 그런 말을 들으면 수줍게 고개를 숙인다. 나보다 두 살 많은 형은 슬픈 표정을 지어서 우리를 위로하려는 사람들로부터 더 친절한 말을 끌어낼 줄 안다.

사람들은 어머니도 위로하려고 애쓴다. 어머니는 성경 교사로 봉사하고 있고 추종자들도 있다. "분명히 말하지만, 남편분 같은 사람은 한 번도 만나 보지 못했어요. 정말 너무나 큰 비극이에요. 두 사람이 얼마나 대단한 선교사 부부가 되었을지 상상해 보세요." 어머니는 고개를 끄덕인다. 그 얼굴은 정중하고 상처 입은 과부의 표정을 짓고 있다. "하나님이 그분을 그렇게 일찍 데려가신 데는 뭔가 이유가 있을 거예요." 어떤 사람들은 그렇게 말하는데, 그 말이 어머니 마음에 꽂힌다. 마셜과 필립, 너희가 그 이유야. 어머니는 그렇게 결정했다.

형은 어머니가 갑자기 저녁 식탁을 떠나 한동안 침실로 가 있을 때 어머니를 진정시키는 데 도움이 되는 말을 할 줄 안다. 한번은 어머니가 행주로 눈을 훔치는 것을 보고 이렇게 말한다. "아빠는 우리보다 더 분명하게 살아 계세요." 어머니는 그 이야기를 교회 사람들에게 들려주고 전화로도 이야기한다. 작은 마셜은 자신의 지혜에 만족하여 활짝 웃는다.

나로 말하면, 확실한 것은 아버지가 없다는 것 하나뿐이다. 나도 형처럼 슬픈 척하고 싶지만 방법을 모른다. 죽음이 사람들을 울린다는 것은 알 수 있고, 아버지에게 벌어진 일이 우리 삶에 가장 큰 비극이라는 것도 어찌어찌 이해한다. 그렇지만, 내 안에서는 아무것도 느껴지지 않는다. 아버지는 내게 한 조각의 기억조차도 아닌 그저 상처일 뿐이다.

* * *

죽음은 큰일이란 걸 나도 의식한다. 어머니는 작은 글자로 인쇄된 신문의 부고란을 꼼꼼히 읽는다. 차를 타고 어딘가를 가다가도 장례 행렬을 만나면 차를 길 한쪽에 세우고 존중의 뜻으로 다른 차들과 함께 기다린다. 죽음의 순간만큼은 아무것도 아닌 사람이라도 특별한 존재가 된다.

어머니를 따라 가끔 장례식에 참석한다. 남부의 장례식에서는 흔히 관을 열어 놓는다. 죽은 사람들은 산 사람들과 똑같아 보인다. 움직이지 않고 눈을 감고 있다는 사실만 다를 뿐이다. 죽은 사람을 만져 보고 어떤 느낌인지 알고 싶다는 생각이 든다. 하지만 키가 작아 여의치가 않다. 관에 몰래 팔을 넣으려 할 때마다 코트 소매에 달린 금속 단추들이 관 옆쪽을 긁는다. 아무도 그 소리를 못 들었기를 바라며 재빨리 팔을 거둬들인다.

아버지는 숲속에 자리 잡은 오래된 시골 묘지에 잠들었다. 어머니는 종종 교회 예배를 마친 후, 우리를 그리로 데려간다. 조지아의 태양이 뜨겁게 내리쬔다. 형과 나는 넥타이를 느슨하게 푼다. 재킷을 벗고 진흙 웅덩이를 조심스럽게 피해서 걸으며, 무덤들 사이를 이리저리 돌아다닌다. 그곳에는 근사한 기념물, 천사 조각상과 대리석에 새겨진 시詩, 죽은 아기들을 기념하여 돌로 만든 어린양과 케루빔이 잔뜩 있다.

남북전쟁 때 죽은 군인들이 묻힌 무덤들도 눈에 띈다. 빈민들을 위한 한 구역에는 어떤 표식도 없다. 판자 두 개에 못을 박아서 만든 십자가가 전부다. 몇 개의 십자가에는 묻힌 사람들의 사진이 붙어 있다. 투명 플라스틱으로 씌운 그 사진들 아래로 개미들이 기어가 이슬을 마신다.

형과 내가 주위를 배회하는 동안 어머니는 허물어지는 시멘트 갓돌 안쪽에 자리 잡은 얀시 가족묘 옆에 서 있다. 해군에서 제공한 아버지의 비석은 아주 소박하다. 평평하고 단순한 그 표식에는 출생일과 사망일이 적혀 있다. 어머니는 그곳에 묻힌 얀시 가문의 다른 사람들에 대해서도 말해 주려 하지만, 우리는 전혀 관심이 없다. 차라리 뱀을 잡으러 가는 게 낫지.

우리가 자라면서 묘지 방문은 점점 따분한 일거리가 되어 간다. 어머니는 무례한 사람들이 울타리 안으로 던져 놓은 쓰레기, 폐타이어, 속옷 등을 우리가 치워야 한다고 주장한다. 잠시 멈춰서 쉴 때면, 어머니는 우리가 알지 못하는 친척들에 대한 오래된 이야기들을 반복한다. 똑같은 이야기들이다.

그런데 언젠가 한 번은 평소와 달랐다. 그때 몇 살이었는지 기억나지는 않지만—아홉 살이나 열 살쯤 되었을 것이다—그날의 기억이 최근의 일처럼 또렷하게 떠오른다.

* * *

의식처럼 자리 잡은 일요일 묘지 방문을 마치고 집으로 돌아와서 씻었다. 무슨 이유에서인지 식사 시간도 아닌데 어머니가 식탁으로 쓰는 부엌의 포마이카 테이블로 우리를 부른다. 형과 나는 서로를 바라보며 잘못한 게 있나 생각해 본다. 어머니는 커피가 든 하얀색 머그잔을 왼손에 들고 있다. 스푼 손잡이가 잔 밖으로 삐죽이 나와 있다. 커피를 젓기만 할 뿐 마시지는 않는 어머니의 표정이 유난히 진지해 보인다. 눈가를 훔치고 몇 번이나 마른침을 삼키다가 마침내 입을 연다.

어머니는 먼저 사무엘상에 나오는 한나 이야기를 상기시킨다. 주일학교에서 배워서 이미 아는 이야기다. 한나는 다른 무엇보다 아기를 간절하게 원했다. 성전에서 너무나 열심히 오래 기도하는 한나를 보고 제사장은 그녀가 술 취했다고 생각했다.

어머니는 킹제임스 역본에서 그 이야기를 찾아 일부를 읽는다. "엘리가 그녀에게 이르되, 네가 어느 때까지 취하여 있으려느냐? 네게서 포도주를 치우라, 하매 한나가 대답하여 이르되,

내 주여, 그렇지 아니하니이다. 나는 영이 슬픈 여자이니이다. 내가 포도주나 독주를 마시지 아니하고 다만 주 앞에 내 혼을 쏟아놓았을 뿐이오니"(삼상 1:14-15, 한글 흠정역).

형과 나는 몰래 눈짓을 주고받는다. 어머니는 지금은 술 마시는 걸 가지고 키득거릴 때가 아니라고 엄격한 목소리로 경고한다.

어머니는 이어서 말한다. "성경에 나와 있는 것처럼, 한나는 불임이었어. 그 말은 아이를 가질 수 없었다는 뜻이지. 하지만 하나님은 한나의 기도를 들으셨단다. '이 아이를 위하여 내가 기도하였더니 주께서 나의 청원, 곧 내가 그분께 구한 것을 내게 주셨나이다. 그러므로 나도 그를 주께 빌려 드리되 그가 살아 있는 동안 그를 주께 빌려 드리리이다, 하니라. 그가 거기서 주께 경배하니라'"(삼상 1:27-28, 한글 흠정역).

어머니는 잠시 말을 멈춘다. 나는 '하나님께 빌려 드린다' '하나님이 빌려 가신다'는 구절의 의미를 곰곰이 생각해 본다.

"하나님은 한나의 기도에 응답해 아이를 주셨고 그녀는 아이의 이름을 사무엘이라고 지었지. 그래서 사무엘이 젖을 떼자마자, 아마도 세 살 무렵에—마셜, 네 아빠가 돌아가셨을 때 네가 그 나이였단다—아이를 성전으로 데려가서 하나님께 바쳤어." 마셜의 얼굴에는 놀라움과 불안감을 섞은 것 같은 어떤 감정이 드리운다. 이 얘기가 어디로 가는 거지? 우리는 여전히 아무 말도 하지 않는다.

어머니는 주저한다. 그다음 할 말을 확신하지 못하는 듯하다. "너희는 모르는 일이지만, 나는 결혼 전에 여자들에게 있는 어떤 문제를 고치기 위해 수술을 받아야 했단다. 의사는 내가 아기를 갖지 못할 거라고 말했어. 글쎄다, 너희 아빠와 나는 기도했어. 우리가 결혼하고 거의 정확히 일 년 후, 마설, 네가 태어났단다. 어려운 임신이었어. 나는 거의 죽을 뻔했지. 그리고 이 년 후에 필립, 네가 생긴 거야."

어머니는 말을 멈추고 크리넥스로 코를 푼 다음 눈가를 훔친다. 내 심장박동 소리가 어찌나 크게 들리는지 어머니한테까지 들릴 것만 같았다.

"그로부터 일 년 뒤에 너희 아빠가 돌아가셨어. 뭘 어찌해야 할지 모르겠더구나. 내 모든 꿈이 깨어져 버렸어. 하나님이 나를 아프리카 선교사로 부르셨다고 믿었거든. 우리가 거기 가면 우리를 후원해 주고 기도해 줄 사람들이 줄을 서 있었어. 그런데 갑자기 모든 것이 산산조각 난 거야.

나는 너희 아빠에게 필라델피아로 돌아가지 않겠다고 약속했단다. 그래서 두 사내아이를 돌보며 이 새로운 지역에서 살았어. 남편도 없고 직업도 없었지. 예전에 다니던 펜실베이니아 교회에서 매달 50달러씩 보내 주기로 했지만, 월세만 해도 53달러였어. 우리가 살아남을 수 있을지 모르겠더구나."

한동안 커피잔 안에서 스푼을 이리저리 돌리다가 어머니가 말을 잇는다. "나는 묘지로 갔어. 너희가 오늘 방문한 무덤 말이야. 새로 만든 무덤이라 흙도 다져지지 않아서 불룩했을 때였지. 나는 그 흙더미 위에 팔다리를 쭉 뻗고 엎드려 흐느끼며 하나님께 울부짖었어. 한나처럼 말이야. 한나 이야기는 하나님이 바로 내게 주신 이야기야. 바로 그때 거기서, 너희 둘을 하나님께 바쳤단다. 너희 둘을 사용하셔서 너희 아빠와 내가 품었던 꿈을 이루어 달라고, 우리 대신에 너희를 아프리카 선교사로 보내 달라고 간구했어. 그러고 나니까 처음으로 너희 아빠 죽음에 대해 어느 정도 평안이 느껴지더구나."

형과 나는 꼼짝도 하지 않는다. 뱃속이 울렁거린다. 숨을 쉬는 것조차 무섭다. 우리는 이런 어머니를 본 적이 없다. 울음이 터질 것 같으면 어머니는 보통 다른 방으로 들어가니까. 어머니는 몇 번 훌쩍인 뒤 이야기 한 가지를 덧붙인다.

"나는 재혼하지 않기로 결심했단다. 내가 할 일은 너희 둘을 보살피는 것이었어. 너희가 지금보다 어렸을 때 둘 다 건강에 문제가 있었어. 마셜, 너는 애리조나에서 사막열에 걸렸어. 의사 말로는 류마티스성 열과 비슷한 병이라고 하더구나. 네가 고열로 경련을 일으키면 너를 데리고 몇 번이나 병원으로 달려가야 했지. 필립한테는 천식과 폐렴이 있었어. 폐가 터질 듯이 기침을 하곤 했지. 두 번인가는 너희 둘을 다 응급실에 데려가야 했어. 그때마다 너희를 차에 태우기 전에, 나는 무릎을 꿇고 기도했다. '주님, 이 아이들이 아버지의 자리를 대신해 아프리카에서 선교하길 원하지 않으신다면, 차라리 지금 데려가 주세요. 이 아이들은 당신의 것입니다. 저는 이 아이들을 당신께 드렸습니다.'"

형과 나는 어떻게 반응해야 할지 몰라 한동안 꼼짝 않고 그 자리에 앉아 있다. 한 시간도 더 지난 듯 길게만 느껴진다. 무슨 말이라도 하고 싶지만 혀가 부어오르고 입이 말라 버렸다. 나는 울고 있는 어머니의 팔에 손을 얹는다. 형은 어머니를 포옹한다. 그것이 끔찍한 힘을 가진 어머니의 서원과 우리가 마주친 첫 순간이다.

나는 특별하다고, 심지어 선택받은 사람이라고 느끼면서 식탁에서 일어선다. 그 서원이 결국 얼마나 잔인하게 실현될지 전혀 알지 못한 채로. 한나는 하나님께 자신의 아들을 감사의 예물로 바쳤다. 그러나 형과 나는 그와 다른 이유로—어쩌면 죄책감에서, 아니면 배신감에서—바쳐졌다.

곧 한나 이야기는 성경에서 내가 가장 달가워하지 않는 이야기가 된다.

유년기

2부.

05 / 각성

인생은 우리가 살아 낸 자잘한 별개의 사건들로 구성되지만,
파도처럼 뭉쳐 전체가 되었다. 우리를 싣고 높이 솟았다가
낮게 내려앉아 해변에 와서 부서지는 파도처럼.

—버지니아 울프, 《등대로》

떠오르는 가장 초기의 기억들에는 어김없이 두려움이 담겨 있다.

내가 세 살 때 형이 2층 침대에서 떨어졌다. 야간등 불빛을 받아 노랗게 보이는 형의 놀란 얼굴이 슬로모션으로 내 얼굴을 지나쳤다. 그러고는 바로 테이블의 날카로운 모서리에 부딪혔다. 비명, 튀기는 핏방울, 이웃에게 전화해서 나를 봐 달라고 부탁한 뒤 형을 데리고 병원으로 달려가는 어머니. 자정이 지나서 돌아온 형의 이마에는 꿰맨 상처를 덮은 거즈 조각이 붙어 있었다.

큰 노크 소리로 시작하는 또 다른 기억도 떠오른다. 어머니가 문을 열러 나간다. "오브라이언 부인네 아이 가운데 하나일 거야. 출산 예정일이 다 되었거든."

그러나 문을 여니 입에서 이상한 냄새가 나는 여자가 비틀거

빛이 드리운 자리

리며 들어온다. "문 잠가요!" 휘청대며 의자 쪽으로 가는 여자가 울음 섞인 목소리로 말한다. 그녀는 피가 나는 팔을 천 조각으로 누르고 있다.

어머니는 형과 나를 침실로 데려간다. 우리는 침실 출입구 바로 안쪽에 서서 거실의 숨죽인 대화를 들으려고 바짝 귀를 기울인다.

곧 여자의 남자 친구가 나타난다. 처음에는 문을 두드리다가 나중에는 창문을 두드린다. 여자가 소리친다. "그 사람 안에 들이지 마세요! 나를 쫓고 있어요. 엄마 집에 숨으려고 했는데 그만 팔을 다쳤어요. 망할 놈의 창문이 깨졌다고요." 금지 단어인 '망할'이 집 안에 총소리처럼 메아리친다.

얼마 후 여자가 떠나면서 문을 잠그지 말아 달라고 어머니에게 간청한다. 마당에서 나는 고함, 문이 쾅 닫히는 소리, 경찰차의 사이렌, 번득이는 붉은빛.

우리는 불운하고 가난한 백인들이 가득한 임대주택 단지에 살고 있다. 낮에는 개 짖는 소리와 아기 울음소리, 방충문의 삐걱거림, "들어와. 점심 먹을 시간이다!"라고 외치는 엄마들의 목소리가 들린다. 밤에는 침실 벽을 공유하는 이웃집에서 쿵쿵 소리가 건너온다. "남편이 또 술을 마셔요." 다음 날 아침 그 집 아내가 멍든 눈으로 어깨를 으쓱하며 어머니에게 말한다.

블레어 빌리지에서의 기억 중 가장 초기의 기억이다. 나는 이유 없이 형을 물었고, 형은 대번에 욕실로 달려가 어머니에게 이른다. "필립한테 당장 이리 오라고 해." 어머니의 명령. 나는 목소리가 나는 쪽으로 천천히 다가간다. 욕실 문을 살짝 연 채 형이 자리를 떠나자, 그사이로 욕조에 앉아 있는 어머니가 보인다. 어머니는 옷을 걸치지 않은 채였다. 안경도 벗었고 갈색 머리는 풀어 헤쳐져 있다. 나는 벌거벗은 여자의 모습을 본 적이 없었다. 비누칠로 윤이 나는 부드러운 곡선의 살. 봐서는 안 된다는 것을 알기 때문에 눈을 어디다 둘지 모르겠다.

"이리 오너라." 경찰처럼 근엄한 목소리다. 내 다리가 뻣뻣해진다. 어머니의 눈은 가늘어지고 목소리는 엄격해진다. "당장!" 나는 한 발 한 발 그 소리로, 훤히 드러난 피부로 다가간다.

"팔 이리 내밀어." 내가 팔을 내밀자 어머니가 손목 바로 위를 세게 문다. 너무 놀라서 울지도 못한 채 물린 자국이 빨갛게 변하는 것을 내려다본다. "이제 물릴 때 어떤 기분인지 알겠지." 어머니가 말한다.

뭐라 불러야 할지 모르는 새롭고 이상한 경험을 한 나는 팔을 쳐다보면서 비틀거리며 욕실을 나온다.

* * *

나는 여자들의 세계에서 자란다. 남자들은 무섭다. 거칠고 말이 없고 위험의 기운을 풍긴다. 무슨 생각을 하는지 알 수가 없다. 여자들은 보통 어떤 식으로든 생각을 알려 준다.

네 살 때 큰 변화가 일어난다. 우리는 필라델피아에 있는 외가 디엠 집안을 방문한다. 거기 있을 때 나는 차 문에 손가락을 세게 찧는다. 큰 소리로 우는 내게 어머니가 말한다. "네 잘못이야. 빨리 피했어야지." 어머니는 붕대를 가지러 집 안으로 다시 뛰어가고 나는 피를 멎게 하려고 천 조각으로 상처를 누른다. '어떻게

내 잘못일 수가 있지? 아픈 사람은 나잖아.'

우리는 차를 몰고 교회에 가서 백만 년 동안 계속되는 것 같은 예배가 끝날 때까지 자리를 지킨다. 예배가 끝난 후 손가락에 붕대를 감은 채 부루퉁한 표정으로 차 뒷좌석에 앉아 있는데 문이 열린다. 옥스퍼드 새들슈즈와 뒤쪽에 긴 봉제선이 있는 우윳빛 간호사 스타킹을 신은 두 다리가 보인다. 그때, 처음 보는 낯선 사람이 머리를 숙이고 차 안으로 들어온다.

어머니가 말한다. "마셜, 필립. 케이 이모한테 인사해야지. 이모는 앞으로 우리랑 같이 살 거야. 이모가 너희 새 아빠인 셈이지."

그 즉시 손가락이 아프다는 사실도 잊어버린다. 새 아빠라고? 그 사람이 우리 차에 탄다. 희끗희끗한 머리, 초록색의 눈, 주름이 생기기 시작한 얼굴. 진짜 이모는 아니지만 이모라고 불러야 한다.

그날 오후, 우리는 조수석에 앉은 케이 이모와 함께 애틀랜타로 향한다. 그녀의 모든 소지품이 판지로 만든 여행 가방 두 개에 담겨 차 트렁크에 실려 있다. 나는 말없이 여자의 뒤통수를 쳐다보면서 이 새로운 상황에 대해 곰곰이 생각한다. 그녀가 우리와 함께 살 거라면 내 편으로 끌어들일 방법을 찾아야 한다.

하룻밤을 묵기 위해 버지니아의 한 모텔에서 멈추었을 때 나는 선언한다. "케이 이모 침대에서 자고 싶어요!" 효과가 있다. 침대에서 이모는 나를 자기 쪽으로 끌어당겨 안아 준다. 어떤 아이도, 어느 누구도 이모의 침대에서 자게 해 달라고 한 적이 없었기 때문이다. 이모의 마음으로 이어지는 문이 활짝 열리고, 그 순간부터 죽 나는 이모의 총애를 받는다.

긴 여행을 하는 동안에 어머니는 케이 이모가 기도의 응답이라고 설명한다. "너희 둘을 기르겠다고 너희 아빠에게 약속했지만, 더 이상 나 혼자서는 감당이 안 되는구나. 난 성경 클럽에서 가르쳐야 하잖니. 케이 이모가 성경 클럽 일도 도와주고 집안일도 도와주실 거야."

케이 이모가 자신의 이야기를 해 준다. 이모의 아버지는 이모의 남동생이 태어났을 때 집을 나갔다. 그때부터 이모의 어머니는 가족을 데리고 이리저리 이사를 다녔다. 어떨 때는 집세를 낼 때가 되면 한밤중에 떠나기 일쑤였다. 한번은 성난 집주인이 집 안에서 문을 잠그고 그들의 물건은 집 밖으로 내던져 버렸다. 그때 어린 케이는 제일 좋아하는 인형을 잃어버렸다. 결국 그들의 삶은 보트로 밀려났다. 어머니가 남의 집 청소를 해 주면서 간신히 생계를 꾸려 갔다. 케이가 고등학교를 졸업했을 때 한 친척이 케이에게 제안했다. 엄마처럼 남의 집 청소나 하며 살 수 있지만, 열심히 공부할 마음만 있다면 간호학교 학비를 대 줄 수도 있다고. 케이는 그 제안을 바로 받아들였고 여러 해 동안 간호사로 일했다. 그 후 그녀는 기독교인으로서 섬길 기회를 찾았다. 필라델피아 교회가 도움이 필요한 우리 가족을 그녀에게 소개한 때가 마침 그 무렵이다.

케이 이모가 집에 오면서 모든 것이 달라진다. 세상 물정에 밝은 그녀는 도구를 사용하고, 은행을 상대하고, 자동차 오일 교환도 한다. 그래서 어머니는 그런 일들을 이모에게 맡긴다. 무뚝뚝한 태도와 펜실베이니아 억양 때문에 조지아 사람들은 그녀를 미심쩍게 여기지만 그래도 이모는 대부분 자기 방식을 고집한다. 이모가 어머니에게 말한다. "남자들은 과부를 이용해요. 누군가 당신을 속이려는 것 같으면 내게 맡겨요." 내 생각에 그녀는 남자들에게 쓴 뿌리가 있는 것 같다. 하지만 어린 사내애들에게는 아니다.

케이 이모는 우리와 삼 년 동안 같이 산다. 그녀는 정말 새 아빠 같았다. 간호사이다 보니 코피가 나거나 벌에 쏘일 때의 처치법을 안다. 내 인생이 밝아진다. 나는 어떻게 하면 이모가 어머니와 맞서게 할 수 있는지 그 방법을 익힌다. 보통 케이 이모는 내 편을 드니까. 목욕도 이모가 도와주는 편이 낫다. 어머니가 목욕을 도와줄 때는 너무 빡빡 밀어서 피부가 화끈거리지만, 이모는 목욕천으로 부드럽게 닦아 준다. 케이 이모는 결코 서두르지 않고 내가 보트나 비누 거품을 갖고 놀고 싶어 할 때도 느긋하게 기다려 준다.

게다가 이모는 우리를 때리려는 어머니가 마음을 바꾸도록 말해 주기도 한다. 이모는 어릴 때 많이 혼나지 않았던 것 같다.

* * *

침실이 더 필요해진 우리는 블레어 빌리지를 나와 애틀랜타 남부의 시골 마을 엘렌우드로 이사한다. 이제 우리는 흙길이 있는 농지에서 산다. 케이 이모는 우리가 찰스 디킨스의 세상에서 톰 소여의 세상으로 넘어왔다고 말한다. 그 말이 무슨 뜻인지는 모르지만 나는 새로운 동네가 좋다. 싸우는 이웃들 대신에 새소리와 시골의 적막이 흐른다. 그것을 방해하는 거라곤 인근 철로에서 들려오는 스릴 만점의 소리들뿐이다.

첫날 밤, 자리에 누워 있는데 너무 조용해서 잠이 오지 않는다. 그러다 열차의 덜컹거리는 소리와 멀어지는 외로운 기적 소리가 들려온다. 다음 날 형과 나는 철로로 간다. 비가 내려 철로가 은빛으로 빛난다. 무지개처럼 반짝이는 얇은 기름막이 덮인 웅덩이를 펄쩍 뛰어 건넌다. 우리는 오전 대부분 연기를 뿜어내는 힘센 기차가 칙칙폭폭 소리를 내며 지나가는 모습을 넋 놓고 쳐다본다. 기다란 기차가 지나갈 때마다 그 무게로 철도의 레일들이 오르내리며 끼익 하고 소리를 낸다. 우리는 빠르게 지나가는 유개화차의 수를 헤아린다. … 79, 80, 81. 승무원실이 보이면 미친 듯이 손을 흔든다. 그 안의 제복을 입은 사람들도 우리에게 손을 흔들어 주기를 바라면서.

우리가 이사 온 지 얼마 후, 유개화차 몇 량이 탈선하여 철로 옆으로 익은 수박 수백 통이 쏟아진다. 일부는 바닥에 떨어져서 쪼개지고 물기 많고 빨간 알맹이에 파리 떼가 꼬인다. 형과 나는 달콤한 향이 나는 포장용 건초를 헤집으며 집에 들고 갈 만큼 작고 온전한 수박을 찾는다. 농산물 직판장에서는 좋은 수박이 1달러 정도 하는데, 다음날 시골 사람 몇 명이 도로가에 가판을 설치하고 큰 수박을 25센트에 판다고 광고한다. 지나가던 운전자들이 차를 세우고 수박을 산다. 우리는 공짜로 집어먹을 수 있는 수박에 돈을 내는 멍청이들을 비웃는다.

철로에서는 온갖 종류의 보물이 나온다. 또 다른 탈선으로 교회 가는 길에 있는 이스트포인트에 그랜드피아노 한 무더기가 쏟아진다. 우리는 현장을 우회하면서 피아노 다리, 건반, 윤기 나는 검은 나무들이 궤도 위에 뒤죽박죽 뒤섞여 흩어진 광경을 넋 놓고 바라본다. 몇 주 후, 교차로에서 차가 막힌다. 기차와 자동차의 충돌 사고 후 긴급 복구반 직원들이 뒤처리를 하는 중이다. 시간이 너무 길어지자 어머니는 우리가 나가서 돌아다니게 해 준다. 나는 철로 옆에서 가운데 부분이 접히는 창백하고 흰 살덩이를 발견한다. 누군가의 팔꿈치가 분명하다. 나는 그것을 만져 본 뒤 그냥 두고 온다. 이 발견물에 대해 이야기하자 엘렌우드의 놀이 친구들은 깜짝 놀란다.

시골 아이들이 블레어 빌리지의 아이들보다 더 안전하다고 판단한 어머니는 우리가 바깥에서 돌아다니게 해 준다. 바깥에서는 신세계가 우리에게 손짓한다. 우리는 이웃 아이들이 알려 준 담배 사탕을 입에 물고 돌아다닌다. 껌은 우리 집에서 금지 품목이지만, 아이들은 우리에게 씹어 먹을 수 있는 탁구공만큼 커다란 눈깔사탕을 준다. 금지된 물품이 은밀한 쾌락을 제공한다는 사실을 배운다. 집으로 가기 전에 이를 잘 핥아 내기만 하면 된다.

우리 집에서는 총도 금지 품목이다. 그 말은 카우보이모자를 쓰고 장난감 권총을 권총집에 찬 사내아이들 사이에서 형과 나는 불리하다는 뜻이다. 한 아이가 아버지의 서랍에서 진짜 총알을 훔쳐 오자, 우리는 그 황동 물건을 우상처럼 바라본다. 아이는 총이 없어도 총알 뒷부분을 망치로 때려서 발사할 수 있다고 말한다. 위험하다는 생각에 얼굴이 빨개지면서도 우리는 거듭거듭 시도한다. 그러나 아무리 해도 총알은 발사되지 않는다.

다섯 살 무렵 내 몸을 자각하게 된다. 손톱을 물어뜯지 않고는 참을 수가 없다. 마침내 어머니가 내 손톱에 매운 후추 소스를 바른다. 자는 중에도 내 몸이 내게 장난을 친다. 화장실 가는 꿈을 꾸는데 깨어나 보면 이불이 축축하게 젖어 있다. 다리에서 뛰어내리는 꿈을 꾸다 잠에서 깨어나면 다리가 경련을 일으켜 움찔거린다. 한번은 총에 맞아서 배에서 피가 쏟아지는 꿈을 꾸었는데, 리프라이드 빈을 먹고 가스가 나온 것이었다.

밖에서 놀다가 집에 들어갈 때가 되면 매일 무릎에 딱지가 앉고 마른 피와 똑같은 색깔의 조지아 흙이 뒤범벅된다. 정원 호스로 물을 마시는데, 햇볕에 데워진 물이 차가워질 때까지 잠시 기다린다. 호스의 고무맛과 우물의 쇠맛이 뒤섞인 이상한 맛이 나는 물을 입에다 부으면 옷 위로 넘쳐흐른다. 물을 머리에 뿌리거나 엄지손가락으로 호스 주둥이를 막아서 개미탑에 분사한다. 창문을 두드리는 날카로운 소리에 위를 올려다보면 부엌 싱크대에서 나를 지켜보고 서 있는 어머니가 보인다.

여름에는 세상이 살아난다. 쌍살벌들이 땅바닥에 떨어진 사과 주위를 휘청거리며 날아다닌다. 발효된 과일을 먹고 취한 놈들을 표적으로 삼아 돌멩이나 썩은 사과로 손쉽게 처리한다. 해 질 녘에는 반딧불이를 쫓아다닌다. 하늘이 어두워지고 박쥐가 나타나면 공을 공중에 던진다. 그러면 박쥐들은 급히 움직이며 공을 따라 아래로 내려온다.

나를 집 안으로 불러들이려면 어둠보다 강력한 존재가 필요하다. 어머니다. "필립, 당장 들어와!"

* * *

그 무렵, 나는 말에 힘이 있음을 발견한다. 내 인생에서 어른인 두 사람 앞에서 나는 운이 맞는 단어들—cape(망토, 갑), gape(벌어지다), tape(테이프), rape(강간[하다])—의 목록을 되풀이해서 말한다. 그러고는 어른들 사이에 다 안다는 눈빛이 오가는지 살펴보며 과연 말에 힘이 있는지 확인한다. 늘 그런 것은 아니지만 대개 그들은 미소를 짓는다. "조심해야지. 우리는 그 단어는 입 밖에 내지 않아."

형이 하는 말을 그대로 따라 하면 형을 미치게 만들 수 있다는 것도 알게 된다. 형은 나 때문에 열 받기도 한다. "그만해." 그만해. "그만하라고 했다!" 그만하라고 했다! "엄마한테 이른다." 엄마한테 이른다. "너 이제 큰일 났다, 필립." 너 이제 큰일 났다, 필립.

그리고 가끔은 정말 큰일이 나기도 한다. 진흙 웅덩이를 뛰어넘으려다가 빠진다. 바닥 난방용 쇠 살대 사이로 동전이 빠진다. 여름철마다 회전하는 선풍기가 자기를 시험해 보라고 부추긴다. 거대한 기계 벌레를 연상시키는 선풍기는 머리를 앞뒤로 돌리고 날개가 헬리콥터처럼 회전한다. 그 앞에서 노래를 부르면 선풍기가 한 음절씩 잘라먹어 내 목소리가 만화 주인공 딱따구리처럼 들린다. 날개 안으로 판지를 밀어 넣고, 손가락이 잘리지 않을 만큼 최대한 가까이 손가락을 집어넣는다.

내 안에서 속삭이는 음성은 웅덩이에서 첨벙대라고, 길을 잃을 때까지 숲속을 탐험하라고, 지나가는 차에 산딸기를 던지라고 부추긴다. 나는 그 음성을 따를 뿐이다. 그런 일들을 의도한 것이 결코 아니다.

"난 뒤통수에 눈이 있다고." 케이 이모는 그렇게 주장하고, 한동안 나는 그 말을 믿는다. 내가 뭔가 잘못을 저질렀을 때 이모는 언제나 아는 것처럼 보이기 때문이다. 어느 날 내가 방 안으로 들어가자 어머니와 케이 이모가 하던 말을 멈춘다. 그들은 서로를 쳐다보고 어머니가 말한다. "작은 주전자가 큰 귀를 갖고 있다지요."* 엉? 야구 투수 말인가? 방을 나간 나는 두 사람이 다시 이야기를 시작할까 싶어 문에 귀를 대본다.

세상에는 두 종류의 규칙이 있다. 어른을 위한 규칙과 아이를 위한 규칙. 아이는 어른이 말하는 대로 해야 한다. 그 말이 이치에 맞든 아니든, 그 말대로 하고 싶든 아니든 상관없다. 아이들은 틀렸을 때 사과해야 하지만 어른들은 절대 사과하지 않는다. 어른들은 하나님처럼 온갖 규칙을 만든다. 그리고 내 놀이 친구들에 따르면, 하나님을 경외하는 우리 어머니에겐 너무 규칙이 많다.

비밀을 간직하는 일은 어른들에게만 허락된다. 아이들에게는 허락되지 않는다. 어머니에게 왜 전화할 때 속삭이는지 물으면, 어머니는 이 말로 내 질문을 막아 버린다. "네가 상관할 일이 아니야." 하지만 내게 비밀이 있으면 어머니는 내 눈높이에 맞춰 몸을 굽히고 내 눈을 똑바로 들여다보면서 내가 뭘 숨기고 있는지 알아내려고 한다. 어쩌면 내 뇌 속을 들여다보는지도 모른다. "사실대로 말하렴. 무슨 일이 있었니? 거짓말하기만 해 봐!"

아이는 어른을 절대 놀릴 수 없지만, 어른은 아이를 놀려도 괜찮다. "입 나온 물고기가 있네." 내가 부루퉁해 있으면 어머니는 이렇게 말한다. "커다란 입이 쑥 나온 못생긴 물고기 좀 봐." 교

• Little pitchers have big ears, 아이들은 귀가 밝다. 아이들 앞에선 말조심을 해야 한다는 뜻. pitcher라는 단어에는 주전자뿐 아니라 야구 투수의 의미도 있다.

훈이 마음에 새겨진다. 감정을 드러내면 어른이 놀린다. 감정을 드러내지 않으면—아, 어떻게 안 드러낸담?

* * *

형과 나는 늘 음식이 식탁 위에 마법처럼 생겨나는 줄 알았다. 엘렌우드에서는 음식이 어디서 오는지 실제로 본다. 우리는 이웃집에서 달걀을 사고 케이 이모는 안에서 병아리가 자라는 유정란을 어떻게 골라내는지 보여 준다. 나는 한동안 달걀을 피한다. 푹 찌르면 노란 물이 흘러나와 접시 전체를 물들이는 달걀 프라이는 특히 그렇다. 저게 혹시 액체 상태의 아기 병아리는 아닐까?

이사 후 첫 번째로 맞은 여름에 케이 이모는 텃밭을 가꿀 요량으로 땅 한쪽에 울타리를 두른다. 토끼를 막기 위해서다. 많은 괭이질과 씨 뿌리기와 잡초 뽑기의 노동 후, 그 결과물이 형형색색의 장식물처럼 바람에 흔들리며 자태를 드러내기 시작한다. 토마토, 강낭콩, 파프리카, 오크라, 옥수숫대. 자라는 식물들이 내뿜는 뜨겁고 촉촉한 냄새를 들이마신다. 채소를 기르는 일도 손이 많이 간다는 것을 알게 된다. 잡초처럼 자라는 호박과 오이는 예외다.

여름이 막 지나갈 무렵 텃밭 한구석에서 거대한 오이를 발견한다. 여름 내내 잡초에 가려져 있던 이 괴물 같은 놈은 수박만 한 크기로 자라 있었다. 어찌나 무거운지 혼자서는 들 수도 없다. 어머니가 말한다. "우린 저거 못 먹어. 저 아래에 있는 노새에게 주는 건 어떠니?" 형의 도움을 받아 오이를 노새에게 준다. 그런데 며칠 뒤 그 앙상한 노새가 죽었다는 말을 듣는다. 몇 주 동안 나는 가엾은 노새를 죽였다는 죄책감을 느낀다. 어머니는 노새가 뭔가 다른 원인으로 죽었을 거라고 몇 번이나 말하지만 소용없다.

형과 나는 먹는 방식이 다르다. 형은 엄격한 분리를 고집한다. 미트로프는 감자와 닿으면 안 되고, 감자는 채소와 닿을 수 없고, 채소는 디너 롤과 닿으면 안 된다. 나는 으깬 감자 안에 정교한 터널을 파서 브라운 그레이비소스를 조심스럽게 부어 넣은 다음 그 위를 덮고 완두콩을 올려서 장식한다. 접시에 있는 음식은 다 먹어야 한다. "중국에 있는 굶주리는 사람들을 생각해야지." 어머니는 그렇게 말한다. 나는 항상 제일 달갑지 않은 음식부터 시작해서 맛있는 음식으로 넘어간다.

내게 토마토는 특별한 범주의 음식, 말 그대로 끈적끈적한 독이다. 어머니 말에 따르면, 내가 토마토에 거부감을 갖게 된 것은 형이 토마토 스튜를 맛본 후 "나 토마토 싫어"라고 선언했을 때부터였다. 그 말을 듣고 내가 우리 텃밭에서 자라는 윤기 있고 단단한 과일을 캔에서 나오는 고동색의 걸쭉한 음식으로 현상하며 토마토라면 전부 질색하게 되었다는 것이다.

이건 형의 회상이다. "네가 토마토 때문에 발작을 일으키던 날을 잊지 못할 거야. 네가 네 살 때였을 거야. 어머니가 너를 의자에 앉히고 빨랫줄로 양팔을 꼼짝 못 하게 묶어 놓은 뒤 강제로 먹였지."

빨랫줄은 기억나지 않는다. 하지만 어머니가 "토마토를 좋아하게 가르쳐야겠어"라고 말한 기억만은 선명하다. 어머니가 마요네즈에 버무린 토마토, 설탕을 뿌린 토마토, 소금과 후추를 뿌린 토마토 등 각종 토마토를 내 입에 억지로 밀어 넣을 때 나는 소리를 지르고 몸부림치며 머리를 앞뒤로 흔들었다. 빨갛고 신맛 나는 즙이 턱으로 흘러내려 눈물과 뒤범벅이 된 내 모습을 기억한다. 엉엉 울다 못 해 흐느낌이 숨 막힘으로 이어지고 다시 기침으로 바뀌어 결국 몸속에 들어간 토마토보다 몸 밖으로 나온 토마토가 더 많아진다.

나는 지금도 토마토가 싫다.

* * *

반려동물은 유년기의 절정이고 기쁨의 주된 원천이다. 반려동물을 갖게 해 준 케이 이모에게 감사한다. 형과 내가 종류는 상관없으니 반려동물을 기르게 해 달라고 조르기 시작하자 케이 이모가 우리를 지지해 준다. 이모가 어머니에게 말한다. "사내아이들은 반려동물이 있어야 해요. 여기 시골은 동물 기르기에 이상적인 환경이잖아요. 고양이는 어때요? 고양이는 대소변 훈련을 시킬 필요가 없으니 개만큼 성가시지 않을 거예요."

하지만 어머니는 고양이를 몹시 싫어한다. 어머니와 아버지는 결혼 후에 한동안 플로스 고모할머니 댁에서 살았는데, 그분은 필라델피아의 연립주택에서 서른두 마리의 고양이를 키웠다. 어머니는 이렇게 말한다. "그놈들은 교활해. 안 들어가는 곳이 없어. 고양이만 보면 소름이 끼쳐." 길 잃은 고양이가 문 앞에서 야옹 소리를 내면 어머니는 물을 끓여서 고양이에게 붓는다.

형, 케이 이모, 나는 어머니에게 계속 압박을 가한다. 몇 주간의 호소 끝에 마침내 6주 된 새끼 고양이를 얻는다. 네 다리의 흰색 '부츠'만 빼고 온통 새까만 녀석이다. 마치 얕은 페인트 접시에 발을 담근 것 같다. 그렇게 해서 그 녀석 이름이 부츠가 되었다. 녀석은 방충망을 두른 베란다에서 지내고 삼나무 톱밥이 채워진 베개 위에서 잔다. 부츠가 바깥으로 나가려면 먼저 스스로 지키는 법을 배워야 한다고 말하는 케이 이모는 부활절을 새끼 고양이가 자기 방어법을 배우는 시험의 날로 정한다.

마침내 그날이 온다. 내가 다섯 살이 되는 해의 부활주일. 창백한 파란 하늘의 흰 구멍 같은 조지아의 태양이 은은히 비치자 봄이 활짝 피어난다. 공기 자체가 색채로 빛나는 것 같다. 형과 나는 교회를 다녀온 반바지 정장 차림 그대로 부츠를 데리고 밖으로 나간다. 그날 부츠는 첫 번째 풀잎 냄새를 맡고, 미풍에 흔들리는 첫 번째 수선화를 건드린다. 첫 번째 나비를 쫓다가 공중으로 높이 뛰어오르지만 놓친다. 동네 아이들이 와서 함께 부활절 달걀 찾기에 나설 때까지, 우리는 부츠를 보며 즐거워한다.

그러다 옆집의 놀이 친구들이 도착하고, 상상도 못 한 일이 벌어진다. 그 집에서 기르는 보스턴테리어 퍼그스가 아이들을 따라 우리 집 마당에 들어왔다가 부츠를 발견한다. 개는 낮게 으르렁대더니 곧바로 부츠에게 돌진한다. 나는 비명을 지르고 모두가 부츠 쪽으로 달려간다. 이미 퍼그스는 작은 새끼 고양이를 문 채 양말처럼 흔들어 대고 있다. 아이들은 개 주위를 돌면서 소리를 지르고 펄쩍펄쩍 뛴다. 우리는 어찌할 바를 모른 채 빙빙 돌며 번득이는 이빨과 날리는 털 뭉치를 지켜본다. 형이 막대기를 집어서 으르렁대는 개를 때리려고 한다. 마침내 퍼그스가 늘어진 새끼 고양이를 풀 위에 떨어뜨리고 빠른 걸음으로 집으로 돌아간다.

행복을 누리던 세상이 순식간에 내게서 멀어진다. 부츠는 아직 숨이 붙어 있다. 나지막이 야옹 하고 운다. 눈에는 공포가 서려 있다. 물린 상처에서 피가 배어 나오고, 검은 털에는 퍼그스의 침이 잔뜩 묻어 있다. 어른들이 도착해서 아이들을 재빨리 현장에서 몰아낸다.

오후 내내 기적을 구하며 기도한다. '안 돼요! 이럴 순 없어요! 사실이 아니라고 말해 줘요!' 부츠는 죽지 않을지도 몰라. 어쩌면 죽었다가 살아날지도 몰라. 주일학교 선생님이 예수님 이야기를 들려주셨잖아? 나는 하나님께 서원을 하고 약속을 하고 수많은 계획을 머릿속에 떠올린다. 그러나 결국 현실이 승리한다. 나는 부츠가 죽었다는 사실을 받아들인다.

그 이후부터 죽 내 유년기의 부활절들은 그날 풀밭의 기억으로 얼룩진다. 설상가상으로, 얼마 후 어머니는 퍼그스가 부츠를 죽인 것이 아니라고 말해 준다. "새끼 고양이는 살아 있었어. 하지만 목이 부러졌지. 그래서 케이 이모가 부츠를 주머니에 담아서 움직이지 않을 때까지 개울 깊은 곳에 담가 두었단다."

밤에 부츠 꿈을 꾼다. 작은 폐에 물이 차오르는 동안 부츠는 주머니에서 빠져나오려고 미친 듯이 절박하게 할퀴고 물어뜯는다.

* * *

나는 동네 개들에게서 위로를 얻는다. 내게서 위험 신호를 감지하지 못한 개들은 개집이나 현관 아래 공간에서 경직된 다리로 나와 인사를 건넨다. 좀 더 까칠한 놈들은 내가 쪼그리고 앉아 몸을 작게 만들고 손바닥을 위로 하며 내밀 때까지 으르렁댄다. "착하지!" 내가 그렇게 말하면 개들은 조심스럽게 꼬리를 앞뒤로 흔든다. 나는 개들의 피리 부는 사나이처럼, 개떼를 이끌고 길을 내려간다. 녀석들이 내 신발 냄새를 맡고 먹을 게 있나 내 호주머니를 살피면 머리를 쓰다듬어 준다.

어머니는 내가 집으로 데려오는 주인 없는 개 중 단 한 놈에게도 넘어가지 않는다. 심지어 집이 없고 다리도 세 개밖에 없는 가엾은 녀석도 퇴짜다. 어머니가 말한다. "그 개는 불결하구나. 손 씻어야지. 병이 있을지도 모르잖아."

개를 키우게 해 달라고 조른다. 저녁을 먹다가 형의 학교 공부 얘기가 나오면 내가 슬쩍 끼어든다. "개의 또 다른 좋은 점은…."

그러다 놀라운 기적이 일어난다. 교회의 한 친절한 부부가 우리에게 다람쥐 색깔의 꼼지락대는 강아지를 준 것이다. 짧은 털의 코커스패니얼이란다. 우리는 개가 나오는 신발 광고를 보고 신발 이름을 따서 녀석에게 버스터 브라운이란 이름을 붙인다. 거기다 버기 브라운이라는 별명도 붙여 준다. 처음 며칠 동안 녀석은 수건, 더운물이 담긴 병, 어미의 심장박동을 떠올리게 해 줄 시계가 담긴 상자에서 잔다. 낑낑대는 소리에 나는 녀석을 데려다 침대에 올린다. 처음에는 내 이불 아래 발치에 있던 녀석이 꼬물거리며 위로 올라오더니 결국에는 내 얼굴 바로 앞에서 잔다. 아침이면 녀석이 하품할 때 풍기는 특유의 냄새를 맡는다. 녀석은 긴 핑크빛 혀를 내밀어 입술을 핥는다.

우리는 떼려야 뗄 수 없는 사이다. 내가 소파에 앉으면 버기 브라운은 내 무릎 위에 자리를 잡고 내 팔에 머리를 기댄다. 녀석이 불편할까 봐 팔을 움직이지 않고 가만있으면 감각이 없어진다. 내가 화장실에 가면 녀석은 바깥에 앉아서 문을 긁어 댄다. 집 밖으로 나갈 때면 한 칸씩 주저앉듯 계단을 내려오고, 제 발에 걸려 넘어지고, 텃밭에서는 킁킁대며 냄새를 맡는다. 매일 밤 나는 녀석을 원숭이처럼 빗질해 주고 털에 붙은 꺼끌꺼끌한 씨앗들을 떼어 주고 귀에서 진드기를 잡아 준다. 때로는 진드기가 떨어지면서 버기의 보랏빛 살도 살짝 떨어져 나가지만, 나를 믿는 개는 불평하는 법이 없다.

버기 브라운의 삶은 나를 중심으로 돌아간다. 녀석은 내 양말이나 내가 벗어놓은 옷 등 무엇이든 내 체취가 나는 물건 위에서 자고 늘 내 뒤를 따라다닌다. 녀석 없이 어딘가를 가면, 녀석은 내가 돌아올 때까지 창가에 꼼짝 않고 앉아 있다가 내가 돌아오는 순간 펄쩍펄쩍 뛰며 큰 소리로 요란하게 짖어 댄다. 녀석은 내가 아직 학교도 다니지 않는 어린아이가 아니라 모든 답을 아는 어른인 것처럼 대한다.

내 개를 통해 나는 세상을 재발견한다. 라디오를 켜면 녀석은 깜짝 놀라 펄쩍 뛰며 뒤로 물러난다. 손전등을 켜면 고개를 갸우뚱하다가 그 앞으로 뛰어든다. 그러다 뜨거운 유리에 코가 닿으면 움찔하면서 코를 핥는다. 우리는 함께 숲과 시내를 탐험한다. 녀석은 걸음을 멈추고 내 눈에 띄지 않았던 버섯과 벌레 냄새를 맡는다(그리고 먹는다). 밤이면 달이 거기 있으면 안 된다는 듯 달을 향해 울부짖는다.

강아지에게도 사람과 아주 비슷하게 감정의 기복이 있다. 버기 브라운은 기분이 좋아서 귀를 펄럭이며 집 안을 이리저리 뛰어다니고 발톱으로 장판을 긁다가 갑자기 자기 잠자리 앞에 멈추고는 펄쩍 뛰어들어서 만족스러운 한숨을 내쉬고 낮잠을 잔다. 녀석이 집 안을 어지럽힌 벌로 어머니가 말아 쥔 신문지나 막대기로 코를 때리면 몇 시간 동안 풀 죽어 지낸다. 드문 일이지만 내가 야단을 치면 바짝 다가와 내 손목에 턱을 올리고 앞발로 나를 건드리면서 다시 총애를 얻기 위해 애쓴다.

어느 날 나는 녀석의 충성을 시험한다. 녀석이 물고 있는 뼈다귀를 빼앗은 것이다. 녀석은 얼떨떨한 표정으로 나를 쳐다볼 뿐 으르렁대지는 않는다. 그렇게 버기 브라운은 시험에 통과했다. "넌 이 세상 최고의 개야." 나는 거듭거듭 말하고 녀석은 감사의 뜻으로 몸을 흔든다. 버기 브라운은 내 삶에서 가장 신뢰할 만한 선함이다.

운명의 어느 날 버기 브라운은 정화조 수리업자가 파 놓은 뒷마당의 열린 구덩이에 빠진다. 나는 녀석의 이름을 부르고 거대한 동굴처럼 보이는 구덩이 바닥에서 들려오는 낑낑거림을 듣는다. 가엾은 버기 브라운. 녀석의 털은 내가 생각할 수 있는 가장 역겨운 진창으로 덮여 있다. 녀석이 그렇게 슬퍼 보인 적은 없었다. 다들 어찌할 바를 모르고 있는데 이웃의 한 남자가 나서서 그때까지 내가 본 가장 용감한 행동을 한다. 그는 구덩이 안쪽으로 비스듬히 걸쳐 놓은 판자를 밟고 조심스럽게 내려가 푹 젖어 악취가 나는 내 개를 집어 품에 안고 다시 기어 올라온다. 보통 버기 브라운은 목욕을 싫어하지만, 이날만큼은 우리가 물을 뿌리고 비누칠을 해서 거품을 내고 거듭거듭 헹궈 낼 때까지 돌처럼 가만히 서 있다.

몇 달 후, 버기 브라운은 병에 걸린다. 이웃의 개나 자전거를 탄 아이들을 보면 달려 나가 반갑게 인사하던 우리의 충성스러운 수호견이 그늘에 누워 있다. 끊임없이 기침을 한다. 열이 나는 녀석의 몸을 안아 주고 딱딱해지는 코와 두꺼워지는 발바닥에 바셀린을 발라 준다. 수의사가 말한다. "디스템퍼입니다. 아시다시피, 예방접종을 했다면 괜찮았을 겁니다." 아니, 우리는 몰랐다. 그리고 알았어도 그 돈을 예방접종에 쓰지는 않았을 것 같다.

수의사 진찰실에서 버기 브라운이 발작을 한다. 녀석의 입술과 등과 이빨이 사시나무처럼 떨린다. 응고된 우유 빛깔의 액체가 녀석의 입에서 흘러나와 내 옷을 더럽힌다. 어머니가 녀석을 내 팔에서 억지로 떼어 낸다. 수의사는 버기 브라운을 며칠 동안 맡아 주기로 한다. 그 후 나는 녀석을 다시는 보지 못한다. 수의사가 정말 며칠 동안 녀석을 돌봐줬는지, 아니면 곧장 잠들게 했는지 나는 모른다. 부츠의 경우처럼 시냇물에 익사시켰는지도 모를 일이다.

* * *

애도의 기간이 지난 후, 나는 다시 개 이야기를 꺼낸다. 먹이를 주고 개가 어지르는 것과 만들어 내는 쓰레기를 다 치우고 가구를 망가뜨리지 않게 하는 일까지 떠맡겠다고 약속한다. 어머니가 말한다. "그래, 하지만 개를 기르면 네가 상심하게 돼, 필립. 여기가 어떤 곳인지 알지. 차가 급브레이크를 밟고 비명 소리가 들려와. 방금도 누군가의 개가 차에 치였어."

어느 일요일 오후, 나는 철로를 따라 걷고 있다. 그때 하나님이 내 기도에 응답하신다. 뼈만 남아 앙상한 강아지가 웅크리고 자는 모습이 내 눈에 들어온다. 희망으로 가슴이 벅차오른 나는 두 손으로 강아지를 안은 채 집으로 달려간다. 케이 이모가 점적기로 녀석에게 우유를 먹인다. 이후 며칠간 이모는 밤마다 자명종을 맞추어 먹이를 주고 아스피린을 으깨서 우유에 넣어 먹인다. 이모는 어떻게든 이 잡종 강아지를 정성껏 보살펴서 건강하게 만든다. 녀석은 한쪽 눈 주위의 흰 부분을 제외하면 검댕처럼 새까맣다. 그러니 블래키 말고 녀석을 달리 뭐라고 부르겠는가?

블래키는 버스터 브라운보다 에너지가 많고 가만히 있으려 하지 않는다. 바깥에서는 마당에 쓰레기를 흩어 놓고 집 안에서는 가구를 물어뜯는다. 그리고 먹이 주기와 마당 정리정돈은 대부분 어머니의 몫이 된다. 어머니는 이 사실을 자주 상기시킨다. 블래키는 집 밖으로 쫓겨난다. 한 번 집을 나가면 몇 시간씩 있다가 돌아온다. 빨랫줄로 묶어 놓아도 금세 풀어 버린다. 나무에 사슬로 묶어 놓으면 나무 주위를 빙빙 돌아 꼼짝도 못 하게 되어서는 내가 풀어 줄 때까지 울부짖는다.

나는 개처럼 생각하려고 노력한다. 만약 내가 손이 아니라 입으로 먼저 사물에 접근한다면 나도 모든 것을 물어뜯고 싶을 것이다. 나는 언제나 개를 편들 방법을 찾아내고, 블래키는 그 사실을 안다. 녀석은 나를 볼 때마다 꼬리를 빙글빙글 돌린다. 목줄을 풀어 주면 생애 최고의 날인 것처럼 춤추듯 뛰어다닌다.

내가 읽는 어린이 책들에는 말할 줄 알고 사람의 말을 이해하는 동물들의 이야기가 나온다. '이게 정말 사실일까?' 나는 궁금해진다. 세상 다정한 어조로 이렇게 말한다. "블래키, 너같이 멍청하고 못생긴 개는 처음 본다. 넌 바보천치야. 난 널 못 봐주겠어. 넌 그냥 골칫덩이야." 녀석은 꼬리를 흔들며 초롱초롱하고 간절한 눈으로 나를 바라본다. 몇 분 후 나는 최대한 엄하게 말한다. "블래키, 내 말 좀 들어 봐. 너는 대단한 개야. 난 널 사랑해!" 그러자 녀석은 머리를 숙이고 '이번에는 내가 뭘 잘못했어요?'라는 표정으로 나를 올려다본다. 이것이 나의 첫 번째 과학실험이다.

블래키는 내가 녀석의 코와 주둥이를 잡고 오늘 하루가 어땠는지 말하도록 내버려 둔다. 영어를 알아듣지는 못하겠지만 녀석은 내 슬픔을 이해하고 나의 불평을 들어 준다. 나는 녀석이 내 상처를 핥도록 놔 둔다. 개의 침이 상처 치료에 도움이 된다는 건 다들 아는 사실이니까. 녀석에게도 하루가 어땠는지 묻는다. "착한 개로 지냈니? 마당을 벗어나지는 않았어? 채소밭 울타리 아래를 파헤쳤니?" 녀석은 내 손을 부드럽게 물고 내 물음에 대답하듯 행복하게 낑낑댄다.

블래키는 결코 어머니의 마음을 얻지 못한다. 녀석은 우리 집 쓰레기통뿐 아니라 여러 이웃집 쓰레기통도 습격한다. 녀석은 우리가 가장 자주 다니는 길에 오물더미를 쌓아 놓는다. 형과 나는 신발 틈에서 축축한 개의 오물을 떼어 내야 한다. 녀석을 묶어 놓으면 녀석은 우리 집 마당이 비포장도로의 일부처럼 보일 때까지 풀을 뿌리째 뽑아 놓는다. 어머니는 블래키의 이 모든 짓을 추적해 내고 가끔은 막대기로 녀석을 때린다.

이웃이 블래키가 그 집의 닭과 오리를 쫓아다니는 것을 발견한다. 이것이 마지막 결정타가 된다. 데님 작업복 차림에 밀짚모자를 쓴 남자가 우리 집 문 앞에 나타난다. 그가 어머니에게 말한다. "부인. 저기 있는 저 검정 개가 댁의 개 같습니다만." 어머니는 그렇다는 표시로 고개를 끄덕인다. "이런 말씀 드리기 싫지만, 저 개가 우리 닭 세 마리를 죽였습니다. 저 개를 통제할 방법을 찾으셔야 할 것 같습니다." 어머니는 그에게 고맙다고 말한다. 그는 모자를 살짝 올려 인사한 뒤 집으로 돌아간다. 나는 블래키의 범죄를 부인하려고 똑같이 생긴 다른 개였을 거라고 말해 보지만, 녀석의 몸에서 풍기는 죽은 닭 냄새는 부인할 수 없는 증거다.

그다음 일요일 오후 우리는 블래키를 차에 태우고 드라이브를 간다. 무슨 일이 벌어질지 알기에 내 마음은 터질 것 같다. 블래키는 아무것도 모른다. 녀석은 내 무릎 위에 앉아서 창밖으로 코를 내밀고 모험을 향해 떠나는 길의 공기를 빠르게 읽어 낸다. 녀석은 자주 고개를 돌려 기쁨에 겨워 내 얼굴을 핥는다.

"작별 인사를 하렴." 집에서 몇 킬로미터 떨어진 숲속 비포장도로에 차를 세우면서 어머니가 말한다. 어머니는 차에 남아 있고 블래키와 나는 밖으로 나온다. 나는 녀석을 꼭 껴안고 말한다. 넌 괜찮을 거야, 누군가가 네게 멋진 가정을 선사해 줄 거라고 믿어. 녀석은 일 분 정도 그 자세를 견디다가 내 품을 빠져나가 새로운 영역을 탐험한다. 도로로 내달려 나무에 영역 표시를 하고 위쪽 나뭇잎 사이에서 부스럭대는 다람쥐를 향해 짖는다.

나는 차로 돌아와 뒷좌석에 무릎을 대고 앉아서 뒷창으로 밖을 내다본다. 블래키는 앉아서 헐떡이고 있다. 꼬리를 앞뒤로 움직여 바닥을 쓴다. 녀석은 약간 놀란 표정으로 차를 바라본다. 그다음 벌떡 일어나 우리를 향해 뛰어온다.

빛이 드리운 자리

아무리 달려봤자 블래키는 차와 상대가 되지 않는다. 먼지구름 사이로 희미하게 움직이는 어두운 그림자가 내가 본 블래키의 마지막 모습이다. 마침내 그 그림자마저 사라진다.

06 / 위험들

작가는 어린 시절의 상처를 글과 연결하려 시도한다. 그 상처가
나으면 더 이상 작가로 존재하지 못할 것임을 줄곧 인식하면서.

—리처드 셀저, 《트로이에서 자란 의사 *Down from Troy*》

다섯 살에 나는 치과 의사를 만난다.

유치 몇 개는 벌써 빠졌다. 이가 움직이기 시작하는 것을 처음
느꼈을 때, 손가락으로 앞뒤로 흔들다 보니 혀로도 움직일 정도
가 되었다. 형이 말했다. "그거 문손잡이에다 묶어서 문을 쾅 닫
아야 해. 안 그랬다 밤에 빠지면 자다가 숨 막혀 죽을 거야."

죽고 싶지 않았기에 나는 굵은 실 한쪽 끝을 흔들리는 이에,
다른 쪽 끝은 문손잡이에 묶었다. 그러자 덜컥 겁이 났다. 두세
번을 더 시도한 후 겨우 용기를 내서 문을 쾅 닫았다. 목구멍에
걸린 음식 조각이 마침내 내려갈 때처럼 금세 안도감이 찾아왔
다. 이후 며칠 동안 나는 아픈 부위를 혀로 더듬어 두 이의 모서
리 사이, 이가 빠져나간 부드럽고 연한 부위를 느꼈다.

그런데 이번에는 엉뚱한 자리에 뾰족한 이 두 개가 나와서 아

랫니 앞으로 새로운 줄을 이룬다. 이 경우는 치과 의사를 찾아가야 한다. "그러니까 이 친구가 아드님 필립이군요." 의사는 어머니에게 그렇게 말하고 어른을 대하듯 나와 악수를 한다. 과체중에다 할아버지 같은 모습의 코가 큰 남자다. 어머니가 그를 선택한 것은 치료비가 저렴하기 때문이다.

치과 의사의 안내를 받아 푹신한 의자에 앉는다. 의사가 자전거 페달처럼 생긴 것을 밟자 의자가 올라간다. "애야, 뭐가 있는지 한번 볼까?" 나는 머리 받침대 위에 놓인 쪼글쪼글한 종이에 머리를 기대고 입을 벌린다. 의사의 머리에 걸친 전등 빛에 눈을 크게 뜰 수가 없다. 의사는 입안 여기저기를 찔러 보면서 "어, 허 … 흠" 하고 소리를 낸다. 그의 코털이 보이고 그가 점심에 먹은 음식 냄새가 난다. 마침내 의사가 말한다. "자, 저 두 개는 빼야 할 것 같군요." 그 말에 내 심장이 쿵 내려앉는다.

나는 말한다. "주사는 안 돼요. 제발요. 주삿바늘 싫어요."

치과 의사는 어머니 쪽을 바라보고, 어머니는 어깨를 으쓱한다.

"글쎄다, 여기선 보통 국소 마취제를 쓰지. 하지만 네가 그걸 원하지 않는다면…." 그는 소형 냉장고처럼 생긴 물건에 손을 뻗는다. 그러나 생김새와 달리 문을 열자 수증기가 나온다. 의사는 그 안에서 이상한 각도로 구부러진 펜치 하나를 꺼낸다. 그는 살집 있는 손으로 내 첫 번째 이를 앞뒤로 흔들어 보더니 자리에서 일어나 본격적으로 자세를 잡는다. 야구 방망이가 부서질 때처럼 '뚝' 하는 소리가 크게 들리고 눈앞이 까매진다.

의사는 치근이 긴 어금니 영구치 하나를 막 뽑았다. 나는 타는 듯한 끔찍한 통증에 진저리를 치며 의자 옆 치과 싱크대에 몸을 기울여 잇몸에서 배어나오는 따끈하고 짭짤한 피를 뱉어 낸다. 숨이 잘 쉬어지지 않는다.

"이런, 이런. 제대로 자란 영구치야." 그는 뽑은 이를 가까이 당겨 살펴본다. "그런데 엉뚱한 곳에 있었지. 용감한 아이구나. 그리고 이왕 온 김에 나머지 이도 뽑는 게 낫겠다."

그는 내게 몸을 추스를 시간 몇 분을 준다. 나는 종이컵에 받은 물을 입에 머금고 맑은 물이 나올 때까지 몇 번이고 뱉어 낸다. 그는 아직도 피가 나는 구멍을 솜뭉치로 막고 펜치를 쥔다. 악몽이 반복된다. 의사가 작업을 마치자, 그의 하얀색 가운에 묻은 내 핏자국이 눈에 들어온다.

"그것 봐. 그렇게 나쁘지 않았지." 내가 아직도 입안 가득 숨을 들이켜고 있을 때 어머니가 말한다. 어머니는 집으로 가는 길에 가게에 들러 아이스크림을 사 준다. 아이스크림이 잇몸에 닿자 너무 차가워 시야가 흐려진다.

* * *

세상은 위험한 곳이라는 사실을 배우고 있다. 집 안도 안전하지 않다. 나는 우리 집을 데우는 중앙난방 장치 위로 두 번이나 넘어져서 이후 몇 주 동안 손발에 격자무늬의 화상 자국이 난 채로 지낸다. 검은과부거미와 갈색은둔거미는 좁은 공간 구석에 숨어 있다. 밤에 피부에 경련이 일어난다는 느낌이 들면 나는 깜짝 놀라 침대에서 벌떡 일어난다.

야외에는 더 많은 위험이 도사린다. 가시와 녹슨 깡통 사이로 뛰어다니며 철조망 울타리를 지날 때면 등이 긁힌다. 벌, 말벌,

땅벌, 쌍살벌이 공격할 만한 어린 사내아이를 찾아 붕붕 주위를 맴돈다. 말벌에 쏘인 상처는 훈장이다. 나는 벌침이 빠졌는지 바늘을 가지고 확인한 다음, 핏자국이 난 작은 구멍이 부풀어 빨갛게 변해 가는 것을 지켜본다.

어른들은 아이들에게 겁 주기를 좋아한다. 사팔눈을 만들면 영원히 사팔눈이 된다. 복숭아씨를 먹으면 숨 막혀 죽는다. 자위―그게 뭐지?―를 하면 눈이 먼다. 여름날에 너무 열심히 놀면 일사병에 걸려 병원이나 관에 들어갈 수도 있다. 어머니는 광견병을 조심하라며 침을 흘리거나 비틀대며 어슬렁거리는 개를 피하라고 경고한다. 나는 어머니의 말을 무시하고 만나는 모든 개와 친구가 된다.

도리스 고모는 '패혈증'이란 것으로 죽는 사람들에 관한 무서운 이야기를 들려주었다. 나는 못을 밟거나 뭔가의 조각에 찔리면 몇 시간마다 다친 데를 살피고 붉은 줄이 생겼는지 살핀다. 다리에 온도계의 수은처럼 붉은 줄이 생기면 심장에 문제가 생길 수 있다고 해서다.

백신 접종 사업이 이루어지기 이전 시대인지라 나는 다들 앓는 유년기 질병에 걸린다. 수두, 볼거리, 백일해, 성홍열, 패혈성 인두염, 홍역. 내가 아플 때면 간호사인 케이 이모가 나를 전담한다. 이 병들은 대부분 열을 동반하는데, 나는 열을 즐기다시피 한다. 열이 나면 모든 것이 또렷해지는 동시에 흐릿해진다. 깨어 있는 상태에서 꿈을 꾸는 것 같다. 나는 나만의 세계 안에 있다. 시간이 멈추고 보통 사람이 느끼는 바를 더 이상 인식하지 못한다. 그러다 어느 날 아침 깨어나 보면 베개는 땀에 젖어 있다. 그럼 케이 이모가 기분 좋게 선언한다. "열이 내렸네!"

가장 무서운 질병은 소아마비지만 우리는 염려하지 않는다. 소크Salk 박사와 세이빈Sabin 박사가 백신을 찾기 위한 경쟁을 해 왔기 때문이다. 소크 박사가 세 번의 접종이 필요한 백신을 내놓으면서 경쟁에서 승리한다. 그러나 그의 백신은 시작이 좋지 않다. 백신을 맞은 아이 수백 명이 마비되자 미국 전역의 부모들이 불안해한다. "네 아빠가 걸렸으니까, 너희는 괜찮아." 어머니가 장담하자 나는 한숨 놓는다. 이후 세이빈 박사가 각설탕과 함께 먹을 수 있는 백신을 내놓는다. 형은 기회를 최대한 활용한다. 설탕을 좋아하는 형은 자신이 소아마비에 면역성이 있다고 확신하고 학교에서 주저하는 급우들을 찾아가 세이빈 백신을 대신 먹겠다고 말한다.

결국 과학자들은 백신 제조 과정을 완성하고, 미국에서 소아마비는 거의 사라진다. 어쩌면 아버지는 너무 일찍 태어나신 건지도 모르겠다.

* * *

아프면 불편하지만 좋은 점도 있다. 작은 종이컵에 나무 청량스푼과 함께 나오는 아이스크림을 원하는 대로 먹을 수 있다. 청량음료 금지 규칙도 사라진다. 나는 목구멍을 간지럽히는 차갑고 거품이 이는 진저에일을 홀짝인다.

그뿐 아니라, 내가 앓을 때 어머니의 가장 좋은 모습이 나온다. 한동안 어머니의 관심은 온통 나한테 집중된다. 낮이면 어머니는 거실 소파에 임시 침상을 마련하고 내게 책을 읽어 준다. 매

시간 내게 상태가 어떤지 물어본다. 어머니의 친구들에게 전화로 내 상태를 알린다. "오늘은 나아졌어. 꼬마가 불평을 전혀 안 해." 내가 중요한 사람인 것처럼 나에 관해 말하는 것을 들으니 기분이 좋다.

어머니의 차가운 손이 내 이마를 만진다. 내가 토하면 젖은 수건으로 얼굴을 닦아 준다. 어머니는 내가 블레어 빌리지에서 폐렴에 걸렸을 때 나를 스팀텐트에 들여보내고 간호했던 밤들을 이야기한다. 그때 나의 숨소리가 얼마나 컸던지 이웃 사람들이 벽을 통해 그 소리를 들을 수 있을 정도였다고 한다. "너는 천식이 있었기 때문에 언제라도 폐렴으로 진행될 위험이 있었어." 어머니의 설명이다.

어느 날 어머니는 나를 척추 교정 지압사에게 데려간다. 어머니가 여전히 그들을 신뢰하는 것이 놀랍다. 척추 교정 지압사는 내가 태어날 때 겸자가 귀 뒤에 있는 신경을 눌러서 천식을 앓게 된 거라고 말한다. 그가 내 등에 어떤 처치를 하자 우두둑 소리가 난다. 많이 아프지는 않다. 단 한 번의 치료로 그는 내가 나았다고 선언하고 일지에도 그렇게 쓴다. 나중에 내가 넘어져서 머리를 부딪친 후에 천식이 재발할 때, 척추 교정 센터는 기적의 치료법을 반복한다.

몇 달 후, 내가 계속해서 "싫어요!"라고 말하자 어머니가 나를 후려치려고 손을 뻗는다. 나는 넘어져서 바닥에 머리를 부딪친다. 어머니는 이렇게 주장한다. "그 일로 네가 완전히 나았어. 너의 천식이 멈췄고 다시는 척추 지압사에게 데려갈 필요가 없게 된 거야."

병은 가족 신화의 일부가 된다. 아버지 묘지를 방문한 뒤 어머니는 한나와 사무엘 이야기를 꺼내면서 이렇게 말한다. "하나님이 너희를 구해 주신 데는 목적이 있어. 너희 둘을 살리기 위해 난 내가 할 수 있는 일을 다 할 거다. 하나님께 너희들을 바쳤기 때문이야. 너희 목숨은 이제 신성하고, 하나님은 너희를 위한 위대한 계획을 갖고 계신다." 우리가 병을 앓을 때마다, 병원을 한 번 찾을 때마다, 위기를 넘길 때마다 신화는 자라난다.

* * *

아플 때 내 침대 곁을 지키는 온유한 어머니와 예상치 못한 순간에 나를 벌하는 어머니 사이에서 나의 내면은 갈피를 잡지 못한다. 때로 어머니의 분노는 여름날의 뇌우처럼 경고도 없이 터져 나온다. 어머니에게 달려갈 때는 먼저 어머니의 기분을 살피지 않을 수 없다. 밤에 어머니가 이불을 덮어 줄 때, 어머니는 나를 안아 주고 있는 것일까, 아니면 못 놓고 있는 것일까? 나는 어느 쪽일까?

동네 아이들과 어울리면서 우리 가족이 다르다는 사실을 알게 된다. 다른 아이들은 엄마라는 말을 쓰는데, 어머니는 그런 비공식적 단어들을 좋아하지 않는다. 나에겐 끌고 다닐 담요도, 봉제 동물 인형도 없다. 고무 젖꼭지를 가져 본 적도 없다. 걸음마를 배우던 시절, 엄지손가락을 빨려고 하면 어머니는 거기다 고춧가루를 묻혔다. 어머니는 이렇게 말하곤 했다. "또 엄지손가락 빠는 거니? 그건 어린 아기들이나 하는 짓이야. 네가 아기야?"

나는 주목을 받고 싶다. 미끄럼틀 꼭대기에 서서 외친다. "여기예요! 어머니, 내가 얼마나 높은 곳에 있는지 보세요!" 그러나 어머니의 눈에는 대체로 안 좋은 것들만 보이는 듯하다. 어머니는 내가 얼마나 골칫거리인지, 어떻게 토마토를 뱉는지, 주삿바늘을 보면 어떻게 움츠러드는지 다른 부모들에게 말한다. 그중에도 나를 멍청한 아이로 보이게 만드는 한 가지 사건을 자주 거론한다.

어머니가 사람들의 집에서 하는 오후의 성경 클럽에서 일어난 사건이다. 뭉그적거리는 아이들이 스무 명이 넘게 모였다. 한 시간 남짓 아이들은 거실의 가구와 바닥에 앉아 노래를 부르고 어머니의 수업을 들었다. 어머니는 색칠한 펠트 도형을 융판에 붙여 가며 설명을 한다. 뛰어난 이야기꾼인 어머니의 입을 통해 성경이 생생하게 살아난다.

어머니는 아주 힘차게 가르치고 질서를 유지한다. 한 아이가 말을 안 들으면 "엄마한테 이른다"고 으르거나 "네가 조용히 있기를 주님이 원하셔. 내게 그렇게 말씀하셨어!"라고 말한다. 성경 클럽은 언제나 바닐라웨하스와 쿨에이드 간식으로 마무리되고, 성경 암송상을 주고, '행운석'에 앉은 사람은 좌석 밑에 붙여놓은 사탕을 깜짝 선물로 받는다. 행운석이나 암송상은 나와 상관이 없지만, 나는 교사의 아이라는 데서 자부심을 느낀다.

어머니의 명성은 퍼져 나간다. 곧 어머니는 성경 클럽 운동이라는 그룹에 합류하고 매주 너덧 번씩 오후 시간에 성경 클럽에서 가르친다. 베이비시터를 구할 형편이 안 되기 때문에 나는 결국 취학 전 아동의 자격으로 모든 클럽에 참여한다. 반복되는 내용이 지루해진 나는 재미있게 시간을 보낼 방법을 찾는다.

어느 나른한 오후 간식 시간, 나는 건포도 한 알을 코에 넣어 보기로 한다. 그러고 나서 건포도를 집어넣는 것보다 꺼내는 게 훨씬 어렵다는 것을 알게 된다. 건포도는 수분을 흡수하고 부풀면서 콧구멍을 막는다. 뚫린 반대편 콧구멍을 막고 코를 풀어 본다. 효과가 없다. 손가락으로 코를 파 보지만 건포도는 더 깊숙이 들어간다. 결국 나는 어머니에게 고백한다.

"코에다 건포도를 넣어서 어쩌자는 거니?" 어머니가 나무란다.

엉뚱한 짓을 하다 또 걸린 나는 얼어붙는다. "모르겠어요. 그냥 거기 들어갔어요."

집주인이 우리를 돕기 위해 이쑤시개, 집게, 숟가락, 포크, 나이프, 꼬챙이를 비롯해 온갖 도구를 가져오고 어머니는 성경을 가르치러 간다. 다른 아이들이 둘러서서 히죽히죽 웃는다. 곧 내 오른쪽 콧구멍 안은 걸쭉한 피투성이 상태가 되고, 어머니는 하는 수 없이 휴지로 내 코를 틀어막고 나를 응급실로 데려간다. 거기서 친절한 인턴이 모종의 도구를 써서 건포도를 바로 꺼낸다.

지루해서든 무모해서든, 나는 늘 그런 일을 저지르는 것 같다. 그리고 거의 언제나 걸려서 벌을 받는다.

내가 아는 모든 아이는 엉덩이를 맞는다. 아이들 대부분은 "아빠가 집에 돌아오시면 그때 보자!"라는 위협을 두려워하며 산다. 우리는 아버지가 없으니 어머니가 그 역할을 대신한다. "엉덩이가 짓무르도록 혼쭐을 내주마." 어머니는 소리친다. 우리가 항의하면 어머니는 우리를 봐주는 거라고 말한다. "나는 어머니에게 훨씬 심하게 맞았어."

형은 "개자식"이라고 욕했다가 호되게 맞는다. 절대 금지 목록에 있는 표현을 썼기 때문이다. 한번은 교회에서 꼼지락거렸다는 이유로 맞는다. 나는 주일학교 시간에 설교에 집중하지 않고 종이에 그림을 그렸다가 맞는다. 창피하게도 두 처벌 다 모두가 들을 수 있는 교회 복도에서 이루어진다. 집에서는 방충문을 쾅 닫거나 방 청소를 안 하거나 거짓말을 하거나 서로 싸우거나 말대답을 해서—소년들이 저지르는 흔한 잘못들이다—매를 맞는다.

가끔 어머니는 탁구채 모양의 나무 장난감 볼로 패들을 매로 선택한다. 내가 보기엔 그건 진짜 아니다. 장난감을 무기로 쓰다니. 어머니는 허리띠, 마당에서 가져온 회초리, 파리채 등 여러 물건을 시험해 본다. 파리채가 가장 덜 아프지만 다리에 벌레의 찐득한 잔해가 묻는다.

어머니는 때리면서 말한다. "도대체 몇 번을 말해야겠니. 말대답하지 말라고 했지! 아예 태어난 것을 후회하게 만들어 주마." 호된 말이 아프게 쏟아진다.

나는 매질을 멈추게 하려고 통곡하는 척한다. "진짜 운다는 게 뭔지 알려 주지." 어머니는 매질을 멈추지 않고 말한다. 그다음엔 혼란스러운 정반대의 요구가 주어진다. "울음을 그칠 때까지 계속 때릴 테다."

나는 따지려 든다. 죽어 버리고 싶다고 말한다. 죽으면 천국에 가서 아빠에게 어머니가 얼마나 비열한지 말할 거라고 한다. 어머니는 곧장 이렇게 쏘아붙인다. "나도 죽고 싶어. 나도 천국에 가서 아빠한테 너희가 뭘 잘못했는지 말하고 싶어."

어머니가 좋아하는 문구가 있다. "너희가 커서 너희 같은 아이 열 명만 낳았으면 좋겠다. 그럼 너희도 알게 되겠지. 그럼 너희도 알 거야."

* * *

형과 나는 때로는 동맹으로 협력하고 때로는 서로를 적대시한
다. 대개는 형이 유리하다. "너 이제 큰일 났다! 당장 집에 가 봐
야 할걸. 어머니 화났어!" 형은 '하하 너 골치 아프게 됐다'는 표
정으로 그렇게 선언한다.

내가 형을 배신한 최악의 경우는 따로 있다. 케이 이모와 어머
니가 우리에게 절대 읽지 말라고 한 책과 관련이 있는데, 그 책을
읽지 않겠다고 엄숙한 맹세까지 하게 했다. 셰이커 교도들의 이
야기가 담긴 책인데, 이 종교 집단의 구성원들은 결혼을 하지 않
고 성관계도 하지 않는다. 책장을 지나칠 때마다 그 책이 코브라
처럼 쉿 소리를 내는 것 같다. 밤에 형과 나는 그 책 안에 어떤 흥
미진진한 내용이 도사리고 있을지 이야기한다.

어느 날 나는 형이 어머니 침대 뒤에 구부리고 앉아 그 책을 보
고 있는 것을 목격한다. 엿보는 정도가 아니라 탐독하고 있다. 그
비밀을 품고 지낸 지 몇 주 후, 형이 내게 뭔가 대단히 부당한 일
을 저지른다. 그러자 나는 고자질한다. 어머니는 케이 이모와 눈
길을 교환하고, 두 사람 모두 내가 올바른 일을 했다고 칭찬한다.

나는 형에 대한 배신의 정도가 이전과 전혀 다름을 마음속으
로 깨닫는다. 입맛이 씁쓸하고 속이 쓰리다. 한동안 형은 더 이상
나를 믿지 않고 멀리한다. 외롭다는 느낌이 든다. 내 편이 아무도
없는 것 같다. 다시는 형을 밀고하지 않겠다고 약속한다. 내가 아
는 한, 형은 그 책 때문에 벌을 받지 않았고, 나는 다시는 그런 식

으로 형을 배신하지 않겠다는 약속을 지킨다.

우리에겐 꼬리표가 붙는다. 마셜은 게을러. 재능 있는 아이의 저주다. 내가 초등학교에 입학하기 전, 2학년이었던 형은 아침마다 겁에 질린 채 학교에 간다고 털어놓는다. 숙제를 안 했기 때문이다. "머리 가죽이 따끔거리고 머리가 아프고 땀이 나. 선생님이 야단치실 거야."

"숙제를 왜 안 하는데?" 내가 묻는다.

"왜 해야 하는지 모르겠어." 형이 말한다. 아닌 게 아니라, 형은 시험 전날 밤에 벼락공부를 하고 학급에서 최고 점수를 받는다. 형은 게으르다는 꼬리표를 받아들이고 달라지지 않는다.

나에게도 붙은 꼬리표가 있다. 좋아하는 구석 자리에서 이야기책을 읽고 있던 어느 날, 그 사실을 알게 된다. 어머니는 옆방에서 옷을 다리고 있다. 다리미에서 나오는 열의 냄새와 다리미가 낡은 면 셔츠에 닿을 때 나는 시큼한 냄새가 풍겨 온다. 어머니는 길고 구불거리는 코드로 연결된 전화 수화기를 목에 끼고 통화를 하고 있다. "아, 필립 말하는 거겠지." 어머니가 상대방에게 말한다. "걔는 느리고 둔해. 걔 형이 빠르고 똑똑하지."

통화가 끝나고 내 얼굴에서 상처 입은 표정을 읽은 어머니는 설명을 시도한다. "너는 매사에 시간을 들여서 천천히 했어. 걷기, 말하기, 신발 끈 묶기. 심지어 태어나는 것까지. 너는 보통의 경우보다 거의 한 달이나 지나서 세상에 화려하게 입장했어."

나는 어머니의 판단에 형과 다른 식으로 반응한다. 어머니가 달아 준 꼬리표가 틀렸음을 증명하기로 마음먹는다. 나는 신데렐라나 성경의 요셉 같은 사람들의 이야기를 알고 있다. 괴롭힘

을 당하지만, 어느 날 승자가 되는 사람들. '끝까지 참고 견뎌, 필
립. 너를 알아봐 줄 사람을 찾게 될 거야. 언젠가는 뭔가에서 형
을 이기게 될 거야.'

* * *

형은 나의 영웅이자 경쟁자다. 형은 대부분의 시간을 책을 읽으
며 보내기 때문에 말썽을 부리는 일이 별로 없다. 일곱 살이 되
었을 때 형은 커서 아버지처럼 선교사가 되고 싶다고 선언한다.
그날부터 어머니는 형을 특별히 대우한다. 형을 '착한 아들'이라
고 생각한다. 그런 어머니를 보면 토하고 싶어진다. 나는 형이 집
에서 더 엉망이고, 숙제를 하지 않고, 학교 서류에 어머니 이름을
위조한 적도 한 번 있다는 것을 안다. 형이 너무 똑똑해서 걸리지
않을 뿐이다.

　나는 불평한다. "불공평해요! 형은 늦게까지 안 자도 내버려
두잖아요. 지난주에는 프랭크네 집에 가서 텔레비전도 보고! 나
는 재미있는 거 절대 못 하는데."

　어머니가 대답한다. "너에게도 기회가 올 거야. 형은 나이가
더 많잖니." 그러면 모든 게 설명된다는 듯이.

　형이 뭔가를 하면 나도 따라 하고 싶다. 형이 보조 바퀴 없이
자전거를 타는 모습을 본 후, 나는 어머니에게 내 자전거의 보
조 바퀴를 떼 달라고, 그래서 형처럼 탈 수 있게 해 달라고 몇
주 동안 조른다. 크게 씩씩대고 투덜거리는 어머니가 펜치로 녹
슨 나사들과 서툴게 씨름한 끝에 마침내 보조 바퀴를 떼어 낸
다. 좌우로 심하게 요동치는 자전거를 5분 정도 탄 후, 나는 실

수를 했음을 깨닫고 보조 바퀴를 다시 달아 달라고 간청한다. 문제가 생겼음을 감지한 케이 이모가 보조 바퀴를 다시 달아 주겠다고 나선다.

한 달 후, 나는 다시 시도할 준비가 된다. "확실해?" 어머니의 물음에 나는 고개를 끄덕인다. 똑같이 굴욕적 결과. 이번에도 케이 이모가 보조 바퀴를 다시 달아 준다.

세 번째로 보조 바퀴 이야기를 꺼냈을 때, 어머니는 이렇게 경고한다. "이번에 보조 바퀴를 떼면 다시는 안 달아 줄 거야. 내 말 알겠니? 이런 실랑이 다시는 안 할 거라고." 며칠 동안 나는 균형 잡는 법을 익히려고 애써 보지만, 매번 땅바닥에 쓰러지고 자전거에 깔리고 만다. 용기를 내어 어머니에게 보조 바퀴를 달아 달라고 요청한다. 어머니는 앞치마로 손의 물기를 닦고 나서 자전거를 끌면서 나를 흙길로 데려간다. 가는 길에 어머니는 어린 가지를 꺾어서 나뭇잎을 떼어 낸다. 속이 편치 않다.

어머니가 말한다. "자전거 타는 법을 가르쳐 주마. 자, 안장에 앉아라." 어머니는 회초리로 나를 때리고, 자전거 안장에 오른 나는 휘청거리며 전진한다. 내가 아무리 소리를 질러도 어머니는 회초리를 거두지 않는다. 자전거가 옆으로 기울어져도 매질이 계속된다. 회초리에서 벗어날 길은 페달을 밟아 앞으로 나가는 것뿐이다. 나는 비명을 지르면서 앞으로 나간다. 얼굴에 눈물과 콧물이 줄줄 흘러내린다.

몇 년 후 나는 오래된 상처를 보듯 그 기억을 회상한다. 내가 극복해야 했던 자전거에 대한 애증을 어머니에게 설명한다. "그건 즐거운 시간, 유년기의 승리여야 했어요. 그런데 어두운 기쁨이 되었어요. 즐거움을 느끼고 싶었는데 고통을 느낄 때가 많았어요." 그 무렵 어머니의 가혹한 유년기에 대해 알게 된 나는 어머니가 내게 공감하지 않을까 궁금해진다.

어머니는 당황스러운 표정으로 나를 바라본다. "글쎄다, 어쨌든 넌 자전거 타는 법을 배웠잖아, 그렇지 않니?"

형이 학교에서 첫 2년을 보내는 동안 나는 엘렌우드의 집에서 두 어른과 함께 지낸다. 상황은 내게 불리하다. 무슨 일을 하든지 잘 걸린다. 그런데 어느 날 어머니가 모든 것을 알지는 못하고 케이 이모의 등 뒤에 눈이 달린 것도 아니라는 생각이 문득 든다. 어머니랑 이모가 나에 대해 모르는 부분이 있어. 그들은 내 마음을 읽을 수 없어.

나는 비밀을 지키는 능력을 연마한다. 내가 입을 다물고 아무것도 말하지 않는 한, 비밀은 드러나지 않고 그대로 있기 마련이다. 무슨 일이 있었는지 말하지 않자 내게 새로운 종류의 상황 통제력이 생긴다. 아무 말 않고 버티는 것만큼 어른들을 화나게 하는 것이 없음을 나는 알게 된다.

"오후 내내 그 애들이랑 뭐하고 지냈니?" 어머니가 저녁 식사 시간에 묻는다.

"아무것도 안 했어요. 그냥 놀았어요." 내가 말한다.

케이 이모가 거든다. "네 얼굴을 보니까 알겠다. 뭔가 숨기는 게 있는데."

나는 비비탄 총싸움에 대해 말하지 않으려고 얼른 다른 일을 생각한다. 어머니와 이모의 눈을 바라보면서 깜빡이지 않으려고 노력한다. 그들도 나를 바라본다. 내가 숨기고 있는 게 뭔지 힌트라도 얻으려고 내 얼굴을 살핀다.

이 전략 때문에 나는 또 다른 꼬리표를 얻는다. "넌 음험한 놈이야!" 어머니가 그렇게 말하지만 나는 그 꼬리표에 개의치 않는다.

엉덩이를 때려도 효과가 없자 어머니와 케이 이모는 위협을 한다. 어머니의 가장 큰 위협은 이런 식이다. "착하게 굴지 않으면 밀레지빌의 흰옷 입은 사람들에게 전화해서 데려가라고 할 거야." 밀레지빌은 조지아의 정신병원이 있는 곳이다. 가끔 어머니는 그 말을 하면서 빙그레 웃는데, 진짜로 웃는 것인지 확신이 없다. 나쁜 개를 버리듯 아이들도 '버릴' 수 있을까?

케이 이모가 내게 위협을 가한 뒤에 나는 최악의 행동을 한다. "행실을 똑바로 하지 않으면 널 고아원에 보낼 거야." 이모의 위협은 어머니의 경고와 비슷하다. 며칠 동안 나는 밀레지빌의 정신병원과 고아원 중에 어느 쪽이 더 나쁜지 따져 본다.

어머니에게 케이 이모의 위협을 말한다. 어머니의 동정을 얻고 싶기도 하고 이모의 말이 사실인지 확인하고 싶기도 해서다. 이로 인해 전혀 뜻밖의 결과가 찾아온다. 어머니는 그때까지 내게 한 말 중 최고의 말을 한다. 어머니는 내 턱을 가볍게 쥐고 나를 똑바로 쳐다보면서 이렇게 말한다. "애야, 무슨 일이 벌어져도, 나는 결코, 절대 너를 고아원에 보내지 않을 거다."

나는 어머니를 믿는다. 안전한 기반을 발견했다. 내가 아무리 못된 녀석이어도, 절대 버림받지 않을 것이다.

당시의 나는 모른다. 케이 이모가 우리를 체벌하지 않기로 했고, 체벌은 어머니에게 맡기기로 동의했다는 것을. 이모는 우리를 제어할 만한 다른 수단이 없는 상황에서 고아원 운운하며 위협한 것이다. 나중에 어머니는 그 문제를 담임 목사와 상의한다. 목사는 어머니에게 케이 이모를 내보내라고 조언한다.

　우리에게 자기 인생의 몇 년을 바쳤던 선한 여인, 나의 수호자는 곧 켄터키로 갈 계획을 세우기 시작한다. 모두 나 때문이다.

　어쩌면 나는 음험한 놈이 맞는지도 모른다. 나 자신부터 시작해 누구도 신뢰할 수 없다.

07 / 교회

세상 안에 살면서 세상에 속하지 않는 것이
교회 안에 살면서 교회에 속하지 않기보다 더 쉽다.

─헨리 J. M. 나우웬

교회는 내 삶을 규정한다. 우리 가족은 주일 오전과 저녁 예배에 참석하고 수요일 저녁 기도 모임에도 참석한다. 게다가, 사람들은 여름성경학교, 청소년 활동, '부흥회'는 물론이고 문이 열리면 언제든 내가 교회에 나오리라고 당연히 기대한다. 교회는 무엇을 믿을지, 누구를 신뢰하고 불신할지, 어떻게 행동해야 하는지 가르쳐 준다.

나의 첫 번째 교회는 하얀 첨탑이 하늘을 찌르는 고전적 벽돌 건물이었다. 어머니는 우리에게 자주 상기시켰다. "너희 아빠는 저기서 가끔 설교하셨어. 그리고 저기서 아빠 장례식을 치렀지." 하지만 아버지가 돌아가시고 몇 년 후, 그 교회는 건물 바깥 벽돌을 하얗게 칠할지 여부를 놓고 분열되었고, 어머니는 다른 남침례교회를 알아보았다.

어머니는 우리에게 미리 말해 준다. "훨씬 더 큰 교회야. 교인이 거의 천 명이나 되지." 콜로니얼 힐스 침례교회는 애틀랜타 공항에서 멀지 않은 이스트포인트시 주거구역에서 한 블록 대부분을 차지한다. 처음 방문한 날, 나는 예배당에 극장 형태로 죽 배치된 좌석을 멍하니 바라본다. 별관인 주일학교 건물은 형이 다니는 초등학교보다 커 보인다. 이곳에서 우리는 인생의 형성기를 보내게 될 것이다.

매주 교회에서 나는 냄새를 맡는다. 여자들의 향수, 바닥 왁스, 가죽 성경, 땀에 전 나무, 난방장치의 탄내가 뒤섞인 냄새. 초나 향은 물론 없다. 우리는 침례교도니까. 왼쪽 벽에 그려진 세계지도에서는 작은 불빛들이 반짝인다. 불빛 하나하나는 교회가 후원하는 선교사를 가리킨다. 오른쪽 벽에는 파이프오르간의 관들이 번쩍인다. 예배당에서 가장 화려한 부분이다.

담임 목사인 폴 밴 고더는 밥 존스 대학에서 학위를 받았지만, 신학 교육을 받지는 않았다. 갈색 곱슬머리의 잘생긴 그는 펜실베이니아 출신의 북부 사람인데도 군중이 모인다. 특정 단어의 발음을 들으면 그가 "이곳 출신이 아님"을 알 수 있다. 그는 '갓'(하나님)을 '가홋'으로, '홀리 스피릿'(성령)을 '홀리 스필릿'으로, 아멘을 '아흐멘'으로 발음한다. 가끔은 성경의 표현을 그대로 써서 말하기도 한다. "예수께서 다시 오실 때까지 우리는 얼마 동안 유할 것입니다."

나는 너무 어려서 그의 설교를 따라가지 못하지만, 좋은 설교인 것은 분명하다. 전국에 방송되는 라디오 성경 교실 프로그램이 그를 주 강사 중 한 명으로 선정했기 때문이다. 우리는 라디오에 출연하고 가끔은 텔레비전에도 나올 만큼 유명한 담임 목사를 자랑스럽게 여긴다. 어머니를 포함한 많은 사람이 그의 설교를 받아 적고, 어떤 이들은 성경에다 여러 색의 잉크로 표시를 한다. 폴 목사가 "학개서를 펴십시오"라고 말하면 얇은 종이들이 바스락거리며 넘어가는 소리가 예배당에 가득 찬다. 우리 교회에서는 학개 같은 소선지서도 다들 찾을 줄 안다.

*　*　*

어머니에게 일요일은 한 주의 절정이다. 다른 여자들이 어머니한테 성경 클럽을 통해 얼마나 훌륭한 일을 하고 있는지 이야기하고, 어머니의 일정에 또 하나의 성경 클럽을 추가할 수 있는지 묻는다. 어머니는 형과 나를 아들이라고 소개한다. "아이들을 다루기 어려울 때가 있기는 하지요." 어머니는 웃으면서 그렇게 말하고 이어지는 칭찬을 겸손하게 받아들인다. "밀드러드, 그 모든 일을 어떻게 다 해내는지 모르겠어요."

어머니는 아이들이 교회에서 어른처럼 행동해야 한다고 믿는다. 그래서 나는 시간을 때울 여러 방법을 찾아내야 한다. 두 줄 앞에 있는 십 대 소녀를 쳐다보면서 텔레파시를 실험한다. 소녀가 고개를 돌려 나를 보게 만들 수 있을까? 설교단 뒤쪽에 줄지어 앉은 성가대원들을 살피기도 한다. 점이 있는 뚱뚱한 남자가 졸고 있다―교회에서! 머리를 정수리 위로 틀어 올린 저 여자는 캣아이 안경을 쓰니 멍청해 보인다. 나는 백일몽에 빠진다. '공산주의자가 기관총을 들고 우리 교회로 쳐들어온다면, 성가대석의 누가 먼저 총을 맞을까?'

형과 나는 찬양 시간에 하는 놀이를 개발한다. 찬양 인도자가 여자들에게는 2절을, 남자들에게는 3절을 부르게 시킨다. "이제 남자분들 차례입니다. 큰 소리로 불러 주세요." 형은 팔꿈치로 나를 찔러 댄다. 나를 속여서 엉뚱한 순서에서 여자들과 함께 노래 부르게 하려는 수작이다. 우리는 찬양을 한 글자씩 번갈아 가며 부르기도 한다. 형이 '나'를 부르고 나는 '팔'을 부르고, 형은 '불', 나는 '때', 형은 '나', 나는 '의', 형은 '이', 나는 '름'을 부른다. 찬송가를 넘기며 작사자 중에서 이를테면 오거스터스 토플레디Augustus Toplady 같은 이상한 이름을 찾기도 한다. 하지만 블리스P. P. Bliss를 능가할 만한 이름은 없다.*

찬양 놀이는 재미있다. 하지만 교회에서 하는 얘기라곤 전부 영혼과 영에 관한 것들뿐이니 오히려 내 몸을 더 의식하게 된다. 반바지 정장을 입는 따뜻한 계절에는 나무의자의 가시들이 다리를 찌른다. 나는 윙크를 하고 손마디를 꺾는다. 시간을 보내는 데 도움이 될 만한 일은 뭐든지 한다. 주먹을 꽉 쥐어 손톱이 손바닥을 찌르게 한다. 최대한 오래 숨을 참고 시계의 초바늘을 지켜본다. 역도 선수처럼 팔에서 핏줄이 튀어나오게 만들려고 의자의 팔걸이를 꽉 쥔다.

때로는 내가 딴짓하는 걸 알아챈 어머니가 팔을 뻗어 꼬집는다. "설교에 집중해!" 다른 사람들도 들을 만큼 큰 속삭임이다. 몇 번인가는 내 손목을 끌고 나가서 엉덩이를 때리기도 한다. 굴

---

* bliss는 희열, 황홀경을 의미한다.

빛이 드리운 자리

욕적인 순간들이다.

나는 기회 있을 때마다 눈먼 베이커 씨 옆에 앉으려 한다. 독일 셰퍼드가 그의 길 안내를 맡는다. 아이들은 베이커 씨의 허락 없이는 맹인 안내견을 쓰다듬으면 안 된다고 단단히 주의를 들었다. 그래서 그 친절한 남자와 친구가 되는 것이 나의 목표다. 그의 개가 부럽다. 개는 예배 시간에 자는 것이 허락된다. 가엾은 그 녀석은 분명히 늘 지루할 것이다. 언제나 주인 말을 들어야 하니. 주인의 허락 없이는 다른 사람들이 어루만지지도 못한다.

어머니가 교회 예배 시간에 여자 성도들의 수업을 하나 맡기로 하면서 상황이 완전히 달라진다. 어머니는 형과 나를 다른 여자들 손에 넘기고, 그들은 우리를 즐겁게 해 줄 방법을 찾는다. 그들은 거대한 핸드백에서 열쇠고리, 헌금할 잔돈, 스카치캔디, 과일맛 껌을 꺼낸다. 그들에게선 바닐라, 사과꽃, 헤어스프레이 같은 익숙하지 않은 냄새가 난다. 몇 명은 담배 냄새를 풍기기도 한다. 어느 일요일에 나를 맡은 여자의 남편은 선원 출신인데, 그는 소매를 걷어 올려 가슴이 큰 여자의 문신을 내게 보여 준다. 아마도 내가 본 첫 번째 문신이었을 것이다. 교회에서 본 첫 번째 문신이었던 것은 분명하다.

나는 호튼 부인 옆에 앉는 것을 특히 좋아한다. 그녀는 어깨에 동물이 연결된 모피 목도리를 두르는데, 그것을 '밍크 숄'이라고 부른다. 죽은 밍크는 날카롭고 빛나는 눈을 갖고 있고 좁은 입안에는 비열해 보이는 이빨이 가득하다. 각 밍크의 입은 그 앞 밍크의 엉덩이에 물려 있다. 놈들의 폭신폭신한 꼬리와 늘어진 작고 검은 발이 놀아 달라고 졸라 댄다.

예배가 단조롭게 이어지면 호튼 부인은 내 손에 얼굴을 그린다. 어른이, 교회에서 그림을! 그것도 내가 손가락을 흔들면 눈이 윙크를 하도록 그린다. 그녀는 한쪽 팔로 나를 감싸고 부드럽게 안는다. 내게 박하사탕을 건넨다. 내가 그것을 호주머니에 넣으려고 하자 이렇게 속삭인다. "지금 먹어도 괜찮아." 교회에서 사탕이라니, 죄처럼 느껴지지만 그래서 그 맛이 더 달다. 부인은 내가 헌금 접시에 동전을 넣게 해 주고 10센트 동전은 갖게 해 준다. 처음으로 교회가 재미있어진다.

* * *

일요일 저녁 예배는 좀 더 편안하다. 콜로니얼 힐스 교회는 종종 '청소년의 밤'을 위해 외부 강사를 데려온다. 가스펠 마술사들은 비둘기가 나타나게 만들고 사람들은 사라지게 한다. 시카고에서 온 과학자는 발전기와 몸을 연결해 백만 볼트의 전기를 흘려보낸다. 그의 손끝에서 작은 번개들이 일어나고, 조수가 건넨 나무 토막들이 그의 손에서 불탄다. 난로에서 나는 것 같은 탄내가 교회를 가득 채운다. 하지만 그들 중 폴 앤더슨에 비길 만한 사람은 없다. '세상에서 가장 힘센 사람'인 그는 양쪽에 네 명씩 여덟 명의 십 대가 올라선 거대한 저울을 웅크린 자세로 들어 올린다.

예배가 끝나면 우리는 예배당 옆의 큰 방으로 들어가 간식을 먹는다. 그곳에선 와튼 씨가 책임자다. 그는 피부가 창백하고 눈은 사시이지만 금세 아이들 사이에서 인기를 독차지한다. 그에겐 솜사탕 기계가 있기 때문이다. 와튼 씨는 스테인리스스틸 욕조처럼 생긴 물건의 가운데 관에다 설탕을 붓고 스위치를 켠다. 짜잔!

나는 종이 콘만 내밀면 된다. 그러면 끈적끈적한 핑크색 솜사탕 한 덩이가 마술처럼 생겨나 종이 콘과 내 손가락을 감싼다.

가장 기억에 남는 일요일 저녁 예배는 라디오 스타 M. R. 디한 DeHaan이 주말 집회 진행을 위해 미시간에서 왔을 때다. 그 집회는 교회의 월드시리즈와 같다. 우리는 일찍 도착해서 주차할 곳을 발견하지만 교회까지는 꽤 걸어야 한다. 주일 저녁 예배에 새로 온 사람이 너무 많아서 형과 나는 평소엔 닫혀 있는 발코니석에서 십 대들과 함께 앉아도 된다는 허락을 받는다. 경기장에 와 있는 기분이 든다. 벗겨지기 시작하는 머리들과 여자들의 모자가 훤히 내려다보이고 성가대와 설교자는 저 멀리 떨어져 있다.

아래 1층에서는 수백 개의 부채가 일렁이는 바다처럼 잔물결을 만들고 있다. 사람들은 평평한 판지에다 아이스캔디 손잡이처럼 생긴 막대기를 스테이플러로 찍어서 만든 부채를 얼굴 앞에서 흔들어 바람을 일으킨다. 부채의 앞쪽에는 그림이 있다. 겟세마네의 그리스도나 선한 목자 그림이나 우리 교회 사진이 들어가기도 한다. 반대쪽에는 장례회사의 광고가 나와 있다.

옆에 앉은 십 대들이 장례회사의 광고문을 손보기로 한다. '에어컨 완비된 장례실'에 이렇게 덧붙인다. "시신의 악취를 막아 줍니다." '구급차 서비스' 옆에는 이렇게 적는다. "이런, 너무 늦었네." '24시간 산소 공급' 옆에는 "당신에게 산소가 필요하지 않을 그때"라고 쓴다. 형과 나는 디한 박사가 설교하는 내내 장례식장에 걸맞은 최고의 슬로건을 내놓기 위해 경쟁한다. 형은 장례식장을 위한 전반적 모토를 제안한다. "당신을 언제나 누워 있게 해 드립니다."*

설교가 끝난 후, 우리 목사님이 디한 박사를 위해 '사랑의 헌금'을 하겠다고 알린다. 헌금위원들이 예배당으로 흩어지는 동안, 장난기 심한 십 대 중 하나가 1층으로 M&M 두어 개를 떨어뜨린다. 몇 분 후, 그는 한 대머리 남자의 머리 위에 일자 핀을 떨어뜨리자고 제안한다. 바로 그때 또 다른 십 대가 헌금이 가득 든 바구니를 '우연히' 쳐서 발코니층 선반 너머로 떨어뜨린다. 지폐들이 공중에 떠다니고 천장 선풍기 바람에 이리저리 날린다. 수십 개의 동전들이 아래층의 기울어진 나무 바닥 위로 요란하게 구른다. 일부 동전들은 난방 쇠살대 사이로 떨어지며 크게 쨍그랑 소리를 낸다. 담임 목사가 날카롭게 노려보고 집사들이 발코니층 계단으로 뛰어 올라와 질서를 잡는다.

그날을 마지막으로 우리는 다시는 발코니층에 앉지 못하게 된다.

* * *

콜로니얼 힐스 교회는 매년 두 가지 특별한 행사를 연다. 하나는 선교 콘퍼런스다. 이 기간에는 발코니층에 외국 국기들을 드리워 교회를 장식한다. 선교사들은 각각 주어진 5분 동안 자신들이 해외에서 벌이는 모험에 대해 들려준다. 그들이 원숭이 고기를 먹는 것과 피그미족 사람들을 상대로 한 사역 등을 설명할 때 나는 귀를 쫑긋 세우고 듣는다. 슬라이드를 보여 주는 선교사들도

• We always let you down. "당신을 언제나 실망시켜 드립니다"로 해석할 수도 있다.

있는데, 슬라이드는 언제나 석양 사진으로 끝난다.

예배를 마치면, 선교사들은 예배당 뒤쪽에 마련된 부스들 앞에 선다. 거기엔 바람총, 봉제 악어, 나비가 전시되어 있고 쪼그라든 머리 몇 개도 있다. 나는 그 부스들을 통해 지리와 외국인들에 관해 배운다. 전시물들을 보고 선교사 자녀들과 이야기를 나누다 보면 부모님이 아프리카에 가지 못한 것이 문득 기쁘게 느껴진다. 나는 아프리카 대륙의 새 잡아먹는 거미, 지붕에 숨어 있다가 잠자는 사람 위에 떨어지는 뱀, 그리고 피부 안쪽에서 기어다니는 메디나충에 관한 악몽을 꾼다.

선교 콘퍼런스 마지막 날 밤에 사람들은 믿음의 약정을 한다. 콜로니얼 힐스 교회는 170명의 선교사를 후원하고, 매년 교인들은 몇 바구니씩 꽉 채워 헌금을 낸다. 연단에 있는 한 사람이 긴 종이가 걸려 있는 가산기를 작동시킨다. 헌금위원들이 약정서를 모아 오면 목사가 상황을 알린다. "여기 100달러짜리 약정서가 있습니다. 저는 이분이 자신이 낼 수 있는 전부를 희생적으로 드린다는 것을 압니다." 이어서 목사가 "하나님의 백성은 모두 말하기를"이라고 큰 소리로 외치면 회중은 우레와 같이 "아멘!"이라고 화답한다. 가끔 천 달러 약정이 있다는 발표가 나오면 모두가 손뼉을 치며 "할렐루야"라고 말한다.

여덟 살이 되면 새 자전거를 사려고 몇 년간 모아 온 동전이 있다. 선교 콘퍼런스 직전에 어머니에게 그 동전들을 선교사들한테 드리도록 주님이 내 마음을 이끄신다고 말한다. 어머니는 그 돈을 가방에 넣게 한다. 1센트짜리 동전 865개와 1달러짜리 은화 한 줌이다. 콘퍼런스 마지막 날에 어머니는 내게 연단에 올라가 그 돈을 폴 목사님에게 직접 전달하라고 시킨다. 내가 그렇게 하자 목사님은 내 어깨에 손을 얹고 온 교회에 이렇게 알린다. "이 어린 소년은 새 자전거를 사는 대신에 선교사들에게 이 모든 동전을 드립니다! 주님을 찬양하라!" 모두가 손뼉을 친다. 그 어느 때보다 나 자신이 자랑스럽고 거룩하다는 느낌이 든다.

'종말' 전문가인 폴 밴 고더 목사는 선교 콘퍼런스와 함께 매년 예언 콘퍼런스도 연다. 우리 교회에서는 예수님이 곧 다시 오시고 세상이 끝날 거라고 믿기 때문에 예언을 진지하게 받아들인다. 우리는 미래에 관한 단서를 찾고자 성경을 연구한다. 예언 콘퍼런스 기간에는 연단 뒤쪽으로 거대한 현수막이 걸린다. 캔버스 천을 꿰매어 만든 현수막은 공상과학 소설에 나올 법한 생물들의 그림으로 가득하다. 이 그림들은 다니엘서와 요한계시록에 나오는 환상들을 묘사한다. 강사들은 긴 지시봉을 휘두르며 여러 개의 발, 뿔, 눈, 전갈 꼬리가 어떤 식으로 세계의 여러 강대국을 의미하는지 설명한다.

러시아가 차트에 등장한다. 한 강사는 말을 타고 싸우게 될 향후 전쟁에 대비하여 러시아가 말을 사육할 계획임을 알리는 신문 보도를 소개한다. 그는 새롭게 연합한 유럽에서 적그리스도가 일어날 것이고 그가 북쪽에서 백만 명의 군대를 이끌고 이스라엘로 쳐들어가 핵폭탄을 터뜨려 아마겟돈 전투를 일으킬 거라고 말한다. "요한계시록에 언급된 곡과 마곡이 어디입니까?" 그는 그렇게 묻고 잠시 멈춰 극적 효과를 노린 후 차트의 한 지도를 두드린다. "예루살렘에서 북쪽으로 똑바로 줄을 그으면 러시아의 모스크바에 이르게 됩니다!" 내 뒤의 한 여성이 헉 하고 숨을 멈춘다. 강사의 말을 듣노라니 한편으로는 대환란이 오기 전에 휴거가 되었으면 싶고 다른 한편으로는 세상에 머물면서 불꽃놀이도 보고 싶어진다.

우리 교회는 시사에 관해서도 많이 이야기한다. 내가 열 살이 되던 해인 1959년에 콜로니얼 힐스 교회는 《미국이 가톨릭 신자 대통령을 선출한다면》이라는 책 수백 부를 배포한다. "예수님 때문에 로마가톨릭의 손에 고난당했던 수천 명에게 바치는" 책이다. 이런 우려에도 불구하고 존 F. 케네디가 당선된다. 그러나 내가 볼 때 그리스도인들이 평소보다 더 고난받는 것 같지는 않다.

인권운동이 진행되자 평생 민주당을 지지했던 사람들이 하룻밤 새 공화당 지지자가 된다. 그리고 대통령이 군부대를 보내 남부 학교들에서 흑인 학생들을 받아들이게 만든 이후, 우리 교회에는 긴장감이 감돈다. 그들이 다음번에는 어느 부분에서 통합을 강요할지 모르겠다는 생각이 든다. 식당, 모텔, 교회? 콜로니얼 힐스 교회는 통합 공립학교에 다니고 싶어 하지 않는 백인 학생들을 위한 피난처로 사립학교를 연다.

내가 교회 예배 시간에 흑인들을 본 것은 딱 한 번뿐이다. 그 유명한 강사 디한 박사가 방문했을 때, 그러니까 내가 발코니층에 앉았던 바로 그때다. 디한 박사는 자신의 흑인 후원자들이 교회에 들어올 수 있어야 한다고 주장했다. 내가 세어 봤는데, 그 주말에 교회 안에 로프를 쳐서 격리한 구역에 함께 앉은 흑인은 모두 여섯 명이었다.

어느 주엔가 나는 주일학교에서 '함의 저주'에 관해 배운다. 선생님이 창세기 9장의 이상한 대목을 읽어 준다. 그 대목에서 술에 취해 벌거벗은 노아는 어떤 모호한 성적 죄 때문에 손자 가나안을 저주한다. "가나안은 가장 낮고 천한 종이 돼 그의 형제들을 섬기게 될 것이다." 노아는 그렇게 선포했다. 선생님은 가나안의 아버지가 함이고 함이라는 단어는 "탄 것처럼 새까만"을 뜻한다고 알려 준다. 하나님은 흑인들이 미래에 노예가 되도록 저주하신 것이라고 말한다. 하나님이 아니라 술 취한 노아가 저주를 선언했고 그 저주의 대상은 함이 아니라 그의 아들 가나안이라는 사실을 누구도 굳이 지적하지 않는다.

이따금 레스터 매덕스가 교회를 방문한다. 매덕스는 내가 아는 사람 중 가장 유명인사에 가까운 인물이다. 교인들은 그의 프라이드치킨 가게 피크리크 식당을 즐겨 찾는다. 어머니는 형과 나를 몇 번 그곳에 데려갔다. 가게 입구에 있는 소원의 우물을 지나던 기억이 난다. 그 앞에는 "인종 분리를 기원하세요"라고 적혀 있다. 식당에서는 티셔츠, 레스터 매덕스의 '깨어나라, 미국' 자명종, 그리고 경찰들이 인권 시위자들을 두들겨 패는 데 사용한 것과 같은 도끼 자루 기념품을 판매한다. 도끼 자루는 세 가지 크기가 있다. 아빠용, 엄마용, 그리고 경찰봉처럼 생긴 그보다 작은 아동용. 매덕스는 자신의 재산권을 위협하는 연방정부를 비난하는 내용의 광고를 애틀랜타 신문에 매주 낸다. 교회의 남자 성도 모임에서 그는 연방정부가 흑인에게 물건을 팔도록 강요한다면 식당 문을 닫을 거라고 선언한다. 그는 정말로 식당 문을 닫는다. 그리고 몇 년 후 조지아 주지사로 당선된다.

1960년에 인권운동가들은 애틀랜타의 교회들 안에서 인종통합을 이루어 내겠다는 계획을 발표한다. 우리 교회는 감시단을 모집하고, 그들은 '말썽꾼'들의 침입을 막기 위해 교대로 입구를 순찰한다. 집사들은 몰래 들어오려는 시위자에게 건넬 카드를 인쇄한다.

> 우리는 당신들 집단의 동기가 하나님 말씀의 가르침과 전혀 다른 이질적인 것이라고 믿기에 당신들을 환영할 수 없습니다. 이 건물에서 조용히 떠나 줄 것을 정중하게 요청합니다. 성경은 "모든 인간이 형제이고 하나님이 모두의 아버지"시라고 가르치지 않습니다. 하나님은 만물의 창조주이시지만 중생한 자들만의 아버지이십니다.
>
> 당신들 중 누구라도 구주이신 예수 그리스도를 알고자 하는 진실한 마음으로 여기 왔다면, 우리는 하나님의 말씀을 가지고 기쁜 마음으로 개별적으로 상담할 것입니다.
>
> (목사와 집사들의 만장일치 선언문, 1960년 8월)

시위자들이 나타나지 않자, 교회는 결국 입장을 순화하여 몇몇 흑인 가족들의 참석을 허락한다. 특히 흑인들만 다니는 카버 성경 연구소 학생과 교직원을 받아들인다. 아버지가 가르친 적이 있는 그 학교다. 카버의 학장은 딸이 양질의 기독교 교육을 받을 수 있기를 바라면서 교회의 사립학교 유치원에 딸의 지원서를 보낸다. 비슷한 시기에 카버의 학생 토니 에번스는 교회의 성경 가르침이 너무 좋아서 교인으로 등록하고 싶다고 신청한다.

토니 에번스의 요청을 계기로 콜로니얼 힐스 교회에서는 인종 통합 준비 여부를 놓고 큰 논쟁이 벌어진다. 한 교인이 공개 모임에서 이렇게 묻는다. "그리스도 안에 있는 흑인 형제자매의 교인 등록과 교회에서 운영하는 학교의 입학을 막는 것이 교회의 정책입니까?" 본당이 조용해진다. 결국 얼굴이 붉어진 집사 대표가 의사봉을 두드리며 목에 핏대를 세우고 선언한다. "휴회하겠습니다!" 점잖은 흑인 몇 명이 예배에 참석하는 것은 교회도 개의치 않는다. 다만 그들은 교인이 되거나 학교에 입학할 수 없을 뿐이다.

*　*　*

주일학교 교사가 리본과 반짝이는 금속 트로피를 상으로 주기 시작하자 나는 모범 그리스도인이 된다. 자진해서 주일학교 수업의 교훈을 소리 내어 읽고 추천 성경 구절을 암송하고 반 모임에서 대표 기도를 한다. 형은 속임수를 쓴다. 특별 청소년 예배에 가장 많은 사람을 초청하는 사람을 뽑는 대회가 열린다. 한 아이가 150명을 초청하고 그중 절반이 참석한다. 형은 240통의 전화를 건다. 다만, 상대방이 전화를 받자마자 전화를 끊고 발신음을 몇 초 기다린 후에 초청하는 시늉을 한다. 형은 내게 아무에게도 말하지 않겠다는 약속을 받아내고 트로피를 탄다.

　교회 예배는 보통 초청으로 끝난다. 모두 머리를 숙이고 눈을 감은 가운데, 목사나 전도자가 구원받지 못한 사람들을 향해 그리스도를 영접하라고 호소한다. "착하게 산다고 천국에 가는 것이 아닙니다. 교회에 다닌다고 천국에 가는 것도 아닙니다. 여러분, 길은 하나뿐입니다. 그리고 지금 당장 그 길을 선택할 수 있습니다. 오늘 이 자리에는 자신이 천국에 갈 거라는 확신이 없는 분이 있을 수 있습니다. 오늘이 구원의 날입니다. 원하신다면 손을 드십시오. 예, 예, 예. 손이 보입니다. 축복합니다. 예, 본당 곳곳에서 … 하나님이 축복하십니다, 예, 예."

주위를 맴도는 모기처럼, 강사의 말이 내게 점점 가까이 다가오는 것 같다. 나는 죄책감에 휩싸인다. "당신의 죄가 씻겼다고 확신하십니까? 혹시 이렇게 생각하실지도 모르겠습니다. '목사님, 언젠가는 회개하겠지만 지금은 아닙니다. 한동안은 즐거운 시간을 갖고 재미있게 놀겠습니다.' 젊은 분들은 이렇게 말할 수도 있습니다. '이번 학기가 끝나고 여름이 오면 그때 가서….'" 두려움이 점점 나를 감싸고 심장과 폐를 죄어 온다.

오르간 연주가 시작되고 우리는 함께 초청의 찬송을 부른다. "죄 있는 자들아, 이리로 오라/ 주 예수 앞에 오라!" 라디오에서 방송되는 빌리 그레이엄의 전도 집회처럼, 이런 초청들은 찬송가 〈있는 모습 그대로Just as I Am〉* 로 마무리된다. 우리는 일곱 절을 다 부른다. 3절이 특히 내게 와 닿는다.

> 있는 모습 그대로 갑니다. 사방으로 흔들리면서,
> 많은 갈등, 많은 의심,
> 안팎의 싸움과 두려움을 안고서,
> 오 하나님의 어린양이여, 주께로 갑니다, 제가 갑니다.

• 찬송가 282장 〈큰 죄에 빠진 날 위해〉의 원제목.

내가 정말 구원받았는가의 문제만큼 나를 괴롭히는 건 없다. 영접 기도를 어찌나 많이 했는지 그 기도문을 통째로 거꾸로 쓸 수 있을 정도다. 나는 앞으로 나가 두 손을 꼭 쥐고 눈을 감은 채 장로님들의 기도를 받는다. 그 일을 몇 번씩 반복한다. 구원이 효과가 없는 백신 같은 것이면 어쩌나 두렵다. 그래도 성가신 질문들은 사라지지 않는다. '나는 정말 진심으로 기도하는가? 이것은 진실한 기도인가?'

어머니가 성경 속 한나처럼 나를 하나님께 드렸다는 사실을 떠올린다. 나는 어머니의 기대에 절대 미치지 못할 것임을 안다. "하나님, 제가 더 거룩해지게 도와주세요"라고 아무리 자주 기도해도, 나는 늘 고질적인 사기꾼의 행태로 되돌아간다. 주일학교에 새로 온 아이가 더그 터닙시드*라고 자기소개를 하자, 나는 그 이름을 놀린다. 그 아이는 다시는 교회에 나오지 않게 된다. 왠지 그것이 내 탓이라는 생각이 든다. 나는 친구들과 함께 시력이 나쁜 정신박약 소녀를 괴롭히기도 한다. 그저 화내는 모습을 보려고 뒤에서 몰래 다가가 어깨를 툭 치고 달아난다.

죄책감에 속이 쓰리다. '내가 천국에 갈 거라는 사실을 어떻게 확실히 알 수 있지?' 형을 바라본다. 형은 침례라는 엄숙한 단계를 밟은 사람이다. 어쩌면 침례가 열쇠인지도 모른다. 어머니에게 물어보지만 어머니는 내가 아직 준비가 안 되었다고 답한다. "너는 책임 연령에 이르지 않았어." 그렇게만 말할 뿐, 그때가 정

---

* Turnipseed, '순무 씨앗'이라는 뜻.

　　　　　빛이 드리운 자리

확히 언제인지 콕 집어서 말해 주진 않는다. 나는 트로피를 타는 착한 주일학교 아이 행세와 똑똑한 체하는 음험한 녀석이라는 실체 사이에서 괴로워하며 기다린다. 알 수 없는 그 책임 연령이 지나면 지옥에 갈 확률이 높아질 것이 분명하다.

주일학교에서 부르는 한 찬양이 내 안의 두려움을 완벽하게 포착한다.

작은 눈, 무엇을 볼지 조심하세요.
하늘에 아버지가 계시고
사랑으로 내려다보세요.
작은 눈, 무엇을 볼지 조심하세요.

나머지 절은 신체 부위를 넓혀 나간다. "작은 귀, 무엇을 들을지 조심하세요…/ 작은 손, 무엇을 할지 조심하세요…/ 작은 발, 어디로 갈지 조심하세요…/ 작은 입, 무엇을 말할지 조심하세요."

나는 하늘에 있는 친아버지에 대해 안다. 어머니가 그분을 위협의 방편으로 써 왔기 때문이다. 친아버지는 내가 코를 팔 때, 어머니 모르게 불순종할 때, 거짓말을 하는 모든 순간에 나를 본다고 했다. 하나님은 그보다 훨씬 더 무시무시한 슈퍼 아버지시다. 그분은 눈꺼풀이 없는 눈과 투시력을 갖추고 있다. 어찌된 일인지 나는 "사랑으로 내려다보신다"는 부분은 놓친다.

죄를 씻어 준다는 성찬식에 참가하기를 갈망하지만 어머니는 성찬식도 기다리라고 한다. 기다림은 긴장감을 조성한다. 콜로니얼 힐스 교회는 분기에 한 번씩만 성찬식을 거행한다. 그때마다 크래커를 씹는 오도독 소리가 들리고 성찬용 작은 유리잔 너머로 사람들의 혀가 확대되어 보인다.

"성찬을 받을 때 무슨 일이 일어나?" 분기별 성찬 예식이 끝난 후 한번은 형에게 묻는다.

형의 대답이다. "별거 아니야. 그냥 포도 주스야. 포도주도 아니고. 그리고 크래커는 아플 때 먹는 소금 크래커랑 비슷해. 소금이 훨씬 적다는 것만 달라."

형의 말이 옳다. 어머니는 마침내 내가 '성찬에 참여'하는 것을 허락한다. 나는 크래커를 씹지 않고, 혀 위에서 눅눅해지게 만든다. 주스도 입안에 한동안 물고 있다가 삼킨다. 성찬식이 끝난 후에 성찬컵 쟁반이 돌면 다이아몬드 게임판처럼 생긴 작고 둥근 홈 안에 성찬컵을 내려놓는다. 거룩한 기분은 금세 사라지고 달라지는 것은 별로 없다. 나에겐 아직 침례가 필요한 게 분명하다.

내가 열 살이 되었을 때 마침내 어머니는 내가 준비가 되었다고 판단한다. 나는 형을 의기양양하게 바라본다. 형은 열한 살 생일이 지날 때까지 기다려야 했기 때문이다. 나는 먼저 책이 잔뜩 꽂힌 폴 밴 고더 목사님의 목양실에서 긴장된 면담 시간을 갖는다. 목사님은 테이블 맞은편 가죽 의자에 등을 기대고 앉아 묻는다. "침례가 너에게 어떤 의미가 있니, 필립?"

연습해 둔 정답을 낭송한다. "예수님을 제 마음에 영접했을 때 제 안에서 일어난 변화를 공적으로 알리고 싶습니다."

그가 말한다. "필립, 하나님이 너를 위해 큰일을 준비해 놓으셨다고 믿는다. 침례는 거룩한 것이야. 영구적인 일이고 돌이킬 수 없지. 평생 헌신할 준비가 되지 않았다면 침례를 받지 말아라." 침을 삼키는데, 목에 뭔가 걸린 느낌이 든다. 나는 힘이 나는 체하며 준비가 되었다고 고개를 끄덕인다.

우리 교회는 주일 저녁 예배 시간에 침례를 시행한다. 강단 뒤 커튼으로 가려진 벽 중앙에 침례당이 마련되어 있다. 침례의 밤에 커튼이 열리면 계단을 밟고 들어가는 욕조가 드러난다. 요단 강 그림이 그려져 있다.

나를 포함한 네 사람이 같은 날 저녁에 침례를 받는다. 설교가 끝난 후, 성가대가 찬양을 부르기 시작하고 우리 네 사람은 옷방으로 들어간다. 모두 맨발이고, 목사님은 우리에게 흰 가운을 한 벌씩 준다. 옷방은 춥지 않지만, 티셔츠와 하얀 바지 위에 가운을 덮어쓰는데 몸이 떨려 온다.

폴 목사님이 지시 사항을 되새겨 준다. "제 손을 잡고 놓지 마십시오. 염려하지 마세요. 제가 붙들고 있으니까요. 제가 끌어올려 드릴 겁니다. 긴장을 푸세요." 긴장을 풀라고 속으로 말해 보지만 어떻게 해야 긴장을 푸는지 모르겠다.

엄숙한 의식이 시작된다. 나는 두 여자가 물 아래로 사라졌다가 올라오면서 머리에서 물이 뚝뚝 떨어지고 얇은 가운이 하얀 옷에 달라붙는 모습을 지켜본다. 성인 여성들이 목사의 팔에서 축 늘어져 있는 모습을 보니 이상하다. 한 여성은 운다. 눈에서 검은 줄이 볼을 타고 내려온다.

침례당에서는 곰팡이 냄새가 나고 귀에서 윙윙대는 소리가 들린다. 가슴이 철렁 내려앉는다. '내 옷이 다 비치면 어떻게 하지? 잡고 있던 손을 놓쳐서 빠져 죽으면 어떡하지?' 방금 다녀왔는데도 자꾸만 화장실에 가고 싶다. 거룩한 생각들에 집중한다.

폴 목사님이 나를 향해 고개를 끄덕이자 나는 물속으로 걸어 들어간다. 물이 차가워서 숨을 급히 들이쉰다. 숨을 가다듬고 덜 덜 떨리는 이를 진정시키려 애쓴다. "우리 주시요 구주이신 예수 그리스도의 명령에 순종하여, 그분에 대한 신앙을 고백한 필립 형제에게 성부와 성자와 성령의 이름으로 침례를 주노라. 아멘."

다음 순간, 나는 물속에 있다. 눈을 꼭 감은 상태다. 강한 손이 내 등을 받치고 있고 다른 손은 내 코를 쥐고 있다. 내 두 팔은 앞 쪽으로 포개어져 있다. 그러고 나서 나는 물 밖으로 뚫고 나와 숨을 들이마신다. 그렇게 간단히 끝난다. 나는 뻣뻣한 다리로 계단을 향해 움직인다.

"이제 새 생명 안에서 행하십시오." 목사님은 그렇게 말하고 내가 계단을 오르도록 밀다시피 한다.

08 / 배움

우리는 혼자가 아님을 알기 위해 읽는다.
—윌리엄 니콜슨, 《셰도우랜즈》

일찍부터 나는 말이 가진 신비한 힘을 감지했다. 그러나 그 비밀이 무엇인지는 몰랐다. 케이 이모가 우리와 함께 살던 시절, 이모와 어머니는 일종의 암호로 말하곤 했다. 어느 수요일 저녁, 교회에서 집으로 돌아가는 차에서 케이 이모는 단어의 철자를 말했다. "i-c-e-c-r-e-a-m 좀 사러 들러야 할까요?" 전에도 들은 적이 있는 암호였다. 한데 엮여서 의미를 전달하는 소리 조각들이었다. 어쨌든 어른들에게는 의미가 통했다.

책에도 똑같은 암호가 있었다. 나는 내가 가진 아동도서에서 그림을 가리키며 그것들이 묘사하는 장면을 신나게 떠올리곤 했다. 그러나 어른들은 종이에 후추처럼 쏟아진 검은 점들을 응시하면서 내가 전에 들었던 것과 똑같은 말로 이야기를 다시 들려주었다.

"어머니, 이건 뭐예요?" 나는 검은 점들을 가리켰다.

"그건 개dog를 가리키는 단어야. 그림 보이니?" 어머니는 그 점들을 손가락으로 한 번에 하나씩 짚어 준다. "개는 D-o-g라고 쓴단다." 나는 '이건 뭐예요?'라고 거듭거듭 물어서 다리미질이나 설거지를 하거나 성경을 읽고 있는 어머니를 성가시게 한다. 답변을 들을 때마다 나는 암호의 또 다른 조각을 차곡차곡 기억해 둔다.

내가 너무 자주 성가시게 하면, 그날 어머니는 이제 어떤 단서도 말해 주지 않겠다고 선언한다. "학교 갈 때까지 기다려라. 그건 그 사람들 일이니까." 나는 그래도 계속 물어봐서 어머니를 지치게 만든다. 신비의 암호가 아주 중요하다는 생각이 든다. 어른들은 지루한 회색 신문을 펴 놓고 눈만 움직이면서 내일 비가 올 거라거나 러시아인들이 신형 로켓을 실험했다는 사실을 알아내기 때문이다.

네 살 생일을 코앞에 둔 어느 날, 나는 암호를 해독했다. 우리 집에는 내가 좋아하는 이야기들이 녹음된 골드 45rpm 음반 몇 장이 있었다. 호랑이를 녹여 버터로 만든 《흑인 꼬마 삼보 이야기》, 산 정상까지 올라간 《꼬마 기관차의 모험》 같은 것들이다. 지직거리는 음반 속의 남자가 내가 너무나 잘 아는 이야기를 읽어 나가면 나는 손가락으로 검은 점들을 짚었다. 그러다가 알아볼 수 있는 글자를 만나면 얼굴이 환해졌다. 음반에 인쇄된 개 니퍼가 컹컹 짖으면 페이지를 넘겼다.

돌파구가 열린 이 날, 축음기를 껐는데도 여전히 이야기를 따라갈 수 있었다. 몇몇 단어에서 걸리기는 했지만 의미를 파악하는 데는 무리가 없었다. 단어들이 종이에서 머릿속으로 곧장 들

빛이 드리운 자리

어왔고 그 충격에 소름이 돋았다. '읽을 수 있다!'

그때부터 죽 나는 덜 놀고 더 읽었다. "걔는 늘 책에 코를 박고 있어." 어머니는 친구들에게 말했다. 매일 제 체중의 두 배를 먹는 우리 집 텃밭의 뒤쥐처럼 나는 게걸스럽게 읽었다. 그러나 뒤쥐는 땅속에서 생애를 보내는 반면, 읽기는 내게 날개를 달아 주었다. 책은 내가 잉글랜드나 아프리카, 로빈슨 크루소의 섬으로 시간 여행을 하게 해 주었다. 알래스카로 보내 주기도 했다. 알래스카를 배경으로 한 잭 런던의 《야성의 부름》과 《화이트 팽》을 읽을 때는 마음이 아팠다. 늑대 개가 죽음을 앞두고 누워 있는 장면에서는 눈물이 어려 제대로 읽을 수 없을 정도였다.

형을 따라잡으려고 열심히 노력했다. 비가 오는 주말이면 형은 두꺼운 《지식의 책》이나 《월드북 백과사전》을 즐겨 읽었다. 형은 초등학교 도서관의 모든 픽션을 읽었다. 형이 말했다. "목표를 세워 봐. 1학년에 입학하기 전에 100권을 읽어 봐." 나는 형의 조언을 적극적으로 받아들였다.

내가 읽은 책들은 많은 경우 내 수준보다 높았다. 책에서 교사들이 고집 센 학생들의 따귀를 때렸다boxed the ears는 표현을 보고, 몸을 숙인 복서가 상대의 귀에 거듭해서 잽을 날리거나 교사가 심벌즈를 연주하듯 두 손으로 학생의 양쪽 귀를 동시에 후려치는 모습을 상상했다. 어떻게 이를 가는gnash teeth 건지 궁금했고, 여자가 화장을 한다doing her toilet는 묘사에 키득거렸다. 나는 계속 읽어 나갔다. 이해가 안 돼도 멈추지 않았다.

* * *

다섯 살의 나는 모든 책 중에서 가장 벅찬 책인 성경을 읽을 준비가 되었다고 판단한다. 어머니의 근사한 검은색 가죽 성경에는 작은 금빛 반달 모양의 표시들이 있고 그 안에 66권 각 권의 이름이 있다. 어머니는 야구 글러브 같은 냄새가 나는 그 성경을 야구 글러브처럼 경건하게 다룬다. 나는 그 안에 우주의 모든 비밀이 담겨 있다고 믿는다. 그리고 성경에는 다음과 같은 고유의 어휘가 있음을 알게 된다. 낳았더라begat, 맘몬mammon, 세 번thrice, 가증한 것abomination.

나는 성경에서 큰 부분을 차지하는 구약 이야기들을 좋아한다. 우리 집에서는 동화를 읽지 않는다. 동화 못지않게 흥미진진하고 사실이기도 한 구약성경이 있으니 동화가 필요하지 않다. 사자를 길들이는 다니엘, 풀무불 안에서 돌아다니는 다니엘의 세 친구, 바알 선지자들을 죽이는 엘리야, 여우들의 꼬리에 횃불을 매다는 삼손, 골리앗을 쓰러뜨리는 다윗. 텔레비전과 만화가 금지된 우리 집에서는 성경의 등장인물들이 슈퍼 히어로로 역할을 맡는다.

곧 형과 나는 성경의 짜릿한 부분들을 뒤진다. 어느 날 형이 알려 준다. "이봐, 내 말 좀 들어봐. 솔로몬 왕 앞에서 아기를 놓고 싸웠던 두 여자 알지? 그 여자들 창녀였다!" 나는 그 단어를 모르지만, 형에게는 뭔가 의미 있는 단어가 분명하다. 형은 내게 "담벼락에 오줌 누는 자"(삼상 25:22, 한글 KJV)가 '남자'를 말하는 기이한 표현이라고 말해 준다. 우리가 이런 구절들을 알려 주면 주일학교 친구들 사이에서 웃음이 터진다. 지루한 설교 시간에는 아가서의 흥미진진한 대목들을 찾는다.

구약성경 때문에 웃기도 하지만 때로는 겁이 나기도 한다. 두려운 하나님을 어떻게 사랑하나? 나는 아브라함이 하나님의 요구에 따라 아들 이삭을 희생제물로 바치려는 장면에 이상하게 끌린다. 하나님을 의심하지는 않지만—그건 이단자들이나 하는 일이다—왜 그런 식으로 교훈을 주시는지 너무나 궁금하다. 그 사건 이후 이삭은 자기 아버지나 하나님을 과연 신뢰했을까?

형을 조종했던 음험한 사람 야곱에게 하나님이 약한 모습을 보였다는 사실을 알게 되면서 약간 위로를 받는다. 하지만 나의 기만적 기질에 대해서는 여전히 죄책감을 느낀다.

한나가 아들을 하나님께 바치는 이야기는 언제나 배후에 버티고 있다.

* * *

초등학교에 들어가기도 전에 나는 이미 학교를 맛보았다. 사립 '유색인 학교'였는데, 교장의 집 지하실에 자리 잡고 있었다. 교실이 하나뿐인 미즈 헨리의 학교에는 유치원생부터 중학생까지 61명의 학생이 있다. 나는 거기서 성경을 가르치는 어머니를 여러 번 따라다녔다. 어머니는 애틀랜타의 인종 분리 학교가 너무나 열악해서 흑인 부모들이 추가 비용을 지불하고 자녀를 미즈 헨리에게 맡기는 거라고 설명했다.

미즈 헨리는 학교를 신병 훈련소처럼 운영한다. 주의가 산만한 학생을 손바닥으로 때리고 수업 시간에 못된 짓을 하는 아이들에게는 회초리를 든다. 어머니가 교실에 들어서면 모두 일어나서 이렇게 외친다. "안녕하세요, 미즈 얀시."

겨울이면 학생들이 나무 난로 주위에 모이고 그들의 노란 비옷에서는 고무 냄새와 함께 김이 올라온다. 휴식 시간에는 내가 진귀한 동물이라도 되는 것처럼 모든 아이가 나를 에워싼다. 나는 그들의 다양한 피부색을 찬찬히 본다. 꿀색부터 어머니가 '검은 검정' 또는 '더없이 검은'이라고 부르는 검은색까지. 나는 그들의 손바닥이 내 것처럼 밝은 핑크색이라는 사실을 발견하고 놀란다. 몇 명은 내 피부를 만져 봐도 되는지 수줍게 묻는다. 그들 앞에서는 내 피부가 갑자기 밋밋해 보인다.

미즈 헨리의 규율을 경험하자 학교 들어가는 것이 걱정이 된다. 하지만 어머니는 공립학교 교사들은 회초리로 학생을 때리지 않는다고, 어쨌든 백인 학교에서는 그렇다고 나를 안심시킨다.

내 생일은 11월이어서 다섯 살에 입학하려면 어머니가 특별 허가를 신청해야 한다. 마침내 입학식 날이 되고, 어머니는 집에서 3킬로미터 정도 떨어진 곳에 있는 나지막한 오렌지 벽돌 건물로 나를 태워다 준다. 형이 나를 교실로 데려간다. 교실에는 죽 늘어선 일체형 책걸상들이 선생님의 거대한 책상을 마주하고 있다. 게시판에는 오려낸 글자들이 걸려 있다. "1학년들을 환영합니다."

기대에 가득 찬 나는 가만히 있기가 힘들다. "안녕, 우리 반. 나는 여러분의 담임 선생님 미즈 호니예요." 말총머리의 여성이 미소를 지으며 말한다. 청아한 남부 음성이다. "여러분의 이름을 익히고 싶어요. 빨리 익히려고 좌석 배치도를 만들었어요. 그러니 소지품을 챙겨서 선생님이 말하는 자리로 이동하세요."

빛이 드리운 자리

얀시 가문의 일원인 나는 결국 맨 뒷줄의 마지막 자리 신세가 되어 호니 선생님과 엄청나게 멀어진다. 이미 선생님에게 홀딱 반한 나는 마음이 아프다. 선생님은 하얀색 분필로 칠판에 이름을 쓰고 본인의 이름은 머니money가 아니라 포니pony와 운이 맞다고 알려 준다. 그날 저녁 나는 〈호니 선생님, 조랑말 타다Mis Honea who rides a pony〉라는 시를 쓴다.

며칠이 지나자 나는 선생님이 가르치려는 내용을 내가 이미 다 알고 있다는 사실을 깨닫는다. 선생님은 딕과 제인과 그들의 개 스팟이 나오는 얇은 책들을 나누어 주었는데, 나는 '다람쥐'처럼 진짜 평범한 단어들을 천연색 그림이 대체하고 있는 것을 보고 분개한다. 우리가 그런 단어도 모를까 봐. 그런데 알고 보니 그런 단어를 모르는 아이들도 있었다.

지루해진 나는 재미있게 시간을 보낼 방법을 찾는다. 꼼지락거리기, 그림 그리기, 발밑에서 연필 돌리기, 나무책상의 결을 손가락으로 따라가기, 맨손으로 파리 잡기, 죽은 땅벌 날개 뜯기.

호니 선생님은 내가 앞자리의 소녀에게 빨대 포장지를 던지는 것을 보고는 앞으로 나오라고 명령한다. 선생님은 칠판에 원을 하나 그리고 말썽을 부린 벌로 그 원에다 코를 대고 있으라고 지시한다. 그 상태로 몇 분 있다 보니, 칠판에서 삼목놀이를 할 수 있고 고개를 돌려 다른 아이들에게 인상을 쓸 수도 있다는 것도 알게 된다. 호니 선생님이 어머니와 면담을 한다. 어머니는 볼로 패들로 내 엉덩이를 때려 주라고 한다.

"그렇게 할 수는 없어요." 호니 선생님의 자비로움에 내 마음이 녹아내린다. 선생님은 매질 대신에 나를 교실 앞에 세우고 읽기 연습을 이끌게 한다.

1학년이 절반쯤 지났을 때 우리 가족은 시골을 떠나 포리스트 파크Forest Park의 집세가 더 싼 구역으로 이사를 간다. 숲forest은 없고 공원park만 하나 있는 교외 지역이다. 새 학교에서 나는 낯을 가린다. 나를 제외한 학생들이 다들 서로를 알기 때문이다. 시골 아이들보다 상스러운 이곳 아이들은 혀를 내밀고 나쁜 말을 쓰고 종이 뭉치를 던지고 숙제를 해 오는 사람을 놀린다. 선생님이 질문을 하면 아무도 손을 들어 답하지 않는다.

친절한 담임 선생님이 나를 보살펴 준다. 특별 과제를 내주고 수업이 끝난 후에 함께 검토한다. 어느 날 선생님이 나를 교장인 루이스 선생님한테 데려간다. 루이스 선생님은 팔이 하나뿐이다. 나는 축 늘어진 그의 왼쪽 코트 소매를 쳐다보지 않으려고 노력한다. "이 어린 학생은 읽기 능력이 비범해요." 담임 선생님이 그에게 말한다. 내가 몇 문장을 소리 내어 읽자, 루이스 선생님이 벌떡 일어나서 말한다. "7학년 학생들이 자극을 좀 받을 수 있을 것 같네요." 그러고는 하나뿐인 손으로 나를 이끌고 7학년 교실로 간다.

우리가 교실로 들어가자 교사는 옆으로 물러나고 루이스 선생님이 교탁에 선다. "학생 여러분, 이 1학년 학생이 책 읽는 것을 들어 보세요. 여러분 중 어떤 학생들보다 더 잘 읽어요. 필립, 7학년 학생들의 책에 나오는 이 이야기를 읽어 보려무나. 어서."

나는 겁에 질린 채 큰 아이들이 눈알을 굴리고 서로를 찔러 대는 모습을 바라본다. "첫 번째 단어는 제레미Jeremy야." 루이스 선생님의 말에 정신이 든다. 모두가 웃음을 터뜨린다. 나는 7학년 책에 나오는 이야기를 읽은 후 내가 방금 학교의 기본 규칙을 어겼다는 사실을 깨닫는다. 똑똑한 체하지 말고 다른 사람 무안하게 만들지 말라는 규칙이다. 그해의 남은 기간 내내 7학년 학생들은 내 뒤통수를 툭 치고 놀려 댄다.

그해 말에 루이스 선생님은 어머니에게 전화를 건다. "필립이 2학년을 건너뛰는 것을 고려해 보라고 말씀드리고 싶습니다. 아이가 지루해합니다. 3학년으로 월반하면 따라잡기 위해 열심히 공부해야 할 테고, 그런 도전이 애한테 유익할 겁니다."

* * *

새로운 담임 선생님 미즈 로즈는 이름처럼 장미향이 난다. 그녀는 윤이 나는 빨간 립스틱을 바르고 같은 색깔의 매니큐어를 칠한다. 나는 다시 사랑에 빠지고, 선생님이 방과 후에 보충 학습을 해 주자 아주 신이 난다. 2학년을 거친 학생들은 필기체로 쓰는 법을 배웠는데, 나는 정자체로 쓰는 법만 안다. 여섯 살인 나는 3학년에서 가장 어리고 작은 아이다.

성탄절 직전에 로즈 선생님이 임신을 해서 고압적인 대리 교사가 온다. 대리 교사는 첫 번째 날 우리를 둥그렇게 모아 놓고 자원해서 책을 읽을 사람이 있는지 묻는다. 내가 손을 들자 그녀는 고개를 끄덕인다. 나는 최대한 빠르게 읽기 시작한다. 두어 단락을 줄줄 읽었을 때 그녀가 읽기를 중단시킨다. "그만! 그걸로 충분해."

"이름이 뭐니?" 그녀의 질문에 내 이름을 말한다. "필립, 으스대는 건 그만둬. 읽기는 속도 테스트가 아니야. 읽기의 목표는 소통하는 거란다. 이제 돌아가서 처음부터 다시 읽어라. 이번에는 천천히." 두 볼이 뜨뜻해지고 목구멍 뒤쪽이 따끔거린다. 두 단락을 다시 읽으면서 잠깐잠깐 멈추고 더듬거리는 체한다. "훨씬 낫네." 그녀가 말한다.

배움의 기쁨은 사라진다. 팔을 베고 엎드린 채 뜨거운 교실에서 땀을 흘리며 보내는 시간이 점점 늘어난다.

현장학습이 학교생활에서 제일 좋아하는 부분이 된다. 애틀랜타 공항 견학을 가는 길에 나는 버스 옆자리에 앉은 아이에게 아기 때 필라델피아행 비행기를 타고 백만장자의 무릎 위에 앉았다는 이야기를 한다. 그리고 불행히도 이런 말을 덧붙인다. "비행기가 추락하는 걸 보면 멋지지 않을까!" 소방차와 구급차가 불빛을 번뜩이고 사이렌을 울리며 활주로를 질주하는 모습을 상상해서 한 말이었다. 그러나 대리 교사가 내 말을 듣는 바람에 다른 아이들이 모두 관제탑과 전망대를 방문하는 동안 나는 뚱뚱한 운전사가 졸고 있는 버스에 혼자 남아 있어야 한다. 비행기들이 이륙하고 하늘에 하얀 줄을 남기고 사라지는 모습을 더러운 버스 유리창을 통해 지켜본다.

3학년을 마치기 전에 우리는 다시 이사를 간다. 연료비가 감당이 안 되었기 때문이다. 나는 또 다른 학교로 전학한다. 이제 우리는 소위 듀플렉스에 산다. 말 그대로 반쪽짜리 집이다.

3학년과 4학년 기간에 살아남고 또 한 번 이사한 후에 또 다른 초등학교에서 5학년을 맞는다. 이 학교, 캐슬린 미첼 초등학교는 단연 최고의 학교다. 오동통한 여자 교장 선생님이 정문 앞에 서서 등교하는 모든 학생을 안아 준다. 나는 5학년과 6학년, 2년을 통째로 그곳에서 보낸다.

＊　＊　＊

미첼 초등학교에서 나는 과학에 눈을 뜬다. 어머니는 그것을 염려한다. "조심해야 돼. 성경과 반대되는 진화와 공룡에 관한 이야기를 할 거다. 요즘 학교에서 가르치는 걸 다 믿으면 안 돼."

바깥세상에서는 미국과 소련이 서로를 파괴할 방법을 찾고 있다. 두 정부 모두 과학교육에 돈을 쏟아부었다. 초현대적인 새 학교에는 폐쇄회로 텔레비전이라는 새로운 시설이 있다. 예를 들어 핵낙진에 대해 우리 선생님이 잘 모르면, 전문가가 스튜디오에서 강의를 하고 학생들은 각자 책상에 앉아서 TV 모니터로 지켜본다.

그런 강연 중 하나에서 우리는 영상을 보며 발랄한 노래를 하나 배운다.

버트라는 거북이가 살았어요.

거북이 버트는 빈틈이 없었죠.

위험이 닥쳤을 때 버트는 다치지 않았어요.

뭘 해야 할지 알았거든요!

버트는 숙였어요! 그리고 가렸죠.

숙이세요! 그리고 가리세요

전문가는 러시아가 원자폭탄을 떨어뜨리면, 창에서 멀리 떨어져 밝은 빛을 보지 말고 책상 밑으로 들어가 두 팔로 머리를 가려야 한다고 말한다. 그렇게 하면 핵전쟁에서 살아남는 데 도움이 될 거라고 한다. 이후 몇 주 동안, 경보가 울리면 우리는 버트처럼 숙이고 가리는 연습을 한다.

학교는 과학에 대한 흥미를 유발할 여러 방법을 계속해서 찾는다. 미스터 과학이라는 별명의 남자가 강당에서 전교생을 대상으로 프로그램을 진행한다. 내가 제일 좋아하는 시간이다. 그가 바나나를 액체질소에 담갔다가 바닥에 내동댕이치자 바나나가 유리처럼 산산조각이 난다. 그는 기후가 어떻게 작동하는지 보여 주기 위해 유리 실린더 안에 작은 토네이도를 발생시킨다. 쇼가 끝난 후 아이들은 번개에 대한 이야기를 나눈다. 한 아이가 금속 보트에서 금속 부두로 가다가 번개를 맞은 소년을 안다고 주장한다. "완전히 사라졌어. 갑자기." 그 아이는 그렇게 말하면서 손가락을 튕긴다. "번개에 맞은 거야. 물속에 들어가 찾아봤는데 녹아 버린 벨트 버클밖에 못 찾았어."

나는 생물이 가장 좋다. 나는 집에서 개미농장을 운영한다. 개미들이 공통의 뇌를 공유하는 것처럼 모두 협력하면서 부지런히 일하는 모습에 깊은 인상을 받는다. 멕시코산 점핑 빈*을 사서 손에 품어 따뜻하게 만들면 안에서 흔들림이 느껴진다. 칼로 조심스럽게 잘라서 열어 보면 작은 벌레가 보인다. 무생물 속에 생물이 있는 것만 같다.

속이 보이는 플라스틱 모델 '투명 남자'를 사서《월드북 백과

---

* jumping bean, 멕시코산 등대풀과의 식물 씨앗. 씨앗 속에 작은 벌레가 생기면서 벌레가 움직이는 대로 씨앗이 뛰어다니는 것처럼 보인다.

사전》의 여러 입체적 삽화들을 가이드 삼아 몇 시간에 걸쳐 간, 신장, 위, 기타 장기를 모형 비행기 물감으로 색칠한다. '투명 여자'가 탐나지만 너무 창피해서 차마 플라스틱 가슴이 튀어나온 투명 여자 모델을 사지 못한다.

＊ ＊ ＊

6학년이 되어 처음으로 남자 선생님을 만난다. 로스 선생님은 내가 첫 번째로 만난 유대인이기도 하다. 그는 내가 겪어 본 비유대인 교사들과 거의 똑같이 행동한다. 과학에 관심이 별로 없다는 점만 다르다. 그는 영어를 특히 좋아한다. 짙은 눈썹 아래의 속쌍꺼풀 눈으로 우리를 바라보며 의자에 등을 기대고 앉아 시를 낭송한다. 단어에 대한 나의 흥미가 되살아난다.

어느 날 로스 선생님이 숙제를 낸다. "단어 entertainment의 알파벳을 활용해서 최대한 많은 단어를 찾아오세요." 나는 그날 저녁에 eat, ate, tent, meant, main, taint 등의 43개 단어를 생각해 낸다. 다음 날 학교에 도착한 나는 바이올린을 연주하는 긴 갈색 머리의 줄리라는 여자애가 80개의 단어를 정리해 왔다는 것을 알게 된다.

그날 스쿨버스가 학교에 일찍 도착했기 때문에 시간 여유가 있다. 나는 도서관으로 달려가 사전을 훑어가며 글자를 하나씩 빠르게 살펴 자격 조건을 갖춘 짧은 단어들을 뒤진다. 그중 상당수가 en과 em처럼 처음 보는 단어이고, 나는 그 의미를 전혀 모른다. 성공이다. 그렇게 해서 130개의 단어를 확보한다!

교실로 돌아온다. 로스 선생님이 나를 교실 앞으로 불러 1등인 나의 단어 목록을 검토하게 한다. 내가 각 단어를 말하면 학생들이 정의를 말한다. 2등을 한 줄리는 커다란 비축약판 사전을 펼쳐 놓고 불확실한 단어를 확인한다. 반 친구들이 몇 개의 반복된 단어와 의심스러운 추가 단어들을 찾아내지만, 내 단어들은 대부분 검사를 통과한다. 그런데 아침에 서둘러 작성한 표시가 나기 시작한다. 내가 teat(젖꼭지)를 말하자 남자아이들이 킥킥거린다. enema(관장)에 이르러서는 전체 학생이 웃음보를 터트리고 로스 선생님은 확인을 중지시킨다.

그해 후반부에 선생님은 우리에게 러디어드 키플링Rudyard Kipling의 〈만약If〉이라는 시를 읽어 준다. 그렇게 심오한 내용은 들어 본 적이 없다. 다음은 그중 일부다.

> 만약 기다리면서도 기다림에 지치지 않는다면,
> 속더라도 거짓과 타협하지 않고
> 미움을 받아도 미움에 지지 않고
> 그러면서도 너무 착한 체하지 않고 너무 똑똑한 말을 늘어놓지 않는다면,
>
> 만약 꿈을 꾸면서도 꿈의 노예가 되지 않는다면,
> 생각하면서도 생각 자체를 목표로 삼지 않는다면,
> …
> 만약 적이든 친구든 너를 해치지 않게 할 수 있다면,
> 모두가 너를 신뢰하되 지나치게 의존하는 사람은 없다면,
> 도저히 용서할 수 없는 1분을

장거리 경주에서의 60초처럼 인내할 수 있다면,

세상 모든 것은 너의 것이다.

무엇보다도 아들아, 너는 비로소 어른이 될 것이다!

시가 의미하는 바를 설명할 수는 없지만, 그 안에 담긴 말들이 나를 흔든다. 내면을 제어할 수 있으면 외부의 어떤 것도 내게 영향을 끼칠 수 없다는 사실을 감지한다. 그런 종류의 제어력을 갖고 싶다.

윈스턴 삼촌에게 〈만약〉에 관해 말하자, 삼촌은 내가 시를 통째로 외우면 5달러를 주겠다고 한다. 나는 시를 외운다. 그것이 성경 외에 내가 외운 첫 번째 문학작품이다.

* * *

7학년에 들어갈 무렵 다시 이사한다. 또 다른 새 학교에 적응해야 한다. 6년 사이에 다섯 번째 학교다. 이 학교에는 중학교 과정이 없어서 나는 7학년으로 초등학교 고학년 과정에 들어가고 형은 8학년으로 고등학교 과정에 들어간다. 유목민 아이들인 우리 둘 다 서열의 맨 밑바닥에 있다. 이제 나는 안경을 쓰고 형은 볼품없게도 이중 초점 안경을 쓴다. 나는 '뽀글이'에다 '귀하신 몸'일 뿐 아니라 '안경잡이'이기도 하다.

나는 교통 도우미 봉사를 신청하여 신호등이 빨간색에서 파란색으로 바뀔 때 저학년 아이들이 건널목을 건너가도록 돕는 일을 한다. 급우들은 그런 착한 체하는 일을 조롱한다. 그들은 손가락이 여섯 개인 소녀를 괴롭히고, 소아마비 때문에 금속 코르셋을 입은 소년을 '양철 나무꾼'이라 부르며 괴롭힌다. 내가 항의하자 그들이 나를 에워싼다. "야, 네가 경찰이라도 되는 줄 알아?" "헤이, 안경잡이. 너한테 하는 말이야. 별명이 맘에 안 들어?" "야, 애송이, 조심해. 혼날 줄 알아!"

나는 정말 혼이 난다. 남을 괴롭히는 반 아이들이 귀갓길에 매복했다가 나를 습격한다. 세 아이가 나를 쓰러뜨리고 발길질을 한다. 나는 얼굴을 감싼다. 만화에서처럼 눈앞에 별이 보인다. 그들에게서 벗어나 집으로 달아나는데 귀에서 맥박 뛰는 소리가 들린다. 학교로 돌아가기가 무섭다.

두 가지 일이 나를 구해 준다. 첫째, 나는 형에게 학교 교통 도우미 일을 마친 후 집으로 데려다 달라고 부탁한다. 급격한 성장기에 있던 형은 나를 괴롭히려고 다가오는 아이들에게 이렇게 말한다. "내가 필립의 형이야. 내 동생 괴롭히면 너희, 가만두지 않을 거야." 아무도 감히 고등학생에게 덤비지 못한다. 형을 새로운 눈으로 보게 된다. 나의 경쟁자가 수호자로 변했다.

두 번째 전환점은 교내 야구 경기 도중에 찾아온다. 내가 2루에서 교묘한 병살 플레이를 성공시켜 모두를 놀라게 한 것이다. 특히 나야말로 깜짝 놀란다. 나를 괴롭히던 아이들이 갑자기 나를 응원하고 내 등을 치면서 "나이스 플레이, 얀시!"라고 외친다. 그것으로 모든 문제가 해결되다니, 믿을 수가 없다.

7학년 담임 선생님 미스터 엡은 연속해서 만난 두 번째 남자 선생님이다. 팔뚝이 굵고 구릿빛 피부에 스포츠머리를 하고 있다. 여자아이들이 옷을 빼입고 화장을 하고 학교에 오기 시작한다. 엡 선생님이 마이너리그에서 선수로 뛴 적이 있다는 사실이 알려지자, 남자아이들 사이에서 선생님은 신의 지위에 오른다.

엡 선생님은 내게 아버지가 없다는 사실을 아는 것이 분명하다. 몇 번이나 나를 따로 불러서 어깨동무를 하고는 수업 진행을 도와달라고 말한다. 선생님 부탁이라면 나는 애틀랜타 시내까지 맨발로 가라고 해도 그렇게 할 것이다.

트레일러 쓰레기

남자든 여자든 사람은 그 자신만이 아니니까.

사람은 태어난 지역이기도 하고,

걷는 법을 배운 도시 아파트나 시골 농장이기도 하고,

어릴 때 했던 놀이, 우연히 들은 미신이기도 하고,

먹었던 음식이자 다녔던 학교, 관심을 가졌던 스포츠,

읽었던 시, 믿었던 신이기도 하다.

—W. 서머싯 몸, 《면도날》

초등학교 시절의 어느 시점에 나는 우리가 가난하다는 진실을 깨닫는다. 그래서 학교를 그렇게 자주 옮겨 다닌 것이다. 어머니가 집세가 낮은 곳을 찾으면 이사를 하고, 1년 정도 지나 집세가 오르면 다시 이사한다.

우리는 아스팔트 싱글로 덮인 단층집들이 있는 지저분한 동네에 산다. 같은 블록에 사는 사람들 중 제때 집세를 못 내는 이웃들은 퇴근하거나 가게에 다녀오다가 자기 물건이 길가에 쌓여 있는 것을 종종 발견한다. 다른 이웃들은 벌거벗은 사람을 볼 때처럼 그 광경에서 눈을 돌린다.

내가 아는 군인 아이들―자칭 '군인 자식들'―은 이곳저곳 이사를 다니면 강인해진다고 말한다. 그러나 나는 다르다. 이사를 하면 나의 일부분이 잘려 나가는 느낌이다. 이사할 때마다 이런 생각을 하거나 적어도 이런 희망을 품어 본다. '이 새 학교는 다를 거야. 선생님은 날 좋아할 거야. 난 갑자기 인기를 얻을 거야. 아무도 내 진짜 나이를 모를 거야.' 매번 완전히 새로 시작해야하고 새로운 친구를 찾아야 한다.

학교 식당에서 가난한 아이들을 찾기는 쉽다. 우리에게는 조리한 점심 식사는 감당 못 할 사치이기 때문이다. 나는 다른 아이들이 '열차 잔해'라고 놀리는 슬로피조* 냄새에 군침을 흘린다. 나는 집에서 샌드위치를 싸 온다. 어느 날은 캔 파인애플, 어느 날은 참치, 또 어느 날은 바나나, 육포, 볼로냐소시지가 들어 있다. 어머니는 그것들을 왁스 종이로 싸서 갈색 종이 봉지에 넣어 주는데, 종이 봉지의 끝부분이 번들번들해질 때까지 여러 번 사용한다.

당시에 〈하루는 여왕〉이라는 인기 있는 TV 프로그램이 있었다. 조부모님 댁에서 가끔 보는 프로그램이다. 진행자 잭 베일리가 "하루 동안 여왕이 되고 싶으십니까?"라고 물으면서 프로그램이 시작된다. 참가자들은 각자의 애처로운 사연을 들려준다. 한 참가자는 아이가 소아마비로 불구가 되었다. 다른 참가자는

• 간 소고기에 양파, 토마토소스, 케첩 등을 첨가한 속을 햄버거 번에 채워 넣은 샌드위치.

집에 불이 나서 모든 것을 잃었다. 세 번째 참가자는 알코올중독자 남편에게 버림을 받았다. 각 사연을 듣고 나서 방청객들의 박수갈채로 우승자를 뽑는다. 베일리는 새로운 여왕에게 관을 씌우고 빨간색 벨벳 망토를 둘러 주고 열두 송이의 장미와 함께 냉장고와 세탁기 같은 몇 가지 값비싼 선물을 준다.

그것을 보고 있으니 이런 생각이 든다. '우리보다 형편이 나은 이들도 있어.' 어머니는 과부가 받는 사회보장수표 월 120달러와 필라델피아 고향 교회 후원자들이 보내 주는 약간의 기부금으로 살아간다고 자주 말한다. 나는 어머니에게 묻는다. "저 프로그램에 출연해 보면 어떨까요? 여러 상품을 탈 수도 있잖아요."

어머니의 대답이다. "아니, 지금처럼 사는 게 순리에 맞는 거야. 게다가, 상품을 받으면 세금을 내야 한단다."

어머니는 좀처럼 불평하지 않지만, 돈이 떨어지는 월말이 다가오면 불안해한다. 어머니는 우리가 새 옷을 살 형편이 안 되는 이유를 설명하면서 이렇게 말한다. "나는 주님을 섬기는 사람이야. 그 말은 우리가 희생을 해야 한다는 뜻이지."

* * *

내가 7학년에 들어가던 여름, 어머니가 트레일러, 또는 어머니 표현으로는 '이동주택'에서 살면 어떨지 묻는다. "요즘엔 트레일러도 아름답게 만든다더구나. 거기서 살면 우리 집도 생기고 계속 이사 다니지 않아도 될 거야."

"좋아요, 개를 또 기를 수도 있겠네요." 나는 그 생각에 들떠서 말한다.

며칠 후 우리는 쇼핑을 간다. 이동주택은 차량이나 크리스마스트리처럼 공터에서 판다. 하얀 셔츠에 타이를 맨 젊은 영업사원이 인사를 하고 우리를 호화로운 모델로 데려가 지껄이기 시작한다. "이 모델은 식기세척기가 내장되어 있습니다! 그리고 부엌의 아름다운 수납장을 보세요. 정말이지 궁전 같지요. 식탁 위쪽에 달린 샹들리에를 보세요. 식사하시면서 바깥 경치를 잘 볼 수 있게 해 주는 멋진 돌출창도 있어요. 제조사에서 비용을 아끼지 않았답니다. 제 말을 믿으세요."

그가 말하는 동안, 어머니는 오른손으로 턱을 괴고 바닥을 응시할 뿐, 듣고 있다는 신호를 전혀 보내지 않는다. 영업사원은 그 모습을 완강한 거부의 의사로 여기겠지만, 나는 공포에 질린 모습임을 알아본다. 어머니는 아주 중요한 물건을 사러 갈 때마다 얼어붙는다.

형과 나는 트레일러 사이를 뛰어다니며 여러 모델을 비교한다. "야, 이봐, 3.7미터 너비에 입식 부엌과 식당까지 있어." 그건 아무것도 아니야. 저기 저건 길이가 21미터에 침실이 세 개야. 우리가 방을 따로 쓸 수 있어. 형과 나는 어머니를 이 이동궁전에서 저 이동궁전으로 끌고 다니며 그 특징들을 가리킨다. 결국, 어머니는 거기 있는 트레일러 중 가장 작고 싼 것으로 결정한다. 3,500달러의 주택융자를 받아서 누구도 우리를 쫓아낼 수 없는 집을 산다.

너비 2.4미터에 길이 14.6미터, 크림색 바탕에 파란 줄무늬가 그려진 알루미늄 트레일러는 향후 5년 동안 우리 가족의 집이 될 것이다. 이제 이사할 때는 껍질을 메고 다니는 달팽이처럼 집을 가지고 다닐 것이다.

일단 안에 들어가니 트레일러 집이 맘에 든다. 새 차 같은 새로운 냄새가 나고, 진짜 나무처럼 보이는 판벽, 리놀륨 바닥, 내장형 수납장은 우리가 세 들어 살았던 어떤 집보다 좋다. 형과 나는 함께 쓰는 작은 침실 안의 서랍을 나눈다. 디자이너들이 접문으로 된 화장실 맞은편 공간에 세탁기를 기가 막히게 집어넣어 놓았다. 그래서 더 이상 세탁소를 다니지 않아도 된다. 세척기, 레인지, 냉장고 등 모든 기기가 반짝이고 핑크색이며, 제품 설명서가 딸려 있다.

집 바깥은 상황이 전혀 다르다. 우리의 트레일러 집은 그 여름의 대부분을 어느 붐비는 거리 한쪽, 도심 아스팔트로 에워싸인 나무 없는 트레일러 주택 구역에 자리를 잡는다. 얼룩진 티셔츠를 입은 남자들과 실내용 가운에 슬리퍼 차림의 여자들이 문을 쾅 닫고 서로에게 소리를 질러 댄다. 사람들의 말다툼 소리는 적어도 다섯 트레일러 너머까지 들린다. 딱지를 뜯는 어린아이들이 속옷 바람으로 세발자전거를 타고 주변을 돌아다닌다. 아이들이 부모에게 엉덩이를 맞을 때면 울부짖는 소리가 트레일러에서 트레일러로 울려 퍼진다. 밤낮으로 텔레비전 소리가 들려온다.

어머니는 우리가 에어컨을 살 형편이 안 된다고 한다. 이렇듯 눈알이 탈 것 같은 더위는 겪어 본 적이 없다. 트레일러는 거대한 빵 워머처럼 태양광선을 가두고, 금속 지붕이 늘어나는 딸깍딸깍 소리가 들린다. 밤이면 베개를 계속 돌려 가며 땀에 젖지 않은 지점을 찾는다. 비가 와야만 좀 나아지는데, 비가 지붕 위로 떨어지면 우박 같은 소리가 난다.

내가 어머니에게 묻는다. "에어컨 한 대 값이 얼마나 하나요?"

어머니는 우리를 안심시킨다. "염려 마라. 여기 오래 있진 않을 거야. 우리 이름을 대기 명단에 올리면 괜찮은 주차 공간을 얻을 수 있을 거야." 그리고 새 학년이 시작될 무렵에 딱 맞추어 더 나은 트레일러 주차 구역에 자리가 난다. 트럭이 우리 집을 싣고 고속도로를 달려간다. 우리는 그 뒤를 따라가 존스버러로(路)에 자리 잡은 97대의 트레일러 사이, 그늘진 터에 이른다. 트럭에 탄 사람들은 그곳에 트레일러를 내려놓고 잭을 사용하여 콘크리트블록 위에 올린다.

나는 곧 트레일러 주택 주차 구역에서 가장 유명한 거주자인 '집시 조'를 만난다. 터키인처럼 생긴 프로레슬러인 그는 말총머리를 하고 있다. 집시 조의 트레일러는 가장 큰 축에 속하고 입구 근처의 제일 좋은 자리에 주차되어 있다. 가끔 나는 트레일러 구역 친구들 집에서 조가 헤이스택 칼훈, 고저스 조지, 프레디 블래시 같은 전설적 레슬러들을 상대하는 텔레비전 경기를 본다. 조는 짧은 반바지 차림의 뚱뚱하고 털이 많은 남자다. 우리는 레슬링 선수들이 연기를 많이 하고 녹다운당한 체한다는 것을 안다. 하지만 그것은 생계를 꾸리기 위한 힘든 일이고, 집시 조는 우리 주차 구역에서 최고의 자리에 있다.

형과 나는 트레일러 주차 구역에 사는 아이들과 어울린다. 그들은 숲속에서 담배를 피우고 냄새 나는 옆 건물 하수처리장을 탐험한다. 나는 닐이라는 이름의 씩씩한 아이가 제일 마음에 든다. 닐의 코엔 언제나 콧물이 흐르고 머리는 더럽다. 닐의 부모님은 이혼했다고 말한다. 내 기억으로는 이전에 들어 본 적이 없는 단어다. 닐의 어머니는 집 안에 머무르며 술을 마시지만, 닐은 동네를 자유롭게 돌아다닌다. 닐은 도로 한복판에 서 있다가 차가 그 앞에서 끽 소리를 내며 멈추면 "카, 카, C-A-R, 젤리 단지에 머리를 박아라!"라고 소리를 치고는 성난 운전자를 피해 달아난다. 닐이 겁먹은 모습은 딱 한 번 봤다. 그가 아버지를 피해 우리 집으로 도망쳐 왔을 때다. 방금 아버지가 잠긴 차의 유리창을 맥주병으로 박살 냈다고 했다. 닐의 어머니는 운전석에 앉아서 경적을 울리며 도와달라고 비명을 질러 댔다.

어느 날, 새 친구 래리가 우리 집 문을 숨 가쁘게 두들긴다. "마셜, 필립, 빨리 와 봐! 이거 꼭 봐야 해." 래리는 다른 트레일러들 사이에서 빼내어 흙길에 올려놓은 트레일러 주택으로 우리를 데려간다. "어떤 남자가 저 안에서 죽었어. 구급차 대원들이 그 사람 끌어내는 걸 봤어. 죽은 지 7일쯤 된 것 같대. 그 사람 내장이 터져 가지고 난리도 아니었어. 냄새가 말도 못 하게 심해. 사람들이 저 안에 뭔가를 뿌렸는데 여전히 악취가 진동해."

래리의 말대로 그 집에서 썩은 소시지 같은 냄새가 난다. 나는 그날 오후 대부분을 코를 막고 루버창 사이로 그 집 안의 난장판을 들여다보며 보낸다. 식탁에는 반쯤 먹은 프라이드치킨과 감자튀김이 담긴 접시와 빈 위스키 몇 병이 놓여 있다. 그 남자가 위스키 5리터를 마시고 위가 터져 버렸다는 소문이 아이들 사이에 퍼진다. 피와 말라 버린 장기로 의심되는 얼룩이 벽과 바닥에 남아 있다. 열 살의 나에게 이 사건은 그해 여름의 하이라이트다.

트레일러 주택 구역 아이들은 내게 완전히 새로운 즐거움을 소개한다. 우리는 무스카딘 베리로 전투를 벌여서 적들의 옷에 밝은 자주색 얼룩을 남긴다. 부모들이 옷의 얼룩을 나무라자 (공교롭게도 얼룩에서는 포도주 같은 냄새도 난다) 우리는 풍나무 꼬투리로 무기를 바꾼다. 최초의 인공위성 스푸트니크호처럼 생긴 이 무기는 흔적이 남지 않지만 맞으면 벌에 쏘인 것처럼 따끔거린다.

우리는 못질하여 나무 위에 집을 만들고 암호로 드나드는 비공개 클럽을 결성한다. 한 아이는 트림을 하면서 알파벳 전체를 말할 수 있다. 또 다른 아이는 도널드 덕처럼 말하고, 그 형은 혀가 코에 닿는다. 일반적으로 여자아이는 허용되지 않지만 열한 살에 싸움을 좋아하는 금발의 린다는 예외다. 우리는 린다를 '뾰족 발톱'이라고 부른다. 자전거를 타고 이동하면서 다른 아이들을 찌를 수 있도록 발톱을 날카롭게 갈아서다.

뾰족 린다는 돋보기로 햇빛을 모아서 마른 낙엽에 불을 붙이는 법을 알려 준다. 나뭇잎에 하얗고 작은 태양의 상이 형성되고 한 줄기 연기가 피어난다. 나뭇잎 가장자리가 까매지다가 오렌지색 불꽃이 확 일어난다. 나는 개미 언덕에다 연습을 해 본다. 통로에 돋보기의 초점을 맞춰 놓으니 빠르게 나오던 붉은 개미들이 몸을 둥글게 만 채 그을리다가 개미 언덕 아래로 굴러떨어진다.

래리는 많은 모형 로켓들을 갖고 있다. 그는 고무줄을 사용하는 나이키허큘리스 로켓˚ 모형으로 시작해서 나중에는 화학적 폭발을 동력으로 하는 멋진 발사체까지 마련한다. 로켓은 쐭 하는 큰 소리와 함께 하늘로 날아오르고 우리는 착지할 거로 예상되는 방향으로 수십 미터를 달려간다. 로켓에 메뚜기, 딱정벌레, 작은 개구리 같은 동물을 싣는 실험도 하는데, 녀석들은 떨어진 로켓에서 기어 나와 약간 비틀대긴 하지만 대부분 살아남는다.

용기는 우리가 가장 동경하는 자질이다. 우리는 폭죽을 가지고 담력 대결을 한다. 스파클러 폭죽의 불길이 탁탁거리며 손가락 쪽으로 타 내려오는 동안 누가 가장 오래 들고 있을 수 있는지 보기도 하고, 체리봄**을 위험하지 않은 곳으로 멀리 던지기 전에 몇 초나 들고 있을 수 있는지 시합하기도 한다.

트레일러 주택 거주 구역의 무리들과 어울린 7학년 기간에 나는 단단해진다. 형에게 지켜 달라고 말할 필요도 없다. 나만의 친구들이 있으니까. 우리는 무릎이 까진 돌격대다. 로켓을 발사하고 불을 피우고 무스카딘 베리를 던지는 트레일러 구역의 주인들이다.

* * *

나는 트레일러에 사는 것에 대해 모종의 삐딱한 자부심을 느낀다. 아버지가 없는 상태에 대해 느끼는 감정과 비슷하다. 학교 아이들은 반에서 누가 존스버러로의 트레일러 주차 구역에 사는지 알고 있고, 우리를 '트레일러 쓰레기'라고 조롱한다. 그러나 나는

- 1950년대 말에 상용화한 미국의 고체 연료 추진 방식의 고고도 및 중고도 지대공 미사일.
- ** 도화선이 달린 붉은색 공 모양 폭죽으로, 폭발력이 강하다.

학교에서도 교회에서도 그만큼 충직한 친구들을 사귄 적이 없었기에 그 꼬리표를 훈장처럼 여긴다.

에어컨이 가동되고 인터콤, 당구대가 있고 버튼만 누르면 문이 닫히는 차고를 갖춘 집에 사는 이들을 방문할 때면 살짝 부러운 마음도 든다. 나는 혼자만의 방을 갖는 공상에 잠긴다. 상상 속의 방에서는 2층 침대에서 책상다리를 하고 몸을 웅크릴 필요 없이 책상에서 숙제를 할 수 있다. 하지만 그들의 삶은 집시 조와 위가 터져 버린 남자 같은 이웃을 둔 내 삶에 비해 지루해 보인다.

어머니의 수입은 공식 빈곤선보다 훨씬 적지만, 우리에겐 충분한 음식과 충직한 개, 그물 없는 구부러진 농구 골대가 있다. 게다가 형과 나는 트레일러 구역 이웃 중 어느 누구도 그 가치를 모르는 두 개의 취미를 갖고 있다. 바로 책과 클래식 음악이다.

책은 나를 더 넓은 세상과 이어 준다. 남북전쟁, 에베레스트산, 서부 개척 시대 황량한 서부의 인디언, 유럽의 기사와 성, 아프리카의 무서운 동물들과 호주의 기이한 동물들. 어머니를 따라 어른들 모임에 참석해야 할 때면 꼭 책을 한 권 챙겨 간다. 어른들은 둘러앉아서 늘 얘기하는 똑같은 주제를 논의한다. 책은 마음속 마법의 양탄자처럼 나를 새로운 곳으로 데려간다.

음악도 그런 역할을 한다. 어머니가 식료품점에서 포인트를 충분히 모아 론진 심포네트 협회에서 나온 LP 음반 박스 세트를 받아 온다. 나는 종이 커버에 싸인 LP를 조심스럽게 꺼낸다. 손가락으로 홈을 만지지 않도록 주의하면서 그것을 회전하는 턴테이블 위에 얹는다. 바늘을 내려놓으면 몇 초간 쉿 소리가 나다가 존재하는지도 몰랐던 음들이 울려 퍼진다. 한동안 나는 내 삶의 추레한 환경과는 전혀 다른 순전한 아름다움에 사로잡힌다.

문제는 내가 형과 한집에서 산다는 것이다. 초등학교에서 밴드와 오케스트라를 담당하는 교사들은 형을 극찬했다. "이런 음악적 재능을 갖춘 아이는 본 적이 없습니다. 비범합니다." 내가 색소폰이나 클라리넷 같은 리드 악기를 고르면 소리 하나를 내기 위해 생고생을 하는 데 반해, 형은 몇 분 만에 음계에 이어 곡조를 연주한다. 형의 입술은 어떻게 그것을 해내는 걸까?

형이 6학년 때, 악단에 호른 연주자들이 필요했던 행진 악대 지휘자는 형에게 튜바 연주법을 급하게 가르쳤다. 튜바 연주에는 입을 사용하는 몇 가지 새로운 기술이 필요했는데, 커다란 컵 모양의 마우스피스를 대고 입술을 '울려야' 했다. 학교의 오케스트라 지휘자는 그해 후반에 형을 영입해 금관악기 중에서 가장 큰 수자폰 연주를 맡겼다. 이 악기는 비단뱀처럼 형을 감싸고는 형의 머리 위에서 거대한 입을 벌렸다. 한동안 나는 형뿐 아니라 이 시끄러운 괴물과도 침실을 함께 써야 했다. 형이 마우스피스를 빼서 침실 바닥에 침을 털어 낼 때마다 따지고 들었다.

어머니의 필라델피아 고향 교회에서 관대한 한 여성이 형의 타고난 재능에 대한 소문을 전해 듣고 형의 음악 수업료를 대 주겠다고 제안했다. 형은 트럼펫과 피아노로 관심사를 좁혔다. 이때부터 형과 어머니의 지속적인 갈등이 시작되었다. "사람들이 네 수업료를 내기 위해 희생하고 있어. 그런데 너는 게을러서 연습도 하지 않잖아! 너는 그분들이 힘들게 번 돈을 허비하고 있어."

다행히 형은 트레일러로 이사할 무렵에 이미 트럼펫으로 관심사를 좁혔다. 형은 8학년으로 들어가 고등학교 오케스트라에서 바로 자리를 얻는다. 나는 오케스트라의 오프닝 콘서트를 보러 간다. 콘서트에서 연주자들은 검은 바지나 치마와 하얀 셔츠를 입어야 한다. 형은 순서지를 접어 올리면 오른쪽 바지의 무릎에 난 구멍을 가릴 수 있을 거라고 생각한다. 그런 운이 있을 리가 없다. 제1트럼펫 연주자가 형에게 묻는다. "도대체 왜 구멍 난 바지를 입고 있는 건데?"

게으른 데다 떨어진 바지를 입을지는 몰라도, 형의 음악적 재능은 내 입을 떡 벌어지게 만든다. 형의 손가락은 피아노 건반 위를 벌새처럼 떠다니다 내려앉아 딱 맞는 소리를 낸다. 형이 내게 강연을 늘어놓는다. "피아노에서는 딱 두 가지만 조절할 수 있어. 음량과 박자야. 음의 높이는 정해져 있지. 그래서 각 손가락에 정확하고 올바른 압력을 가하는 것이 중요한 거야."

형은 짧은 곡을 연주하면서 순서대로 각 손가락에 힘을 준다. 처음엔 엄지, 그다음에는 새끼손가락, 그다음엔 또 다른 손가락. 아무리 힘껏 노력해도 형에 비하면 나의 연주는 투박하다. 나는 올바른 음을 치는 것만으로도 행복하다.

* * *

어느 정도 자기방어 차원에서 나는 바이올린에 관심을 갖는다. 필라델피아 후원자의 기부금과 내가 저축해 둔 1달러짜리 은화들을 끌어모아 어머니와 함께 애틀랜타 시내의 악기상을 방문한다. 반짝이는 트럼펫과 플루트 사이에 놓인 현악기들은 차분하고 진지해 보인다. 내 스타일에 더 맞는 것 같다. 나무를 깎아 만든 8자 모양의 우아한 바이올린은 자연스러우면서도 세련되어 보인다. 우리는 독일제 바이올린에 167달러의 거금을 내놓는다. 영업사원이 말한다. "만족하실 겁니다. 바이올린 제조로 유명한 도시에서 만든 거죠."

내가 바이올린을 선택한 것은 건반이 88개인 피아노보다 현이 네 개뿐인 바이올린을 배우기가 더 쉬울 거라고 생각했기 때문이다. 더할 나위 없이 잘못된 생각이었다. 바이올린에는 지판 위 아래로 열두 가지의 포지션이 있는데 하나같이 아무 표시가 없다. 내 손가락이 이를테면 8번을 제대로 짚는지 정확히 어떻게 알까? "연습, 연습, 연습." 애틀랜타 심포니에서 연주하는 나의 스승 로르츠 씨의 말이다.

로르츠 씨는 토요일에만 학생을 받는다. 숲속을 탐험하거나 커브볼 연습을 할 수 있는 그 시간에 나는 창 없는 연습실에 서 있다. 바이올린의 턱받침이 목에 거슬리고, 등에서는 땀이 줄줄 흐른다. 그곳에서 내가 뭘 잘못하고 있는지 지적하는 로르츠 씨의 말을 듣는다. 거의 전부가 잘못되었다. 선생님의 찡그린 표정에서, 그의 예민한 귀가 내가 느끼는 어떤 불편보다 더 큰 고통을 겪고 있음을 읽는다.

나의 바이올린 수업은 자비로운 결말을 맞는다. 우리 집에 도둑이 들어 바이올린을 가져간 것이다. 그 무렵 나는 그 바이올린 자체가 위조품일 가능성이 높음을 인지하고 있었다. 바이올린 내부의 라벨에 "1944년 서독 미텐발트에서 제조"라고 되어 있는데, 1944년에 서독이 존재하지 않았다는 사실은 나도 안다.

그렇게 해서 피아노로 방향 전환을 한다. 우리는 삐걱대는 낡은 업라이트피아노를 비좁은 트레일러 거실에 어찌어찌 끼워 넣는다. 어느 교회에서 제 수명을 훌쩍 넘도록 역할을 다한 피아노다. 그 교회 주일학교의 천사 같은 아이들 몇몇이 피아노를 라임빛 녹색으로 칠하고 도널드 덕 스티커로 장식했다. 건반이 몇 개 빠져 있고, 연결 페달은 작동하지만 왼쪽의 약음 페달은 작동하지 않는다. 안타까운 일이다. 비좁은 우리 집에서 약음 페달은 환영을 받았을 텐데 말이다.

재능 있는 형은 이 악기로 연주를 한다. 형은 다른 솔로 연주자들에 비해 콘서트 피아니스트들이 불리하다고 말한다. 그들은 보통 친숙하지 않은 악기로 연주해야 하기 때문이다. 나는 만화 주인공들로 장식된 우리 집에 놓인 잔뜩 시달린 피아노를 훑어보며 묻는다. "익숙한 악기가 유리한 거야?"

어머니는 필라델피아에서 온 후원금으로 형을 위해 고급 피아노 교사를 고용하고 나를 위긴스 부인에게 맡긴다. 백발의 쾌활한 위긴스 부인은 연주하는 내 옆에 앉아 떨리는 소프라노 음성으로 노래를 부른다. 낮은 베이스음을 치려고 손을 뻗을 때마다 내 팔꿈치가 그녀의 풍만한 가슴에 부딪친다. 민망해진 나는 연주를 멈추고 얼굴을 붉힌 채 곡을 처음부터 다시 연주하지만 그녀는 절대로 비켜 주지 않는다.

집에서 형은 브람스와 차이콥스키를 연습한다. 하지만 나는 〈마리아의 어린양〉, 〈반짝반짝 작은 별〉, 〈빛나라, 작은 야광벌레야〉를 친다. 형은 트릴과 모르덴트를 구사하려는 나의 서툰 시도를 비웃는다. "자, 쉬워. 여기, 이걸 봐…."

나는 결코 피아노를 익숙하게 다루지 못한다. 피아노와 관련된 주된 기억은 무더운 트레일러 안에 몇 시간 동안 앉아서 미끄러운 건반을 서툴게 만지작거리는 것이다. 겨드랑이, 무릎, 팔꿈치, 얼굴에서 땀이 흘러내린다. 앉은 위치를 바꾸면 나무의자가 땀투성이 다리를 붙든다. 선풍기를 틀면 악보가 휘리릭 넘어가 찬송가로 고정해야 한다. '연습하다 보면 완벽해진다'는 이론이 틀렸음을 내 경우가 증명한다. 부지런히 연습하지만 거의 진보가 없다. 형은 거의 연습하지 않고 모든 곡을 외워서 연주할 수 있다.

겨우 딱 한 번 내가 연주회를 한다. 그 초라한 현장에서 위긴스 부인의 모범생인 나는 곡을 제대로 망친다. 보통 속도의 두 배로 아무런 감흥 없이 기계적으로 연주하다가 중간 부분을 완벽하게 까먹는다. 늘 쾌활하지만 늘 진실하지는 않은 선생님은 연주회가 끝난 뒤 나를 안아 주며 말한다. "훌륭했어. 중간에 좀 부족한 부분이 있긴 했지. 그런 일은 최고의 피아니스트들에게도 있어."

어머니는 별로 말이 없다. 형도 아무 말이 없지만 얼굴 표정을 보면 무슨 생각을 하는지 다 알 수 있다.

* * *

트레일러에 살다 보면 사생활이란 걸 전혀 가질 수 없다. 해가 갈수록 우리는 어머니 마음에 더 안 드는 것 같다. 형은 여전히 학교를 진지하게 여기지 않고 나는 어머니가 달가워하지 않는 의심스러운 아이들과 어울린다. 우리 각자는 물러날 수 있는 자기만의 세계를 찾는다.

형은 시험을 앞두거나 어머니와 싸우고 나면 피아노로 물러난다. 피아노 앞은 형이 감정을 표현해도 벌을 받지 않는 유일한 공간이다. 나는 형이 선택하는 음악—마음을 달래 주는 쇼팽이나 모차르트부터 폭풍 같은 라흐마니노프까지—으로 형의 기분을 읽을 수 있게 되고, 형이 연주할 때 형의 얼굴을 살핀다. 형은 다른 누구도 침범할 수 없는 자신만의 세계로 들어가고 자신에게만 말을 거는 언어에 귀를 기울인다.

나는 숲속에서 위안을 찾는다. 학교에서 괴롭힘을 당하거나 트레일러 안에서 긴장이 고조되면 숲속으로 향한다. "문 쾅 닫지 말라고 몇 번을 말해야 하는 거야?"라고 소리치는 어머니의 외침이 뒤로 희미해진다. 우리 가족과 달리, 황야는 말대꾸를 하지 않는다. 나는 갑갑한 트레일러와 그 소란스러운 환경을 떠나, 훨씬 차분한 또 다른 세상으로 들어선다. 그 세상은 주목하는 일 외에 다른 어떤 것도 요구하지 않는다.

그렇게 산책을 하면 내 속의 뭔가가 살아난다. 숲을 거닐 때면 윈스턴 삼촌이 준 코닥 브라우니 호키스 카메라를 가져간다. 카메라는 내가 선호하는 관찰자 역할에 잘 맞는 도구다. 주변에서는 삶이 진행된다. 나는 그것을 그저 기록할 것이다. 작은 뷰파인더 뒤에서 구부리고 있으면 안전하다는 느낌, 내가 상황을 통제하고 있다는 느낌이 든다.

빽빽한 덤불을 지나가다 썩어 가는 통나무를 발견하고 거기 그늘에 앉아서 축축한 초록의 냄새를 들이마신다. 숲에 있는 것이 금세 익숙해진다. 가만히 앉아 있는 시간이 길어질수록 새소리가 더 많이 들려온다. 소리에서 이름을 따온 새들의 울음에 귀를 기울인다. 밥-화이트(Bob-white, 메추라기), 휩푸어윌(Whip-poor-will, 쏙독새), 치카디디디(Chick-a-dee-dee-dee, 박새). 자연과 홀로 있는 느낌을 만끽한다. 세상 모든 사람 중에서 오직 나만이 이곳에서 이 소리를 듣고 있음을 알기 때문이다. 고요한 분위기는 뭔가 종교적인 느낌까지 준다. 교회에서 좀처럼 느낄 수 없는 신성한 분위기가 여기에 있다.

봄이면 자연스러운 아름다움이 뒷마당에 찾아온다. 꽃피는 덩굴들이 버려진 차, 냉장고, 쓰레기 더미를 뒤덮고 우중충한 트레일러 주차 구역이 천연색으로 빛난다. 들꽃들이 금이 간 아스팔트 도로를 따라 피어난다. 야생 진달래가 나무 아래 자라고 등나무 꽃들이 자주색의 폭포로 소나무들을 장식한다. 집 안에서 선명하지 않은 텔레비전 영상을 보고 앉아 있는 친구들이 안됐다는 생각이 든다.

어느 날 숲속을 걷던 나는 버려진 헛간에서 어떤 소리를 듣는다. 그 헛간에는 전과 다르게 건초가 깔려 있고 유니콘만큼이나 마법 같은 동물이 내 앞에 서 있다. 눈이 부시다. 작은 말의 일종인데 황금빛 털에 길고 하얀 갈기가 눈과 귀를 덮고 있다. 다리가 땅딸막하고 목도 짧아서 머리가 내 무릎까지밖에 안 온다.

그때 뜻밖의 소리가 들려서 화들짝 놀란다. 처음 듣는 갈라지고 거슬리는 목소리다. "뭐 찾고 있어요?"

가죽 장화와 청바지, 체크무늬 셔츠 차림에 카우보이모자를 쓴 남자가 눈에 들어온다. 그는 말할 때마다 손을 들어 스카프로 감은 목을 만지고 그때마다 풀무 같은 쉬익 소리가 난다. "혹시 … 쉬익 … 이 근처에 … 쉬익… 사세요?" 내가 불안해 보이는 모양이다. 그는 다른 쪽 손을 내밀며 이렇게 말한다. "안녕하세요. … 쉬익 … 난 거스예요."

거스는 목 수술을 받았는데 그 이후로는 말할 때 목에 난 구멍을 막아 주고 성대의 울림을 잡아내는 장치의 도움을 받아야 한다고 설명한다. "그리고 여기 이 친구는 타이니예요. 내가 기르는 꼬마 셰틀랜드 조랑말이죠."

나는 근처에 사는데 숲속 탐험을 좋아한다고 말한다. 거스가 쉬익 소리를 낸다. "자, 그럼 이 녀석은 우리 둘만의 비밀로 하기로 해요, 괜찮죠, 파트너?" 그는 내게 각설탕 하나를 건네고, 타이니는 내 손에 놓인 각설탕을 거칠고 따스한 혀로 핥아먹는다.

그때부터 나는 당근이나 사과를 호주머니에 넣고 다니다가 학교가 끝나면 헛간으로 향한다. 타이니의 털을 빗겨 주고 줄을 매서 산책을 시키고 누구에게도 타이니 이야기를 하지 않는다. 타이니는 충직한 개처럼 검은 눈으로 나를 바라보고, 내가 무슨 말을 하든 경청하고, 귀를 쫑긋 세운 채 내 호주머니에 코를 비빈다. 내 안에서 거의 기쁨에 가까운 애정이 느껴진다.

다시 트레일러로 향한다. 가까이 다가가자 형과 어머니가 음악 수업 때문에 싸우는 소리가 벌써부터 들려온다.

뿌
리

3부.

10/ 남부

속이지 않는 것에 소망을 두려면

속이는 모든 것에 대한 소망을 먼저 잃어야 한다.

―조르주 베르나노스(자크 엘륄의 《존재의 이유》에서)

내가 7학년을 다니던 해인 1961년 전미도서상이 미시시피 출신의 소설가 워커 퍼시에게 돌아간다. 한 기자가 그에게 남부가 위대한 작가를 그토록 많이 배출한 이유를 묻자 그는 이렇게 대답한다. "우리가 전쟁에서 졌기 때문입니다." 그의 답변은 남부에 관한 많은 질문에 적용된다. 승자는 잊을 수 있다. 패자는 잊지 않는다.

애틀랜타에는 기억을 자극하는 것들이 도처에 있다. 행진 악대들은 고등학교 미식축구 경기에서 〈딕시〉*를 연주한다. 주 청

• 딕시는 미국 남북전쟁(1861~1865) 때 남부연합을 결성한 11개 주를 가리키고 오늘날 미국 남부의 별명이다. 남북전쟁 당시 남부연합 병사들은 〈딕시〉라는 노래를 거의 국가처럼 불렀다.

사들에서 휘날리는 조지아주 깃발에는 로버트 E. 리의 전투 깃발이 포함되어 있다. 애틀랜타 전투를 기념하는 명판들이 도시 곳곳에 있다. 나는 명판을 읽을 수 있도록 어머니에게 차를 세워 달라고 자주 요청한다. 애틀랜타 동쪽에는 스톤마운틴이라는 화강암 돌출 부위가 있는데, 거기에 남부연합의 영웅 세 사람이 거대하게 조각되어 있다.

충직한 남부 소년인 나는 남북전쟁에 관한 책을 빨아들이듯이 읽어 내려간다. 남북전쟁에서 죽은 군인의 수는 미국이 함께 싸웠던 다른 모든 전쟁에서 죽은 군인의 수만큼이나 많다. 남부연합은 수적으로 4대 1이라는 불리한 상태에서 전쟁을 시작했고 전쟁이 끝났을 때 군인의 3분의 1이 죽었다. 어떤 대가를 치르더라도 남부의 피를 다 빼낸다는 북부의 전략이 결국 통했다.

1860년대의 애틀랜타는 주민이 만 명에 불과했고 주도도 아니었다. 주도의 명예는 밀레지빌이 차지했다. 그러나 주요 철도 노선은 애틀랜타에 집중되어 있었다. 셔먼 장군은 보급로인 그 철도들을 끊으면 남부연합군의 목이 조일 것임을 알았다. 셔먼은 아내에게 이런 편지를 써 보냈다. "나는 이천 명이 죽고 다치는 것을 작은 일, 아침에 금세 해치울 일로 여기게 되었소." 그는 도시를 불태우고 대저택에 불을 질러 부하들이 '셔먼의 감시병'이라 부른 새까맣게 탄 굴뚝만 남겨 놓았다. 이후 셔먼 장군은 '바다로의 행군'을 시작했고, 그로 인해 조지아주의 넓은 지역이 파괴되고 황폐해졌다.

셔먼의 군대가 조지아의 가족 농장을 통과할 당시 다섯 살이었던 한 노파의 비통한 목격담을 읽은 기억이 난다. 군인들은 집에 있는 모든 사람에게 나가라고 명령했고 물자를 마음대로 차지한 다음 가축들을 전부 죽이고 헛간과 집을 불태웠다. 가족들이 입고 있는 옷 빼고는 남은 게 전혀 없었다. "그런 경험은 결코 잊지 못한다우." 노파가 말했다.

내가 청소년기를 맞이한 건 전쟁이 끝나고 백 년이 지난 시점이지만 감정의 골은 여전히 깊다. "저 망할 양키놈들Those damn Yankees"은 모든 남부 백인들이 아는 한 단어damnyankee로 짧아졌다. 나는 '북부 도발 전쟁'이라는 남부의 신화를 믿고 자랐다. 명예로운 신사들이 엄청나게 불리한 조건에 맞서 용감하게 싸웠고 그들의 땅을 침략하고 불태우고 피바다로 만든 야만인들에게 패배했다는 것이 신화의 내용이다. 일요일에는 싸움을 피한 스톤월 잭슨이나 웨스트포인트 졸업생 중에서 최소 벌점의 기록을 세운 로버트 E. 리 같은 덕스러운 지도자들이 남부군을 이끌었다. 리의 적수였던 율리시스 S. 그랜트는 재학 시 최고 벌점의 기록을 세웠고 전쟁이 벌어지는 대부분의 기간을 술 취한 상태로 지냈다.

나는 당시의 모든 백인 초등학생처럼 '잃어버린 대의'의 신조를 배웠다. 남부는 노예제 때문이 아니라 남부 주들의 권리라는 원칙을 위해 싸웠다는 것이다. 스스로 결정을 내릴 각 주의 권리는 결국 헌법이 보장하는 바가 아니던가. 어떤 선생님은 이렇게 말했다. "한번 생각해 봐. 남부 사람들 중에서 노예를 소유한 건 겨우 13퍼센트뿐이었어. 그런데 우리가 노예 때문에 전쟁을 할까? 북부인들 역시 인종주의자였고 더 위선적이었지. 그들은 노예선을 운영하고 노예노동의 산물에서 이익을 얻었어."

어릴 때 장난감 남북전쟁 군인 세트를 모았던 기억이 난다. 나는 청색 군인* 몇 개를 버려서 회색 군인**들이 유리하게 만들었다. 할머니의 거실에서 깔개를 헝클어 애틀랜타 주변처럼 언덕과 골짜기를 만들고는 형에게 북군을 맡게 했다. 역사와 달리, 나의 전투는 남군의 대승리로 끝났다.

매년 나는 어머니에게 원형 건물 안에 그림과 실물 크기의 모형을 배치해 애틀랜타 전투를 재현한 '세계 최대의 유화' 사이클로라마를 보러 가자고 부탁한다. 〈딕시〉의 선율과 내 도시가 불길에 휩싸인 광경을 보면 늘 눈물짓게 된다.

우리 가족은 거의 외식을 하지 않지만, 교회 친구들로부터 애틀랜타에서 가장 인기 있는 식당 몇 군데에 관한 이야기를 듣는다. 그곳들은 옛 남부의 전통을 그대로 유지한다. 앤트 패니스 캐빈에서는 농장 노예 복장을 한 흑인 웨이트리스들이 식사하는 손님들에게 가스펠송을 불러 주고, 노예 차림의 어린 소년들이 메뉴가 적힌 게시판을 목에 걸고 있다. 또, 백인 손님들이 근처에 있는 조니 렙스 딕시랜드로 몰려가서 '애틀랜타 전투' 야간 공연을 본다. 그 공연에서는 흑인 웨이터들과 접객 보조원들이 한목소리로 함성과 남군의 외침을 내지르며 '남부연합의 마지막 돌격'을 기념한다.

학교에서는 남북전쟁과 그 영웅들에 관한 책을 읽고 독후감과 과제를 제출한다. 필라델피아로 가족들을 보러 갈 때는 어머니

---

* 북군의 복장.
** 남군의 복장.

에게 말해 길을 우회해서 여러 전투 유적지에 들른다. 가장 감동적인 순간은 게티즈버그의 세미터리 능선에서 '피켓의 돌격'*을 떠올릴 때다. 이 전투에 관해 학교 과제를 작성한 적도 있다. 이제 전세가 남부에 불리하게 바뀐 현장에 내가 서 있는 것이다. 이 전투 이전까지 남군은 적군을 추격하며 펜실베이니아까지 몰아갔다. 그러나 남부연합의 정점이었던 게티즈버그 전투 이후 무자비하고 암울한 쇠퇴가 찾아왔다.

내가 찾은 마지막 남북전쟁 유적지는 로버트 E. 리가 결국 항복했던 애퍼매톡스의 그 방이다. 가이드는 마치 그것이 큰 승리였던 것처럼 말한다. 그동안 내가 학교에서 배운 것과는 정반대의 설명이다. 전쟁 종결 장면을 묘사하는 가이드의 설명을 듣다가 갑자기 차갑고도 뜨거운 충격을 받는다. 그날, 잃어버린 대의에 관한 한 줄기 혼란이 내 머릿속에 침투한다. 그 후로는 다른 전투 유적지를 방문하고 싶은 마음이 들지 않는다.

남부에 살아야만 그것을 이해할 수 있는 거야, 나는 그렇게 마음을 정한다.

* * *

여름이 되면 어머니는 가끔 우리를 차에 태우고 조지아 시골 지역을 달린다. 어머니가 아는 교회 사람들 중에 대도시 애틀랜타에서 다른 지역으로 이주한 이들을 방문하는 길이다. 진짜 남부

• 게티즈버그 전투 3일째에 남부군이 적군의 공격에 노출된 상태로 1.2킬로미터 평야를 지나 세미터리 능선에 자리 잡은 북군에게 돌진한 작전.

를 살짝 맛보는 때다. 목화밭을 처음 보고는 깜짝 놀란다. 목화는 마른 가지에 걸린 눈 무더기의 모습 그대로다. 목화밭 중앙에 옛날 농장 굴뚝의 잔해가 하늘로 솟아 있는 것이 가끔 보인다. 한때 세상이 어떤 곳이었는지 떠올리게 하는 삭막한 기념물이다.

우리가 차를 타고 지나치는 군청 소재지들은 모두 똑같아 보인다. 벽돌로 된 법원 청사 주위로 구멍가게들과 식당들을 품은 광장이 보인다. 오버롤 작업복 차림의 농부들은 자신의 아내들이 식료품과 옷을 사러 간 사이에 청사 주변을 어슬렁거리며 이야기를 나누고 담배를 씹는다. 그들은 등나무로 깔판을 만든 의자에 기대앉아 자신들이 통제할 수 없는 가족, 날씨, 경제, 질병 문제를 두고 불평한다. 정치인은 어떤 정파든 신뢰하지 않는다. "하나같이 정직하지 않아. 국민들에게는 쥐꼬리만큼도 관심이 없지. 다들 돈 때문에 정치하는 거야. 정부는 우리 좀 그만 괴롭히고 그냥 내버려 뒀으면 좋겠어."

우리가 요기라도 하려고 중간에 들르면 동네 사람들은 타지에서 온 여자와 두 아들을 빤히 쳐다본다. 그래도 나는 질문을 받으면 세상의 모든 시간을 가진 듯 행동하는 낯선 그들의 방식이 좋다. 도시 사람들처럼 긴장하거나 서두르는 사람은 보이지 않는다. 그들은 어머니와 나에게 "네 마님", "네, 선생님"이라고 말한다. 남부에서는 수박, 그릿츠*, 아이스티, 심지어 언어에까지 설탕을 친다.

---

* 말려서 거칠게 갈아 낸 옥수수를 삶아 버터, 우유와 섞어 낸 요리. 미국 남부에서 아침 식사나 사이드 디시로 즐겨 먹는다.

나는 늘 말하기보다 듣기를 더 좋아했다. 내가 사는 지역에 관해 배우는 일도 경청을 통해 이루어진다. 남부 사람들은 스토리텔링의 기술을 완벽하게 갖추고 있고, 조용히 앉아 있으면 이야기를 잔뜩 듣게 된다. 다들 자기 딸을 건드린 사촌을 총으로 쏜 친척이 있거나 가위로 술 취한 남편을 난도질한 오순절파 설교자를 아는 것 같다. 무엇이든 흥미로운 일이 일어나면 이야기에 등장한다.

피부 발진으로 조언을 구하러 병원을 찾으면 의사가 비슷한 증상을 보인 옆 카운티 누군가의 이야기를 들려준다. "그 여자는 등에 온통 물집이 났어요. 그러니까 등 전체에요. 주여, 불쌍히 여기소서! 퀸 사이즈 침대만큼이나 몸집이 컸죠. 드레스 지퍼가 내려가질 않더라니까요. 어쩌다 옻나무처럼 생긴 그런 것이 거기 났는지 도대체 알 수가 없었어요. 그래서 그래디 병원 전문의를 불러서 물었어요. 이런 걸 본 적이 있느냐고…."

흥미진진한 이야기일수록 더 좋다. "부모를 살해한 그 사람에 관한 신문기사 봤어요? 정말 그런 기사는 처음 봤어요. 그 사람, 술에 중독된 게 분명해요. 술을 너무 마셔 대는 바람에 아내가 떠났대요. 다섯 번이랬나? 여섯 번이랬나? 하지만 늘 되돌아왔대요. 그러던 어느 날 밤에 그 남자가 총을 가져다가 엄마 아빠를 쐈어요. 그러고는 드러누워 다음 날 정오까지 잤죠. 잠에서 깬 그 남자는 강도가 든 것처럼 현장을 꾸미고는 경찰에 신고했어요. 경찰은 낌새를 알아채고 그 남자를 족쳐서 자백을 받아 냈어요. 생각해 보세요. 자기 부모한테 그런 짓을 하다니요. 세상이 어떻게 돌아가는 걸까요?"

어머니의 절친한 친구가 올케에 관해 말하는 내용을 다른 방에서 듣는다. 그 올케는 병원의 마취과를 이끄는 의사였다. "그 여자는 레즈비언이었지. 그런데도 오빠랑 결혼한 거야. 올케는 전에 어떤 치료를 받느라 정신병원에 입원한 적이 있는데, 다들 아는 주정뱅이가 병원에서 소란을 피운 거야. 올케가 그 사람한테 소란을 멈추지 않으면 입을 꿰매 버리겠다고 했어. 그리고 세상에, 정말 그 말대로 해 버렸지 뭐야. 올케는 그 사람을 쓰러뜨리고 바늘을 꺼내서 위아래 입술을 꿰매 버렸다니까."

그녀는 극적인 효과를 얻기 위해 잠시 말을 멈췄다가 다시 이어 간다. "저기, 어떤 사람이건 다른 사람에게 그러면 안 되는 거잖아. 올케를 잃고 싶지 않았던 병원에서는 선택지를 줬어. 정신병원으로 돌아가 치료를 더 받든지, 아니면 의사면허증을 포기하든지 하라고. 그 외에 다른 방법은 없다고. 올케는 다음 날에도 그다음 날에도 병원에 출근을 안 했대. 셋째 날에 병원 청소부가 뭔가 이상한 냄새를 맡고 벽장을 열었는데, 그녀가 죽어 있었다는 거야. 약물 과다 투여래. 주삿바늘도 찾아냈지. 올케는 모든 재산을 여자 연인에게 남겼어. 가족들은 노발대발했지."

나는 컨트리음악 작곡가들이 소재를 어디서 구하는지 금세 이해한다. 그들은 있는 그대로의 남부의 삶에 귀를 기울인 것이다.

종교는 늘 등장하는 주제다. 어머니와 식료품점에 가니 점원이 코맹맹이 소리로 묻는다. "저기, 어느 교회 다니세요?" 누구나 모종의 교회에 다닌다. 그래도 친척 중 누군가 모르몬 교도가 되면, 다른 가족들은 그가 공산주의자가 된 것처럼 반응한다. 라디오 다이얼을 돌려 보니 찬송가나 설교를 내보내는 방송국이 열

두 개다. 광고판과 헛간에는 다양한 종교적 구호들이 적혀 있다. 당신의 하나님을 만날 준비를 하라. 그리스도께서 당신을 위해 죽으셨는데, 당신은 그분을 위해 살 수 없는가? 그분은 당신을 너무나 사랑해서 고통을 감내하셨다(이 구호에서는 붉은 페인트가 글자에서 피처럼 흘러내린다).

사람들이 가장 많이 이야기하는 것은 죽음이다. 친척이 병들면 카운트다운이 시작된다. "의사들이 그의 몸을 열어 봤는데 할 수 있는 일이 없었어요. 그래서 그냥 도로 꿰맸다지요. 이미 묘지의 시체처럼 보여요. 피부를 만져 보면 두꺼비처럼 차갑고 축축해요. 오래 견디지 못할 것 같아요. 두 주 정도, 길어야 한 달일 거예요."

죽음의 정반대 편에 있는 인생의 다른 한쪽도 똑같이 주목을 받는다. 어머니가 지인을 방문하는 자리에 동행하여 거실에 앉아 있으니 걸음마쟁이들이 어른들의 큰 즐거움의 대상이라는 것을 보게 된다. 자신이 관심을 한 몸에 받고 있음을 인식한 아이는 공을 던지거나 여동생을 치면서 뛰어다닌다. 여자들은 그들 앞에서 펼쳐지는 드라마에 매료된 것처럼 보이는데, 아이들의 움직임이 아주 평범하게 느껴진다. "쟤는 자유분방한 아이예요. 제 아빠를 빼닮았어요. 넌 대단한 아이지, 빌리존? 그렇지 않니? 요 예쁜 것, 이리 와서 할미에게 뽀뽀를 해 다오. 설탕도 좀 주고."

이런 대화들을 통해 나는 인생의 시작부터 끝까지 남부에서는 사람이 중요하다는 것을 배운다. 경제나 외교정책이나 과학적 발견이 아니라 사람이 주요 관심 주제다. 만약 집이 불타 버리거나 돈이 떨어지거나 차에 치인다면 나는 다른 곳이 아닌 바로 여기에 머물게 될 것이다. 나는 안다. 남부 사람들은 자기 사람들을 보살피니까.

* * *

1960년대 초, 민권운동이 점점 힘을 얻고 거의 모든 대화가 인종 문제로 귀결된다.

남부의 진정한 아들인 나는 인종주의자로 태어나고 자란다. 할아버지는 우리의 선조인 윌리엄 론디스 얀시가 '불을 먹는 자들'이라는 집단을 이끌었다고 말해 준다. 이 집단은 남부의 미연방 탈퇴를 촉구하여 남북전쟁의 시작을 도왔다. "그래, 그리고 할아버지는 노예해방령 이전까지 조지아의 러프 앤드 레디라는 곳에서 농장을 운영하며 많지 않은 노예를 부렸지. 할아버지한테 그들을 풀어 주라고 명령하는 공식 서한이 왔는데, 그걸 아직까지 보관하고 있어."

이 사실은 빈민가에 사는 나에게 강렬한 인상을 남긴다. 할아버지는 노예해방령이 내려진 후, 성이 없던 노예 일꾼들이 얀시 성을 취했다는 사실도 말해 준다. 그날 밤 나는 애틀랜타 전화번호부의 Y면을 죽 넘겨 가며 윌리 메이와 데온 같은 흑인 느낌이 나는 이름들을 찾았다. 혹시 나의 선조들이 그들 선조들의 소유주였을까 궁금해하면서.

대부분의 노예들은 농장에서 만족하며 살았다고 학교에서 배웠다. 따지고 보면, 노예 주인이 자신의 생계를 책임지는 일꾼들을 학대할 이유가 무엇이겠는가? '남부연합의 자녀들'은 일종의 교리문답서 같은 책을 출간했다. 거기에는 이런 질문이 나온다.

"노예들은 주인들에게 어떤 감정을 느꼈습니까?" 착한 남부 아이들은 정해진 답을 앵무새처럼 되풀이한다. "그들은 충직하고 헌신적이었고 언제나 주인들을 섬길 준비가 되어 있었으며 기꺼이 그러고자 했습니다."

매해 성탄절에 우리가 할머니 식탁에 앉아 있으면 할아버지의 자동차 차체 제작소의 흑인 직원들이 뒷문에 나타난다. 그들이 노크를 하고 어색하게 서 있으면 할아버지가 일어나서 성탄절 보너스로 그들의 손에 1달러짜리 은화 두 개씩을 떨어뜨린다. 그들 중에는 내가 아는 이들도 있다. 물갈퀴 손가락이 있는 벅은 서명란에 'X'로 표시를 하는 문맹의 대장장이다. 근육질의 감독 리로이는 언제나 가장 많은 보너스를 받는다. 그는 뒷문 현관에 서서 이리저리 발을 움직이며 이렇게 말한다. "예수님이 오셨으니 모두 즐거운 크리스마스 되세요, 미스터 얀시." 할아버지는 미소를 짓고 안으로 들어가 리로이 가족 모두에게 하나씩 줄 1달러 은화 여섯 개를 가져온다.

어느 날 저녁에 할아버지 집 거실에서 쉬고 있는데, 텔레비전 뉴스에서 애틀랜타의 민권시위를 다룬다. 그 뉴스를 계기로 할아버지는 1906년의 인종 폭동을 회상한다. "내가 막 열여덟 살이 되던 때였지. 흑인 남자들이 백인 여자들을 강간했다는 소문이 퍼졌어. 음, 백인들 무리가 모여서 시내에서 큰 폭동을 일으켰지. 수십 명의 흑인 남자들을 죽였던 것 같구나. 일부 폭동자들은 희생자들의 손가락 발가락을 기념품으로 잘랐지."

처음 듣는 이야기였기에 그중에서 얼마나 믿어야 할지 알 수가 없다. "그 현장에 계셨어요?" 내가 묻는다.

할아버지가 고개를 끄덕인다. "내 눈으로 봤어. 아버지가 가까이 가지 말라고 하셨지만 나는 듣지 않았어. 가장 큰 폭동이 일어난 다음 날 전차를 타고 시내로 갔어. 가로등 곳곳에 시체들이 여전히 걸려 있었지. 흑인들을 산 채로 매달아 놓고 사격 연습 표적으로 쓴 거야. 배수로가 피로 붉게 물들어 있었어. 절대 잊지 못할 광경이지."

무슨 말을 해야 할지 몰라 다들 입을 다물고 있다. 잠자코 듣고 있던 윈스턴 삼촌이 입을 연다. "그리고 다들 이제는 모든 것이 달라졌다고 믿으라고 하지. 우리 가족의 주치의는 조지아주 쿠클럭스클랜(KKK단)의 최고위급 회원이야. 물론 그 사람은 그 사실을 언급하지 않지만 모두가 그것을 알고 있지. 그 사람은 너희 아빠의 고등학교 동문이야. 젠장, KKK단의 힘을 보고 싶으면 지금 당장 애틀랜타 바로 북쪽에 있는 포사이스 카운티로 차를 몰고 가면 돼. 카운티 경계에 이런 표지판이 세워져 있지. '니거 Nigger, 포사이스 카운티에서 해가 질 때까지 머물지 마라.' 그리고 그들은 진심이야."

우리 집에서 금지된 흑인 비하 단어가 나오자 나는 움찔한다. 도리스 고모도 다른 점잖은 애틀랜타 사람들처럼 살짝 다른 말을 써서 그 단어를 신중하게 피한다. "작은 니그라에게 지붕 고치는 일을 맡겼어." "그 환자 나이는 몰라. 알다시피, 니그라들은 나이를 알아보기가 좀 어렵잖아."

잭 삼촌은 본가 친척 중에서 가장 심한 인종주의자다. 1964년 국회가 민권법을 통과시키자 그는 가족들과 짐을 싸서 호주로 이주한다. 당시 호주는 '백인 한정' 이민 정책을 펴고 있었다.

* * *

놀랍게도, 필라델피아의 친척들 또한 그 못지않게 인종주의다. 외삼촌들은 '검둥이들'이 몇 블록 너머의 연립주택 한 채를 구입한다고 주의를 준다. 밥 외삼촌은 이렇게 투덜댄다. "그자들이 이미 공원과 수영장에 난입하고 있어. 얼마 안 있으면 시내의 이 지역을 다 차지할 거야." 그는 한국에서 복무할 때 흑인 병사가 천막에 들어오면 눈을 감고 있어도 알 수 있었다고 말한다. "그놈들은 냄새가 달라. 그래서 개들이 놈들을 좋아하지 않는 거야."

필라델피아로 가는 차 안에서 나는 흑인들이 어디서 식사를 하고 화장실을 쓰고 밤을 보내는지 궁금해진다. 남부 주들에서는 백인과 흑인이 같은 식당이나 모텔에 있는 것을 볼 수 없다. 그건 불법이다. 어머니는 그들만을 위한 장소들—《흑인운전자 그린북》에 목록이 나와 있다—이 있다고 장담하지만, 고속도로에서 '유색인 모텔' 간판은 정말 보기 드물다.

미즈 헨리의 학교에 가는 일 외에 내가 흑인들과 접촉하는 경우는 거의 없다. 우리는 인종적으로 분리된 공원에서 놀고, 별도의 이발소에 가고 다른 학교, 다른 교회를 다닌다. 법적으로 흑인 아이들은 백인 수영장에서 수영할 수 없고, 흑인 의사나 간호사는 백인 환자를 치료할 수 없다. 일부 반려동물 묘지에서는 심지어 흑인들의 고양이와 개를 위한 구역이 별도로 있을 정도다.

애틀랜타에서는 흑인과 백인이 전반적으로 같은 공간을 공유하지만 흑백의 정사각형으로 이루어진 보이지 않는 체스판 위에서 사는 것처럼 서로 접촉하지 않는다. 시내의 고층건물들에는 승강기 한 대가 흑인, 화물, 수화물용으로 지정되어 있고, 더 좋은 승강기들은 백인들 전용이다. 공공건물에는 흔히 화장실이 세 개다. 백인 여성용, 백인 남성용, 유색인용. 분수형 식수대도 백인용과 유색인용을 구별하고 있고 시원한 물은 백인들 쪽에서만 나오는 경우가 많다. 교회 친구 하나는 어릴 때 유색 식수대 Colored fountain에선 색깔 있는 물colored water이 나올 거라고 생각하고 손잡이를 자꾸 돌려 봤다고 말했다.

애틀랜타에서 가장 좋은 리치 백화점은 흑인 손님에게 옷을 팔면서도 입어 보는 것은 허용하지 않는다. 백인 고객들에게 불쾌감을 주지 않기 위해서다. 이 백화점은 흑인들이 백화점 식당에서 식사하는 것도 금지한다. 내가 7학년일 때 마틴 루터 킹 2세가 학생들과 함께 일련의 연좌시위를 벌여 리치 백화점은 정책을 바꾸게 된다.

조부모님 집에 가려면 흑인 동네를 지난다. 생기가 넘치는 거리와 현관 베란다를 차창 밖으로 내다본다. 나이 든 남자들이 흔들의자에 앉아 코담배를 씹고 잔해를 타구에 뱉는다. 여자들은 그 옆에 앉아서 흰강낭콩 껍질을 까거나 뜨개질을 한다. 인도가 있는 곳에서 인도는 사방치기와 줄넘기 놀이터가 되거나 길거리 농구장의 경계가 된다.

그곳의 냄새를 들이마신다. 바비큐, 새로 깎은 풀, 입담배 연기 냄새가 난다. 그리고 처음 맡는 매캐한 탄내. 어머니가 말한다. "그건 머리 냄새야. 그 사람들은 가열한 금속빗과 압착기를 써서 백인들 머리처럼 머리카락을 곧게 펴거든." 애틀랜타 시내로 나가는 버스에서 피부 미백크림과 고데기 광고가 눈에 들어오기 시작한다. "티 없이 더 하얀 피부는 인기, 사랑, 로맨스와 사업 성공으로 가는 디딤돌입니다."

내 머리카락은 곧았던 적이 없고, 그래서 급우들의 조롱거리가 된다. "야, 너 그 곱슬기는 어디서 온 거야, 어? 흑인 피가 좀 섞인 거야?" 이건 심각한 문제다. '한 방울 규칙'에 의거한 애틀랜타주 법에 따르면, 흑인의 피가 조금이라도, 단 한 방울이라도 섞인 사람은 흑인으로 분류된다.

흑인들은 우리가 깔보고 우월감을 느끼는 대상이 된다. 우리 가족은 공공임대 주택과 트레일러 주차 구역에서 살았다. '가난한 백인 쓰레기'에 해당하지만 적어도 우리는 백인이다. 칭찬에도 인종주의적 선입견이 깔려 있다. "흑인 남자치고는 똑똑하단 말이야. … 흑인 여자치고는 상당히 예뻐."

몇 달에 한 번씩 어머니는 루이즈라는 여성을 고용하여 난로 청소와 냉장고 서리 제거 같은 잡일을 돕게 한다. 상상해 보라. 우리보다 사회적 서열이 더 낮은 사람이라니! 어머니는 그녀를 잘 대해 주지만 루이즈는 우리와 함께 식사하는 법이 없다. 점심 시간도 한사코 부엌에서 서서 보낸다. 한번은 어머니가 루이즈의 집에 가서 저녁 식사를 했는데, 거기서도 루이즈는 다른 방에서 식사를 했다. 그녀는 변명조로 이렇게 설명했다. "부인, 기분 나빠하지 마세요. 하지만 저는 백인 여성과 같이 식탁에 앉아서 먹지 않아요."

* * *

나중에야 남부의 또 다른 면, 어린 내가 놓쳤던 면을 알게 된다.

프레더릭 더글러스Frederick Douglass*를 비롯해 여러 사람의 증언을 읽으면서 내가 도무지 이해할 수 없는 잔혹함을 접하게 된다. 남북전쟁 참전 군인들의 시체가 참호 구덩이에서 썩어 가는 광경, 고통을 덜어 줄 어떤 조치도 없이 팔다리가 썰려 나가는 장면, 가장 피비린내 나는 다섯 전투에서 전사한 북군의 수보다 더 많은 북군 포로가 굶어 죽은 조지아의 감옥 앤더슨빌의 상황을 읽으면서 나는 움찔하고 놀란다.

이런 기록을 읽을 때 내 속에서 뭔가 허물어지는 것 같고, 그 내용은 잔상처럼 머문다. 남부연합군은 더 이상 훌륭해 보이지 않고 잃어버린 대의도 더 이상 그렇게 정당해 보이지 않는다. 남북전쟁이 노예제의 족쇄를 느슨하게 만들었는지는 모르지만, 한 세기가 지나도록 인종적 적대감은 여전히 살아 있다. 나는 혐오감에 사로잡힌다. 한때 사실이라고 믿었던 것뿐만 아니라 나 자신도 혐오스럽다. 자라는 동안 엉터리 신화를 고스란히 받아들였던 것이다.

죄책감을 거부하는 모습은 사라질 줄 모른다. 남부는 거의 모든 것을 종교적 언어로 묘사한다. 남북전쟁도 예외가 아니다. 역사가 셸비 푸트Shelby Foote**는 자신의 고향에 세워진, "죄 없이 존재하다 스러진 유일한 나라"에 헌정된 남부연합 기념비에 대

---

* 1817~1895, 흑인 노예로 태어나 저명한 노예 폐지 운동가, 신문 편집인, 연설가, 저술가, 정치인, 외교관으로 활동했다. 대표작으로는《프레더릭 더글러스의 생애》가 있다.
** 1916~2005, 미국의 역사학자이자, 방대한 3권의 전쟁 역사서인《남북전쟁: 해설 (The Civil War: A Narrative)》을 쓴 소설가.

해 말한다. 유년기의 순례 때 제퍼슨 데이비스Jefferson Davis*의 리치먼드 무덤을 방문한 적이 있는데, 거기에 이런 비문이 새겨져 있다. "의를 위하여 핍박을 받는 자는 복이 있나니 천국이 저희 것임이라." 이것이 내가 어린 시절과 청소년기 내내 믿었던 잃어버린 대의라는 신화다.

남북전쟁으로 인한 최악의 상황을 목격했던 그랜트 장군은 애퍼매톡스에서 그와는 다른 견해를 표명했다. 그것은 슬픔이었다. "그토록 오랫동안 용감하게 싸운 적, 이제껏 인간이 내세웠던 싸움의 명분 중에 최악의 것으로 손꼽힐 대의를 위해 그토록 많은 고통을 겪은 적의 몰락"으로 인한 슬픔. 남부 사람인 내가 성인이 된다는 것은, 그동안 우리가 자기기만적인 이야기, 거짓을 안고 살아왔다는 인식이 분명해진다는 이야기이기도 했다. 그 결과 생기는 긴장은 내 영혼 깊은 곳에 사라지지 않는 배신감을 심어 주었다.

고향의 모순들을 조화시킬 수가 없었다. 종교에 푹 잠겨 있지만 친구의 배신, 아동 학대, 강간, 음주, 폭력에 관한 뒷담화가 너무나 많은 곳. 외부인들을 의혹의 눈길로 바라보는 친절하고 우호적인 사람들. 명예를 폭력으로 지켜낸 명예로운 사람들. 패배에 따른 분노를 자신들보다 더 고통당한 인종에게 쏟아낸 사람들.

• 미시시피주 상원의원으로 노예 문제에서 주의 주권을 강력히 주장해 민주당 남부파의 중심인물이 되었다. 남부연합 대통령으로 선출되어 전쟁을 지도했으나 패전 후 체포되었다.

나이가 들면서, 내가 믿어야 한다고 늘 배워 왔던 내용에 하나의 균열이 생겼다. 그것은 이후에 찾아올 많은 균열 중 첫 번째였다.

11 / 필라델피아

그들은 자신이 별나다고 생각하지 않았다.

본인들의 눈에 비친 그들은 여느 누구와 다를 바가 없었다.

그들이 보기에 자신들의 행동은 대단히 자연스러웠고

동일한 상황에서 누구라도 할 만한 행동이었다.

내가 판단하기로는 그렇다.

—메리 매카시, 《가톨릭 소녀 시절의 추억》

매년 여름이 끝날 무렵에 우리는 필라델피아로 차를 몰아 외가인 디엠 집안을 방문한다. 거기서 나는 어머니가 어떻게 살았고 어떤 환경에서 자랐는지 엿본다.

자동차 여행은 이틀이 걸리는데, 어머니는 끊임없이 교통 걱정을 한다. "아직은 안 막혔지만 리치먼드까지 가 봐야 알아. … 그래, 그리 나쁘지 않았어. 하지만 워싱턴 … 근처로 가 봐야 알아."

여행길에는 식당에서 식사를 하고 돈을 물 쓰듯 쓴다. "먹고 싶은 거 뭐든지 골라." 어머니는 일 년 내내 모은 현금이 가득 든 봉투를 꺼내며 말한다. 형은 좋아하는 메뉴인 송아지 커틀릿을 삼시 세끼 주문한다. 그날의 절정은 늦은 오후에 찾아온다. 어머니의 예산 안에서 갈 수 있는 모텔을 찾는 시간이다. 형과 나는 수영장이 있는 모텔을 잡으려고 열심히 로비를 하고, 가끔은 성공한다.

모텔방에서 어머니는 가방을 내려놓고 욕실로 향하고 '투숙객 안전을 위한 살균 완료'라고 적힌 종이 봉인을 뜯는다. 우리는 수영복으로 갈아입고 수영장에 잠깐 몸을 담갔다가 모텔방으로 돌아온다. 익숙하지 않은 에어컨 냉기에 벌벌 떨다가 이불 속으로 들어가 텔레비전을 시청하는 사치를 즐긴다. 이런 게 사는 거지!

필라델피아가 가까워지면서 차창 바깥의 경치가 점점 험악해지지만 흥미진진함도 함께 더해진다. 제련소에서는 화염을 공기 중에 뿜어낸다. 녹슨 빛깔의 다리를 건널 때는 검은 물위에 늘어서서 육지에 닿기를 기다리는 배들을 내려다본다. 배기가스가 쌓인 터널로 들어갔다가 반대쪽의 눈부신 햇빛으로 튀어나오기를 반복한다. 수쿨킬, 서스쿼해나, 티니컴, 패시윤크. 고속도로 표지판에 적힌 지명들은 우리 남부인들에게 낯설게 느껴진다.

＊ ＊ ＊

애틀랜타의 녹음이 우거진 교외에서 자란 아이에게 외가인 디엠가 사람들이 사는 필라델피아 남서부는 외국이나 다름없다. 모든 블록이 똑같이 생겼고, 줄지어 서 있는 이층 연립주택의 앞마당이 너무 좁아서 현관에 서서 수박씨를 뱉으면 인도에 떨어질 정도다. 도로, 인도, 정면 입구의 계단 등 거의 모든 길이 포장되어 있고, 눈에 보이는 나무라고는 보도의 틈 사이로 비집고 나오

는 5센티미터의 어린 풀이 전부다. 도로에는 도로명이 아니라 번
호가 붙어 있다. 피치트리 스트리트, 메도파크 레인 대신에 70번
가, 69번가, 68번가가 있다.

노동절 무렵의 그 거리들은 녹은 용암처럼 뜨겁다. 북쪽으로
이틀을 차로 달려서 도착한 곳이 어떻게 조지아보다 더 뜨거울
수 있단 말인가? 우리는 늘 한 해 중에서 제일 안 좋은 시기에 그
곳을 방문한다. 어머니의 고향 교회인 마라나타 교회에서 일주
일 동안 열리는 선교 콘퍼런스 때문이다.

동네 사람 몇이 나를 부른다. "어이, 꼬마. 어디서 왔냐?" 내가
조지아에서 왔다고 하면 그들은 뭔가를 '남부 사투리'로 말해 보
라고 하고는 내 발음을 놀려 댄다. "나인nine 다음 숫자가 뭐야?"
라고 묻고 내가 ten을 발음하면 무슨 농담이라도 한 것처럼 웃어
댄다. "그렇게 발음하는 게 아니지. 틴이 아니라 텐이야." 내가
'욜'•이라고 말하면 스탠드업 코미디라도 한 것처럼 무릎을 치고
나를 가리키면서 더 큰 소리로 웃는다.

필라델피아 남서부는 오감을 공격한다. 경적이 요란하고, 경
찰 사이렌이 울린다. 지직대는 확성기로 상인이 외치면서 트럭
이 굴러간다. "하얀 옥수수, 1달러에 여섯 개. 저지산 멜론, 바나
나…." 황혼 녘에는 월트 휘트먼 다리를 따라 빛이 반짝이고 뉴
저지의 공장 굴뚝들에서 오렌지색 가스 분출 기둥을 볼 수 있다.
제련소의 유황 냄새, 커피 볶는 냄새, 독일 제과점에서 갓 구운

• y'all, you and all을 미국 남부 사람들이 말하는 방식.

빵 냄새, 누군가의 뒷마당에서 소시지 굽는 냄새, 이웃의 담배 냄새가 한데 뒤섞인다. 내 코는 필라델피아에서 더 열심히 일한다.

밤에는 방충문 안쪽 현관에 놓인 접이식 침대에 누운 채 눈을 가늘게 뜨고 바깥 가로등을 바라본다. 지미 외삼촌은 한밤중까지 거실에 앉아 두 대의 TV를 보고 한 대의 라디오를 듣는다. 모두 각기 다른 스포츠 채널에 맞춰져 있다. 외삼촌이 마침내 잠자리에 들고 나면, 나는 동네 갱들 때문에 불안해진다. 뚜벅뚜벅 발자국 소리가 점점 가까이 더 크게 다가오면 숨을 죽인다. 그 소리가 멀어지고 나서야 마음이 놓인다. 내가 곯아떨어질 무렵 우유 배달을 하는 사람이 입구 계단의 금속 상자 안에 우유를 내려놓으면, 인근의 모든 개가 일시에 짖어 댄다.

67번가의 연립주택은 금세 지루해진다. 삐걱대는 나무 계단은 위층으로 이어지는데, 형과 나는 계단 난간을 미끄럼틀처럼 타고 내려가거나 엉덩이로 계단을 하나씩 쿵쿵쿵 찧으며 내려간다. 그러다 지미 외삼촌에게 걸리면 외삼촌은 사악하게 웃으며 우리에게 계단을 서른 번 오르내리라고 시킨다.

음식은 우리 집에서 먹던 것과 완전히 딴판이다. 외가에서는 흰 빵 대신에 씨앗이 들어가고 표면이 단단한 호밀빵을 먹는다. 간 소시지와 스크래플* 같은 이상한 음식을 내놓는다. 삶은 감자에 마요네즈를 듬뿍 두르고 모든 채소를 곤죽이 되도록 요리한다. 외할머니는 점심 식사로 젤라틴과 연골이 잔뜩 든 치킨 샐러

---

* 저민 고기, 야채, 옥수수 가루를 기름에 튀긴 요리.

드를 내놓는다. 남부인인 나는 외할머니가 인스턴트 믹스로 설탕도 안 넣고 만든 아이스티에 충격을 받는다. 외삼촌들은 플라스틱 레몬 모양의 용기에 든 인공 주스로 아이스티의 맛을 낸다. 어머니가 어린 시절에 어떻게 살아남았는지 궁금하다.

지미 외삼촌은 축 늘어진 민소매 내의 바람에 털북숭이 가슴을 반쯤 드러내고 집 안을 돌아다닌다. 외삼촌은 타파웨어 용기에 든 얼음물을 그대로 마시고 우유를 팩째로 마신다. 형과 나는 그 모습을 얼빠진 듯 바라본다. 여기는 규칙이 다르다.

* * *

성인이 된 두 외삼촌은 나의 외조부모님과 작은 연립주택에서 같이 산다. 이 거친 어른들과 같이 지내는 것이 무섭다. 그들은 형과 나를 괴롭히는 데서 기쁨을 얻는다. 여행을 마치고 집으로 돌아갈 때마다 차 안에서 어머니는 가족에 대한 세부 내용을 더 들려주어 이야기 퍼즐의 공백을 메운다.

어머니는 첫째 남동생에 대해 말한다. "지미 외삼촌의 문제는 한국전쟁 때 시작되었어. 외삼촌은 육군정보부 통역관으로 일하던 한국 여자와 사랑에 빠졌지. 지미는 그 여자랑 결혼하고 싶어 했는데, 그녀와 함께 이곳으로 와도 좋다는 승인을 받았어. 당시로선 쉬운 일이 아니었지. 외삼촌이 그 이야기를 하니까 외할머니가 이렇게 대답했어. '난 눈 찢어진 여자를 우리 가문에 들일 생각 없다!' 그 이후로 지미는 완전히 달라졌어."

머리가 거의 다 벗겨진 지미 외삼촌은 이마에 주름이 두껍게 파이고 눈이 움푹 들어가서 위협적으로 보인다. 민소매 러닝셔

빛이 드리운 자리

츠 바깥으로 털투성이 둥근 어깨가 불거져 나온다. 평일 저녁마다 전구가 하나뿐인 욕실로 들어가 면도칼로 면도를 하는데, 그 일에 45분이 걸리고 내의에 핏자국이 남는다.

지미 외삼촌에게 뭔가를 물을 때 돌아오는 대답은 답변이라기보다는 쏘아붙이는 것처럼 들린다. 전날 밤에 필리스*가 이겼느냐고 물으면 "그게 너하고 무슨 상관인데?"라고 대답한다. 잠좀 자게 TV 소리를 줄여 달라고 부탁하면 외삼촌은 이렇게 말한다. "너하고 해병대원 몇 명이 자는데?" 그리고 그 말을 몇 번이나 되풀이한다. "내가 말하잖아. 너하고 해병대원 몇 명이 자느냐고? 내 말 들었냐? 너하고 해병대원 몇 명이야?"

지미 외삼촌은 작동을 멈춘 시계를 찬다. 왜 그걸 차느냐고 물었더니 한동안 생각하다가 이렇게 말한다. "하루에 두 번은 맞잖아, 안 그래?" 거실에는 볼펜들이 잔뜩 흩어져 있는데, 잉크가 나오는 것은 하나뿐이다. 하지만 지미 외삼촌은 어느 것이 써지는지 알고 있고, 내가 그것을 제자리에 두지 않으면 혼을 낸다. 외삼촌은 외할머니에게 매일 4시 30분 정각에 저녁 식사를 대령하라고 요구하는데, 그날 밤에 볼링을 치러 가고 싶어질 경우에 대비한 조처다. 금요일 밤에는 변화를 주어 필리 스테이크 샌드위치를 먹으러 외출한다. "그 식당에서는 내가 뭘 원하는지 들어가자마자 바로 안다니까." 외삼촌은 그렇게 빼긴다.

얼마 지나지 않아 외삼촌은 몇 년 만에 처음으로 진찰을 받으

---

* 필라델피아 연고의 메이저리그 프로 야구팀.

러 의사를 찾아가고 그때부터 인생이 틀어진다. 나중에 나는 그 의사를 만나서 진료 내용을 직접 듣게 된다. "그래서 저는 선생님의 지미 외삼촌에게 커튼 뒤로 가서 가운을 걸치라고 했습니다. 더러운 기저귀로 가득한 광주리에서 나는 것 같은 악취가 진료실에 가득했어요. 그분이 커튼 밖으로 나오는데 맹세코 오른발에 구더기가 우글거렸습니다. 괴사 조직, 패혈증, 괴저 등 온갖 문제가 있었어요. 당뇨병으로 신경 장애가 와서 큰 통증을 느끼지는 못했을 겁니다. 하지만 어떻게 그런 다리를 보지 못할 수가 있나요? 리졸*, 파인솔**뿐만 아니라 구할 수 있는 모든 것을 뿌렸어요. 그렇게 했는데도 진료실에 밴 냄새는 몇 주 동안 사라지질 않았어요."

병원 진찰 다음 날, 외과 의사가 외삼촌의 다리를 무릎 바로 아래까지 잘라 낸다. 애초에 몸놀림이 서툰 지미 외삼촌은 의족에 끝까지 제대로 적응하지 못한다. 아침에 그 삐걱거리는 계단을 쿵쿵거리며 내려와 요강을 변기 삼아 온종일 자기 의자에 앉아서 지낸다. 볼링도, 운전도 더 이상 하지 않는다. 거의 하루 내내 TV로 스포츠를 보고 세 개의 일간지를 처음부터 끝까지 모조리 읽는다.

지미 외삼촌이 인생에서 많은 것을 놓쳐 버린 반면, 밥 외삼촌은 하고 싶은 대로 다 하고 산다. 커다란 덩치에 목소리가 크고 성질이 거친 그는 탕자라는 평판을 자랑스럽게 받아들인다. 어

- 방부제의 일종.
- - 세정제의 일종.

린 시절 우리가 필라델피아를 방문할 때마다 십 대의 밥 외삼촌은 나를 집요하게 괴롭혔다. "야, 난 애틀랜타에 갈 거거든. 그러니까 제너럴 셔먼 호텔의 스위트룸을 예약해 줘, 알았지, 꼬마 반군?" 그리고 하루에도 몇 번씩 똑같은 농담을 하며 큰 소리로 오랫동안 웃었다. "오, 그리고 그곳이 예약이 다 찼거든 율리시스 S. 그랜트 호텔에 예약해."

외삼촌은 내 팔을 뒤로 꺾고는 이렇게 말하곤 했다. "내 말을 따라 해 봐. 남부는 남북전쟁에서 졌다. 나는 양키를 사랑한다." 내가 거절하면 외삼촌은 나를 집 밖으로 쫓아내고 문을 잠갔다. 심지어 비가 억수같이 쏟아질 때도 그랬다. 나는 작은 차양 밑에서 몇 시간씩 웅크리고 앉아 떨면서 남부연합의 명예를 지켰다. "지미 형, 여기 어딘가에 반군이 하나 돌아다닌다던데. 혹시 봤어? 못 봤다고? 그럼 문을 잠가 놓는 게 낫겠네. 신중해서 나쁠 건 없으니까. 우리는 이 집 안에 반군이 있는 걸 원하지 않잖아."

밥 외삼촌은 자신이 프로 미식축구 선수였다고 주장하지만 나는 그가 선수 명단에 오른 기록을 하나도 보지 못했다. 가장 몸무게가 많이 나갈 때 147킬로그램이었고, 누구도 밥 디엠에게 시비를 걸지 못했다. "한번은 홀딩* 선언을 받고 심판에게 소리쳤지. '무슨 말입니까, 홀딩이라니?' 그랬더니 심판이 이러더라고. '저기, 밥, 나는 자네가 팔뚝으로 그 친구 얼굴을 강타하는 걸 보지 못했어. 그러니 자네는 홀딩을 한 게 분명해.'" 외삼촌은 폭소

• 미식축구에서 공을 갖지 않은 사람을 손으로 쥐거나 팔로 감쌈으로써 움직임을 방해하는 반칙.

를 터뜨린다. "나의 철학은 말이야. 남들이 내게 달려들기 전에 먼저 달려들라는 거야."

밥 외삼촌이 느끼는 자부심은 그의 덩치와 맞먹는다. 그는 이렇게 말한다. "매년 여기에 오는 게 너한테 아주 좋은 일이야. 내 특성 중 일부가 너한테 전해질지도 모르니까. 내가 널 남자로 만들어 주마." 내가 작가가 되고 싶어 한다는 것을 알고는 그가 이렇게 말한다. "좋아. 최고의 소재를 알려 주마. 내 인생 이야기를 쓰면 베스트셀러가 될 거야."

밥 외삼촌은 가족의 말썽꾼 역할을 즐긴다. 향후 외삼촌은 가족들을 부끄럽게 만드는 방식으로 자신의 평판에 부응한다. 그는 첫 번째 아내와 이혼하고, 동성애자라는 이유로 아들과 인연을 끊는다. 두 번째 아내는 샤워실에서 총으로 자살한다. 그는 돈을 버는 족족 도박에 탕진하고 헤아릴 수 없을 만큼 자주 파산 신청을 한다.

나는 외삼촌에게 한번 이렇게 묻는다. "후회하는 것이 있나요?" 그는 생각할 겨를도 없이 거의 바로 대답한다. "천만에. 난 늘 정확히 내가 원하는 일을 했거든."

형 지미처럼 밥 외삼촌의 인생도 비극적인 결말을 맞는다. 그는 몸을 잘 관리하지 않고 당뇨병을 무시한다. 심지어 발가락 두 개를 잃고도 달라지지 않는다. 2009년 성탄절, 카운티 보안관은 이상한 냄새가 난다는 동네 사람들의 신고를 받고 외삼촌의 집 문을 따고 들어간다. 그는 사망한 지 여러 날이 된 듯한 상태로 밥 외삼촌의 시체가 침대에 누워 있는 것을 발견한다. 굶주림에 실성한 외삼촌의 로트와일러 개가 외삼촌의 한쪽 다리 전체와 나머지 다리의 상당 부분을 뜯어 먹은 후였다. 보안관은 개를 쏘아 죽인 다음 생물재해팀에 연락한다. 그들은 수천 개의 바퀴벌레 알을 발견한다. 난로에서, 등에서, 라디오에서, 천장 선풍기에서, 따스한 모든 공간에서.

* * *

외할아버지인 앨버트 디엠에 대한 기억은 별로 없다. 어머니는 언제나 외할아버지에 대해 좋게 말한다. "외할아버지는 가족을 한데 묶어 준 분이야. 두 가지의 일을 하면서 우리가 대공황을 버티게 해 주셨지. 그러다 전쟁이 터진 다음에는 제너럴일렉트릭에서 2교대 근무를 하셨어. 그 모든 일이 다 지나고 외할아버지가 쉰다섯 살이 되었을 때 회사는 외할아버지를 해고했단다."

내가 기억하는 외할아버지는 마르고 친절한 분으로, 노가하이드 안락의자에 앉아 니코틴으로 누렇게 된 손가락으로 신문을 넘겼다. 의사는 심장 질환이 있으니 담배를 피우지 말라고 권했다. 형과 나는 외할아버지가 집 밖에서 산책하다가 담배를 피우는 모습을 발견하면 어머니에게 일렀다. 그러나 외할아버지 콧구멍에서 나온 파란 연기가 둥그렇게 말려 올라가는 광경을 지켜보는 것이 속으로는 좋았다. '그러니까 저것이 죄악의 모습이란 말이지.' 그렇게 생각했다.

우리가 조지아에 있을 때 외할아버지가 돌아가셨다. 어느 날 어머니는 외할아버지가 병원에 있음을 알리는 엽서를 받았다. 다음 날, 우리가 트레일러 안에서 폭찹으로 저녁 식사를 하고 있을 때 전화벨이 울렸다. 지미 외삼촌이 세 마디를 했다. "있잖아,

아버지 가셨어." 그 말을 듣자 어머니는 큰 소리로 울기 시작했다. 배우들이 텔레비전에서 하는 것처럼 "엉엉 엉엉" 울었다. 어머니는 침실로 달려갔고 형과 나는 먹다 남은 저녁 식사를 응시하며 당황해서 말없이 앉아 있었다.

어머니는 형과 나를 조부모님 댁에 맡겨 놓고 장례식에 참석하기 위해 필라델피아행 기차를 탔다. 마중 나올 사람이 없었기에 택시를 타고 집으로 갔다. 집에 도착해 보니 식탁에 둘러앉은 가족들은 관에 돈을 얼마나 써야 하는지를 놓고 언쟁을 벌이고 있었다.

외할머니인 실바니아는 디엠 가족 중에서 가장 힘 있는 사람이었다. 어린 시절에는 흐린 눈과 턱의 흰털, 달그락거리는 틀니를 한 뚱한 표정의 외할머니가 무서웠다. 아랫입술이 툭 튀어나와 있고 말을 할 때마다 양 볼이 방해해 외할머니의 말을 알아듣기 어려웠다. 나는 외할머니가 아이들을 별로 좋아하지 않는다는 것을 감지했다. 시끄럽거나 활동적인 아이는 특히 그랬다.

어머니를 통해 외할머니의 이야기를 점차 알게 되었다.

실바니아 외할머니는 1898년 노동계급 가정에서 열 명의 자녀 중 여덟 번째로 태어났고, 식구들은 그녀를 '실비'라는 애칭으로 불렀다. 아버지 윌리엄 씨는 푸줏간 주인이자 화부로 일했는데, 자식들을 다 먹여 살릴 정도로 돈은 충분히 벌었지만 언젠가부터 술을 마시기 시작했다. 실비에 따르면, 그는 주사가 심했다. 그는 리놀륨 바닥을 가로지르며 아직 아기였던 남동생을 축구공처럼 걷어찼다. 그럴 때마다 실비는 구석에서 몸을 웅크리고 있었다. 그녀는 어린아이만의 방식으로 그를 증오했다. 특히 그가 밤에 언니의 침실을 찾는다는 사실을 알고 나서는 더욱 증오했다.

어느 날 윌리엄은 아내와 크게 말다툼을 한 후 아내에게 정오까지 집에서 나가라고 선언했다. 열 아이가 엄마 주위로 모여들어 치맛자락을 붙잡고 울부짖었다. "안 돼요. 엄마, 가지 마세요." 그러나 그 무엇도 아버지의 마음을 누그러뜨릴 수 없었다. 실비는 형제자매들과 손을 붙잡고 어머니가 양손에 여행 가방을 하나씩 들고서 인도로 내려가 점점 작아지다가 마침내 시야에서 사라지는 모습을 판유리를 통해 지켜보았다.

아이들 중 몇몇은 곧 어머니와 함께 살게 되었고, 다른 아이들은 친척 집에 맡겨졌다. 실비와 제일 어린 두 사내아이는 아버지 집에 남았다. 고작 일곱 살이었던 실비는 엄마가 하던 일을 떠맡아 집 안을 청소하고 요리를 하고 동생들을 씻기고 입혔다. 유년 시절 내내 그녀는 아버지에게 단단히 반감을 품었다. 열네 살이 되었을 때 아버지가 그녀를 집에서 쫓아냈고, 몇 년 동안 그녀는 청소를 해 주면서 다른 가정에 얹혀살았다.

어른이 된 실바니아는 형제자매들과 다시 만났다. 실바니아처럼 그들도 일찍 학교를 중퇴하고 일을 하거나 군대에 들어갔다. 형제자매 중 여덟 명이 필라델피아 남서부에 정착했고, 67번가에서 몇 블록 이내에 모두 모여 살았다. 평생 처녀로 지낸 한 사람을 제외하면 모두 결혼해서 가정을 꾸렸고 과거를 극복하려고 노력했다. 그들의 아버지 윌리엄은 사라져 버렸다. 아무도 그가 어디 있는지 몰랐고 개의치도 않았다.

여러 해가 지난 후, 놀랍게도 아버지가 다시 나타났다. 그는 자신이 개과천선했다고 말했다. 술 취하고 배고팠던 그는 어느 날 밤에 구세군의 구제전도단으로 흘러들었다. 식권을 받으려면 예배에 참석해야 했다. 강사가 예수님을 구주로 영접하고 싶은 사람이 있느냐고 물었을 때, 윌리엄은 다른 사람들과 함께 앞으로 나가는 것이 예의 바른 일이라고 생각했다. 그런데 영접 기도가 실제로 효과를 발휘했다. 윌리엄 자신이 누구보다 놀랐다. 그의 내면에 있던 귀신들이 잠잠해졌고, 술기운이 달아났다. 평생 처음으로 자신이 사랑과 용납을 받는다는 느낌이 들었다. 적어도 하나님만은 그를 사랑하고 용납하셨다. 그는 깨끗해진 느낌을 받았고 새롭게 시작할 수 있다는 생각이 들었다.

그리고 이제, 그는 자녀들에게 차례로 말을 걸었다. 윌리엄이 그들을 찾은 것은 오로지 용서를 구하기 위해서였다. 지난 일은 변명의 여지가 없고 바로잡을 수도 없었다. 그러나 그는 아버지가 미안해한다는 것, 그들이 헤아릴 수 있는 이상으로 미안해한다는 것을 알리고 싶었다. 그는 멀지 않은 곳에 있는 얼음 창고에서 일자리를 구했고 새로운 삶을 꾸려 가고 있었다.

이제 중년이 되고 각자의 가정을 꾸린 자녀들은 그를 경계했다. 몇몇 형제들은 아버지가 언제라도 다시 술을 마시기 시작할 거라고 생각했다. 또 다른 형제들은 그가 돈을 요구할 거라고 예상했다. 그러나 그들이 생각한 것 중 어떤 일도 일어나지 않았다. 머지않아 아버지는 모든 자녀의 마음을 얻었다. 단 한 사람 실비만 빼고.

* * *

오래전에 실바니아 외할머니는 '그 사람'—그녀는 아버지를 그렇게 부른다—과 다시는 말하지 않겠다고 맹세했다. 아버지의 재등장에 그녀는 동요했다. 밤에 침대에 누워 있으면 그 사람이 술에 취해 분노를 쏟아내던 기억이 홍수처럼 밀려들었다. 그녀는 그를 용서한 형제자매들에게 분개했다. 그리고 나의 어머니를 포함한 자녀들에게 이렇게 말했다. "나는 못되게 살다가 마지막 순간에 용서받는 것을 믿지 않아. '미안하다'는 말만으로 그 모든 일을 없었던 일로 돌릴 수는 없는 거잖아. 나한테는 아버지가 없고, 너희한테는 외할아버지가 없다."

실바니아의 남편 앨버트는 아내보다 부드러운 사람이었다. 그는 몇 번이나 당시 어린 소녀였던 내 어머니에게 외할아버지의 상태를 확인하는 비밀 임무를 맡기고 얼음 창고로 보냈다. 윌리엄은 언제나 괜찮다고 우겼지만, 어머니는 외할아버지가 얼음을 자르다가 손가락 몇 개를 잃었다는 걸 알아보았다.

윌리엄은 술을 끊었지만 이미 간은 알코올로 회복 불가능할 정도로 손상된 이후였다. 그는 심각한 병이 들었고, 생애 마지막 5년 동안 맏딸과 함께 지냈다. 그들은 내 외할머니 집과 같은 블록 안, 여덟 개의 집이 떨어진 아래쪽에 살았다. 실바니아는 식료품 가게로 걸어갈 때나 시내로 가는 전차를 타러 갈 때마다 언니 집을 지나치면서도 맹세한 대로 한 번도 그 집에 들러 병든 아버지를 문안하지 않았다.

하지만 남편의 성화에 못 이겨 자녀들은 가끔 외할아버지를 방문하도록 허락해 주었다. 생애 말년에 윌리엄은 어린 소녀가 자신의 방으로 들어와 그에게 다가오는 것을 보았다. "오, 실비, 실비, 드디어 네가 왔구나." 그는 아이를 품에 안고 울었다. 방 안의 다른 사람들은 그 소녀가 실비가 아니라 실비의 딸이자 내 어머니인 밀드러드라는 사실을 차마 말하지 못했다. 그는 은총의 환각을 보고 있었다.

윌리엄이 죽었을 때, 나의 외할아버지는 아내 실바니아가 아버지의 장례식에 참석해야 한다고 주장했다. 어른이 된 그녀는 그때 비로소 관에 누운 아버지를 만났다.

강철처럼 단단한 실바니아는 결코 사과하지 않았고 그를 용서하지도 않았다. 어머니는 자신이 저지른 어떤 일에 대해 외할머니에게 눈물로 사과하러 갔던 기억을 떠올린다. 실바니아 할머니는 자식을 곤경에 빠뜨리는 대답을 내놓았다. "넌 미안할 리가 없어! 정말 미안하다면 애초에 그런 일을 하지 않았겠지."

여러 해가 지난 뒤 나는 내 어머니라는 여인을 이해해 보려고 시도하면서 이 장면을 다시 떠올리게 된다.

12 / 어머니

아이가 짊어져야 할 가장 큰 짐은
부모의 못다 산 인생이다.

—칼 융, 《연금술적 연구》

필라델피아로 가는 그 모든 여행의 과정에서 뭔가 변화가 일어난다. 처음으로 나는 어머니를 어머니로만이 아니라 고유한 한 인간으로—아이이자 딸이고 자매이자 십 대였던 밀드러드라는 소녀로—보기 시작한다.

어머니는 우리와 함께 동네를 산책하고 예전에 일했던 GE 공장을 지나고 벽돌로 된 위풍당당한 고등학교와 어린 시절에 다녔던, 클랩널clapboard로 마감된 교회를 지나면서 여러 이야기를 한다. 어머니의 남동생들인 지미 삼촌, 밥 삼촌과 함께 식탁에 둘러앉을 때는 더 많은 이야기가 나온다. 두 사람은 어머니가 "아, 그만해!"라고 말하게 만드는 자세한 이야기를 늘어놓기 좋아한다.

디엠 부부의 첫아이였던 밀드러드는 대공황 시기를 겪으며 자랐다. 그녀는 그 시절을 회상하면서 옷이 시원찮고, 음식이 부실하고, 어머니의 기분이 안 좋았던 일을 떠올린다. 실바니아 외할머니는 밀드러드 말고도 다섯 명의 아이를 더 낳았다. 아이 하나하나는 남편의 초라한 수입으로 먹여 살려야 할 입이었다. 비좁은 연립주택에서 아이들은 언제나 발에 치였다. 실바니아는 고무로 된 얼음주머니를 이마에 대고 소파에 눕곤 했다. 그녀는 이렇게 소리쳤다. "조용히 해! 머리가 깨질 듯이 아프다고!"

그녀는 몇 번이나 이렇게 불평했다. "내가 너희들을 왜 낳았을까? 너희가 내 인생을 망쳤어." 어느 저녁에는 그저 한 가지를 알리기 위해 매질을 했다. "내가 현장을 덮치지는 못했지만 너희가 뭔가를 잘못했다는 건 알아."

어머니의 어린 시절을 꼬치꼬치 물어봐도 행복한 기억은 들을 수 없다. "쉽지 않았다"가 어머니가 말하는 전부다. 어머니는 유난히 어수룩했던 게 분명하다. 어머니가 체취 제거제에 대해 처음 알게 된 것은 친구가 제거제 그림과 함께 "넌 이게 필요해!"라고 흘려 쓴 쪽지를 슬쩍 건넸을 때였다. 한번은 장난꾸러기 남동생들의 말에 넘어간 어머니가 양동이에 담긴 물에 손을 넣고 지하 조명 기구에 매달린 쇠사슬을 붙잡았다. 전기 충격이 생각했던 것보다 훨씬 강력했기에 두 남동생은 몸통을 부딪쳐 누나를 사슬에서 떼어 내야 했다.

제2차 세계대전은 어머니의 고등학교 시절을 규정했다. 어머니의 많은 동기들은 공부를 그만두고 입대한다. 그리고 그중 일부는 다시 돌아오지 못한다. 외할머니는 디엠가의 딸들이 고등학교 졸업 후에 직장을 구하고 집에서 살면서 주급을 넘길 것을 요구한다. 어머니가 대학에 진학하여 교사가 될 수 있게 해 달라고 간청하자, 외할머니는 윽박질러 더 이상 말을 못 꺼내게 한다. "그 생각은 다시는 입에 담지 마라. 네가 대학에 가면 다른 아이들도 다 가고 싶어 할 거야."

어머니는 아무도 모르게 스물한 살 생일이 지난 후 독립할 계획을 세웠다. 그녀는 필라델피아 시내에 머물 곳을 구했다. 교회에서 만난 한 가족과 함께 지내기로 한 터였다. 보호받으며 살아온 소심한 젊은 여성에게 이것은 대담한 조치였다. 여동생 중 하나가 언니가 여행 가방에 옷을 꾸리는 것을 눈치채고 부모에게 알렸다.

다음 날 아침, 내 어머니는 부모님의 침실로 가서 직장에 출근하는 것처럼 입맞춤을 했다. 딸이 머리에 쓴 모자를 본 순간, 뭔가 일이 일어나고 있다는 그들의 의심은 확신으로 바뀌었다. 외할머니는 침대에서 몸을 일으키고는 이렇게 말했다. "밀드러드, 그 문으로 걸어 나가면 돌아와도 절대 환영받지 못할 거다." 어머니는 아무 대꾸 없이 여행 가방을 챙겨 전차 정류장으로 향했다.

마침내 자유로워진 밀드러드는 새로운 일을 시작했고 한편으로 대학 수업에 등록했다. 얼마 지나지 않아 그녀와 함께 살던 가족이 주일 저녁 식사에 한 수병을 초대했다. 이후 그는 내 아버지가 된다. 두 사람은 연애편지와 주말 휴가로 이어지는 이야기책 같은 연애를 했다.

아버지가 해군에서 제대한 직후, 젊은 커플은 결혼했다. 담임 목사의 요구에 따라 결혼식 전에 따로 상담 시간을 가졌는데, 어머니는 그때 비로소 아기가 어떻게 만들어지는지 알게 되었다.

"목사님이 묘사한 내용이 얼마나 끔찍하던지 결혼 약속을 철회할 뻔했다." 어머니는 나중에 그렇게 털어놓았다.

어머니는 결혼 약속을 철회하지 않았고 이후 4년에 걸쳐 서쪽 인디애나와 애리조나로 이사했다가 남서쪽 애틀랜타로 가서 두 아들을 낳았다. 그녀는 아프리카 선교사로 섬기는 평생의 꿈이 이뤄지기를 간절히 고대했다. 그러나 아버지가 소아마비에 걸리고, 그를 철폐에서 빼내는 믿음의 행동이 실행되고, 그것을 뒷받침하는 기적이 결국 나타나지 않으면서 그 꿈은 산산조각 났다.

* * *

언젠가 필라델피아로 가는 길에 나는 어머니에게 엄한 외할머니로부터 좋은 특성을 배운 것이 있느냐고 묻는다. 어머니는 한동안 생각하다가 이렇게 대답한다. "책임감. 사람들이 자신에게 기대하는 일을 하는 거지." 성인이 된 밀드러드 실바니아 디엠은 어머니에게 배운 그 교훈을 실천에 옮긴다.

1950년 12월, 슬픔에 잠겨 미래를 생각할 수 없었던 어머니는 형과 나를 데리고 애틀랜타에서 새로운 삶을 시작했다. 그 첫걸음으로 운전을 배웠다. 그다음, 여기저기 가정집에서 성경을 가르치기 시작했다. 몇몇 교회와 개인들이 기부금을 보내왔고, 우리 적은 가족은 그 돈으로 근근이 살아갔다. 나는 종종 이런 말을 들었다. "네 어머니는 영적 거인이시다. 생각해 봐. 두 사내아이를 기르면서 그 모든 일을 감당하다니. 그녀는 하나님이 보내신 천사야."

우리가 학교생활에 잘 적응하자 어머니는 과거에 품었던 목표를 이루기로 결심했다. 대학 공부를 마치기로 한 것이다. 어머니는 신생 성경 대학에 등록했고, 이 대학에서는 어머니가 가르친 모든 수업을 학위에 필요한 학점으로 인정하기로 했다. 어머니는 열심히 공부했고 세 명에서 다섯 명의 소규모 수업을 가르칠 정도의 학식을 갖추었다. 그런 교육적 교환제도를 통해 어머니는 학사 학위를 땄고, 신학 석사 학위도 받았다. 그때를 돌아보며 어머니는 말한다. "학생으로 배운 것보다 가르치면서 배운 게 더 많아."

트레일러 주택을 구입한 후 어머니는 수입을 늘려 보려고 하루 두 번씩 밴을 몰아 어린이집으로 등하원하는 아이들을 실어 나르기로 했다. 저녁에는 설교를 출판하려는 콜롬비아 신학교 어느 교수의 원고를 타이핑했다.

애틀랜타의 엄격한 인종 분리 정책에도 불구하고, 어머니를 위한 새로운 기회가 곧 열린다. 어머니는 한 아프리카계 미국인 가정에 초대를 받아 성경을 가르치게 된다. 어머니의 가르침에 대한 소문이 퍼지자 곧 다른 흑인 동네에서도 요청이 들어와 여러 성경 수업을 진행하게 된다. 어느 아파트 단지에서는 어머니를 '미스 지저스'라고 부르기 시작한다. 어머니는 흑인 학생들의 사투리와 그들의 일부 관습을 놀리지만 초대를 거절하는 일은 잘 없다. 그래서 경찰복을 입지 않은 백인이 없는 지역으로 밤에 어머니 혼자 갈 때가 많다.

그렇게 해서 어머니는 흑인들의 많은 면모를 일반화하여 생각하게 된다. "모임이 언제나 정말 늦게 시작해. 알다시피 그 사람들은 시간관념이 전혀 없어. 내면에 있는 CPT(Colored Peoples'

Time, 유색인 타임)를 따르는 거지. 그게 그들의 방식이야."

어머니의 말은 이어진다. "그들은 옳고 그름에 대한 개념도 완전히 달라. 한 흑인 남자가 이렇게 말하더구나. '이해하셔야 해요. 여자가 바람을 피웠다는 걸 알게 되면, 우리는 여자를 패거나 상대 남자를 죽입니다. 어쩔 수가 없어요.' 알겠지, 그건 그들의 문화적 특성이야."

어머니는 비행기 타기를 거부하고("하나님이 우리가 날기를 원하셨다면 날개를 주셨을 거다"), 애틀랜타의 아프리카계 미국인 공동체를 제외하고 아프리카에 가까이 가지 않는다. 나는 어머니가 이 일에 대해 큰 실망감을 토로하는 것은 들어 보지 못한다. 어머니는 자신의 선교적 소망을 두 아들에게 넘겼고, 남편의 무덤에서 우리를 하나님께 바쳤으니까.

콜로니얼 힐스 교회 선교 콘퍼런스 기간에 한번은 어머니가 한 선교사 부부를 예배 후 집에 초대하여 그들의 아프리카 생활에 대해 듣는다. 나는 어머니를 기쁘게 하고 싶은 마음에 수의사 선교사로 아프리카에 가고자 한다고 말한다. "병든 사자와 코끼리를 치료하고 싶어요."

형은 일곱 살 때 하나님이 자기가 선교사가 되는 것을 원하신다고 선언했던 일을 두고두고 후회한다. 어머니는 형 앞에서 그 서원을 칼처럼 휘두른다. 형이 마음에 안 드는 일을 할 때면 어머니는 이렇게 말한다. "그런 태도로는 절대 선교사가 되지 못할 거다."

대부분의 아이들은 아빠나 엄마가 직장에서 하는 일을 잘 모른다. 형과 나는 다르다. 우리는 하나님의 일에서 벗어나는 시간이 전혀 없다. 우리는 어머니의 성경 클럽과 수업에 따라다니기에, 사람들은 우리의 믿음이 어머니처럼 굳건하리라고 기대한다.

남부에서는 거의 모든 사람이 종교적이지만 어머니의 기준은 훨씬 엄격하다. 어머니는 200개의 회심 결단 중에서 진짜로 드러나는 것은 하나뿐이라고 말한다. 어머니는 우리는 다르다고, 다른 사람들에게서 볼 수 없는 방식으로 하나님께 전적으로 헌신한다고 믿는다. 다른 사람들은 세상의 것들을 피해야 한다고 말만 하지만, 우리는 실제로 피한다. 그들이 재림에 관한 찬양을 부르는 정도라면, 우리는 매일매일 예수님의 재림을 기대한다.

어머니는 교파에 관해서도 확고한 의견을 갖고 있다. 가톨릭 신자들이 과연 그리스도인인지 미심쩍게 여긴다. 장로교인들과 "저 술공회 신자들"*은 한계를 넘어섰다. 감리교도들은 신앙의 불을 잃었고 감리교회들은 "예배하는 집이라기보다는 미지근한 사교 클럽에 가깝다." 남침례교 신자들조차도 의심스럽다. 교회 정문 계단에 서 있는 집사들이 담배를 피우는 모습을 볼 수 있기 때문이다. 게다가 일부 침례교 오르간 연주자들은 목회 기도 도중에 부드럽게 연주하는데, 이것은 그들이 기도 중에 눈을 뜨고 있다는 의미다.

• Whiskeypalians, whiskey+episcopalian, 성공회 신자들이 술을 잘 마신다는 데서 비롯된 표현.

우리 집은 기독교 용품 가게와 비슷하다. 모든 명판과 벽걸이 달력에 성경 구절이 실려 있고, 잡지꽂이에는 〈예언의 목소리〉 같은 잡지들이 가득하다. 선교사들의 기도 카드가 냉장고 전면을 가득 채운다. 매일 아침 식사 시간에는 작은 빵 덩이 모양의 플라스틱 생명의 빵 용기에서 그날의 암송 구절을 꺼낸다. 한쪽 벽에 걸려 있는 우리 집의 유일한 예술 작품은 워너 솔맨의 유명한 〈예수의 얼굴〉 복제품이다. 에어브러시로 그린 예수님의 모습은 좀 슬퍼 보이고 도움을 구하듯이 위쪽을 바라본다.

우리는 종교 라디오 방송을 끊임없이 들으면서 자란다. 어머니는 누군가가 하나님 이야기를 하는 소리가 배경으로 깔리면 기분이 좋아지는 것 같다. 형과 나는 거칠게 숨을 쉬는 성난 남부 설교자들과 소프라노 음성으로 재잘대는 그들의 아내들을 자꾸만 흉내 낸다. 칼 매킨타이어가 불경한 공산주의에 반대하며 쏟아내는 장광설에 신경을 곤두세운다. 매주 일요일 아침에 달걀 프라이를 앞에 두고 식탁에 앉으면 M. R. 디한 박사의 〈라디오 성경 수업〉이 어김없이 흘러나온다. 그의 설교에 귀를 기울이진 않지만, 이후 수년 동안 그의 걸걸한 목소리를 들을 때마다 나는 달걀 프라이 냄새를 맡는다.

아주 어렸을 때 우리는 준비된 식사 기도를 한다. "하나님은 크십니다. 하나님은 선하십니다. 우리에게 먹을 것을 주신 하나님께 감사합시다." 그러나 일정 나이가 지나면 자신의 기도를 내놓아야 한다. 나는 반려동물들과 동네 아이들을 위해 기도한다. 눈을 가늘게 뜨고 식탁을 훔쳐보며 고기와 감자를 주신 것과 토마토를 제외한 야채 하나하나에 감사한다. 내가 어디선가 들은 운이 맞는 문구로 다음과 같이 기도를 마무리하자 형은 폭소를 터뜨린다. "아멘, 벤 형제, 수탉을 쏘았고 암탉hen을 죽였네. 암탉이 죽었고 벤이 울다가 자살했네." 어머니는 그것이 재미있다고 생각하지 않는다.

우리는 영적 대화에 푹 잠겨 산다. 그래서 한번은 전화벨이 울리자 형이 전화를 받으면서 "여보세요"가 아니라 "하늘에 계신 우리 아버지"라고 말한다.

학교에 있으면 형과 내가 다른 아이들과 얼마나 다른지 알게 된다. 우리는 욕을 안 하고 극장에 안 가고 지난 50년 사이에 작곡된 노래는 전혀 모르고 텔레비전도 없다. 남는 시간의 상당 부분을 교회 활동을 하며 보낸다. 일요일에는 수영도, 낚시도, 공놀이도 금지다.

나는 우리가 따라야 하는 대부분의 규칙에 개의치 않는다. 실은 내가 구별되었고, 바쳐졌고, 심지어 도덕적으로 우월하다고 느낀다. 결국 우리는 대부분의 친구들과 달리 진리를 소유한 자들이 아닌가. 나는 교회에서 뛰어난 모습을 보이고, 얼마 후 어머니의 친구들이 내게 전화를 해서 잃어버린 지갑이나 시계를 찾게 해 달라고 기도 부탁을 한다. "저 아이의 기도는 응답을 받아." 그들은 그렇게 말하고, 나는 거룩한 자부심으로 마음이 부풀어 오른다.

어머니는 형과 내가 선교사가 될 거라고 모두에게 알린다. 7학년이 된 나는 용기를 내어 어머니에게 말한다. 선교사가 되기 전에 몇 년간 마이너리그 야구선수로 활동하고 싶다고. 어머니는 콧방귀로 반대의 뜻을 나타낸다.

* * *

오랫동안 우리 집안사람들의 생활은 잔잔하다. 지진을 앞둔 고요처럼. 그러다 형이 고등학교에 들어가면서 경고성 진동이 시작된다.

갑자기 어머니는 우리가 하는 모든 일에 격분하는 것 같다. 나는 숲에서 길을 잃고 저녁 식사 시간에 조금 늦는다. 형은 주말에 연주하는 밴드 콘서트에 대해 어머니에게 말하는 것을 잊어버린다. 분위기는 살얼음판이 되고 어머니는 우리가 용서받을 수 없는 죄라도 저지른 것처럼 행동한다. "너희들도 너희 같은 아이 열 명만 길렀으면 좋겠구나!" 어머니는 그렇게 소리친다. 우리가 전에도 들은 말이다. 어머니가 외할머니에게 그 말을 배운 것이 아닌가 싶다.

어릴 때 그토록 많은 매질을 당한 어머니가 쉽사리 체벌을 한다. 맏이인 형은 어머니의 분노를 고스란히 덮어쓴다. "교회의 본즈 씨에게 말해서 골프채로 혼쭐을 내라고 할 테다. 그분은 두들겨 패서라도 너를 정신 차리게 해 줄 거야!" 어머니는 심지어 이런 말도 한다. "구약성경에서 사람들이 불순종하는 아이들을 어떻게 했는지 아니? 신명기를 읽어 봐라. 돌로 쳐 죽였어!"

형은 어머니의 노여움에 불을 지를 만한 연료를 잔뜩 제공한다. 학교에서 형은 "재능에 부응하지 않는다"는 평판을 얻었다. 지능지수가 151로 나왔지만, 형은 숙제를 끝내는 일이 거의 없고 시험을 앞두고도 공부하려 들지 않는다. 음악 교사들은 형이 신동이라고 말하지만, 형은 내킬 때만 악기 연습을 하는데, 그런 맘이 들 때가 드물다.

어느 날 방과 후에 집에 들어서는 데 어머니가 다림질을 하는 모습이 보인다. 나의 경계심이 높아진다. 다림질된 면이 내뿜는 뜨거운 냄새가 트레일러 전체에 두루 퍼진다. 어머니는 부드럽게 주름을 펴는 것이 아니라 다리미를 망치처럼 내리꽂는다. 어머니의 얼굴이 뒤틀려 있다. 내 오감이 경계에 돌입한다. '내가 뭘 잘못했지? 아니면 또 형인가?' 나는 살금살금 어머니를 지나 내 침실로 들어간다. 어머니는 나를 보지만 아무 말이 없다. 나도 아무 말도 하지 않는다.

침묵이 집 안을 가득 채운다. 그날 저녁 우리 세 사람은 아무 말도 하지 않는다. 저녁 식사 시간에 나는 이런저런 소리에 귀를 기울인다. 스테인리스스틸이 멜멕 접시에 부딪히는 소리, 유리잔이 쨍그랑대는 소리, 오물오물 씹고 삼키는 소리, 시계가 재깍대는 소리. 어머니는 우리 얼굴에서 마음에 들지 않는 뭔가를 읽어낼 수 있는 것처럼 우리를 매섭게 노려본다. 형과 나는 뭔가를 함께 공모하는 사람들처럼 눈을 맞춘다.

이런 상황은 일종의 게임이 된다. 어머니의 기분이 안 좋은 때가 찾아오면, 우리는 말을 하지 않는다. 이런 상태로 얼마나 갈 수 있을까?

침묵이 일주일 정도 이어지면서 우리는 폭발이 찾아올 것임을 줄곧 인식한다. 폭발이 일어나면 어머니의 말이 트레일러 벽에 메아리친다. 목소리는 낮게 시작되다가 마침내 바이올린 현처럼 팽팽한 고음이 된다. 어머니가 형에게 말한다. "네가 똑똑한 줄 알지? 내 말 좀 들어 보시지, 미스터. 넌 아주 잘못 생각하고 있는 거야. 넌 게을러. 아무 짝에도 쓸모가 없지. 넌 너만 생각해. 게으름뱅이이고. 네 옷장 좀 봐라. 내가 네 노예 같으니? 내가 어떻게 할지 말해 주마. 그냥 해 보는 소리가 아니야. 네 옷을 전부 꺼내서 진흙 웅덩이에다 던져 버릴 거야. 그러면 너는 게으름뱅이와 사는 게 어떤 건지 알게 되겠지."

형은 변명을 한다. "그래요, 하지만 이번 주말에 방 청소 할 거라고 말했잖아요. 저도 이제 고등학생이에요. 고등학생은 바쁘다고요."

불길에 기름만 끼얹은 꼴이다. "건방지게 말대꾸하지 마! 그 비웃음이 안 보일 것 같으냐? 그리고 내 말에 '그래요'라고 하지 마. '예, 어머니'라고 하는 거야. 내 말 듣고 있니? 너한테 요구하는 단 한 가지가 존경심을 보이라는 거야. 내가 널 가르칠 수 없다면 그럴 수 있는 사람을 이리로 데려올 거야."

나는 눈에 띄지 않으려고 애쓰면서 앉은 자리에서 미끄러져 내려간다. 숙제를 앞에 펼쳐 놓은 채 식탁 가장자리를 세게 쥔다. 힘을 너무 주어서 손가락의 맥박이 느껴질 정도다.

싸움은 이어지고 마침내 나는 트레일러 뒤쪽에 있는 침실로 물러난다. 그날 밤 침대에 누워 있는데 잠이 오지 않는다. 복도 저쪽 어머니 침실에서 들려오는 것은 흐느낌인가?

형은 절대 피하지 않는다. 형은 언제나 어머니에게 덤비고 언제나 진다. 어머니의 고함이 따지는 형의 목소리를 삼켜 버린다. 두 사람이 매주 충돌하는 모습을 지켜보면서 나는 다른 전술로 어머니를 상대하기로 마음을 먹는다. 어차피 어머니는 내가 음험한 놈이라고 생각하니까 음험한 놈이 되기로 한다. 거북이처럼 껍질 속에 들어가 감정을 숨기고 모든 갈등을 피하기로 한다.

아무것도 보지도 듣지도 않을 것이다. 투명해질 것이다.

형과 나는 공동의 적을 상대한다. 밤중에 우리의 2단 침대에서 어머니에 관해 말한다. 과거에 우리는 모두가 상기시키는 대로, 우리를 기르기 위해 인생을 희생한 여인에게 감히 의문을 품지 못했다. 많은 폭발이 지나가고, 저녁 식탁에서의 침묵의 나날들이 지난 후, 의심이 슬그머니 찾아온다. 우리 어머니는 다른 모두가 보는 대로 천사 같은 사람이기도 하고 우리와 함께 사는 변덕스러운 사람이기도 하다. 우리는 어머니의 이 두 모습을 조화시킬 수가 없다.

누구도 우리 어머니가 '영적이지 않은' 행동을 한다고 비난하지 못했다. 우리 교회의 일부 여자들과 달리, 어머니는 바지를 입은 적이 없고 매니큐어를 바르거나 화장을 하지도 않는다. 심지어 립스틱도 바르지 않는다. 매일 아침 오래도록 가지는 개인 경건의 시간을 빠뜨리는 법이 없고, 성경을 가르치는 일로 생계를 꾸린다. 두 사춘기 아이들이 그런 권위자에게 맞서 보았자 무슨 승산이 있겠는가?

어머니는 지난 12년 동안 한 번도 죄를 짓지 않았다고 주장한다. 내가 살아온 나날보다 더 긴 세월이다. 어머니는 그리스도인이 더 높은 영적 상태, 도덕적 완전함의 상태에 도달할 수 있다고 말하는 성결 전통의 한 분파를 따른다. 어머니의 필라델피아 교회 목사는 장갑을 예로 들어서 그 주장을 설명한다. "성령께서 이 장갑 안의 제 손가락처럼 여러분 안에 사십니다. 이제 여러분이 사는 것이 아니라 하나님의 영이 여러분 안에 사시는 것입니다." 어머니의 책장에는 '승리하는 그리스도인의 삶'이라는 이

상태를 묘사하는 책들이 잔뜩 꽂혀 있다.

무죄의 상태는 어머니가 아들들인 우리와 벌이는 모든 언쟁에서의 승리를 보장한다. 적어도 본인은 그렇게 생각한다. 그렇다 보니 본인의 어머니가 그랬던 것처럼, 사과할 필요를 전혀 느끼지 못한다. 그런 일은 절대 없다.

어느 날 밤, 우리가 각자의 침대에 누워 있을 때, 형이 등골이 오싹해지는 사실을 밝힌다. "나는 어머니를 증오해. 언제나 증오했어. 내가 지금 네 나이였던 열 살 때부터 어머니가 죽기를 바랐어. 어머니 몸의 같은 부위를 백만 번쯤 건드리면 상처가 생기고 덧나서 죽을 거라는 바보 같은 생각을 했어. 어머니 옆을 지나갈 때마다 시도했지."

"그래서 어떻게 됐는데?" 내가 묻는다.

"어머니는 그냥 이렇게 말했어. '그만 들이받아라!' 그게 그렇게 된 거야."

* * *

우리의 3인 가족은 더 이상 작동하지 않는다. 우리 가족 안에서 일어나는 변화를 말로 표현할 길은 없지만 내 안에서 뭔가가 찢어지고 있다. 교회의 아는 사람 누군가에게 달려가서 이렇게 말하고 싶다. "제발, 제발 우리를 도와주시겠어요? 우리 집에서 무슨 일이 벌어지는지 누군가는 알아야 해요." 그러다 어머니의 평판을 떠올리고 누구도 내 말을 믿지 않을 것임을 깨닫는다. 어머니는 성녀聖女, 애틀랜타에서 가장 거룩한 여인이다.

교회에서 어머니는 기쁨이 넘치는 미소를 짓고 얼굴에서는 빛이 난다. 모든 예배에 참석하고 설교를 필기하고 남성 중심 권위 체계에 온유하게 따른다. 형이 피아노나 트럼펫을 잘 연주한다고 사람들이 칭찬하면 어머니는 부모의 자부심을 담아 고개를 끄덕인다. 하지만 음악 연주를 마친 후에 어머니가 형을 칭찬하거나, 좋은 성적표를 받아 왔다고 나를 칭찬하는 일은 없다. 어머니는 "너희가 교만해지는 것을 원하지 않는다"고 말한다.

어머니가 염려되기 시작한다. 느닷없이 "너무 버거워" 같은 말을 해서 뭐가 잘못된 것인지 추측하게 만든다. 어느 날은 "더 이상은 못 참아!"라고 말한다. "계속 살아갈 만한 가치가 있는지 모르겠어." 나는 어머니를 빤히 쳐다보면서 이러다 정신이 이상해지는 건 아닐까 생각한다. 내가 친구를 만나러 갈 계획을 세우면 어머니는 이렇게 말한다. "굳이 가겠다면 가야지. 하지만 네가 갔다가 돌아오면 나는 여기 없을지도 몰라. 나는 주님 곁에 있을지도 모른다." 그럼 내가 어떻게 해야 할까?

어머니에게 내가 모르는 걱정거리가 있음을 감지한다. 내가 상점에서 좋아하는 뭔가를 쳐다보고 있으면 어머니가 아주 큰 소리로 말한다. "돈이 그냥 저절로 생기는 게 아니라고, 알겠어?" 나는 수리공, 배관공, 차량 정비공, 자동차 영업사원들이 어머니에게 바가지를 씌운다는 것을 알 수 있지만, 그 문제를 꺼내려고 하면 어머니는 크게 화를 낸다. "정말이야, 아들. 그 사람이 저 전륜구동 차들은 엉터리라고 했어. 그리고 그는 바보 얼간이가 아니야. 넌 네가 그 사람보다 많이 안다고 생각하는 거니?" 나는 어머니에게 도전해선 안 된다는 것을 배운다.

때는 1960년대, 어머니에게는 세상이 산산조각 나면서 도처에 위험이 퍼지고 있는 것처럼 보였을 것이다. 어머니는 도발적 제목이 달린 소책자들을 집 안 곳곳에 둔다. 〈사탄의 음악이 폭로되다〉, 〈히피 평화의 상징과 적그리스도의 십자가〉, 〈몸에 딱 붙는 치마와 히피 헤어〉, 어머니에게는 반대할 것이 너무 많다. 히피들. 적그리스도. 공산주의. 일루미나티. 지성주의. 오컬트. 우둔한 두 아들.

어머니를 괴롭히는 것들은 몸에도 영향을 미친다. 어느 날 밤 형과 싸운 후, 어머니는 심장에 혈전이 지나갔다고 주장한다. 몇 주 후에는 왼쪽 팔을 움직이는 데 어려움을 겪는다. 어머니가 말한다. "근육이 파열된 것 같구나."

먹는 것이 고역이 된다. 어머니는 이렇게 설명한다. "애리조나에 있을 때 걸렸던 사막열 후유증이야. 그게 간을 공격하지. 마카로니와 치즈와 간식, 특히 초콜릿을 많이 먹어야 하는데 식욕이 생기지 않아. 배 속이 더부룩해." 나는 먹고 싶은 게 있느냐고 묻는다. 잘못된 질문이다. "먹어? 어떻게 말이냐? 난 아프다니까! 음식 생각만 해도 토할 것 같아."

무릎에 문제가 생긴다. 어머니는 한쪽 다리가 다른 쪽보다 1인치 짧다고 확신하고 제화공에게 왼쪽 신발의 굽을 그만큼 높게 만들게 한다. 그러자 어머니는 서 있을 때는 몸이 한쪽으로 기울어지고 걸을 때는 걸음이 부자연스럽고 등이 비뚤어진다. 한 정형외과 의사가 척추뼈 하나를 제거하고 추간판(척추사이원반) 하나를 치료하자는 어머니의 의견에 동의한다.

또 다른 의사는 어깨 통증을 호소하는 어머니에게 코티손(부신피질 호르몬제) 주사를 놓아 준다. 하지만 어머니는 의사가 엑스레이로 어깨를 촬영하는 것은 거부한다. "폐소공포증이 있거든요. 기계 안에 들어가면 숨을 쉴 수가 없어요!"

어머니가 트레일러 주택에서 쓰러진 후, 팔이 부러졌다고 생각하고 형은 어머니와 함께 병원에 간다. 의사는 형을 복도로 불러 이렇게 말한다. "어머니 몸에서 잘못된 부분을 찾을 수가 없어요. 하지만 내가 뭐라도 하지 않으면 여길 떠나지 않겠다고 하시니까 팔에 깁스를 하겠습니다. 걱정하지 마세요. 어머니는 괜찮으세요."

어머니는 몸에 뭔가 문제가 생겨야 만족하는 것처럼 보인다. 어머니에게 '만족한다'는 것은 비참해진다는 뜻이다. 어떤 날에는 어머니가 이마에 수건을 얹고 침대에 누워 있다. "내 신경이 완전히 망가졌다. 아무것도 먹을 수가 없어. 궤양이 문제를 일으키나 보다. 어딘가로 벗어나야 하는데, 갈 데가 없어. 날 내버려둬라, 애야. 머리가 아파!" 얼음주머니를 이마에 얹고 소파에 누워 있었다는, 어머니가 들려준 외할머니 이야기가 갑자기 떠오른다.

그런 날이면 나는 어머니 침실 주위에선 까치발로 움직이고 저녁 식사로 피시스틱이나 팟파이*를 데워 먹는다. 등, 발, 부비강, 목, 편두통, 현기증, 위, 관절. 어머니의 증상은 형이 화나게 만들 때나, 휴일 직전, 내가 수학여행을 갈 때처럼 결정적인 순간에 심해지는 것 같다. 나로서는 어떤 통증이 진짜이고 어떤 것이

---

* 고기가 든 파이.

상상인지 알 도리가 없고, 내 어머니인 병든 여인을 어떻게 도와야 할지 전혀 알 수가 없다.

어머니는 자녀가 아플 때 낫게 해 주는 존재이지, 그 반대는 아닐 것이다. 나는 생각한다. '어머니의 정신에 문제가 생기는 건가, 아니면 여자들은 그냥 저런 건가?' 어머니에게는 딸들이 있어야 했다. 딸이라면 어떻게 해야 할지 알 텐데.

나는 집에서 보내는 시간을 줄이려고 방과 후 활동을 신청한다. 그래도 차로 나를 데리러 오는 일은 어머니에게 맡겨야 한다. 가끔 어머니를 기다리며 학교 밖에서 30분이나 한 시간을 서 있다. 어둠이 내리면 지나가는 전조등 불빛만 보인다. 어쩌면 사고가 났는지도 몰라. 어쩌면 어머니가 가끔 위협하는 말대로 일부러 도로 밖으로 차를 몰아 모든 것을 끝냈는지도 몰라. 곧 죄책감이 밀려든다. 어떻게 그런 생각을 할 수가 있지?

뇌가 정신없이 돌아간다. 고아가 되면 내 인생은 어떻게 될까? 조지아주에서 나를 일시적으로 맡아 줄 새어머니를 지정할까? '차가 열다섯 대 지나갈 때까지 안 오면, 어머니는 안 오는 거야.' 나는 술래잡기를 하는 아이처럼 천천히 열다섯을 센다. 그래도 어머니의 차가 나타나지 않으면 또 다른 목표를 세운다. 학교 진입로 끝까지 걸어갔다가 돌아온다. 다시 갔다가 돌아온다. 지나가는 전조등 불빛을 다시 헤아린다.

어머니는 언제나 나타난다. 나는 얼마나 오래 기다렸는지 모른다고 말할 정도로 어리석지는 않다.

이런 상황에서도 어머니는 매달 후원자들에게 영적이고 긍정적인 언어로 편지를 쓴다. 나는 집 안에서 아무렇게나 놓여 있는 편지 한 통을 발견한다. 내용은 다음과 같다.

최근 저의 인생을 좀 돌아보고 있습니다. 주님이 제 인생에서 어떻게 일하셨는지 생각하면 참으로 놀랄 뿐입니다. 주님을 섬길 때, 인생은 결코 지루하지 않고 다음번에 무슨 일이 있을지 알 수 없습니다만, 뒤를 돌이켜 보면 매 걸음 그분이 이끄셨음을 알게 됩니다. 주님은 우리를 '한발 한발' 이끌고 인도하시기로 약속하셨고, 신실하게 그 약속을 지키셨습니다.

어머니는 그리스도 안에서의 승리, 주님의 기쁨, 어떤 상태에서든 자족하는 삶에 관한 성경 구절들을 인용한다. 모든 어둠, 모든 분노는 아들들인 우리의 몫으로 남겨 둔다.

* * *

어느 여름날, 트레일러 주택의 열기에서 벗어나지 않고는 견딜 수가 없어진다. 그 안에선 누구도 말하지 않는다.

나는 몇 블록을 걸어 공공 수영장으로 간다. 로커룸에서 수영복으로 갈아입고 옷을 녹슨 금속함에 넣고 번호표는 수영복에 핀으로 고정한다. 염소 냄새가 나는 물로 뛰어들어 수면 아래로 몸을 숙이고 물속에서 억지로 눈을 뜬다. 화끈거림에 익숙해질 때쯤 시야가 또렷해진다.

입을 벌리자 거품이 수면으로 떠오른다. 숨을 내쉬자 내 몸이 수영장 바닥으로 서서히 내려간다. 거기서 나는 발길질을 하는 주위 사람들의 머리 없는 몸을 바라본다. 물 바깥의 외침과 웃음

소리가 이상하게 뭉개져서 들려온다. 군중 한가운데 그들을 지켜보는 나는 혼자다. 그 차분한 느낌, 안전한 느낌이 나를 관통하도록 내버려 둔다. 숨이 차서 다시 수면으로 올라가야 할 때까지.

빛이 드리운 자리

열정

부인할 자기라는 것이 존재하지 않는 판국에
자기를 부인하라고 요구하는 것은 아무리 의도가 좋다고 해도
끔찍할 정도로 잔인한 일이다.

─제임스 파울러, 《신앙의 발달단계》

7학년을 마친 해 여름, 어머니는 켄터키의 한 기독교 캠프에서 성경을 가르치는 일을 또 하나 맡는다. 우리는 여행 가방 하나에 다 옷가지를 던져 넣고 애틀랜타를 떠나 애팔래치아 골짜기에 자리 잡은 투박한 지역으로 달려간다.

이후 6주 동안 형과 나는 캔버스 천과 테레빈유 냄새가 풍기는 금방 무너질 것 같은 오두막에서 수십 명의 남자아이들과 함께 지낸다. 첫날 오후에 맨발의 나는 마루판에서 삐져나온 가시와 못대가리를 피하는 법을 어렵사리 배운다. 밤에는 침상에서 몸을 돌리다가 "악!" 하고 비명을 질러 오두막에 있는 사람을 다 깨운다. 벽에서 튀어나온 못에 코가 걸려 한쪽 콧구멍이 찢어지고 엄청난 코피가 난다.

사내아이들의 야외 화장실은 변기 커버 없이 벤치에 여섯 개의 구멍만 뚫어 놓은 형태이고 가시에 찔릴 위험이 있다. 나는 바깥 공기를 깊이 들이마신 후에 화장실 안에 들어가서는 숨을 참으려고 노력한다. 해가 진 뒤에 변이 마려우면 뱀이나 전갈을 밟는 일이 없기를 바라면서 풀밭을 가로질러 뛰어가 새로 거미줄이 쳐진 구멍에 앉는다. 나와 같은 오두막의 캠프 참가자가 실수로 구멍 안에 손전등을 떨어뜨렸다. 손전등의 배터리가 다 닳을 때까지 야외 화장실 틈으로 창백한 노란빛이 새어 나온다. 누구도 그것을 되찾아 오겠다고 나서지 않는다.

다른 캠프 참가자들에게 나는 전형적인 도시 아이로 보이는 모양이다. 팔다리가 길고 거친 이 아이들은 손가락이 없거나 철조망에 찢긴 흉터가 있거나 이가 있어야 할 자리가 뭉텅이로 비어 있다. 이들은 내게 마천루, 텔레비전, 고속도로, 여객열차에 관해 묻는다. 이들이 아는 유일한 열차는 언덕에서 노천 채굴한 석탄을 나르는 열차다. 한 아이가 이렇게 묻는다. "아는 흑인이 있어? 나는 아직 한 명도 본 적이 없어."

캠프 리더들은 군 복무 경험이 있는 게 분명하다. 그들은 캠프를 신병 훈련소처럼 운영한다. 아침 여섯 시—으윽—에 잡음이 섞인 확성기가 켜지고 찬송가 〈거룩한 천사의 음성〉의 곡조가 언덕에 울려 퍼진다. 30분 후에 우리 캠프 참가자들은 오두막 안에서 차렷 자세로 선 채 이나 빈대가 없는지 검사를 받고 모포를 잘 갰는지 점검을 받는다. 그다음 30분에 걸쳐 성경을 읽고 기도하는 경건의 시간을 갖고, 그 일을 마치면 15분의 체조 시간이 이어진다. 그리고 나서야 우리는 줄지어 행진하여 아침 식사를 하고 그날 일정의 실내 수공예 활동과 실외 놀이를 한다. 그런 활동들 사이사이에 진행되는 성경 수업과 선교사 이야기 시간은 어머니의 몫이다.

금요일 저녁에는 소고기 구이로 저녁 식사를 마치고 불가에 모여서 곧게 편 옷걸이에 마시멜로를 꿰어 굽는다. 도시의 불빛에 흐려지지 않은 별들이 저 위의 코발트블루 빛깔 하늘에 밝은 구멍들을 만들고 있다. 캠프 인도자는 찬송가 몇 곡을 함께 부르게 한 후 시편의 몇 대목을 읽어 준다. 산과 시내와 동물들에 관해 말하는 시들이다. 나는 저 멀리서 우리를 지켜보고 있을지도 모르는 동물들을 떠올린다.

한 지도교사가 묻는다. "이번 주에 하나님이 자기 마음속에서 하신 일을 나누고 싶은 사람이 있을까?" 우리는 흙에다 발을 문지른다. 켄터키 아이들은 사람들 앞에서 말해 본 경험이 없는 터라 반응이 느리고 말이 짧다.

"가족들에게 돌아가면 주님을 위해 살려고 진짜로 노력해야 할 거예요. 여기서 모두와 함께 있을 때는 그렇게 어렵지 않은데."

"나에겐 변해야 할 몇 가지가 있어요. 우선 욕을 너무 많이 하고 줄담배를 피워요. 하나님의 도움이 없으면 결국 아빠처럼 되고 말 거예요."

"나쁜 무리와 어울려 다녔어요. 새로운 친구들을 찾아야 해요."

고백을 한 참가자는 막대기를 불에 던져 넣는다. 예수님을 위해 불타오르기를 간절히 바란다는 표시다.

* * *

2주 차에 접어들자 판에 박힌 일정이 완전히 지루해진다. 형과 나는 새로운 캠프 참가자들과 함께 똑같은 성경 이야기를 듣고 똑같은 놀이를 한다. 이전 캠프와 다음 캠프 사이, 주말에만 쉴 수 있다. 그때 우리는 플랫록과 드리핑 스프링스 같은 이름의 도시들을 지나 몇몇 캠프 참가자들의 집을 찾아간다. 그 집들은 대부분 우리 트레일러 주택처럼 콘크리트블록 위에 세워져 있고 판지 조각들이 외벽에 압정으로 고정되어 있다.

이런 여행 중에 나는 샘에서 물을 퍼 올리는 법을 배운다. 펌프 손잡이를 잡고 펌프질을 하다 보면 쿨럭 하는 소리와 함께 맑고 차가운 물이 입구에서 솟구친다. 우유 짜는 일도 시도해 보지만 아무리 세게 잡아당겨도 나오는 게 없다. 젖소는 발을 구르고 내 시골 코치는 이렇게 말한다. "소에게 머리통을 차이기 전에 손을 놓는 게 낫겠다." 자리를 넘겨받은 그의 손이 젖소의 젖꼭지를 이쪽저쪽 부드럽게 오가자 따스한 우유가 주르륵 떨어지며 '탱' 하고 양동이를 때린다. 나는 따스한 우유 냄새와 퀴퀴한 마른 거름, 젖소의 풀 내 나는 입김을 들이마신다.

무지하다고 판단했던 사람들에게 새로운 존경심을 갖게 된다. 암탉 아래 손을 넣고 암탉이 부리로 쫄 사이도 없이 재빨리 달걀을 집어내는 기술을 배운다. 농장 여인이 닭의 목을 꺾는 것을 지켜본다. 닭의 [목을 잡고] 통통한 몸을 올가미처럼 빙빙 돌리다가 갑자기 손목을 비틀면 목이 툭 부러진다. 여인이 도끼를 휘두른다. 머리 없는 닭이 하얀 닭털 위로 피를 뿜으면서 아무 일도 없었다는 듯 날개를 퍼덕이며 마당을 뛰어다닌다. 나는 그 광경을 놀라서 지켜본다.

켄터키는 나를 자연 가까이로 데려간다. 나를 포함한 캠프 참가자 둘이 탄 보트로 물뱀의 머리가 다가온다. 나의 동행이 잽싸게 혀를 날름거리고 흐린 눈을 한 뱀이 있는 쪽 수면을 노로 차분하게 철썩 때리자 뱀이 방향을 바꾼다. 밤에는 침대에 누워 음을 맞추는 오케스트라처럼 여러 다른 음을 내는 개구리들의 합창에 귀를 기울인다. 쏙독새의 부드러운 지저귐을 듣다 잠이 들고, 아기 울음소리 같은 붉은스라소니 울음에 화들짝 잠이 깬다.

그러던 어느 날, 한 가지 모험이 내 안의 끔찍한 면모를 폭로한다. 나는 같은 오두막에서 지내는 장난꾸러기 친구와 함께 숲을 누비다가 상자거북이 흙을 헤치고 느릿느릿 가는 모습을 본다. 노란 줄무늬가 있는 작은 다리로 커다란 반구형 등딱지를 밀고 가는 모습이 마치 만화 같다. 덤불 쪽으로 천천히 이동하는 이 파충류의 움직임에 맞추어 앵무새 같은 부리가 달린 놈의 머리가 까딱까딱 움직인다. 몸을 구부려 놈을 잡으니 갑자기 머리, 다리, 꼬리가 쑥 들어가 버린다. 놈의 여기저기를 찔러 반응을 유도해 보지만, 상자거북은 그렇게 어리석지 않다.

우리는 거북 한 마리를 더 찾고, 또 한 마리를 찾는다. 그리고 녀석들의 둥지를 우연히 발견한다. 몇 분 만에 열일곱 마리의 상자거북을 잡는다. 우리는 놈들을 한 줄로 죽 늘어세운다. 하나같이 등껍질 안에 숨어서 움직이지 않는다.

무슨 이유에선지 같이 있던 아이가 커다란 돌덩이를 맨 끝의 거북 위에 떨어뜨린다. 빠각 소리가 크게 나면서 등껍질이 깨어지고 붉은 피와 번들거리는 액체가 솟구친다. 나는 주저하면서 그 돌덩이를 들어 다른 거북이에게 똑같이 한다.

뭔가가 우리를 사로잡는다. 서로 한마디도 하지 않은 채, 우리는 무거운 돌덩이를 열일곱 마리 거북 위에 차례로 떨어뜨리고 등껍질이 깨져 속이 터질 때마다 웃음을 터뜨린다. 그 요란한 소리에 겁을 집어먹은 탓인지 한 마리도 도망가려 들지 않는다. 거북이들은 소리 없이 죽는다.

우리는 침묵을 지키며 오두막으로 걸어 돌아간다. 그해 여름 내내 나만이 맡을 수 있는 수치심의 악취가 내 주위를 떠나지 않는다. 다른 사람에게서 그런 악의적인 잔인함을 본다면 나는 오싹해질 것이다. 그런데 내가 바로 그런 사람이다. 그 장면은 제2의 피부처럼 달라붙어 내가 몰랐던 내 모습의 끔찍한 증거가 된다. 나는 그 일에 대해 누구에게도 말하지 않지만, 내 안에서는 어두운 구멍이 크게 벌어진다. 마치 뭔가 터진 것처럼.

* * *

그해 늦여름에 어머니는 우리 트레일러 주택을 애틀랜타 남쪽 끝자락에 있는 페이스 침례교회 구내로 옮기기로 결정한다. 어머니는 매달 내는 트레일러 주차 구역 임대료를 더 이상 감당할 수 없어서 주차 공간을 무료로 얻는 대신에 페이스 침례교회의 기독교 교육 프로그램을 이끌기로 합의했다고 설명한다. 내가 불평한다. "우리는 교회에서 벗어나지 못할 거예요. 사실상 교회 안에서 살게 될 거라고요!"

우리는 남침례교 신자들이 보기에 너무 보수적인 교인 천 명이 있는 콜로니얼 힐스 교회를 떠나, 모든 교단이 볼 때 너무나 보수적인 120명 규모의 페이스 침례교회로 간다. 교회 앞에 세워진 표지판은 교회의 정체성을 다각형 별 안에 표시해 놓았다. "독립교회, 근본주의, 성경을 믿음, 신약성경, 피 흘려 사신 바됨, 중생, 세대주의, 전천년설, 환난전휴거설." 교회의 모토는? "믿음을 위해 싸우라!"

페이스 침례교회는 조랑말 농장이었던 20에이커의 땅을 차지하고 있다. 몇몇 교인들이 전기, 수도, 하수시설을 이미 설치했고, 트럭이 우리의 이동주택을 그 자리로 끌고 간다. 그 과정에서 운반업자들이 트레일러의 부엌 창 아래에 두 개의 구멍을 내고 나중에 인부들이 반짝이는 금속 조각으로 가린다. 우리 알루미늄 집의 정면은 이제 앞니가 두 개 빠진 채 웃는 얼굴처럼 보인다.

교인들은 작은 벽돌 건물 안에서 모인다. 건물 안쪽에는 어떤 장식도 없다. 담임 목사인 하워드 파일 씨는 자랑스러운 근본주의자 가문 출신으로 모든 가족이 테네시 템플 대학교를 졸업했다. 그는 불타는 붉은 머리와 넘치는 열정, 그리고 네 명의 설교자 형들의 발자취를 따라가겠다는 열의를 갖고 있다. 파일 부부와 그들의 세 딸은 우리 트레일러 바로 맞은편, 교회 경내의 큰집에 산다.

교회 생활의 중심에는 설교자가 있고, 파일 목사는 그 사실을 십분 활용한다. 그는 우리를 향해 오른손 검지를 흔들며 과장되고 벅찬 목소리로 불같은 설교를 한다. 이후 4년에 걸쳐 나는 수백 번의 예배—주일 오전 예배, 주일 저녁 예배, 수요 저녁 기도회—에 참석하고 수백 편의 설교를 듣는다. 대부분은 죄, 지옥, 마귀, 유혹, 악한 자의 계교 등 경계해야 할 대상에 관한 내용이다. 예배 때는 방문자가 거의 없고 정기 출석자 대부분은 적어도 한 번씩 제단 초청에 응하여 앞으로 나간 적이 있는데도, 대부분의 설교는 구원을 위한 제단 초청으로 끝난다. 그러나 누구도 개의치 않는 듯 보인다. 가장 중요한 문제가 걸려 있다면 아무리 조심해도 지나치지 않는 법이니까.

우리의 새로운 공동체는 콜로니얼 힐스 교회의 중산층 무리보다는 켄터키 사람들 쪽에 더 가까워 보인다. 니코틴중독을 떨치지 못하는 외눈의 미용사. 코털이 잔뜩 삐져나온 배관공. 쓰레기 청소차 운전자. 알코올중독자 남편을 위해 자주 기도 요청을 하는 중년의 여성. 문득 궁금해진다. '이 사람들은 무엇 때문에 사악함과 실패에 관해 들으러 매주 다시 나오는 걸까?'

음악은 분위기를 밝게 하는 데 도움이 된다. 활기찬 찬양 인도자는 군중을 축복하는 교황처럼 4분의 4박자로 팔을 흔든다. 그의 인도에 맞춰 피아노 반주를 하는 형은 이내 우리의 소박한 회중을 황홀하게 만든다. 형이 반주 도중에 룰라드*와 트릴을 구사하면 오래되고 지친 피아노에서는 마치 제리 리 루이스Jerry Lee Lewis**가 직접 연주하는 듯한 소리가 난다.

어느 주일 예배 도중에 교회 문이 벌컥 열리더니 누군가 "불이야!" 하고 소리친다. 다들 밖으로 달려나가 보니 오렌지색 불꽃이 주일학교 건물로 쓰고 있는 조랑말 헛간 지붕을 핥고 있다.

---

* 빠른 소리가 연속되는 장식 악구.
** 미국의 피아니스트 겸 싱어송라이터. 1950년대 중반에 엘비스 프레슬리와 함께 로큰롤 열풍을 이끌었다. 열정적인 무대 매너로 '더 킬러(The Killer)'라는 별칭을 얻었다.

소방차들이 사이렌을 울리며 요란하게 나타나고, 집사들은 바삐 목재를 옮기고 호스를 연결한다. 다른 교인들은 하늘로 치솟은 불길이 우리 얼굴을 뜨뜻하게 만드는 열기를 내뿜는 동안 눈앞에서 벌어지는 광경을 지켜본다. 그다음 우리는 줄지어 예배당으로 돌아온다. 까맣게 탄 목재에서 피어오르는 연기 냄새를 느끼며 지옥 불에 대한 파일 목사의 즉흥 설교에 귀를 기울인다. 그는 지옥 불이 우리가 방금 목격한 불길보다 일곱 배나 뜨겁다고 묘사한다.

"그 불을 생각해 보십시오. 여러분이 이제껏 경험한 최악의 화상보다도 훨씬 더 끔찍한 고통을 일으킬 것입니다. 저 불은 지옥의 모습을 희미하게 보여 주는 그림입니다. 지옥은 저것보다 일곱 배나 더 뜨겁고 영원히 타오르며 거기서 벗어날 수도 없습니다." 나는 열한 살짜리의 머리로 영원을 이해해 보려 애쓰지만 실패한다.

하지만 지옥은 쉽게 상상할 수 있다. 하나님이 나를 그리로 보내실 거라는 두려움 속에서 매일 살아간다. 그 생각을 하면 입맛이 쓰고 배 속이 뻣뻣해진다. 안전하다는 느낌이 찾아오려 할 때마다 거북이들이 죽어 가던 장면이 되살아난다.

* * *

매년 가을, 페이스 침례교회는 조랑말 헛간 옆의 풀밭에 서커스 천막을 세우고 한 주간의 특별 '부흥'회를 연다. 우리는 교회 경내에서 사는 터라, 어머니는 우리가 부흥회 내내 저녁 예배에 참석할 거라 기대한다. 우리가 거기서 살게 된 첫해에는 잭 하일스라는 설교자가 인디애나에서 차를 몰고 와서 '효과적 구령을 위한 39단계'를 설교한다. 다른 해에는 선동가인 밥 존스 2세가 부흥회를 인도하는데, 빌리 그레이엄을 타협자라고 비판하면서 분란을 일으킨다.

텍사스인 레스터 롤로프는 크고 하얀 천막 안으로 가장 열정적인 군중을 끌어모은다. 롤로프는 전용 비행기를 소유하고 있고 그것을 타고 강연 장소로 이동한다. 카우보이처럼 부츠를 신고 끈 넥타이를 매고 저음의 텍사스식 느린 말투로 말한다. 롤로프는 라디오에서 동성애, 공산주의, 텔레비전, 술, 담배, 마약, 과식, 심리학을 비판하여 명성을 얻었다. 그러나 너무나 공격적인 용어로 비판한 나머지 남침례교단을 떠나 우리처럼 독립침례교 신자가 되어야 했다. 그는 문제가 있는 십 대들을 위한 그룹 홈을 운영하고 있는데, 그의 말에 따르면 "부모를 미워하고 사탄을 숭배하며 마약을 하는 부도덕한 소년 소녀들"이 그곳에서 "주님의 신실한 종들"로 바뀌고 있다.

롤로프가 설교를 시작하면 다음에 무슨 내용이 이어질지 알 수가 없다. 건강에 열광적 관심이 있는 롤로프는 대부분의 건강 문제를 믿음, 금식, 음식으로 고칠 수 있다고 주장한다. 다른 약(pill)은 다 필요 없고 복음약gos-pill*만 있으면 된다고 말하고, 레위기에 나오는 식단을 따르되 본인이 제시하는 몇 가지 사항을 덧붙이라고 강력히 권한다. 그는 이렇게 주장한다. "쥐와 바퀴벌

---

* 복음(gospel)에 대한 미국 남부식 발음 '가스필'에서 가져온 언어유희.

레도 저 무가치한 흰 빵은 먹지 않습니다. 저를 못 믿으시겠습니까? 빵 한 조각을 놈들이 먹게 던져 놓아 보세요. 놈들은 흰 빵에 화학물질과 독이 가득한 것을 알고 건드리지도 않습니다." 어머니는 그의 조언에 따라 우리에게 다양한 통밀빵을 먹인다. 원더 브레드*를 먹고 지내던 가족에게는 큰 결심이 아닐 수 없다. 곧 우리는 아침 식사 때 그레이프푸르트도 곁들이게 된다. 하지만 나는 롤로프가 제일 좋아하는 간식인 당근주스만은 단호히 거부한다.

롤로프가 이끄는 부흥회 예배의 한 가지 특징은 아무도 졸지 않는다는 것이다. 설교 도중에 그는 갑자기 뜬금없는 선언을 한다. 이를테면 "춤추는 발은 기도하는 무릎에 어울리지 않습니다!" 같은 선언을 하고는 춤을 추는 미지근한 그리스도인을 질타하기 시작한다. "아멘이라고 하셨나요? 아멘!" 이어서 그는 갑자기 조니 캐시Johnny Cash** 비슷하지만, 음정이 맞지 않는 음성으로 노래를 부른다. "신발이 닳도록 돌아다니며/ 하나님의 복음을 전하고/ 주님을 위해 초인종을 누르네/ 초인종을 누르고 누르고 누르네/ 주님을 위해!"

하지만 몇 년 지나지 않아 레스터 롤로프는 그가 운영하는 그룹 홈 때문에 텍사스주 당국과 마찰을 빚는다. 그는 그룹 홈의 엄격한 규칙에 대해 자주 떠벌렸다. 그곳에는 텔레비전이 없고 외부에서 문을 잠그게 되어 있다. 라디오 채널은 그의 방송국에만

• 미리 썰어 놓은 식빵의 미국 대표 브랜드.
•• 미국의 싱어송라이터, 배우.

맞춰져 있고, 매일 교회에 가는 것이 의무라고 했다. 성경 구절을 암송하지 못하거나 침상을 정리하지 않는 아이들은 가죽끈으로 매질을 당했고 수갑으로 배수관에 묶였고 독방에 갇혔다. 법정에서 열여섯 명의 소녀가 그렇게 증언한다.

롤로프는 자신을 변호하며 이렇게 말한다. "우리는 공격을 받고 있습니다. 공산주의자, 프리메이슨, 무신론자, 인본주의자, 진화론자, 기타 불경건한 이상심리 소유자들이 가족을 파괴하려 합니다. 부모들이여, 조심하십시오. 정부가 여러분의 자녀를 노립니다!"

당국에서 롤로프를 교도소로 끌고 갈 때, 그는 반항하며 이렇게 외친다. "검게 타락한 영혼보다는 [맞아서] 빨개진 엉덩이가 낫습니다!"

* * *

여름철은 성경 캠프에서 보내고 한 해의 나머지는 강경파 교회의 구내에서 산다. 나는 종교를 들이마신다. 하지만 고등학교에 들어갈 준비를 하면서 거룩하다는 느낌보다는 불안함이 엄습한다.

나는 제단 초청의 압력에 굴복했다. 다시 중생하기 위해 또는 내 삶을 주님께 다시 바치기 위해 제단 앞에 나갈 때 부흥회 강사가 "네, 예수님, 감사합니다, 예수님!"이라고 말하는 것을 들으면 경건한 쾌감으로 전율이 일었다. 나는 부드럽고 진정 어린 어투로 간증을 할 줄 알고, 주위 사람에게서 아멘을 이끌어 내는, 때로는 눈물까지 자아내는 방식으로 기도할 수 있다.

하지만 비좁은 침실의 2층 침대에 혼자 있으면 의심이 나를 괴롭힌다. 하나님을 "하늘에 계신 우리 아버지"라고 부르며 기도하지만 비교 대상으로 삼을 지상의 아버지가 없으니 그 말의 의미를 알 수가 없다. 교회에서 한 여자가 기도하는 것을 듣는다. "주님, 저를 너그럽게 대해 주소서, 부디 너그럽게 대해 주소서. 그러나 사랑하는 주님, 고통스러울지라도 제 아이들에게는 어떤 수단이든 사용해 주소서. 그들을 꺾으소서." 어쩌면 하나님은 내 어머니와 비슷한지도 모른다. 나를 사랑하는 동시에 꺾을 계획을 세우는 초인적 존재.

"예수님이 다시 오시는 순간에 말하거나 행하지 않을 언행은 아예 하지 마라." 어머니는 나에게 그렇게 훈계한다. 어머니가 어렸을 때 친구가 영화 보러 가자고 한 적이 있었다고 한다. 어머니는 처음엔 유혹을 느꼈다고 한다. "그런데 내가 극장에 있는 동안에 예수님이 다시 오시면 어떻게 될까 생각했지! 내가 예수님께 뭐라고 말씀드릴 수 있을까?"

밤에 잠자리에 누워 그즈음의 내 언행을 전부 되돌아본다. 야구장 뒷그물에다 야구공을 한 시간 동안 던졌다. 식탁에서 벌어지는 침묵의 전쟁에서 형과 협력했다. 삼촌의 외설 잡지를 몰래 보았다. 예수님이 오늘 다시 오신다면 무엇이 나를 부끄럽게 할까?

〈한밤의 나팔 소리〉, 〈선택받은 사람들〉, 〈시온의 열매들〉, 〈이스라엘 나의 영광〉 같은 어머니의 예언 잡지들은 기근, 지진, 재난의 증가를 보도한다. 모두가 종말의 확실한 징조들이다. 공산주의는 바이러스처럼 퍼져 나가면서 '전쟁과 전쟁의 소문들'에 관한 예언을 성취한다. 러시아는 미국보다 더 강력한 수소폭탄을 확보하고 있다.

매일 라디오에서는 걸걸한 목소리의 인물이 〈20세기 종교개혁 시간〉을 소개한다. "교우 여러분, 칼 매킨타이어입니다. 평화를 원한다는 흐루쇼프의 주장을 들어 보셨습니까? 흐루쇼프는 평화의 사람으로 자처했지요. 우리가 그의 주장을 여기서 조금 저기서 조금 받아들이다 보면 결국 그가 모든 것을 차지하게 될 것입니다."

하와이가 미국의 50번째 주가 되는 것을 반대하는 운동에 매킨타이어가 막 실패한 시점이었다. "생각해 보십시오. 우리나라에 중국 첩자들의 완벽한 보금자리가 생긴 겁니다! 공산주의가 우리 문간에 와 있습니다."

두려워해야 할 것이 너무 많다.

* * *

매년 새해가 되면 성경을 통독하겠다는 결심을 하고 종이에 인쇄된 가이드의 작은 네모 칸에 하루에 석 장, 주일에는 다섯 장씩 표시를 해 나간다. 목표를 달성하는 해도 있지만, 대개는 선지서에서 더 이상 나가지 못한다. 형과 나는 성경 66권의 이름을 순서대로 최대한 빨리 말하는 연습을 한다. "창세기출애굽기레위기민수기…." 나의 기록은 형의 기록보다 나은 17초다. 형은 우긴다. "그건 안 쳐 줘. 책 이름들이 한데 뭉개졌잖아."

페이스 침례교회는 킹제임스 역본 유일주의 교회다. 1611년에 출간된 영어 성경 번역본인 킹제임스 역본만 성경으로 받아들인다. 우리는 최신 번역본들을 전부 신뢰하지 않는다. 파일 목사의 말대로, 자유주의자들이 대부분의 번역 과정에 참여했기 때문이다. 피터 러크만이라는 설교자가 페이스 침례교회를 방문했을 때 우리는 개정표준역Revised Standard Version에 대해 그가 가진 악감정의 최대치를 보았다. 그는 선불교 신자에다 알코올 중독자였고 디스크자키, 댄스 밴드의 드럼 연주자 등 다채로운 과거 경력에 대한 이야기로 우리를 즐겁게 해 주었다. 그는 하워드 파일 목사의 형을 만나 근본주의로 회심했다.

설교단에서 러크만은 개정표준역Revised Standard Version을 조롱하며 욕먹어도싼표준왜곡역Reviled Standard Perversion이라고 부른다. 그는 그 역본에서 몇 대목을 찾아 읽고는 신도석 쪽으로 집어던진다. 그것이 쿵 소리를 내며 바닥으로 떨어진다. 이어서 그는 미국 표준역 성서를 툭 내던지며 "똑같이 불경건하고 부패한 쓰레기"라고 말한다. 러크만의 별난 행동을 불쾌하게 여기는 교인들도 있다. 어머니도 그중 한 명이지만, 우리는 안전을 위해 킹제임스 역본을 고수한다.

페이스 침례교회는 우리가 세상과 맞선다는 소수자 콤플렉스를 조장한다. 다른 이들은 우리를 과격한 분파 집단으로 여기겠지만 우리는 할리우드, 워싱턴DC, 〈뉴욕타임스〉 같은 외부자들이 도무지 이해할 수 없는 방식으로 사는 것에 자부심을 느낀다. 성경 디도서의 다음 구절이 우리의 정체성을 요약해 준다. "선한 행위에 열심을 내는 특별한 백성"(딛 2:14, 한글 흠정역).

교회는 롤러스케이팅(춤과 너무 비슷하다), 볼링(라운지에서 종종 술을 판다), 남녀 혼합 수영, 일요 신문 읽기 같은 활동에 눈살을 찌푸린다. 악은 어떤 모양이라도 피하기 위해서다. 영화는 금지, 텔레비전은 의심의 대상이다. 몇몇 소녀들이 화장을 하고 연한 립스틱을 조심스럽게 바르긴 하지만, 교회 경내에서 헐렁한 바지를 입는 일은 절대로 없다. 어머니는 화장을 하지 않고 장신구는 한 줄짜리 구슬 팔찌가 전부다.

가끔 교회의 이런 분위기를 모르는 여성이 화려한 머리에 밝은색 립스틱, 발가락이 드러난 신발, 빛나는 빨간색으로 칠한 손발톱을 뽐내며 교회로 들어온다. 그녀는 중력 같은 힘을 발휘한다. 남자들은 자꾸만 훔쳐보고, 화장기 없는 얼굴에 머리를 틀어올린 여자들은 인상을 찌푸리며 불만의 뜻으로 고개를 가로젓는다. 나는 아직 호르몬이 발동하기 전이라 온갖 안전장치의 필요성을 제대로 이해하지 못한다. 몸은 위험하고 그중에서도 여자의 몸이 가장 위험한 축에 속한다는 점을 알 뿐이다.

이 모든 규칙은 죄악된 외부 세계로부터 우리를 보호하기 위한 조치이고 어떤 면에서는 성공적이다. 형과 나는 볼링장은 기웃거려도 담배나 술, 마약에 손대는 일은 생각도 못 한다. 게다가 세속적 활동을 할 시간도 없다. 나는 늘 교회에 있으니까.

* * *

고등학교에 들어간 해, 나는 두 가지 다른 방향에서 오는 미묘한 유혹의 힘을 느낀다. 나의 점점 더 많은 부분이 무식한 백인 근본주의자 이미지에 저항한다. 삶을 피하지 않고 경험하고 싶은 충동을 느낀다. 신앙을 거부하는 것은 아니다. 어쨌건 아직은 아니다. 그러나 내 자신이 진자처럼 흔들리는 것을 발견한다. 때로는 최고의 그리스도인이 되려고 노력하고 때로는 절망하여 포기하고 싶은 마음이 든다.

　　　　　빛이 드리운 자리

찰스 셸던의 고전《예수님이라면 어떻게 하실까》가 나에게 감동을 준다. 이 소설은 어느 목사가 중요한 결정을 내리기 전에 "예수님이라면 어떻게 하실까?"를 자문해 보라고 교인들에게 과감히 권하면서 벌어지는 일을 그린다. 교인들은 목사의 권유를 받아들인다. 한 여성은 인생의 방향이 없는 구혼자의 청혼을 거절한다. 한 부유한 여성은 어려운 사람들을 돕기 위해 시내의 허름한 땅을 구입한다. 한 신문사주는 신문의 일요일판 발행을 중단한다.

　나는 예수님의 발걸음을 어떻게 따라갈지 오랫동안 골똘히 생각한다. 그러던 어느 주일에 파일 목사가 우상숭배에 대한 설교를 한다. 나는 내게 우상이 있는지 따져 본다. 700장에 이르는 소중한 야구 카드 컬렉션이 떠오른다. 내 친구들이 부러워하는 그 컬렉션에는 미키 맨틀의 신인 시절 카드뿐 아니라 1947년에 나온 재키 로빈슨Jackie Robinson˙의 오리지널 카드도 있다. 팀별, 포지션별, 기록별로 그 카드들을 정리하는 데 여러 시간을 썼는데, 사실 영적인 일에 사용할 수 있는 시간이었다. 우상이 분명했다.

　기도하고 고뇌에 찬 망설임의 시간을 보낸 후, 나는 소중한 컬렉션의 대부분을 근처의 이웃에게 주어 우상을 파괴하기로 결심한다. 하나님의 보상을 기대했으나, 며칠 뒤 그 이웃이 그 컬렉션을 경매로 팔아서 큰 수익을 올렸다는 걸 알게 된다. 배신감을 느낀다. 나는 다음 말씀으로 내 자신을 위로하려 애쓴다. "의를 위

˙흑인 최초로 메이저리그에 진출한 미국 프로 야구 선수.

하여 핍박을 받는 자는 복이 있나니."

필라델피아 마라나타 교회를 마지막으로 방문했을 때, 나는 어머니가 가르쳐 왔던 완전주의 교리를 들었다. 목사는 우리에게 '사랑'장인 고린도전서 13장을 살펴보라고 했다. "자기희생적 사랑은 절대 안달하지 않고 … 결코 시기하지 않으며 … 절대 뽐내지 않으며 … 절대 교만하지 않습니다." 사랑은 "언제나 친절하고 진리를 기뻐하고 관대합니다. 다른 사람들의 결점을 가려 주고, 다른 사람들 안에 최선의 모습이 있다고 믿고, 언제나 모든 것을 견디고 이겨 냅니다."

"이제 '사랑'이라는 단어가 보일 때마다 예수님으로 바꿔 넣어 보십시오." 목사가 말했다. 딱 들어맞았다. 그가 말을 덧붙였다. "이제, 처음으로 돌아가서 거기다 '나'를 넣어 보십시오. '나는 언제나 오래 참고 친절하다. 나는 결코 시기하지 않고 뽐내지 않고 매정한 생각을 하지 않는다.'" 이 승리하는 그리스도인의 삶을 달성하기까지 내가 가야 할 길이 얼마나 먼지 금세 알 수 있었다.

어머니는 이 신학을 100퍼센트 받아들인다. 그리고 본인이 더 높은 수준의 그 삶에 도달했다고 주장한다. 어머니가 벌컥 화를 낼 때 나는 사랑에 대한 그 설교를 어머니에게 상기시키지 않으려고 이를 악물고 참는다. 나로 말하자면 예수님의 발자취를 진심으로 따르고 싶지만, 다음날이면 바로 거짓말을 하거나 뭔가 어리석은 일을 저지른다. 서로 끌어당기기도 하고 밀어내기도 하는 자석처럼, 나는 거룩함에 이끌리는 동시에 반발감을 느낀다. "그러므로 하늘에 계신 너희 아버지께서 완전하신 것같이 너희도 완전하라"(마 5:48, 한글 흠정역)고 예수님은 말씀하셨다. 나는 그 이상理想을 따르고 싶지만, 내 속의 작은 목소리는 내가 거기에 얼마나 못 미치는지를 항상 조롱한다. 그 목소리는 내 허약한 양심에 독약처럼 작용한다.

신앙 때문에 고문을 당한 여러 그리스도인의 전기를 읽는다. 중국인 목사 워치먼 니는 공산주의자들의 감옥에서 20년을 갇혀 있었다. 그들이 나를 고문한다면 내가 어떻게 행동할지 정확히 안다. 나는 그들의 발 앞에 쓰러져 벌벌 떨면서 신앙을 부인할 것이다.

*　*　*

하워드 파일 목사는 기업가다. 우리가 페이스 침례교회에 산 지 1년쯤 되었을 때, 그는 자신이 형 노먼과 함께 애틀랜타에서 동쪽으로 40킬로미터 정도 떨어진 코니어스 부근의 한 시설에서 새로운 청소년 캠프를 만들고 있는데 그곳의 교육을 책임져 달라고 어머니에게 요청한다. 그러자면 켄터키 캠프에서 하는 일을 그만두어야 하지만, 어머니는 수락한다. 나는 곧 시설이 개선된 것을 기뻐하게 된다. 현장을 방문해 보니 깔끔하게 손질된 육상경기장과 대형 수영장이 눈에 들어온다. 숙소마다 실내 화장실이 있다는 사실에 크게 감동한다.

파일 형제는 캠프에 질서를 세우려고 최선을 다한다. 카드놀이 금지, 열 시 소등, 남녀 별개의 수영 시간, 손잡거나 키스 금지, 치마 금지(여자들에게 해당), 라디오 금지, 경건의 시간과 모든 모임 참석 의무. 그러나 도시의 캠프 참가자들은 켄터키 아이들과 달리, 선행 점수를 따기 위해서가 아니라 최대한 많은 규칙을 어기려고 경쟁을 한다. 그들은 서로 침대 시트를 접어 침대에 몸이 안 들어가게 하는 장난을 치고, 소변기에 투명 비닐랩을 씌우고, 금지 품목인 라디오로 세상 음악을 튼다.

캠프에서는 밥 존스 대학교에서 재미있고 흥미진진한 강사들을 초빙해 온다. 지역의 운동선수들이 와서 소년들을 대상으로 예수님이 얼마나 강인하고 근육질이었는지에 대해 강연을 한다. 가수 그룹들도 오는데, 그중에는 노래를 부르며 몸을 흔드는 금발 자매 3인조 그룹도 있다. 나는 그들 모두에게 금세 반한다. 그들이 노래를 할 때 나는 멤버들 중 한 사람을 골라 빤히 바라본다. 생각의 파장을 통해 직접적으로 나의 흠모를 전달하는, 교회에서 쓰던 옛 기술이다. 물론, 너무 부끄럽고 어색한 나머지 흠모하는 여신에게 실제로 말을 걸지는 못한다.

매주 성에 관한 의무적인 토론 시간이 있다. 한 시간 동안 지도교사는 서로를 찔러 대고 부적절한 지점에서 웃어 대는 십 대 남자아이들의 관심을 붙들려고 노력한다. 우리는 혼전 성관계가 스테이크를 기다리지 않고 땅콩버터 샌드위치를 먹는 것과 같다는 것을 배운다. "어디까지 가도 되나요?"가 아니라 "얼마나 멀리 떨어져야 하나요?"가 제대로 된 질문이다. 성경 속 요셉처럼 이성과의 부적절한 행동은 모양이라도 거부해야 한다.

지도교사들은 음욕에 대해 많이 말한다. 한 캠프 참가자가 묻는다. "음욕에 사로잡혔는지 어떻게 아나요?" 답변. "한 번 보는 건 정상이야. 두 번 보면 아슬아슬해. 눈으로 그 여자를 따라다닌다면, 선을 넘은 거야." 나는 쳐다보는 것을 멈추고 싶지 않다. 상습적 음욕자인가?

새로운 캠프장에서의 첫 두 주 동안은 남의 눈에 띄지 않게 처신한다. 그러나 새 장소에서 점점 자신감을 갖게 되면서 일찍 일어나고 지도교사들이 볼 수 있는 앞자리에서 아주 오랫동안 경건의 시간을 갖는 모범적 신자의 모습을 채택한다. 기회만 나면 대표 기도를 하고 간증을 한다. 아니나 다를까, 나는 '금주의 캠프 참가자'로 뽑히고 마지막 밤에 상패를 받는다.

하지만 그 여름의 마지막 주에는 내 안의 어두운 면에 귀를 기울이기 시작한다. 일과가 끝난 후 한 친구와 함께 울타리에 올라가 조류가 낀 수영장으로 무릎을 안고 다이빙을 한다. 당뇨병이 있는 아이를 설득해 일일 [인슐린을] 주입하는 데 쓴 주사기들을 넘겨받는다. 나는 거북이들을 죽인 일을 잊고 주사기들을 과학에 미친 별종 아이에게 건넨다. 녀석은 개구리들에게 마운틴듀와 코카콜라를 주사하는 실험을 한다. 캠프에서 하루하루 지나갈수록 나는 더 고약해진다.

우리 교회에서 성경책들을 내던졌던 피터 러크만이 이 주의 주 강사다. 그는 색상 분필로 그림을 그려 가며 진행하는 저녁 설교와 다양한 주제의 오후 워크숍을 맡는다. 워크숍 장소는 식당이고, 이날 그는 인종을 주제로 선택한다.

때는 1960년대, 민권운동이 조지아에서 매일 기사에 오르고 있다. '자유의 탑승자들Freedom riders'•과 기타 시위자들이 백인

• 1961년 미국의 여러 주를 통과하는 운송 수단에 대한 인종차별에 반대하는 뜻으로 버스에 동석하여 남부 지역의 현실에 도전, 변화를 이끌어 낸 흑인과 백인이 함께한 탑승 시위대.

전용 학교, 백인 전용 화장실, 백인 전용 간이식당을 끝낼 것을 요구한다. 러크만은 워크숍 시간을 통해 인종 분리를 옹호하는데, 내가 콜로니얼 힐스 교회에서 들었던 '함의 저주' 이론을 근거로 댄다. "창세기 9장을 직접 읽어 보세요. 하나님이 함과 그의 후손들을 종이 되도록 저주하셨습니다. 캠프 참가자 여러분, 흑인종은 바로 여기서 나온 것입니다."

그다음 러크만은 씩 웃으며 설교단 밖으로 나온다. "유색인들이 웨이터로 일하는 모습을 눈여겨본 적 있습니까? 가끔 그들을 지켜보십시오. 그들은 의자 주위로 골반을 돌리면서 접시들을 높이 든 채 한 방울도 흘리지 않아요." 그는 과장된 형태로 그 모습을 흉내 내고 캠프 참가자들은 웃음을 터뜨린다. "아시겠습니까? 그것은 그들이 잘하는 일입니다. 그러나 회사의 사장으로 일하는 흑인을 만난 적이 있습니까? 만난 적이 있나요? 한 명만 이름을 대 보세요. 모든 인종에겐 각자의 자리가 있고, 그 자리를 받아들여야 합니다. 분리되어 서로 섞이지 않는 한 우리는 잘 지낼 수 있습니다."

어쩌다 보니 나는 캠프 요리사인 베시의 총애를 받게 되었다. 그녀는 몸집이 큰 흑인 여성으로, 아이들을 좋아하고 열심히 일하고 노래를 부르면서 식사를 준비한다. 러크만이 이야기를 하고 있을 때, 나는 그녀가 대형 식당의 반대쪽 끝에서 소금병과 후추병을 채우고 있는 모습을 본다. 그녀가 러크만의 말을 들은 기색은 없지만, 그 가능성을 생각만 해도 식은땀이 흐른다.

그날 오후 늦게 나는 베시가 괜찮은지 확인한다. 그녀는 한 마리 새처럼 명랑해 보인다. 어쩌면 러크만이 한 말을 못 들었을 수도 있다. 아니면 자신이 들었다는 사실을 내게 알리지 않으려는 것인지도 모른다. 나는 앞에서 한 워크숍 생각에 여전히 마음이 불편하다. 우리는 한동안 이야기를 나누고 그녀는 내게 저녁 식사용 디저트로 준비한 땅콩버터 쿠키 세 개를 건넨다. 오븐에서 막 꺼낸 쿠키다. 나는 그것을 씹으면서 식당 밖으로 나오다가 파일 목사와 정면으로 충돌한다.

그는 나를 벼르고 있었던 것이 분명하다. 쿠키를 내려다보고 얼굴이 붉게 상기되더니 내가 쿠키를 훔쳤다고 비난한다. 나는 설명하려 하지만 그는 듣지 않는다. 내 가슴에 손가락질을 한다. 그의 머리가 부르르 떨린다. "너는 기만적인 골칫덩이고, 캠프의 야간이다, 이놈. 너는 하나님이 여기서 하고 계시는 일을 허물려 하고 있어." 나는 멍한 표정으로 그를 바라보는데, 그는 그 표정을 비웃음으로 여긴 것이 분명하다. 그대로 자리를 떠나 버렸기 때문이다.

그날 금요일 저녁은 캠프 주간의 절정이다. 캠프 참가자들이 다음 날 집으로 돌아가기 전에 마지막으로 참석하는 집회다. 우리는 400명을 수용하는 옆이 뚫린 건물에서 저녁 예배를 드린다. 가끔 여름 뇌우가 우르릉거리며 폭우를 쏟아내면 금속 지붕에 떨어지는 빗방울 소리가 너무 요란하여 집회를 중단해야 한다. 나는 비를 내려 달라고 기도한다. 짜증 난 기분으로 또 한 번의 감정적 부흥 집회에 끝까지 앉아 있고 싶지 않다.

금요일 저녁은 회심하지 않은 이들을 회심시키고 미지근한 자들을 뜨겁게 불붙이려는 캠프의 마지막 시도다. 우리는 지쳤고, 햇볕에 탔다. 이제 수영장도 푸스볼(테이블 축구)도 없는 집으로 돌아가야 하고, 학교가 금세 생활의 중심이 될 것을 안다. 한마디로, 우리는 취약한 상태다.

밥 존스 대학교 학생인 니키 체이버스가 최선을 다한다. 그는 광고 슬로건을 가져와 이렇게 바꿔 말한다. "여러분은 브릴그림* 크리스천입니까? 소수여도 변화를 일으키기에 충분합니까? 여러분은 알카셀처** 침례교도입니까? 물 만난 약처럼 변화를 일으킵니까?" 그는 재치가 있고 열정적이지만 장황하기도 하다. 실망스럽게도 비는 내리지 않는다.

제단 초청의 시간이 되자 노먼 파일 목사가 자리를 넘겨받고 우리는 〈있는 모습 그대로〉***를 부르기 시작한다. 1절이 끝나자 파일 목사가 말한다. "어쩌면 여러분은 일주일 내내 굴복하지 않기로 다짐하고 버텼는지도 모릅니다. 친구여, 당신의 창조주를 만날 준비가 되었습니까? 죽을 준비가 되었습니까? 왜 기다립니까! 내일 무슨 일이 있을지 아무도 모릅니다." 또 다른 절을 애써 부르는 동안 몇몇 참가자들이 찔끔찔끔 앞으로 나간다.

초청 명단의 범위가 넓어진다. "이제 이번 주에 자신의 삶을

---

* 영국제 남성용 헤어스타일링 제품 브랜드. "소량으로도 충분합니다"라는 광고 문구로 유명세를 탔다.
** 물에 타 마시는 소화제. 물에 넣으면 소리와 함께 거품이 보글보글 올라온다.
*** 〈큰 죄에 빠진 날 위해〉의 원곡.

그리스도께 다시 헌신한 여러분 모두 앞으로 나와 이 소중한 영혼들과 합류해 주십시오. 공적으로 고백하십시오. 쉽지 않은 줄 압니다. 그러나 용기를 내시고 여러분의 헌신이 진심이라는 것을 하나님께 보여 드리십시오."

그다음에는 전임 기독교 사역자가 되어 봉사하기로 결심한 사람들을 부른다. 얼마 안 가서 청중의 3분의 2가 앞으로 나가 무릎을 꿇는다. 나는 머리 위 파형 금속 지붕을 간절히 바라본다. 여전히 비는 오지 않는다.

"함께 기도해 줄 사람이 필요하다고 느낀다면 여기 여러분을 도울 지도교사들이 있습니다." 파일 목사의 초청이 이어진다. 더 많은 참가자들이 혼잡한 제단 앞으로 나간다. 마침내 결정타가 나온다. "마지막으로 한 번만 초청합니다. 잘 들으십시오. 하나님은 어떤 죄든, 고백하지 않은 죄가 있는 이들을 부르고 계십니다. 앞으로 나와 그 죄를 고백하십시오."

목사의 촉구에 참가자들이 복도를 따라 앞으로 나간다. "부주의한 말, 어쩌면 … 분노의 폭발 … 나태한 신앙생활. 이번 주에 누군가를 음욕을 품고 바라본 적이 있습니까? 누군가에 대해 나쁘게 생각했습니까?" 피아노 반주자가 또 다른 후렴을 씩씩하게 두들겨댈 즈음에 사람들의 물결은 큰 강물이 된다.

이번 주는 내가 캠프에서 보내는 여섯 번째 주다. 이전까지는 매주 마지막 초청의 시간에 앞으로 나갔다. 그러나 오늘 밤, 내 영혼은 딱딱하게 굳어 있다. 결국 대형 강당에 나를 포함한 두 사람만 남았다. 피아노 반주자가 또 다른 절을 연주하기 시작하자 나는 도덕적 지지를 받고자 친구 로드니에게 가까이 다가간다.

앞에 무릎을 꿇고 앉은 동료 참가자들이 짜증스럽게 우리를 노려본다. 우리 때문에 저녁 간식 시간이 늦어지고 있기 때문이다.

내가 속삭인다. "난 모르겠어, 로드니. 오늘 밤에는 어떤 죄도 생각이 안 나, 너는 어떠니?"

"고백하지 않은 죄는 하나도 생각 안 나." 그는 굳은 얼굴로 씩 웃으며 대답한다. 우리 두 사람이 그대로 버티자 결국 강사는 포기하고 마치는 기도로 모임을 끝낸다. 강당에서 걸어 나오는데, 너무 오래 서 있었던 탓에 무릎이 아프다.

4부.

무질서

14/ 고등학교

나는 배운 것을 잘 잊지 못한다.
그러나 잊도록 도와주는 이들을 사랑한다.
—어슐러 K. 르 귄, 《세상의 끝에서 춤추기》

가만히 있지를 못하는 청소년 500명의 무게를 못 견디고 체육관 관중석이 삐걱거린다. "고든 고등학교 입학을 환영합니다." 크레이그 교장이 말한다. 희끗희끗한 머리를 잘 빗어 넘긴 말쑥한 남자다. 정장 안쪽에 풀 먹인 하얀 셔츠를 받쳐 입고 체크무늬 나비넥타이를 하고 있다. "여러분은 생애 최고의 몇 년을 경험하게 될 것입니다."

그러나 우리는 인생에서 가장 무서운 몇 년에 들어선 기분이 든다. 조지아 교육구에는 중학교 과정이 없기에 우리는 초등학교를 졸업하고 바로 고등학교로 입학했다. 하찮은 고1subfreshmen로 8학년에 접어든 것이다. 나는 또래보다 몇 달 먼저 초등학교 생활을 시작한 데다 2학년을 월반했기 때문에 1961년 열한 살의 어린 나이로 고등학교에 입학한다.

등받이 없는 불편한 의자에 구부정하게 앉아 있는 동료 고 1 학생들을 훑어본다. 이 자리로 걸어오면서 우리는 거인들을 지나쳤다. 운동복 차림의 거만해 보이는 남자아이들과 딱 붙는 스웨터를 입어 가슴이 도드라져 보이는 여자애들이다. 그들은 우리 작은 신입생들을 경멸의 표정으로 바라보았다.

교장은 학교 입구에 초상화가 걸려 있는 존 브라운 고든 장군에 관해 한동안 뭐라고 길게 늘어놓는다. 로버트 E. 리 장군이 가장 신뢰한 장교 중 하나였던 그는 앤티텀 전투*에서 총알 세 발을 맞고도 계속 싸웠다. 그를 기리는 뜻에서 우리 학교의 운동부들은 '고든 제너럴스'라는 이름으로 활동한다.

크레이그 교장은 셰익스피어의 몇 구절을 인용한 후, 떡 벌어진 가슴에 목이 굵고 스포츠머리를 한 교감 겸 미식축구 감독을 소개한다. 감독이 수염과 청바지 금지, 금연, 교실 내 껌 씹기 금지, 신체적 애정 표현 금지 등 고든 고등학교의 복장 규정, 행동 규범을 읊어 나가자 입학식의 분위기가 달라진다. 그는 으르렁거리듯 말한다. "내 사무실에서 만나는 일이 없기를 바란다. 그리고 친구들, 내게 덤비지 않는 게 좋을 거다. 장담컨대 후회하게 될 테니 말이다." 거친 아이들이 낄낄거리며 웃는다.

• 1862년 앤티텀에서 북군이 승리한 전투로, 남군의 진격을 차단함으로써 전황을 유리하게 이끌었다. 남북전쟁에서 매우 치열한 전투의 하나로 평가되며, 양군에서 각각 1만여 명의 사상자가 발생했다.

* * *

고등학교에서의 처음 몇 주 동안, 나는 더 넓고 더 위험한 세계에
발을 들여놓았음을 감지한다. 매일 아침 나는 교회 경내를 벗어
나 말썽꾼들이 화장실에서 담배를 피우고 불붙인 M-80 폭죽과
체리봄을 변기에 넣는 곳으로 간다. 일부 사물함에는 〈플레이보
이〉 모델 사진들이 붙어 있다. 나는 공개적 애정 표현 금지 규칙
을 무시하는 커플들을 넋 놓고 바라보지 않으려고 애쓴다.

고등학교에서 이미 일 년을 보낸 형은 여러 패거리에 대해 알
려 준다. 운동선수들과 그들의 치어리더 여자 친구들이 서열 꼭
대기에 있다. 불량배, 또는 불한당들이 대부분의 문제를 일으킨
다. 그들은 화장실에서 폭죽을 터뜨리고 중요한 시험이 있는 날
에 폭파 협박 전화를 건다. 신발 뒤축과 발가락 부분에 강철 징을
박아 넣어, 따각따각 소리가 들리면 그들이 다가오는 것을 알 수
있다. 나는 방울뱀 소리 같은 그 신호에 주의를 기울인다.

불량배들은 나 같은 약골의 고 1 학생 괴롭히기를 좋아한다.
"야, 너 뭘 봐? 그래, 너, 너한테 하는 말이야. 안 봤다고? 내가 거
짓말쟁이라는 거야? 땅꼬마 동성애자, 이리 와. 내가 볼 만한 걸
줄 테니까." 나는 눈에 띄지 않으려고 애쓰면서 고개를 숙인 채
교실과 교실 사이를 뛰어다닌다.

형은 위험하지 않은 모범생과 책벌레들 사이에서 친구를 찾으
라고 조언한다. 하지만 정작 형은 맬컴과 어울린다. 150이 조금
넘는 키에 깡마르고 작은 맬컴은 소아마비로 다리를 저는데 학
교에서 가장 요란한 소리가 나는 징을 신발에 박았다. 맬컴은 불
량배처럼 검은 옷을 입고 머리에 기름을 바르고 다니지만, 불량

배들은 그런 아이를 자기들 그룹에 결코 받아 주지 않을 것이다. 하지만 다른 학생들은 그를 멀리한다. 맬컴은 접이식 칼을 갖고 다니고 살아 있는 메뚜기를 먹어 남자다움을 증명했기 때문이다. 게다가 그의 삼촌이 KKK단의 고위층 인사로 있다. 그런 맬컴이 형이 제일 좋아하는 친구라는 사실이 그저 놀랍다.

얼마 후 나는 엄청난 격돌을 목격한다. 불량배 1호가 우리 학교의 총아이자 운동선수 1호인 쿼터백과 맞붙은 것이다. 내가 다음 수업 장소로 이동하는 사이, "싸워라! 싸워라!" 하는 목쉰 함성이 복도에 울려 퍼진다. 두 사람이 여자 친구를 놓고 결투를 벌이는 동안 백 명의 학생이 몰려들어 교사들이 접근하지 못하도록 빙 둘러싼다. 나는 불량배가 쿼터백을 붙잡고 날카로운 식수대 노즐에 머리를 내리찍어—한 번, 두 번, 세 번—학교 영웅이 피투성이가 되어 쓰러지는 모습을 지켜본다. 싸움의 원인인 금발의 예쁜 여학생은 바닥에 주저앉아 무릎을 양팔로 감싸고 흐느낀다.

고등학교에는 사실 승자와 패자, 두 집단밖에 없음을 곧 알게 된다. 내가 어느 쪽에 속하는지는 분명하다. 고등학교 졸업 앨범에는 턱시도와 예복을 빼입은 5학년생들의 사진이 크게 실린다. 그보다 좀 작은 크기의 사진에 4학년생들이 운동복과 정장 차림으로 등장하고, 좀 더 작은 사진들에 교복을 입은 2학년과 3학년의 모습이 담긴다. 고 1들은 어떤 초등학교에서 실수로 갖다 붙인 것처럼 56명이 한 면에 따닥따닥 붙어 있다.

옷만으로도 나에겐 패자의 딱지가 붙는다. 어느 날 같은 반 아이가 묻는다. "너 오순절파야? 그냥 궁금해서 물어봤어. 너 꼭 오순절파처럼 옷을 입거든." 어머니는 하얀 양말이 어디에나 잘 어울린다고 생각하고 내가 다른 색깔의 양말을 원하는 이유를 이해하지 못한다. 내 옷은 대부분 형이 입던 것이어서 허리 부위가 늘어져 있고 팔다리가 짧다. 우리 형제는 남들만큼 못 사는 형편을 선교사 어머니를 둔 대가로 여기고 체념한다. 내가 아는 한, 고든 고등학교에서 트레일러 주택에 사는 아이는 없다.

체육 수업은 하루 중 가장 달갑지 않은 시간이다. 케네디 대통령의 지시로 러시아인들에게 뒤지지 않도록 해 주는 신체 단련 프로그램이 막 시작된 때였다. 코치는 우리를 해병대 신병 교육생으로 착각하는 것 같다. 우리는 처음에는 운동으로, 나중에는 벌로 체조를 한다. "얀시, 팔굽혀펴기 50회 실시한다. 이번에는 엉덩이를 올리지 마라!" 흰곰팡이가 핀 탈의실에서는 고학년들이 뒤로 몰래 다가가 저학년 학생들을 젖은 수건으로 세게 때려서 피부가 벌게진다.

체육 수업은 남자가 된다는 것이 무엇인지 가르쳐 주기도 한다. 남자들은 언제나 운동부와 신체 부위, 그러니까 자기들과 여자애들의 신체 부위 이야기밖에 안 한다. 그들의 야한 농담에 웃지 않으면 동성애자 소리를 듣는다. 어느 날 체육 교사가 나타나지 않자 가장 거친 불량배가 수업을 장악한다. "이걸 봐." 그 말과 함께 그는 침핀을 손에 찔러 반대쪽으로 나오게 한다. 우리는 적절히 감탄하는 시늉을 한다. 그다음 그는 구경꾼을 주위로 끌어모아 핀을 음경에 꽂는 것을 보는 대가로 1달러씩 내게 한다.

학교 수업이 끝나면 멋있는 아이들은 차를 몰고 집으로 간다. 그들의 차가 끼익 소리를 내며 주차장을 빠져나간다. 열린 차창으로 음악이 요란하게 흘러나오는데, 그동안 내가 듣던 어떤 음악과도 다르다. 처비 체커, 엘비스 프레슬리, 레이 찰스, 지미 딘, 프랭키 밸리. 음악의 세대 차이가 드러난다. 클래식 피아노에 익숙한 나에게 새로운 스타일의 음악은 신나고 매혹적으로 들린다. 우리 교회에서는 그런 음악에 사탄적이라는 꼬리표를 붙이고 '정글 비트'라며 조롱한다.

나는 다른 패자들과 함께 노란 버스를 타고 등하교를 한다. 갈라진 비닐 의자에 앉아 금속 손잡이를 쥐고 있으면 손에 쇠 냄새가 배어든다. 버스에서는 약자를 괴롭히는 놈들이 설친다. 공기를 마시려고 창밖으로 머리를 내밀면 저 앞쪽 창에서 놈들이 뱉은 침이 날아온다. 버스가 달리는 내내 놈들은 사냥감을 찾아 통로를 어슬렁거린다. 그들은 목줄에 매인 채 달려드는 개와 비슷하다. 목줄의 끝을 잡은 버스 운전사는 버스 안의 상황에 무관심한 듯 보인다. 어쩌면 그도 겁먹었는지도 모른다.

어느 오후, 악당 두목이 연필 끝의 지우개에다 철심 몇 개를 꽂고 통로를 오가며 그걸로 아이들의 머리를 후려친다. 녀석이 형을 치자, 형은 연필을 빼앗아 녀석을 도로 후려친다. 녀석은 형을 빤히 쳐다본다. 검은 눈은 놀라서 커지고 입은 뒤틀린 채 사악한 웃음을 만들어 낸다. "이제 너 죽었어." 그가 마침내 말한다. 그러고는 자기 친구들을 바라본다. "야, 다들 오늘은 다른 정거장에서 내려. 이 새끼 여기서 사고 쳤어. 교육 좀 시켜 줘야겠어."

우리가 내리는 곳에서 녀석과 그 친구들 여섯이 줄지어 내리더니 형을 에워싼다. 동네 아이들 몇몇이 멈춰서 지켜보고 다른 아이들은 집으로 달려간다. 나는 도와줄 어른을 찾아서 교회 경내로 뛰어간다. "빨리 오세요! 형이 애들한테 맞고 있어요!"

버스 정류장으로 다시 뛰어가면서 형이 의식을 잃고 뻗어 있을 거라고 생각한다. 그러나 웬걸, 문제의 그 녀석이 바닥에 앉아서 피투성이가 된 코를 어루만지고 있다. 형은 옆에 서서 쓰러진 녀석보다 더 놀란 표정으로 오른손의 마디를 문지르고 있다.

다음 날 아침 나의 보호자 형은 버스에서 원하는 자리에 앉는다.

* * *

내가 고등학교에 들어간 해에 교육제도에서 조지아의 순위는 50개 주 가운데 48위다. 하지만 우리는 교회 경내로 이사한 덕분에 전국 최고 수준의 교육구인 디캘브 카운티 소속이 된다. 학교는 갈피를 못 잡을 만큼 다양한 수업을 제공하고, 나는 형에게 도움을 구한다.

형은 적어도 2년은 라틴어 수업을 들으라고 권한다. "제대로 된 문법을 가르쳐 줄 거야." 선생님은 우리를 자리에서 일으키고 동사 변화—아모 아마스 아마트, 아마무스 아마티스 아만트—를 외우면서 손을 위로 죽 뻗었다가 발목까지 내리는 체조를 시킨다. 그녀는 격정적이고 때로는 우스꽝스럽지만 라틴어를 사랑한다. 첫해 말에는 우리에게 율리우스 카이사르의 《갈리아 전기戰記》 의역을 시킨다.

나는 스페인어 수업도 신청한다. 라틴어와 많이 비슷할 거라고 생각했기 때문이다. 첫 스페인어 선생님은 속삭이듯 말하고 학생들을 무서워하는 듯한 소심한 사람이다. 그녀는 자주 우리를 언어 실습실에 방치하고 헤드폰으로 무의미한 대화를 듣게

빛이 드리운 자리

한다. "¿Dónde está su casa?(당신의 집은 어디입니까?)" "Aquí está mi casa(우리 집은 여기입니다)." 처음 몇 주간의 수업에 겁을 먹은 그 교사는 새로운 일자리를 알아본 것 같다. 그녀는 학기 도중에 일을 그만둔다. 새 학기가 시작되고 학생들이 언어 실습실에 앉아 있다. 교사가 나타날 조짐은 보이지 않는다.

그때 갑자기 완벽한 몸매에 흑갈색 머리의 젊은 백인 여자가 문 앞에 나타난다. 남자아이들이 뭐라고 한마디씩 하면서 휘파람을 분다. 예쁜 상급생이 새로 왔다고 생각한 것이다. 그녀는 문틀에 기대어 한동안 느긋하게 서 있다가 장난기 어린 미소를 짓고 강단에 올라 이렇게 선언한다. "안녕. 난 마르타 배스킨이야. 너희들의 새로운 스페인어 선생님이지." 그녀는 남미에서 선교사 자녀로 스페인어를 배웠다고 설명한다. 하지만 내가 그때까지 본 어떤 선교사 자녀와도 다른 모습이다.

나는 여전히 흥미 있는 과목들을 알아보고 있고, 형은 본인이 제일 좋아하는 세실 피켄스 선생님의 역사 수업을 들으라고 설득한다. 그는 학교에서 가장 괴짜인 교사다. 소설 속의 인도 고무 인간처럼 콜라겐 과다 증후군을 앓고 있다. 그것 때문에 다리를 심하게 절고, 지나치게 큰 입술과 늘 찡그린 것처럼 보이는 뒤틀린 얼굴이 기형적으로 보인다. 형이 말한다. "한번 믿어 봐. 틀에서 벗어나 생각하도록 가르쳐 줄 거야."

피켄스 선생님은 수업 첫날에 과제를 낸다. "교과서 1장은 아주 짧아요. 그 안의 모든 내용을 공부하세요. 내일 퀴즈를 낼 겁니다." 우리는 1장을 사실상 암기한다. 다음날 퀴즈는 단 한 문제다. '1장 맨 위에 있는 사진을 찍은 작가는 누구입니까?' 아무도 모른다. 피켄스 선생님이 우리를 나무란다. "모든 내용을 공부하라고 했지요. 이 수업 시간에는 주목하세요."

학생들은 피켄스 선생님을 아주 좋아하거나 싫어한다. 그런데 어느 날 그가 사라지고 경찰이 술 취한 그를 잡아갔다는 소문이 돈다. 차 뒷좌석에 공산주의 문헌이 실려 있었다고 한다. 피켄스 선생님은 학생들이 스스로 생각하도록 돕고자 다른 사상에 노출시켰을 따름이라고 주장했다. 우리는 그를 다시 보지 못한다.

생물학 수업 첫날, 나는 과학에 눈을 뜬다. 각진 얼굴의 키 크고 마른 남자가 교실 앞쪽으로 들어와 자신을 나바르 선생님이 아니라 '박사Doc'로 소개한다. 그의 교실은 진짜 동물원이다. 온전한 인체 골격이 벽에 죽 늘어선 여러 개의 테라리엄과 수족관들을 내려다본다. 해골의 입에는 장난스러운 학생이 물려 놓은 담배가 있다.

수업을 시작하면서 박사는 신발 한쪽을 벗더니 테라리엄 중 하나로 가서 길이가 60센티미터 정도 되는 악어 앞에 놓는다. 콰직! 신발은 납작하게 짜부라진다.

"자, 잘 봐." 박사가 말한다. 그는 테라리엄 안으로 손을 뻗어 한 손가락을 악어의 코끝에 올려놓는다. "방금 본 것처럼, 이 녀석은 내 신발을 박살 낼 정도로 강력한 근육을 갖고 있어. 하지만 그 근육은 한 방향으로만 작동해. 생물학은 이런 것들을 가르쳐 주지." 그는 두 박자 정도 쉬었다가 이렇게 덧붙인다. "그리고 늪 근처에 산다면 그것은 중요한 정보가 될 수 있어."

나는 늪 근처는 아니지만 언제나 숲 근처에 살았다. 수업 첫날부터 내 안의 뭔가가 꿈틀거리는 것을 느낀다. 과학은 철학 같은 추상적 훈련이 아니다. 그것은 내가 사랑하는 자연계와 더 친숙해지는 길이다.

박사는 정기적으로 학생들을 집에 초대하는데, 그의 집은 자연사박물관이기도 하다. 그곳에서 나는 곤충에 다시 관심을 갖게 된다. 박사가 말한다. "곤충들을 절대 과소평가하지 마. 지구 상에는 인간 한 명당 천 파운드의 살아 있는 흰개미가 있고 파리는 거의 2천만 마리가 있거든."

나는 들과 숲을 다닐 때 잠자리채와 작은 단지들을 챙기기 시작한다. 시간이 지나면서 스티로폼 진열대 두 개를 채울 만큼 충분한 표본이 모인다. 나는 나비 진열대 중앙에 대형 멧누에나방을 둔다. 담녹색의 빛나는 그놈은 털 달린 큼직한 더듬이를 갖고 있고 네 개의 눈꼴무늬가 박힌 큰 날개가 바깥쪽으로 갈수록 점점 가늘어진다. 우리 트레일러 주택 방충문에 붙은 놈을 산 채로 잡았다고 하면 아무도 안 믿을 것이다.

다른 진열대에는 사마귀(박제로 만들기가 아주 까다롭다) 몇 마리, 무시무시한 장수풍뎅이 한 마리, 소금쟁이, 노린재, 메뚜기 몇 마리와 나의 소중한 동부눈깔 방아벌레가 있다. 방아벌레는 썩은 통나무에서 캐냈다. 각 표본 아래에는 일반명과 라틴명을 모두 적은 이름표를 붙인다.

내가 좋아하는 곤충 매미는 따로 진열해 놓았다. 빨간 눈이 튀어나온 매미들은 13년간 땅속에 있다가 막 등장한 놈들이었다. 매미들은 수천 마리씩, 아니 수백만 마리씩 출현하는데, 놈들이 내는 기계음에 공기가 진동한다. 벨트가 느슨해진 잔디 깎는 기계 비슷한 소리다. 어느 날 그 소리가 멈췄고, 나는 금빛이 섞인 투명한 매미 허물들을 주워 모았다. 이 기묘한 생물들은 참 놀랍다. 내가 살아온 세월보다 더 오랜 시간을 기다린 끝에 세상에 등장하여 알을 낳고 땅 위에서는 한 달도 못 살고 죽는다니.

과학에 대한 내 열정을 본 나바르 박사는 에모리 대학교 부근의 연구 단지인 전염병센터* 하계 인턴 과정에 나를 추천했다. 나는 서류 양식을 작성하고 과학자가 되고 싶은 이유를 담아 에세이를 쓴다. 놀랍게도, 다들 탐내는 여섯 개의 인턴 자리에 나도 뽑힌다. 지금까지 이렇게 뿌듯했던 적이 없고 이렇게 과분하다고 느낀 적이 없다.

CDC에서의 첫날, 애틀랜타 전역에서 뽑힌 고등학생 인턴들을 만난다. 사립학교에서 온 한 여학생은 어느 양담쟁이 식물을 가지고 직접 개발한 살충제를 설명한다. 그녀는 그 살충제로 전미 과학박람회 경진대회에서 3등을 했다. 내 옆에 앉은 남학생은 곤충 매개 질병을 파악하는 과정에서 진드기를 잡는 기발한 방법을 발견했다고 말한다.

과학자가 묻는다. "정말인가요? 더 말해 주세요. 우리는 진드기를 모으기 위해 고임금 노동자들을 보내거든요. 그 일은 대단히 노동 집약적인 작업이에요. 담요를 들고 들판을 지나가면 풀잎 끝에 발톱으로 앉아 있는 진드기들이 담요에 걸리죠. 학생은 어떤 방법을 쓰나요?"

고등학교 졸업반인 그 학생은 진드기가 동물들이 호흡할 때

• CDC, 질병통제예방센터의 전신.

내뿜는 이산화탄소를 좋아한다고 설명한다. "저는 들판에 드라이아이스 덩어리를 둡니다. 다음날 보면 드라이아이스는 녹아서 아주 작아져 있죠. 저는 드라이아이스로 보존된 수십 마리의 진드기를 거둡니다."

과학자가 감탄한다. "훌륭하군요! 내일 한번 시도해 봐야겠네요."

내 차례가 오자 나는 곤충 수집품과 열대어를 가지고 시도했던 여러 번식 실험에 관한 내용을 중얼대고는 슬그머니 자리에 앉는다.

그 여름의 인턴십을 통해 나는 전문가들이 일하는 세계를 처음으로 경험한다. CDC는 뇌염이 발생한 텍사스의 한 지역에서 수천 마리의 모기를 채집해 두었다. 나는 거의 매일 현미경 앞에 앉아서 날개의 줄무늬 패턴에 따라 모기들을 여러 트레이에 분류한다. 연구자들은 종별로 분류된 모기들을 갈아서 말 혈청과 섞어 생쥐의 뇌에 주입한다. 감염된 생쥐는 9일 후에 뇌염의 징후를 보이게 되는데, 그것을 바탕으로 현장 직원들이 각 유형의 모기 퇴치 프로그램을 고안한다.

모기 분류 과정 자체는 지루하지만, 현미경 앞에서 작업하고 있으니 내가 중요한 사람이 된 것 같다. 인턴들은 CDC 세미나에도 참석할 수 있는데, 참석해 보니 세미나 쪽이 훨씬 더 흥미진진하다. 한 광견병 전문가는 말과 개들이 비틀대며 돌아다니고, 입에 거품을 물고, 가로등이나 목재 조각을 공격하는 영상들을 보여 준다. 영상이 끝나자, 또 다른 과학자가 선페스트에 감염된 쥐를 에테르로 마취하고 콘퍼런스 테이블에서 바로 해부한다.

그해 여름이 끝날 무렵, 나는 미생물 사냥꾼, 또는 곤충학자로 진로를 결정한다.

그해 여름에는 인턴십 말고 다른 일도 벌어진다. 인종과 관련된 일이다.

조지아에서 자란 나는 흑인과 우리가 다르다는 말을 평생 들었다. 흑인들은 백인들에 비해 부실한 문법을 사용한다. 백인과 다르게 생각하고 다르게 행동한다. 언제나 그럴 것이다. 내가 다녔던 학교에는 흑인 급우가 없었고 내가 소속된 교회들은 흑인에 대한 선입견을 더욱 강화시킬 뿐이었다.

내가 고등학교에 입학한 해에 9명의 흑인 학생들이 처음으로 애틀랜타의 여러 학교에 입학했다. 이후 몇 년 동안 지역 내 다른 학교들도 흑인 학생들을 받아들였지만, 고든 고등학교 캠퍼스에는 단 한 명의 흑인 학생도 발을 들이지 못했다. 흑인 가족들이 동네로 이사를 왔지만, 어떤 부모도 우리 학교에 자녀들을 감히 입학시키지 못한다. 왜? 우리는 형의 이상한 친구 맬컴, 그러니까 KKK단 그랜드 드래건Grand Dragon*의 조카 혼자서 우리 학교를 백인 전용 상태로 유지했다고 본다.

맬컴은 고든 고등학교에 입학하는 첫 번째 흑인 학생은 상자에 담겨 집으로 돌아가게 될 거라는 말을 퍼뜨렸다. 방법은 모르겠지만 그는 고든으로 전학을 신청한 열세 명의 흑인 학생의 명

---

* KKK단 각 주의 지도자. 위저드(최고 지도자), 드래건(고위 간부), 타이탄(보좌직) 등의 명칭이 있다. 전국 단위 직책에는 '임페리얼', 주 단위에는 '그랜드'가 붙는다.

단을 확보했고, 몇 주 후 KKK단이 그들의 집 마당에서 십자가를 불태웠다. 열세 명 모두 계획을 변경했다.

1960년대의 쿠클럭스클랜은 여전히 두려워할 만한 세력이다. 어릴 때 이그졸티드 사이클롭스나 그랜드 위저드, 또는 그 비슷한 급의 KKK단 거물을 위한 장례 행렬을 보던 기억이 난다. 우리는 그 차량들이 늘어선 쪽으로 좌회전을 해야 했기에 그 자동차 행렬이 다 지나갈 때까지 기다려야 했다. 수십 대 또는 수백 대의 차들이 우리 앞을 지나가는데, 운전자는 하나같이 새하얗거나 진홍색의 예복을 입고 눈구멍을 낸 끝이 뾰족한 후드를 쓰고 있다. "쳐다보지 마." 어머니는 그렇게 말했지만 어떻게 안 쳐다볼 수가 있겠는가? 다음 날 〈애틀랜타 저널〉은 장례 행렬이 8킬로미터나 이어졌다고 보도했다.

가끔 인종주의라는 죄에 대한 가책을 느낀다. 담임 목사가 마틴 루터 킹 2세를 '마틴 루시퍼 쿤*'이라고 부를 때 움찔하고 놀란다. 인종주의적 농담을 들으면 사람들은 언제나 웃음을 터뜨리지만 나는 그런 농담을 따라 하지 않으려고 노력한다. 그런데 CDC에서 일한 그 여름에 나는 가책을 훌쩍 뛰어넘는, 전기충격에 가까운 느낌을 경험한다.

인턴십에 참여하기 한 달 전, 나는 인턴 학생들이 수행할 과제에 관한 예습 자료 꾸러미를 우편으로 받는다. 나는 박테리아 착색 기법에 관한 논문에 특별히 주목한다. 나를 지도하게 될 체리

• 쿤은 흑인을 경멸조로 부르는 말이다.

박사가 쓴 논문이기 때문이다. 소심한 고등학생인 나는 아이비리그 대학 출신의 생화학 박사 앞에서 어떻게 행동해야 하는지 알 수가 없다. 그 생각만 해도 소름이 돋는다.

화학은 잘 모르지만 체리 박사에게 어느 정도 지적인 인상을 주고 싶다. 그래서 그의 전문 분야와 관련된 다양한 과정을 부지런히 공부한다. 지일-닐센 황산 염색법, 뢰플러의 알칼리성 메틸렌 블루 염색, 웨이슨 염색, 그리고 도무지 이해할 수 없는 다른 염색법들.

CDC에 출근한 첫날, 나는 사진이 있는 신분증을 받고 체리 박사의 사무실로 안내받는다. 경비원이 체리 박사 연구실의 문을 노크하고 "들어오세요"라는 말이 들리자 문을 연다. 그 순간, 나는 논문 꾸러미를 바닥에 떨어뜨릴 뻔한다.

체리 박사는 흑인이다.

한순간에 내 안의 무언가에 금이 간다. 성경 캠프의 한 강사가 식탁 주위로 골반을 돌리면서 잔에 담긴 액체를 하나도 흘리지 않는 웨이터들을 흉내 내던 장면이 떠오른다. 그때 강사 피터 러크만은 이렇게 물었다. "회사에서 흑인 사장을 만난 적이 있습니까? 모든 인종은 자기 자리가 있고 그 자리를 받아들여야 합니다."

나는 지혜롭고 온유한 멘토인 체리 박사와 날마다 가까이에서 함께 일한다. 이중 초점 안경을 쓴 그는 머리카락이 빠지고 있다. 내가 알기로 그는 수백 명의 직원을 거느리고 관리해야 하지만, 박테리아 염색과 모기 분류에 관한 내 질문들에 참을성 있게 답해 준다. 가끔은 나와 같은 고등학생인 자녀들 이야기도 해 준다.

빛이 드리운 자리

나는 어떻게든 피터 러크만에게 연락해서 체리 박사를 소개해 주고 싶다. 함의 저주 이론에 따르면 나를 고용한 이 과학자는 "셈의 장막에서 섬길" 운명이겠지만 그런 일을 하고 있지 않은 것이 분명하다. 여름 내내 나의 내면은 신앙의 위기로 검게 그을린다. '교회는 인종에 관해 내게 분명히 거짓말을 했다.' 또 무엇에 관해 거짓말을 했을까? 예수님에 관해? 성경에 관해?

나는 시내 버스를 타고 다니면서 CDC 인턴 과정을 진행하는데, 흑인 가정부들을 에모리 대학교 주위의 대저택들로 실어 나르는 이 버스에서 백인은 나 혼자일 때가 많다. 어느 날, 겨드랑이가 땀에 젖고 스타킹이 발목까지 흘러내린 한 비만의 중년 여성이 버스 계단을 오른다. 요금통에 동전을 넣고 세 살배기와 함께 휘청대며 통로를 걸어간다. 두 사람이 내 좌석 근처에 이르렀을 때 아이가 갑자기 어머니 손을 놓고 몸을 구부리더니 내 자리 옆 바닥에 토한다. 여자는 욕을 하면서 아이의 팔을 잡고 버스 뒤쪽으로 끌고 간다.

나는 역겨움을 느끼며 옷에 토사물이 묻었는지 살피고 다른 자리를 찾아 두리번거린다. 본능적 반응이다. 하지만 그다음에 떠오른 생각에 나는 당황하고 말았다. 내가 이 여자의 삶을 상상할 수 있을까? 그녀는 차가 없어서 이 버스를 타는 것이 분명하다. 매일 자신으로서는 절대 넘볼 수 없는 고급 주택들의 바닥을 닦고 가구의 먼지를 털고 청소를 한다. 그녀가 아이를 데려온 이유는 아마도 돌봐 줄 사람이 없기 때문일 것이다.

나는 돕고 싶은 열망까지는 아니지만 안됐다는 마음보다는 강한 감정을 느끼며 버스에서 내린다.

15 / 분열

어떻게 된 일인지는 모르지만,

우리는 두 부분으로 나뉘어 있어서

한쪽이 믿는 것을 다른 한쪽은 믿지 않고,

우리가 비판하는 자신의 모습을 떨쳐 낼 수가 없다.

—미셸 드 몽테뉴, 《수상록》, 〈영광에 관하여〉

내가 근본주의 교회 마당의 트레일러 주택에 산다는 사실은 학교의 어느 누구도 모른다. 등교 첫 주에 나는 버스에서 내린 후, 이웃이자 같은 반인 유진 크로와 함께 그의 집으로 걸어갔다. 거기서 나는 뒷마당의 낮은 울타리를 뛰어넘고 교회 경내를 가로질러 집으로 향했다. 그때 나는 "어이, 내가 이 경치 좋은 길로 다녀도 괜찮지?"라고 유진에게 물었고 이후 그 말은 습관이 되었다. 내가 집에 아무도 초대하지 않는 한, 나의 비밀은 드러나지 않는다. 물론 나는 누구도 초대하지 않는다.

트레일러 주택은 집과 교회라는 내 세상에 대한 완벽한 상징이다. 좁고 모나고 폐쇄적이고 경직되어 있는 세상. 그 외의 다른 모든 것—CDC 인턴십, 시내 버스, 학교 활동, 책, 정치, 나의 과학 사랑—은 일종의 평행우주 안에 존재한다. 두 우주는 서로를 연상시키는 일이 전혀 없고, 울타리를 넘지 않으면 내가 당장에 속한 우주가 실재하고 참된 것으로 느껴진다.

고등학교 시절 내내 나는 집-교회와 그 너머의 세계, 이 두 우주를 오간다. 두 세계가 만날 수밖에 없을 때마다 수치심이 뜨겁게 올라와 얼굴이 벌게지는 것을 느낀다.

고 3 때 영문학 선생님이 로런스 올리비에와 매기 스미스가 주연한 〈오셀로〉를 개봉 첫날 보러 가는 현장 수업 계획을 발표한다. "금요일 오후 수업을 모두 빠져도 된다는 허락을 받았어요." 선생님의 그 말에 모든 학생이 환호성을 지른다. 나만 빼고.

수업이 끝난 후 나는 주뼛거리며 선생님에게 다가간다. "채스테인 선생님. 문제가 있습니다. 저기, 제가 다니는 교회에서는 영화 관람이 잘못된 일이라고 생각합니다. 그래서 금지하고 있는데요."

그녀는 아랫입술을 깨물면서 나를 한동안 바라보다가 친절하게 대답한다. "이해한다, 필립. 네가 그 영화를 못 보게 되어 안타까울 뿐이야. 걱정하지 마라. 네게는 또 다른 과제를 내줄 테니까." 다른 학생들은 이 사실을 알고 나서 나를 불가촉천민처럼 대한다. 그리고 금요일, 급우들은 수업이 몇 개나 빠진다고 신나서 버스에 올라 주간 상영 영화를 보러 가고, 나는 빈 교실에 남아 초서에 대한 보고서를 쓴다.

당시 영적인 시기를 보내고 있던 형은 내게 학교 동아리, 십대선교회YFC, Youth for Christ에 들라고 압박한다. "우리는 그리스도인으로 돋보여야 해." 내가 눈을 굴리자 형은 설교를 늘어놓는 다. "넌 다양한 방식으로 소리 없는 증인이 될 수 있어."

YFC 임원은 나의 수치심을 부채질하기로 작정이라도 한 듯하 다. 회원들에게 교과서 위에 커다랗고 빨간 성경을 올려서 가지 고 다니라고 할 뿐만 아니라["왜 성경이 빨간색red이냐고요? 성 경은 읽혀야be read 하는 책이니까요."] 화려한 십대선교회 책 커 버로 교과서를 감싸라고 독려한다. 참된 신자들은 학교 식당에 서 다른 사람이 다 알아볼 수 있게 고개를 숙이고 식사 기도를 한다. 나는 도저히 그럴 수가 없어서 몇 초간 머리를 숙이고 눈썹 을 긁은 다음 봉지에 든 점심을 꺼낸다.

화요일 오후에는 옆쪽에 빨간 글씨로 '십대선교회'라고 적힌 대형 버스가 학교 건물 맞은편 진입로에 서고 우리 신실한 무리 는 그 버스에 오른다. 운전석 바로 뒤에는 바닥에 볼트로 고정한 낡은 피아노가 있다. 형이 몇 곡의 찬양을 인도하는 동안 버스는 학교 건물 앞으로 한 바퀴 돌아서 다음 모임 장소인 누군가의 집 으로 향한다. 차가 학교 정문을 지나칠 때면 나는 보통 뭔가를 떨 어뜨려 그것을 줍느라 몸을 숙이고 있다. 창문을 통해 나를 알아 보는 사람이 없도록.

토요일 저녁에는 애틀랜타 시내에 있는 하이 미술관의 고급 강당에서 YFC가 시 전체를 대상으로 집회를 연다. 경건한 십 대 들을 세속적 활동들로부터 지키기 위해 기획된 이 집회에는 즐 거움과 영감을 더하기 위해 초청한 음악 그룹들과 강사들이 출 연한다. 진행자는 집회가 끝난 후 즐길 밀크셰이크와 버거를 포 기하라고 우리에게 매주 요청한다. "먹을 것을 즐기는 대신에 헌금 위원들이 좌석을 오가며 돌리는 헌금 바구니에 용돈을 넣어 주실 것을 호소합니다."

YFC도 우리 교회처럼 자신의 신앙을 다른 사람들에게 전하는 일이 중요하다고 강조한다. 한 강사는 이렇게 말한다. "공산주의에 헌신한 열일곱 명이 러시아를 정복했습니다. 미국의 모든 그리스도인이 일 년에 두 사람씩만 그리스도께 인도하고 그 두 회심자가 동일한 일을 한다면, 교회는 기하급수적으로 성장할 것입니다. 10년이면 천만 명의 새로운 그리스도인이 생길 것이고, 15년 후에는 10억 명이 될 것입니다!"

나는 일 년에 두 명의 회심자라는 개인 목표를 받아들인다. 급우들에게 다가가기는 너무 창피해서 모르는 사람 집에 노크해서 전도를 시도한다. "안녕하세요. 한 가지 여쭈어봐도 될까요? 오늘 죽는다면 천국에 갈 준비가 되셨나요?" 이 방법은 통하는 법이 없다. 사람들은 자기가 이미 천국 가는 길에 올랐다고 말하거나 눈앞에서 문을 쾅 닫는다.

하지만 적어도 전도지는 나눠 줄 수 있다. 나는 교회의 다양한 전도지를 살펴본다. 한 전도지에는 뒤에서 지옥 불이 어른거리는데 죄인들이 즐거운 시간을 보내고 있는 조악한 그림이 그려져 있다. 또 다른 전도지에는 그림 대신 표지에 질문 하나만 적혀 있다. "어떤 일을 하면 지옥에 갈까요?" 그리고 안쪽 면은 텅 비어 있다. 그러나 전단지 기법도 통하지 않는다. 내가 말하려는 요점이 상대가 지옥에 가고 있다는 것인데 어떻게 그와 우호적인 대화를 나눌 수 있는지 도무지 알 수가 없다.

나 자신은 사기꾼, 위선자가 분명하다는 결론을 내린다. 나는 교회에서도 YFC 모임에서도 연기를 한다. 어떤 말을 해야 하고 어떤 말은 하면 안 되는지, 어떤 생각을 해야 하고 어떤 생각은 하면 안 되는지를 안다. 하지만 새로운 환경—교회 바깥의 세상—으로 들어서면 머리에 피가 솟구치고 다리가 후들거린다. 나의 실패들이 자아내는 죄책감에 수치심은 더 커진다.

내가 고 3이던 해에 형은 YFC 피아노 경연 대회에 참가를 신청하고, 나는 '설교자 소년' 경연 대회 참가를 신청한다. 학기 말 과제를 쓸 때만큼 열심히 설교문을 작성하여 암기하고 욕실 거울 앞에서 몸짓을 해 가며 연습한다. 가끔은 내가 설교하는 내용을 온전히 믿고 눈물을 주체하지 못하기도 한다. 그러나 경연 대회 직전에 나는 참가 신청을 철회한다. 설교를 잘 해내면 인디애나에서 열리는 전국 집회에 무료로 다녀올 수 있겠지만, 진심에서 나온 것인지 나조차도 확신할 수 없는 말들을 어떻게 내뱉을 수 있겠는가?

* * *

나는 수치심뿐만 아니라 두려움도 느낀다. 텔레비전이 없는 우리 집에서는 칼 매킨타이어와 빌리 제임스 하기스의 날카로운 목소리가 흘러나오는 라디오 뉴스를 듣는다. 라디오 복음 전도자인 이들은 종교보다 정치 이야기에 더 많은 시간을 쓴다. 이들의 말에 따르면 모든 정치가는 사기꾼이고 모든 민권운동 지도자는 정체를 숨긴 공산주의자이고 모든 대통령은 소심한 겁쟁이다. 루스벨트는 얄타에서 "우리를 저버렸다." 지금은 존 F. 케네디가 정권을 잡고 있는데, 매킨타이어는 그가 "이 나라의 종말이 될 것"이라고 주장한다. 어머니는 이들의 말에 끊임없이 불안해하면서도 그 말에 귀 기울이기를 좋아한다. 형은 이 두 사람을 '공포 선동가'라고 부르며 놀리고, 그것은 언제나 어머니와의 말싸움으로 이어진다.

어머니는 성경의 예언들이 눈앞에서 성취되고 있다고 주장한다. 유럽의 나라들이 유럽경제공동체로 모이고 있고 벨기에의 한 컴퓨터에는 짐승의 표를 준비하기 위해 모든 사람의 이름이 저장되어 있다고 한다. 일부 사회보장 수표들에 다음과 같은 지시 사항이 인쇄되어 발송되었다는 소문이 한 달 동안 퍼진다. "수표 번호와 수표를 현금화하러 온 사람의 이마에 찍힌 번호가 일치할 때만 현금으로 바꿀 수 있습니다." 어머니의 책들 중 하나는 뉴에이지 운동가들이 핵폭탄을 확보해서 2000년까지 20억 명을 제거할 거라고 예언한다. 또 다른 책은 미국을 장악할 계획을 세운 가톨릭 신자들이 지하실에 총을 몰래 숨겨 두고 있다고 경고한다.

교회는 두려움을 강화시킨다. 파일 목사의 여름 캠프에 초빙된 한 그리스어 학자가 "그리스도 재림 전에 나타날 확실한 마지막 징조"에 관해 말한다. 나는 세상 종말에 대한 마지막 단서를 알게 되기를 기다리며 집중한 채로 앉아 있다. 그는 '위험한' 시대가 올 거라고 말하는 디모데후서의 한 구절을 인용한다. "이 그리스어 단어의 문자적 의미는 '엉망인' 또는 '터무니없는' 시대입니다. 우리가 터무니없는 시대를 산다는 사실을 심각하게 의심할 사람이 있을까요?" 뭔가 더 정확한 것을 바랐던 나는 속은 느낌이 든다.

흐루쇼프는 "네놈들을 묻어 버리겠다!"고 위협하고 신문들은 공산주의의 붉은 얼룩이 피처럼 남반구와 북반구 모두로 퍼져 나가는 사진들을 보여 준다. 나는 공산주의 침략자들이 그들의 언어를 구사할 줄 아는 사람은 모두 살려 준다는 글을 읽었다. 살 길을 확실히 마련하기 위해서 형은 러시아어 수업을 신청하고 나는 중국어를 공부한다. 어느 쪽이 공격을 해 와도 둘 중 하나는 살아남기 위해서다. 나는 공산주의자들이 적들을 정복한 후 손에 굳은살이 있는지 검사한다는 글도 읽었다. 손이 매끄러운 부르주아는 줄을 세워 총살하고 노동자의 손을 가진 이들은 풀어 준다는 것이다. 나는 손에 물집이 잡히고 굳은살이 박이기를 기대하며 장갑을 끼지 않고 갈퀴로 낙엽을 열심히 긁어모은다. 한 줌밖에 안 되는 내 중국어 단어들과 형의 러시아 어휘가 우리를 구해 줄 거라는 생각이 벌써부터 의심스럽다.

쿠바 미사일 때문에 위기가 감돌던 시기에는 두려움이 커지다 못해 히스테리 수준이 된다. 학교 TV에서는 비장하고 지친 얼굴의 케네디 대통령이 우리를 묻어 버리겠다는 나라를 상대로 해상봉쇄를 선언하는 모습이 나온다. 고든 고등학교는 매년 과학 박람회를 여는데, 이번에는 새로운 화합물이나 전기장치 발명 대신에 최고의 낙진 피난처 설계를 가지고 경쟁한다.

국방부는 우리를 안심시키기 위해 팸플릿을 배포한다. "사람이 다량의 방사선을 쐬면 죽지만, 소량이나 적당량의 방사선 노출에는 신체가 자가수복을 해서 금세 건강해집니다." 그러나 그 어떤 조치도 조지아에 사는 우리의 불안을 말끔히 해소하지는 못한다. 카스트로의 미사일이 우리를 말살하리란 것을 알기 때문이다. 냉소적인 포스터가 이 상황을 제대로 파악하고 있다. "핵 공격이 있을 경우, 학교 책상 아래로 들어가 무릎 사이로 머리를 넣고 엉덩이에 작별의 키스를 하세요."

나는 케네디 대통령에 대해 복잡한 감정을 갖고 있다. 우리 교회에서 경고하는 바와 달리, 그는 교황의 지령을 받는 것처럼 보이지 않는다. 그가 흐루쇼프에 맞서는 방식이 맘에 들고 카멜롯의 신비로움에 끌리는 것을 피할 수가 없다. 백악관 잔디밭에서 하는 터치풋볼, '나는 베를린 시민입니다Ich bin ein Berliner' 연설*, 대통령의 생일을 맞아 시를 외워서 낭송하는 세련된 영부인 재키.

그러다 1963년 11월의 어느 날에 이른다. 푸시아노 선생님의 화학 수업 시간에 나는 자리에 앉아 원소주기율표를 멍하니 바라보고 있다. 푸시아노 선생님은 내가 처음 알게 된 가톨릭 신자 중 한 사람이고, 그녀의 열 자녀 중 일부가 고든 고등학교에 다닌다. 우리는 수업 시간 중간에 학생들이 복도를 달려가는 소리를 듣는다. P. 선생님이 무슨 일인지 살피러 나가자 복도의 학생 중 하나가 소리친다. "대통령이 총에 맞았어요!" 그녀는 교실 문을 쾅 닫는다. 우리가 듣지 않았기를 바라며 그렇게 했지만 모두가 그 말을 이미 들었다. P. 선생님은 우리에게 책을 덮고 조용히 있으라고, 기도해도 된다고 말한다. 상황을 좀 더 알게 될 때까지

• 1963년 6월 26일 존 F. 케네디 미국 대통령이 서베를린의 라트하우스 쇠네베르크에서 한 연설. 소련의 지원하에 베를린장벽이 세워진 후 동독의 침략에 대한 불안을 안고 있던 서베를린 시민을 격려하기 위한 연설.

기다리자는 것이다.

몇 분 후 교내방송이 켜지고 교장 선생님의 익숙한 목소리가 흘러나온다. 일 년 전, 달변이던 크레이그 선생님의 자리를 젱킨스 선생님이 대신했는데, 미식축구 감독이었던 젱킨스 교장은 달변과는 거리가 멀다. "여보세요. 이거 켜진 건가? 오케이. 교장입니다." 그가 마이크 버튼을 몇 번 누르자 몇 차례 잡음이 발생한다. 교실에는 정적이 흐른다. 우리는 잔뜩 경계하는 사슴처럼 움직임 없이 가만히 있다. "텍사스 주지사 …"—이 첫마디를 듣고 푸시아노 선생님은 성호를 그으며 안도의 한숨을 내쉰다. 젱킨스 선생님은 버튼을 다시 누르고 말을 이어 간다—"와 존 케네디 대통령이 총을 맞았습니다." 학생 몇 명이 다 들릴 만한 소리를 내며 숨을 멈춘다. "케네디 대통령은 부상이 특히 심각합니다. 머리에 총을 맞았기 때문입니다." 우리는 내용이 좀 더 있는지 기다리지만, 방송은 딸깍 소리와 함께 꺼진다.

푸시아노 선생님은 책상에 엎드린다. 선생님의 어깨가 위아래로 흔들린다. 일부 여학생들도 흐느낀다. 그리고 복도에서 소리를 죽인 추한 박수갈채와 환호 소리가 들려온다. 물론 우리는 그 이유를 안다. 지난 몇 년 동안 케네디 대통령은 강제로 남부의 인종통합을 이루기 위해 연방 보안관들을 보내 왔다.

그날 고든 고등학교는 수업을 일찍 마친다. 카운티 전체가 멈춘 것처럼 보인다. 너무나 중대한 사건이기에 이틀 후인 일요일에 어머니는 내가 교회 예배 후 유진의 집에 가서 텔레비전으로 뉴스를 볼 수 있도록 허락한다. 내가 문을 열고 들어가자 크로 부인이 아이스티 좀 마시겠느냐고 묻는다. 그녀가 아이스티를 내

오기도 전에 나는 잭 루비가 리 하비 오즈월드*의 배에 총을 쏘는 광경을 TV 생중계로 목격한다.

캠프에 왔던 그리스어 학자의 말이 옳았다. 우리나라는 엉망이 되고 있다.

*　*　*

내가 케네디에게 품었던 호의는 그의 후계자 린든 존슨에게로 이어지지 않는다. 그가 입을 열 때마다 나는 불편해진다. "마 펠러 어머리칸스(친애하는 국민 여러분)." 그가 그렇게 말하면 조지아 북부 산골 출신의 촌놈처럼 보인다. 그는 저속하게 처신하고 개의 귀를 잡고 들어 올리고 화장실 문을 열어 놓고 변기에 앉아 외교정책을 상의한다. 대선이 있는 해인 1964년, 고등학교 4학년인 나는 '골드워터 지지 청년 공화당 위원회'에 들어가 위원회 주 서기로 자원한다.

그해 7월 4일에는 레이크우드 스피드웨이에서 열린 '독재 반대 애국자 대회'에 참석한다. 이 집회에는 앨라배마 주지사 조지 월리스, 미시시피 주지사 로스 버넷, 애틀랜타 주지사 레스터 매덕스 같은 유명인들이 참석한다. 연사들이 돌아가며 주의 권리를 짓밟은 연방 정부를 비난하자 만천 명의 남부인 군중이 소형 남부연합 깃발을 흔들며 환호한다.

나는 지붕 없는 뜨거운 관람석에 앉아 순서지로 부채질을 한

• 케네디 대통령 암살범.

다. 그런데 정치 집회의 방향이 인종 문제로 넘어가면서 급기야 폭력이 발생한다. 집회에 참석한 몇몇 흑인들이 그랜드스탠드* 의 한구석에 모여 앉아 눈에 잘 띄는 검은 무리를 이루고 있었는데, 한 연사가 월리스 주지사를 소개하자 흑인들 중 세 명이 손을 컵처럼 둥글게 말아 요란하게 야유를 보낸다.

홍겨운 〈딕시〉 연주가 끝나자마자, 몇몇 KKK단원이 자리에서 일어나 관람석을 내려와서 흑인 무리를 에워싼다. 불길하다. 누가 신호를 보냈는지는 알 수 없다. 그들은 흑인들의 머리와 어깨를 주먹으로 때리다가 나중에는 접이 의자로 내리치기 시작한다. "때려! 죽여!" 하는 군중의 외침에 고무된 여섯 명의 다른 백인들도 폭력에 가담한다.

흑인들은 서로 꼭 붙어서 탈출로를 찾아 절박하게 주위를 둘러본다. 그러다 그중 몇 사람이 제정신이 아닌 상태로 그 자리에서 빠져나와 경주용 자동차로부터 관중을 보호하기 위해 설치된 10미터 가까운 높이의 굵은 철사로 만든 울타리를 오르기 시작한다. 괴롭히는 무리가 그들을 잡겠다고 앞다투어 뛰어나간다.

연사들의 확성기가 조용해지고, 공격자들이 덫에서 사냥감을 빼내듯 울타리에 매달린 이들을 떼어 내는 모습을 모두가 지켜본다. 잠시 후, 챙이 넓은 모자를 쓴 감청색과 회색 제복 차림의 조지아주 순찰대원들이 어슬렁어슬렁 다가가 피투성이가 된 흑인들을 데리고 나간다.

• 지붕 있는 관람석.

빛이 드리운 자리

집회는 재개되고 조지 월리스가 무대에 올라 KKK단 리더인 아사 카터가 쓴 연설문을 낭독한다. 그는 1964년의 공민권법을 "이제껏 제정된 것 중 가장 말도 안 되는 법이자 … 엉터리, 사기, 날조"라 부르고 "이 법은 오명을 떨쳐 버리지 못할 것"이라고 말한다. 그리고 민권운동이 바로 《공산당선언》에서 나온 것이라고 한다. "이 나라의 정부는 하나님에 대한 믿음 위에 세워졌습니다. 우리는 그 정부를 되살려야 합니다.!" 그가 두 팔을 들어 승리를 상징하는 V자를 만들고 무대 위를 돌자 군중이 소리친다. "조지! 조지! 조지!"

폭행의 장면에 내 마음은 여전히 머무르고, 다른 연설들이 귀에 들어오지 않는다. 7월의 열기에도 피부가 차갑게 식었다. 군중의 환희에 동참할 수가 없다. 이 집회에, 아니 정치 자체에 정이 떨어졌다. 군중의 목쉰 외침, KKK 단원들의 주먹질에 흑인들의 몸이 으스러지던 소리가 집회에 대한 내 관심을 전부 삼켜 버렸다.

그 여름 내내 그 폭행의 기억이 사라지지 않는 악취처럼 내 주위를 맴돈다.

* * *

고등학교 마지막 2년 동안 나는 가족과 교회로부터 멀어지는 것을 느낀다. 학교는 내 앞에 새로운 영역들을 열어 주었다. 그리고 거기서 마침내 나는 성공과 수용을 경험하기 시작한다.

약간의 두려움을 안고 스콥스 원숭이 재판 이야기를 다루는 학교 연극 〈침묵의 소리Inherit the Wind〉 출연 오디션을 본다. 그 연극은 우리 교회가 영웅으로 여기는 근본주의의 아이콘 윌리엄 제닝스 브라이언을 조롱한다. 나는 문맹의 산 사나이 일라이자 역의 오디션을 보는데, 그는 마을 사람들에게 성경을 팔고 법원 바깥의 군중에게 지옥 불과 유황을 설교하는 인물이다. 연극 코치는 크게 흥분한다. "재능 있는 새로운 학생을 발견하다니 너무 좋아!" 그녀는 내가 일라이자 같은 설교자들의 설교를 얼마나 많이 들었는지 모른다.

다음으로 나는 토론팀에 들어간다. 토론은 다른 형태의 연기 같다. 어떤 주제를 조사해서 모종의 계획을 지지하는 논증을 열정적으로 제시한 다음, 입장을 바꾸어 그것이 얼마나 터무니없는지 논증한다. 두 번째 토론 대회에서 내 합계 점수가 형보다 높게 나온다. 무슨 일에서든 내가 형을 이긴 것은 처음이다. 형은 팀 내에서 내 순위가 자기보다 높다는 사실을 알게 되자 탈퇴한다.

고등학교 4학년 때 나는 조지아 대학교가 주최하는 주 토론 대회에 참가하려 학교 토론팀과 함께 애선스로 주말여행을 떠난다. 교육청에서 이틀 치 숙박비를 지원하고, 우리 토론자들은 숙소를 최대한 활용한다. 무릎을 안고 수영장에 뛰어들고 자판기를 텅 비게 만들고 담배도 피운다. 숙소를 함께 쓰는 다른 친구들이 밤늦게 곯아떨어지자 진동 마사지 침대에 동전을 넣는다.

그 여행에서 가장 기억에 남는 사건이 동부 조지아의 도로를 달려 집으로 오는 차 안에서 벌어진다. 나는 보호자인 신임 사회과 교사와 같은 차에 타고 있다. 그는 다듬지 않은 머리에 수염을 무성하게 길렀는데 당시로서는 드문 모습이다. 그의 넥타이는 세 개, 스포츠 재킷은 두 벌뿐이다. 닷새 연속 같은 옷을 입고 학교에 출근하기도 한다. 학교 주차장에서 가장 못생긴 차를 모는 사람이기도 하다.

열정적이고 젊은 다섯 명의 토론자들이 탄 그 고물 자동차에서 브래드퍼드 선생님은 자신이 그렇게 검소하게 사는 이유를 들려준다. "세계 인구 4분의 1은 일 년 소득이 내가 지금 차고 있는 이 시계 값보다 적다는 거 알고 있니?" 그의 왼팔이 운전대를 넘어와 30달러짜리 금시계를 보여 준다.

내가 부자라고 생각해 본 적은 한 번도 없다. 나는 트레일러 주택에 사는 사람 아닌가. 그러나 평화봉사단에서 막 임무를 마치고 온 브래드퍼드 선생님은 세계 최빈국 사람들의 일상생활을 설명해 준다. 나는 너무 놀라 말문이 막힌다.

선생님이 뒷좌석으로 고개를 돌린다. 그의 눈은 나를 보고 있다. "내가 평화봉사단에 가기 전에 무슨 일을 했는지 너희는 상상도 못 할 거다. 나는 남침례교회 전도사였어." 우리 모두 웃었다.

몇 분 동안, 브래드퍼드 선생님은 아무 말도 하지 않는다. 나는 바깥 경치에 집중하면서 그가 말해 준 해외에서의 시간을 생각한다.

마침내 내가 묻는다. "그런데 왜 전도사가 아니라 교사가 되셨어요?"

그는 그 질문을 기다리고 있었다는 듯 힘차게 대답한다. "그래, 그 이유를 말해 주마. 내가 미국으로 돌아왔을 때, 교회의 어느 누구도 내가 해외에서 본 내용에 별 관심이 없더구나. 사람들은 아메리칸드림을 좇는 데 관심이 쏠려 있었어. 내 머릿속에는 평화봉사단으로 활동하며 봤던 장면들이 떠나지가 않았지.

그러던 어느 날 더 이상 위선을 안고 살지 않겠다고 결정했어. 내 생각을 말할 때가 온 거지.

그때 나는 교회의 수요 저녁 예배에서 말씀을 전하기로 되어 있었어. 농장에서 온종일 일하고 나서 교회로 갔지. 통로를 지나서 강단에 올라 천갈이를 한 의자에 앉았어. 중요한 건 말이야, 내가 옷을 갈아입지 않았고 여전히 냄새 나는 오버롤 차림이었다는 거야. 내 작업용 장화는 교회의 통로에 진흙과 분뇨 자국을 길게 남겨 놓았어. 예배당 안에서 풍기는 낯선 악취에 교인들이 서로 속삭이기 시작했어.

내 설교는 5분 정도 걸렸고, 그 내용은 이랬지.

여러분은 충격을 받은 것처럼 행동하시는군요. 제가 광대 의상이라도 입은 듯이 웃으시네요. 하지만 저는 광대 의상을 입은 쪽은 여러분이라고 말씀드립니다. 세계 인구의 75퍼센트가 저처럼 입고 지냅니다. 세계 인구의 절반이 오늘 밤 주린 배를 쥐고 잠자리에 들었습니다. 여러분은 실컷 드셨고 개들에게도 먹을 걸 주셨지요. 그리고 멀쩡한 음식을 계속 버렸습니다.

다른 나라에서는 [굶어 죽은] 시체들이 썩어 가는 판국에, 창고에서 곡물이 썩어 가도록 방치하는 나라는 뭔가 문제가 있습니다. 그리고 이 교회, 이곳에서는 저처럼 옷을 입은 사람이 환영받은 적이 없습니다. 가난한 사람이 이 강단에서 말한 적이 없습니다. 그뿐 아니라, 여러분은 그런 사실에 개의치 않습니다. 오늘 밤 제가 떠나고 나면, 저는 괴짜, 부적응자, 광대로 기억될 것입니다. 여러분은 스스로가 이상한 사람들이라고 생각하지 않을 것입니다. 그러나 여러분이야말로 이상한 사람들입니다. 무엇보다 이상한 일은 여러분이 이 사실을 인식조차 못 한다는 것입니다.

선생님은 그 말과 함께 그 교회를 나왔다고 자랑스럽게 말한다. 그 후로 그는 기도도 하지 않고 성경도 읽지 않았다.

* * *

3년 동안 과학자가 되는 것이 나의 미래라고 생각했다. 하지만 고등학교에서의 마지막 2년을 보내는 동안, 글의 힘이 점점 나를 사로잡는다.

내가 글의 매력을 강하게 느낀 시점은 고 2 시절, 품격 있는 교장이었던 크레이그 선생님이 영어 개론 수업 시간을 참관했을 때였다. 교장이 참관할 때면 영어 교사는 늘 그에게 셰익스피어를 낭송해 달라고 요청했다. 크레이그 선생님은 목청을 가다듬고 눈을 감은 다음 몸을 앞뒤로 천천히 흔들면서 내가 들어 본 것 중 가장 아름다운 언어로 된 시구를 줄줄이 읊었다. 그럴 때 교실은 언제나 조용해졌는데, 그것은 그가 교장이었기 때문만은 아니었다.

이제 나는 영문학 수업 시간에 셰익스피어를 공부하고 있다. 우리는《줄리어스 시저》,《로미오와 줄리엣》,《햄릿》을 읽는다. 가끔 급우들끼리 "친구들, 로마인들, 신민들, 귀를 빌려 주시오…" 같은 대사로 농담을 한다. 하지만 언어의 마법은 하찮고 작은 세계에서 우리를 끌어내어 더 장엄한 무엇에게로 인도한다.

문학 심화 수업에서는 이와 다른 책들이 다른 힘을 발휘한다. 《1984년》, 《동물농장》, 《멋진 신세계》, 《호밀밭의 파수꾼》, 《앵무새 죽이기》, 《싯다르타》 같은 책들은 교회라는 거품 속에 있던 나를 끌어내어—브래드퍼드 선생님의 평화봉사단 이야기처럼— 이전에 알지 못했던 생각과 영역들로 안내해 준다. 난생처음 책을 읽는 것 같고, 내 안에 불온한 생각이 있는 것 같은 느낌이 든다. 이런 책을 읽는 것이 죄는 아닌지 혼란스럽다. 지금까지 내가 속해 있던 것과 전혀 다른 배경들을 만나고 있고, 그 만남 때문에 내 안의 피가 끓는다.

좋은 책을 읽을 때면 책 속의 사건이 모두 내게 벌어진 일 같은 신비로운 느낌마저 받는다. 아니, 그 일이 내게도 벌어지기를 원한다는 것이 정확한 표현 같다. 초서의 《캔터베리 이야기》를 읽은 후에는 내가 친구들이나 낯선 이들과 길에서 야한 이야기를 나누는 순례자들 중 하나였으면 좋겠다고 생각한다. 하디의 《귀향》을 읽고서는 사랑과 사랑에 빠진다. 헤밍웨이의 책(《누구를 위하여 종은 울리나》)을 읽자 입대하고 싶어진다. 샐린저의 책(《호밀밭의 파수꾼》)은 내 안에서 부글부글 끓는 오만함을 행동으로 옮길 용기를 갈망하게 만든다.

처음으로 근본주의 신앙을 외부자의 시각으로 바라본다. 셜리 잭슨의 이야기 《제비뽑기》는 제비를 뽑고 일탈자들을 돌로 치는 구약성경의 기록들로 나를 데려간다. 한 교사는 C. S. 루이스의 《천국과 지옥의 이혼》을 소리 내어 읽어 주는데, 그 책이 그려 내는 암울한 고독의 장소로서의 지옥이 교회에서 듣는 유황불 설교보다 훨씬 더 그럴듯하다. 《파리대왕》은 부패라는 단어를 쓰지 않으면서 인간 부패에 관해 알아야 할 내용을 모두 이야기한다.

CDC와 애국자대회에서의 경험 이후 요동하던 인종에 대한 나의 생각은 저널리스트 존 하워드 그리핀의 신간 《블랙 라이크 미》를 읽으면서 절정에 이른다. 책 표지의 한 문장이 핵심 내용을 설명한다. "백인이 흑인이 되어 흑인의 삶이 어떤 것인지 배운다!" 그 말은 사실을 과장한 부분도 있지만, 그리핀이 약물요법과 자외선 요법을 통해 피부를 검게 만든 것은 사실이다.

이 책은 그가 미국 최동남부 지역˙을 버스로 여행하는 동안 흑인 취급을 받은 6주간의 경험을 이야기한다. 그는 미시시피에서 길을 묻거나 일자리를 구하거나 그냥 버스표를 사려고만 해도 받게 되는 '증오의 시선'을 말한다. 그가 흑인으로 변장하자 식사 장소, 식수를 구할 곳, 화장실, 씻을 곳 등 내가 당연하게 여기는 기본적인 것들을 마련하는 일이 아주 어려워진다.

시간이 지나 몸의 색소가 흐려지고 그리핀이 얼굴을 닦아 갈색이 핑크빛이 되자 모든 것이 달라진다. 그는 다시 일등 시민이 되고 식당, 화장실, 도서관, 극장, 콘서트, 학교, 교회로 가는 문이 활짝 열린다. "기쁨에 찬 해방감이 물밀 듯 밀려들었다. 나는 건너편 식당으로 들어갔다. 바 테이블의 백인들 옆에 자리를 잡았고 웨이트리스가 내게 미소를 지었다. 기적이었다."

이 책은 내게 심오한 영향을 끼쳤다. 피부색에 근거한 인종주의의 부조리를 단번에 파악했다. 존 하워드 그리핀은 피부가 하얗

˙ 조지아, 앨라배마, 미시시피, 루이지애나, 사우스캐롤라이나 5개 주.

든 일시적으로 갈색이든 같은 사람이었다. 하지만 어떤 때는 보통 사람처럼 대접받았고 다른 때는 더러운 동물 취급을 받았다.

그리핀의 책을 읽고 나자 양심이 찔리고 머리도 아프다. 나는 흑인들의 내면을 제대로 알지 못한 채 그들의 행동, 음악과 춤, 방언, 이상한 음식, 화려한 옷차림을 조롱했다. 이런 태도는 피드 몬트 드라이빙 클럽Piedmont Driving Club• 사람들이 나 같은 트레 일러 거주자들을 '백인 쓰레기'로 보고 나는 그들을 무력한 속물들이라 여기는 것과 과연 다를까? 그들이나 나나 사람을 외관으로만 판단한다.

나는 존 하워드 그리핀과 달리 일시적으로라도 흑인 취급을 받은 적이 없다. 흑인으로 산다는 것은 어떤 것일까? 나는 처음에는 소심하게, 나중에는 탐욕스럽게 리처드 라이트의 《미국의 아들Native Son》, 랠프 엘리슨의 《보이지 않는 인간》, 《맬컴 X 자서전》 같은 책들을 찾아 읽는다. 내가 물려받은 인종주의적 고정관념들이 낯선 모습으로 다가온다. 흑인들이 "지역사회 활동에 참여하지 않는" 이유는 어쩌면 슬럼가의 집주인들이 소유한 낡아 빠진 주택에 살기 때문일지도 모른다. 그들에게 "역사의식이 없는" 이유는 그 역사가 의미하는 바를 받아들이기 어렵기 때문일지도 모른다.

흑인들이 우리와 같은 이름을 갖고, 같은 문법과 발음 체계를 사용하고, 같은 음악을 즐기고, 같은 옷을 입고, 같은 방식으로

• 조지아주 애틀랜타의 최고급 사설 사교 클럽.

악수를 하고, 같은 방식으로 예배하기를 원하지 않는다는 생각이 든다. "그 여자는 자기가 희다고 생각해"는 흑인들에게 칭찬이 아니라 모욕이다. 흑인 문화 안에는 그들이 귀하게 여기는 나름의 것들이 있다.

울타리를 넘어 한때 조랑말 농장이었던, 우리가 사는 교회 경내로 들어서자 내가 속한 백인-인종주의-편집증적-근본주의 공동체가 우리만의 문화로 보이기 시작한다. 내 눈에 들어오는 그 모습이 맘에 들지 않는다.

16 / 변신

> 뭐, 나는 웃을 줄 알고, 웃으면서 죽일 줄 알고
>
> 마음을 괴롭히는 일에 대해 '좋다'고 말할 줄 알고
>
> 지어낸 눈물로 뺨을 적실 줄 알며
>
> 모든 일에 표정을 꾸며 낼 줄 안다.
>
> —셰익스피어, 《헨리 6세》

울적하고 혼란스러운 상태로 11학년을 보낸다. 나는 내 역할을 연기하는 법을 안다. 무대에서 등장인물을 연기하고, 교회나 캠프에서 감동적인 간증을 하고, 토론 연단에 서서 한 가지 관점이나 반대 관점을 지지하는 설득력 있는 주장을 펼칠 수 있다. 그러나 그 모든 시간 동안 내 중심에선 공허함이 느껴진다. 나는 누구인가?

그 무렵에 골절이 시작된다. 처음 뼈가 부러진 때는 교회 소프트볼 경기 도중이었다. 홈플레이트로 어설프게 슬라이딩을 해서 오른팔로 착지를 하는데 그 팔이 마른 나뭇가지처럼 뚝 부러진다. 응급실에서 새로운 차원의 통증을 경험한다. 의사가 엄청난

크기의 피하 주삿바늘을 상처에 찔러 넣어 정확한 골절 지점을 찾을 때까지 바늘 끝으로 뼈를 따라가기 때문이다. 골절 지점을 찾으면 마취제를 주입하고 골절 부위를 맞춘다.

한 달 후, 여전히 깁스를 한 채로 야구를 하다가 발을 헛디뎌 쓰러진다. 부러진 팔을 보호하려고 왼쪽으로 몸을 비틀어 왼쪽 팔꿈치로 착지하면서 또 다른 골절이 생긴다.

그런 상황에서 보통은 동정적으로 나오는 어머니가 참지 못하고 소리친다. "부러진 팔로 야구를 하다니, 도대체 생각이 있는 거니? 상식이라곤 없어? 이제부터 치료비는 네가 해결해라!"

양팔에 깁스를 하니 생활이 번거롭다. 옷을 입으려면 깁스한 두 팔로 팬티를 들어 올리고 두 구멍 사이에 다리를 넣은 후 침대 2층에서 뛰어내린다. 그런 위험천만한 상황에서도 더 이상의 골절은 모면한다. 적어도 한동안은.

몇 주 후, 의사가 위협적인 톱으로 내 오른팔의 낙서투성이 깁스를 잘라 낸다. 의사는 톱이 부드러운 피부에 닿는 순간 멈출 거라고 장담한다. 그가 쪼개진 깁스를 비틀어 떼어 내자 땀 자국으로 얼룩덜룩해지고 쪼그라든, 덜덜 떨리는 팔이 드러난다. 시큼한 냄새가 진료실을 가득 채운다.

고작 일 년 사이에 팔이 여섯 번 부러지는데, 대체로 야구와 터치풋볼을 하다가 사고가 난다. 의사는 매번 이렇게 말한다. "젊은이, 좀 조심할 필요가 있어요." 어머니는 좀 더 엄한 말을 한다. 그 시간 내내 나는 치료비를 마련하기 위해 신문 배달을 한다.

교회 친구 데이비드가 놀러 왔을 때 나는 팔 골절에 더해 또 다른 부상을 입는다. 우리는 공중 수영장으로 같이 걸어가 30센

트의 이용료를 내고 수영복으로 갈아입는다. 나는 다이빙 도약
대에서 공중제비를 도는 법을 모른다고 데이비드에게 말하는 실
수를 저지른다. "머리부터 뛰어내리는 간단한 다이빙은 하겠는
데, 공중제비는 무서워."

데이비드가 그런 나를 놀린다. "그거 아무것도 아니야. 머리를
아래로 해서 물에 들어가야 한다는 생각을 너무 많이 해서 그런
것 같아. 무릎을 최대한 빨리 턱 쪽으로 당기는 데만 집중해. 그러
면 몸이 자동적으로 앞으로 말리면서 공중제비를 돌게 될 거야."

나는 물에 들어가 잠깐 몸을 적시는 일도 건너뛰고 열 계단 위
의 다이빙대에 올라가 끄트머리까지 걸어가서는 몇 번 시험적으
로 뛰어 오른다. '무릎을 턱에, 무릎을 턱에.' 그렇게 되뇌고는 다
시 다이빙대 안쪽으로 되돌아가 도움닫기를 시작한다. 다이빙대
에서 높이 뛰어오르며 무릎을 턱으로 최대한 빨리 당긴다.

그다음 기억나는 것은 내가 멍한 상태로 물속에 있고 입 한쪽
에서 피가 흐르고 턱에 타는 듯한 통증이 느껴진다는 것이다. 오
른쪽 무릎이 턱을 강타하고 그 과정에서 볼에 심한 상처가 생긴
게 분명하다. 나는 발길질을 해서 수면으로 올라와 첨벙거리며
데이비드에게 간다. 그리고 더듬거리며 말한다. "뭔가 잘못됐어.
나 다친 것 같아."

데이비드는 동정심이 별로 없다. "지금 나가는 건 절대 안 돼.
방금 입장료를 내고 들어왔잖아." 나는 30분 정도 물 위에 둥둥
떠 있어 보지만 통증은 가라앉지 않는다. 결국 데이비드에게 말
하고 집으로 걸어서 돌아온다. 집에서 크리스피크림 도넛을 먹
는데 얼굴에 불이 붙은 것처럼 느껴진다.

의사 진료실을 다시 방문하고서야 그 이유를 알게 된다. 의사는 엑스레이로 내 턱을 촬영한 후 이렇게 말한다. "운이 좋은 젊은이군요. 턱뼈가 반으로 쪼개졌고, 삐죽삐죽한 턱뼈 끝이 오른쪽 볼 바로 안쪽까지 올라왔어요. 도넛보다 더 단단한 것을 먹었다면 그 뼈가 볼을 뚫고 나왔을 거예요." 깜짝 놀라서 움찔하는데 통증이 얼굴 전체로 퍼져 나간다.

의사는 두 가지 선택지를 제시한다. 한 가지는 병원에 가서 턱을 꿰맨 다음 6주를 기다리는 것이다. "그럴 경우 칫솔질을 제대로 할 수 없기 때문에 이를 잃게 될 겁니다"라고 그는 말한다. 다른 한 가지는 턱이 저절로 낫도록 내버려 두는 방법이다. "이건 6주 동안 어떤 고형식도 먹지 않겠다고 성경 한 무더기에 대고 맹세해야만" 시도해 볼 수 있다. 나는 그렇게 맹세하고 절식을 시작한다.

유동식만 먹어야 하는 상황은 매일 밀크셰이크를 마실 좋은 핑곗거리가 된다. 시간이 지나면서 으깬 감자를 먹을 수 있게 되고 완두콩과 흰강낭콩을 통째로 삼키는 기술도 터득한다. 잠자는 것은 정말 어려운 일이 된다. 똑바로 누우면 아래턱이 미끄러져 내려 날카로운 뼈 끝이 볼을 압박한다. 어느 쪽이든 모로 누우면 골절 부위에 견딜 수 없는 압박이 가해진다. 그래서 나는 엎드려 자는 자세를 시도한다. 여러 개의 베개와 수건으로 직사각형의 틀을 만들고 틀 윗면에 이마를 대고 가운데 빈 곳에 얼굴을 둔다. 그해 여름에는 잠을 잘 자지 못한다. 그래도 턱을 꿰매는 일만은 피할 수 있어 다행이다.

이쯤 되자 어머니도 염려하게 된다. 이전까지는 부상을 입은 나를 탓했지만, 이제는 의료적으로 뭔가 잘못되었을까 봐 걱정한다. 우리는 전문의를 찾아가고, 그는 골생체검사를 추천한다.

검사 일정을 잡기 전에 나는 단핵구증, 즉 선열에 걸려 한 달을 누워 지낸다. 백혈구 수치가 높아져 백혈병의 가능성이 제기되는 바람에 토요일마다 병원에 가서 혈액검사를 받는다.

자기연민이 밀려들 때 나는 백혈병에 걸린 상상을 한다. 내가 죽으면 누가 신경이나 쓸까? 머릿속으로 작별의 편지를 쓴다. 형에게 보내는 편지에는 내 모든 물건을 형에게 남긴다는 내용을 넣는다. 어머니에게 보내는 편지에서는 형을 너그럽게 대해 주라고 부탁한다. 담임 목사를 위한 편지에서는 그의 교회와 캠프에서 내가 분개하는 부분을 전부 이야기한다.

죽음은 거의 위안처럼 느껴진다. 내게 잘못을 저지른 모든 사람에게 복수하는 길인 것 같다.

* * *

어머니는 청소년 질병 전문가를 찾는다. 이중 턱에 눈이 지쳐 보이는 퉁명스러운 노인이다. 그는 어머니가 내 어린 시절의 질병들과 최근의 부상들을 줄줄이 읊는 동안 내 의료 차트를 휙휙 넘겨 본다. 그는 내게 여러 질문을 한다. 그러고는 등받이 없는 의자에 앉아 한동안 나를 바라본다. 나는 팬티 차림으로 진찰대 모서리에 걸터앉아 있다. 그는 뭔가 할 말이 있는 듯 몇 번이나 입을 열었다가 닫는다.

나는 모든 것을 설명해 줄 색다른 진단을 기다린다. 마침내 그가 지친 목소리로 말한다. "학생, 몸에 문제가 있는 것 같진 않아요. 그런데 약해요. 마음의 태도가 안 좋아요. 어쩌면 병들거나 다친 상태를 좋아하는지도 모르겠군요. 건강해지고 튼튼해지는 것은 학생 본인에게 달렸어요. 내가 할 수 있는 게 없어요."

그의 말은 피부를 파고드는 가시처럼 내게 와서 박힌다. 이후 몇 주 동안 내 삶을 돌아보니 그의 말이 옳다는 걸 깨닫는다. 집에서 내가 어머니의 따뜻한 관심을 받을 때는 아팠다가 나을 때다. 형은 강한 아들이고 두 사람은 늘 싸운다.

불안한 생각이 고개를 든다. '나에게는 어떤 식으로든 육체적 고통이 필요한 것인가?' 자기 몸을 베거나 할퀴거나 화상을 입히는 식으로 자해를 하는 아이들이 있다고 들었다. 나도 그런 아이인 걸까? 나는 골절을 계획하지 않았지만 사고를 피하려는 노력 또한 하지 않았다.

형은 자위가 자기 인생에서 진실하게 느껴지는 유일한 행위, 현실과의 가장 확실한 정서적 연결고리라고 털어놓았다. 어쩌면 내게는 고통이 그 연결고리인지도 모른다. 고통은 내가 살아 있다는 것을 확실히 알려 주고 계속 나아갈 이유를 제시한다. 나는 고통을 참을 수 있고 고통을 견디고 살아남을 수 있다. 고통을 통해 왜곡된 정체성도 얻는다. 양팔에 깁스를 하고 등교하면 선생님들이 나의 사정을 봐준다. 급우들이 나를 주목하고 깁스 위에 메시지를 적어 준다. 그렇게 대단한 사람이 된다.

어쩌면 나는 내가 생각하는 것보다 더 아픈지도 모른다. 아니면 의사의 말대로 전혀 안 아픈지도 모른다.

좀 더 정상적인 사람이 되어야 한다고 생각한다. 그것이 무엇을 의미하든. 우선, 어른들과 어울리는 법을 배울 필요가 있다.

나는 어른들이 똑같은 질문을 한다는 것에 주목한다. 몇 학년이야? 무슨 과목을 좋아하니? 커서 뭐가 되고 싶으냐? 묻는 사람들을 만족시킬 만한 판에 박힌 대답을 몇 가지 연습한다. 여자 어른들은 특히 침묵에 알레르기 반응을 보이는 것 같다. 내가 잠자코 있으면 그들은 말을 더 많이 한다. 그럴 때는 고개를 끄덕이며 관심을 가장하기만 하면 된다.

문학 수업 시간에 공부하는 책 중 한 권인 《마음은 외로운 사냥꾼 The Heart is a Lonely Hunter》은 다른 사람들의 말에 귀 기울이는 일만으로 우정을 키워 나가는 말 못 하는 남자의 이야기다. 사람들은 그에게 자신의 사연을 쏟아 낸다. 그가 자신들의 말을 옮기지 않을 것임을 알기 때문이다. 나는 이 책을 통해 한 가지 착상을 얻는다. 다른 사람들의 말에 흥미가 없어도 흥미 있는 척 연기할 수 있다는 것이다.

몇 가지 단순한 질문을 연습한다. "자녀가 있으신가요?" "고등학교는 어디서 다니셨어요?" '제2의 나'가 내 어깨에 걸터앉아 나의 연기를 평가하고 향후 어떻게 할지 머릿속에 정리한다. 나는 진솔한 사람이 되려고 인위적으로 노력한다.

주요 수입원인 신문 배달 일에서 나의 자기 개선 계획을 시험해 본다. 새로 이사 온 주민을 발견하면 자기소개를 하고 2주간의 무료 배달을 제안한다. "신문은 새 동네에서 벌어지는 일을 알 수 있는 좋은 방법이니까요." 나는 그렇게 말한다. 가끔 그들이 인근에서 제일 괜찮은 식료품 가게나 좋은 산책 코스를 묻는데, 그러다 진짜 대화에 휘말려 들기도 한다.

나는 불 켜진 창 뒤에 은둔자, 사업가, 목욕 가운 차림의 아름다운 주부, 심술궂은 노파, 그리고 싸우는 수많은 아이들이 산다는 것을 알게 된다. 책이 가득한 집에 혼자 사는 한 노인은 늘 내게 집에 들어오라고 권하고 자신이 무엇을 읽고 있었는지 이야기한다. 내가 즐겁게 신문 배달을 하는 이유는 덕분에 트레일러 집과 그 안의 긴장에서 벗어날 수 있기 때문이다.

예상 밖의 여러 사람 중에는 내게 새로운 삶을 선사한 인물이 있다. 육체 노동자인 유진 크로의 아버지다. 어느 날 저녁 나는 유진의 숙제를 돕고 있었다. 옆방에 있던 그의 아버지가 우리의 대화를 우연히 엿듣는다. 집에 갈 시간이 되어 내가 자리에서 일어나자 그는 담배를 뻐끔뻐끔 피우면서 내게 이렇게 말한다. "있잖아, 만약 내가 건설 현장을 운영하는 사람이고 외바퀴 손수레로 옮겨야 할 물자가 있다면 말이다. 크고 건장한 다른 아이보다 너를 고용하겠다. 너는 그 일을 더 빨리 더 잘 해낼 방법을 찾아낼 테니까."

어른의 칭찬이라니! 집으로 걸어오면서 나는 그가 아들을 도와준 내게 그런 식으로 감사를 표했다는 것을 깨닫는다. 그의 말을 내면 깊은 곳에 간직한다. 내가 가장 중요한 것들을 넣어 두는 바로 그곳에.

* * *

심리학 책을 읽은 형이 성격의 양파 이론에 대해 설명한다. "이런 거야. 대부분의 사람은 양파의 바깥층, 그러니까 우리가 세상에 보여 주는 자아만 봐. 사람들과 좀 더 가까워지고 우리가 그들을 신뢰하면 껍질 몇 층을 더 벗겨 내게 되지. 가장 깊은 곳에는 내면의 자아, 우리의 진짜 핵심이 자리 잡고 있어."

양파 이론에 대해 오랫동안 골똘히 생각한다. 타당한 말이다. 그러나 나는 양파의 층을 하나도 벗기지 않는 것이 최선이라는 사실을 이미 배웠다. 자기를 드러내면 상처를 받으니까. 내 안에서 무슨 일이 벌어지는지 아무도 모를 때 가장 안전하게 느껴진다. 그런데 내면의 핵심을 살펴보아도 아무것도 잡히지 않는다. 나는 바깥층들에 집중해야 하나 보다.

스스로에게 묻는다. '나는 어떤 성격을 원하는가?' 내가 스포츠에서 뛰어난 실적을 내거나 인기 경쟁에서 이길 일은 없을 것임을 이미 안다. 그래서 내성적이고 진지한 성격으로 마음을 정한다. 놀랍게도, 고등학교 4학년 초에 나는 공원과 공공장소 청소 같은 봉사 사업을 벌이는 국제 키와니스Kiwanis International의 고등학교 지부인 키 클럽Key Club에 들어오라는 초청을 받는다. 클럽에 서기가 필요해지자 필기하는 것을 싫어하지 않는 학구적인 타입 같아서 나를 고른 것 같다.

기운을 얻은 나는 변신 프로젝트를 가동한다. 우선, 말투를 모음 하나까지 일일이 고쳐서 최남동부 지역의 특성을 지우려고 시도한다. 필라델피아 사람들이 놀려 댔던 ten과 y'all 같은 단어들의 발음 개선에 공을 들인다. 내 지역과 나를 분리시키고 싶다. 다른 지역 사람들은 남부인들을 뒤떨어지고 무지하고 인종주의적이라고 판단하기 때문이다.

다음으로는 필체를 바꾼다. 나의 필체는 꾸미고 멋을 부려서 너무 여자 글씨 같다. 모든 글자를 좀 더 현대적이고 간결한 필체로 쓰려고 연습한다.

어머니가 준 책에 따르면, 사춘기의 나는 롤러코스터 같은 감정에 사로잡혀 한순간에 웃다가 다음 순간에는 운다고 한다. 하지만 내 감정은 그렇게 요동치는 것 같지 않고, 실제로 내가 어떤 감정을 느끼는지도 모르겠다. 어쩌면 모든 감정을 억누르는 것이 가장 안전할지도 모른다. 나는 형과 어머니가 서로에게 소리 지르는 것을 너무나 많이 들었다. 그것은 마치 철문 뒤에서 켜켜이 쌓인 분노가 철문이 벌컥 열리면서 그 열기를 토해 내는 것 같았다.

내가 볼 때 감정은 에너지 낭비다. 사람들은 누군가에 대한 분노를 쌓다가 폭발시키고는 굽실거리며 돌아가 화해를 시도한다. 무해한 생쥐나 거미를 두려워하고 깜짝 놀라 달아난다. 어느 날 저녁에는 행복하다고 느끼다가 다음 날 아침에는 우울하거나 비참한 상태로 깨어난다. 그런저런 감정은 다 건너뛰고 마지막 상태로 곧장 가는 것이 더 간단하지 않을까?

말하기 수업에서 선생님이 《싯다르타》의 발췌문을 소리 내어 읽는다. 고타마 붓다 시대의 한 젊은 제자에 관한 소설이다. 나는 불교를 전혀 모르지만, 선생님이 읽어 나가는 이야기를 들으면서 삶에 대한 염증의 치료책을 찾는 싯다르타의 모색에 공감한다. 그는 자기 훈련을 통해 욕망을 극복하고 '무심의 경지'에 이른다. 나는 그 문구를 받아들이고 그것이 표현하는 상태를 갈망한다. 감정이 드러나지 않는 얼굴 표정과 두 입술을 재빨리 끌어

올려 만들어 내는 가짜 미소를 연습한다.

사르트르와 카뮈의 소설을 읽기 시작한다. 그중 일부가 막 대서양을 넘어 소개되던 참이다. 카뮈의 《이방인》에 나오는 등장인물이 말한다. "서른 살에 죽으나 칠십에 죽으나 거의 다를 것이 없다. 어느 쪽이든, 다른 사람들은 계속 살아갈 것이고 세상은 이전처럼 굴러갈 것이다."

그 대사가 책의 지면을 뚫고 나오는 것 같다. '저 사람이 바로 나야!' 나는 사르트르와 카뮈의 소설들의 단조롭고 운명론적인 어조가 좋다. 교회와 부흥회 예배 시간의 흥분한 감정들과는 너무나 다르다.

그 책들이 제시하는 생각들에 가슴이 뛴다. 그것들은 내가 교회에서 들었던 모든 내용을 부정한다. 교회에서 나는 모든 행동이나 생각에 영원한 결과가 따른다고 배웠다. 이후 철학자 쇠렌 키르케고르—그는 그리스도인이다!—의 글에서 사르트르, 카뮈와 동일한 무심한 정신을 발견한다. "결혼하라, 그러면 후회할 것이다. 결혼하지 말라. 그래도 후회할 것이다. … 세상의 어리석음을 비웃으라. 아니면 그 때문에 슬피 울라. 어느 쪽이든 후회하게 될 것이다. … 목을 매달라. 후회하게 될 것이다. 목을 매달지 말라. 그래도 후회할 것이다."

먼 친척의 장례식에 참석해서 고인의 친구와 친척들이 관을 껴안고 우는 동안 옆에서 무덤덤하게 서 있던 시간들을 떠올린다. 마음을 닫고 지내던 그 몇 년 동안 나는 삶의 모든 것에 대해 그와 같은 느낌을 받는다.

지친 눈으로 고등학교를 바라보기 시작한다. 덩치 큰 검투사

빛이 드리운 자리

들이 운동장에서 가죽 공을 이리저리 쫓아다니면서 급우들의 과
도한 칭찬을 얻는 미식축구 경기가 지긋지긋하다. 사이드라인에
서는 짧은 치마를 걸친 우윳빛 다리의 치어리더들이 동요 같은
응원가에 맞춰 손뼉을 치면서 펄쩍펄쩍 뛴다. 나는 '드릴팀drill
team'*이 저글링하는 서커스 광대처럼 빛나는 지휘봉을 공중에
던지는 광경과 중세의 왕과 왕비들을 터무니없이 흉내 내는 '홈
커밍 궁정homecoming court'**을 지켜본다. 그 모든 것이 어리석
고 무의미한 촌극으로 보인다.

* * *

나의 내면의 핵, 양파의 중심은 아무도 다가갈 수 없도록 단단해
지고 있다.

어느 날 내가 무례하게 말한다고 생각한 어머니가 따귀를 정
통으로 날린다. 어찌나 세게 때렸는지 내 볼에 손가락 자국이 빨
갛게 남는다. 어머니의 얼굴에서 자신이 한 일에 대한 두려움의
빛이 스친다. 우리 둘 다 지난여름 내 턱이 부서졌던 일을 기억하
고 몇 초 동안 말없이 서로를 바라본다. 그러다 나는 어머니에게
일 초짜리 억지 미소를 짓고 돌아선다. 어머니는 물리적으로 나
를 아프게 할 힘을 상실했다.

그 무렵 프리드리히 니체를 만난다. 이 유명한 독일 철학자는
내가 더듬거리며 추구해 온 자기통제의 길을 이미 오래전에 설

---

* 일사불란한 행진이나 군무를 선보이는 시범단.
** 홈커밍데이에 맞춰 학년별로 남녀 1쌍씩 인기투표로 정해서 구성된 무리.

16. 변신　　　**279**

명했다. "건강해지고 튼튼해지는 것은 본인에게 달렸어요." 의사는 내게 그렇게 말했다. 니체는 자기 지배에 이르고자 훈련했다. 엄격한 식단을 지키고 억지로 새벽 2시에 잠자리에 들고 6시에 일어났다. 나는 어릴 때 읽었던 모험 이야기들을 떠올린다. 어니스트 섀클턴은 남극에 좌초된 선원들을 구하기 위해 구명정을 타고 빙산들로 꽉 막힌 물과 허리케인처럼 거센 바람을 뚫고 도움을 청하러 갔다. 체격이 작은 학자였던 T. E. 로런스는 1,600킬로미터를 걸어 아라비아 사막을 통과하면서 며칠 동안은 음식과 물조차 없이 버텼다.

이런 고매한 원칙들을 어떻게 실천할 수 있을까? 불교 서적들은 '선호하기를 거부함refusing to prefer'에 대해 말한다. 열기/냉기, 악취/향기, 조화/불화, 고통/쾌락 등은 인간이 극복할 수 있는 자의적 범주들이라는 것이다.

고등학교 5학년을 앞둔 여름, 나는 쓰레기 수거차에서 카운티를 위해 일하는 달갑지 않은 일자리를 얻는다. 첫날, 사람들이 쓰레기 수거원을 쳐다보지도 않는다는 사실을 알게 된다. 사람들은 그들의 눈을 피한다. 전업 쓰레기 수거원은 전부 근육질의 흑인 남자들이고 그들은 무거운 금속 쓰레기통을 어깨 위로 들어올려 요란한 소리가 나는 수거차의 구멍에 넣는다. 그중 한 사람이 내 몸을 가늠해 보더니 이렇게 말한다. "이봐, 백인 소년. 너는 금속통을 들기엔 너무 말랐어. 풀 무더기와 낙엽 포대를 책임지라고."

나는 썩어 가는 풀의 달큰한 썩은 내가 거슬리지 않는다. 하지만 부패하는 쓰레기 냄새에도 과연 익숙해질까? 놀랍게도, 며칠 만에 쓰레기의 악취가 잘 느껴지지 않는다. 형과 어머니는 느끼는 게 분명하다. 나는 땀투성이에다 양팔에 오물 자국이 남아 있고 발효된 음식 찌꺼기로 티셔츠가 지저분해진 상태로 귀가한다.

애틀랜타의 여름철에 야외에서 일하다 보니 열기에 대한 거부감도 없어진다. 얼마 지나지 않아 흑인 노동자들은 차량의 백인 운전사 옆에 앉던 내가 그들과 함께 차 뒤쪽에 타는 걸 허락한다. 마지막 쓰레기를 싣고 나면 나는 수거차가 쓰레기 하차장으로 달려가는 동안 차 발판에 서서 옆으로 손을 뻗어 바람을 맞는다. 하루 중 무덥지 않다고 느끼는 시간은 그때뿐이다. 나는 더위에도 개의치 않지만 말이다.

새 학년이 시작되고 날씨가 서늘해지자 비 오는 날에도 일부러 외투 없이 지낸다. 극도의 열기와 추위 모두에 둔감해지고 영향을 받지 않으려고 노력한다. 섀클턴이 구명정을 타고 남극을 빠져나올 때 견뎌야 했던 것들을 떠올린다.

프랑스 외인부대의 신병 훈련소 하사관들이 활용하는 문장을 우연히 알게 된다. "고통은 나약함이 몸에서 떠나는 신호다." 8킬로미터를 달리면 발은 통증과 물집으로 반응한다. 하지만 매일매일 그렇게 달리면 물집이 사라지고 굳은살이 박이면서 통증은 사라진다. 목표가 하나 추가된다. 누가 고통을 주면 거기에 굴복하거나 되갚아 주지 않고 그대로 흡수하는 것.

그해에 여섯 번째이자 마지막으로 팔이 부러진다. 어느 주일, 나는 교회 교인석의 날카로운 모서리에 오른쪽 팔꿈치를 우연히 부딪친다. 팔꿈치가 붓고 빨갛게 되었지만 뼈가 부러지지는 않았다는 것을 알 수 있다. 나의 자기통제력을 시험해 보기로 한다.

침실로 가서 2층 침대의 철제 프레임에 팔꿈치를 한 번 두 번 후려친다. 즉시 친숙한 느낌, 골절의 찌르는 듯한 매서운 통증이 느껴진다. 하지만 통증은 나를 거의 사로잡지 못한다. 나약함이 내 몸을 떠났다.

* * *

나는 다른 무엇보다 자기통제력을 추구한다. 니체는 주인과 노예를 대조했다. 그에 따르면, 주인은 자신의 삶을 통제하고, 다른 사람들이 인생 대본을 쓰도록 허락하지 않고, 자신에게 권위를 부여한다.

나는 사람들이 이렇게 말하는 것을 들었다. 그건 내 성격에 맞지 않아요. 나는 절대 그렇게 못 할 겁니다. 난 그런 사람이 아니에요. 나는 그런 식의 모든 생각에 저항한다. 성경 캠프와 교회는 삶의 많은 부분이 연기로 이루어진다는 것을 가르쳐 주었다. 설교단에서 기도하거나 캠프에서 신파조의 간증을 하면 갑자기 나는 영적 거인이 된다. 그 반대로 하면 배교자가 된다. 속을 잘 감추고 있으면 사람들은 겉모습으로 판단한다.

나는 식당 테이블에서 엿듣는 웨이터처럼 학교에서 다른 학생들을 주시한다. 사람들이 누구를 동경하는가? 교회에서 영적 행동이 효과를 발휘하듯 고등학생 집단에서는 재치가 힘을 발휘하는 것을 본다. 재담과 농담 몇 가지를 모은다. 얼마 안 가서 친구들이 나타난다. 나는 사람들의 이야기를 열심히 듣고, 관심이 있고 공감하는 것처럼 고개를 끄덕인다. 위선적이라는 느낌은 들지만 결과는 좋다. 처음으로 급우들이 내 주위에 있는 것을 좋아하는 것 같다.

나는 전혀 관심이 없는 주제에 관해 이야기하는 연습을 한 다음, 한 급우와 대화한다. "리처드 페티의 차가 헤미헤드 엔진 때문에 나스카NASCAR• 출전을 금지당했대." 나는 헤미헤드 엔진과 토스터 오븐도 구분하지 못하고 리처드 페티는 처음 듣는 낯선 이름이지만, 내가 던진 말은 점심 시간 10분 동안 아이들에게 활력을 불어넣는다. 이틀 후 또 다른 점심 식탁에서 같은 문장을 던졌는데 똑같은 결과가 나온다.

급우들이 새로운 나스카 규칙에 대해 열띤 토의를 하고 있을 때, 나는 또 다른 대화의 화두를 생각해 낸다. "비틀스가 애틀랜타에 온다는 말 들었어?"

학교 신문, 문학 잡지, 졸업 앨범 제작에 자원한다. 다른 학생들을 인터뷰하는 일은 그들의 머릿속에 들어가고 그들의 삶을 속속들이 알아볼 기회가 된다. 그들의 이야기를 글로 쓸 때면 나는 한동안 필립이 아닌 다른 사람이 되어 그의 눈으로 세상을 볼 수 있다. 매일 오후와 저녁 시간에 모임에 참석하는데, 집에 늦게 들어가도 된다는 게 최고의 장점이다.

일과를 마치고 트레일러로 돌아가면 새로운 성격을 벗어 재킷처럼 걸어놓고 책 읽는 내성적인 아이의 삶으로 숨어든다. 어머니는 점점 아들들을 잃고 있다는 것을 감지한다. 큰아들은 곧 대학으로 떠날 것이다. 나는 집에 있는 시간을 최대한 줄인다. 학교

• 전미 스톡 자동차 경주 대회.

와 집의 간격이 넓어진다.

* * *

고등학교 5학년 때의 한 사건이 니체에게 배운 교훈을 다른 어떤 경우보다 강하게 시험한다. 학년이 시작되면서 정치에 극성인 반 친구 핼이 미국의 정치 체계와 비슷한 방식으로 학생 정부를 조직해 보자는 무모한 생각을 갖게 된다. 핼은 반마다 학생 한 명을 '하원'으로 선출하고 각 학년에서 두 명의 상원의원을 선출하여 상원으로 보내는 프로그램을 구상한다. 저학년들은 이 구상을 좋아한다. 머릿수만으로 고 1-3학년이 의회를 장악하게 될 것이기 때문이다. 핼의 아메리카당에 천 명의 당원이 가입한다. 졸업에 집중하는 대부분의 고 4와 고 5학년은 이 계획에 전혀 관심을 보이지 않는다.

지금도 이해할 수 없는 이유로, 나는 핼의 계획 전체를 박살내기로 결심한다. 핼은 전형적인 모범생이다. 과체중에 유행과는 거리가 멀고 공부를 열심히 한다. 그의 이상주의가 나의 냉소주의에 거슬렸는지도 모르겠다.

핼에 맞서기 위해 나와 똑같이 냉소적인 8명의 당원을 모아 학생인권당SRP을 결성한다. 미식축구 감독 출신의 교장이 나를 불러들여 심문한다. "정확히 어떤 학생 인권을 염두에 두고 있는 건가?" 그는 험악한 얼굴로 묻는다. 나는 몇 가지 이슈들을 얘기한다. 구내식당에서 발견된 쥐를 몰래 찍은 사진들, 학교 신문 검열, 과밀 주차장. 그는 발끈하지만 나를 보내 준다. SRP가 위협적이라고 보는 것 같진 않다.

고든 고등학교에는 8학년부터 12학년까지 다섯 학년이 있기 때문에 SRP가 학생 상원에서 여섯 자리를 얻으면 시시한 하원이 통과시키는 모든 것에 거부권을 가질 수 있다는 계산이 나온다. 나는 고3, 고4, 고5에서 가장 인기 있는 두 명을 각각 찾아내 적당히 구슬려서 상원 후보로 출마하게 한다. 그리고 인기 있는 고5 두 명, 즉 미인과 운동선수를 설득해서 회장과 부회장으로 출마하게 한다.

핼은 자신의 무리를 동원하여 신문을 발행하고 문서화된 공약을 내놓고 모든 반, 상원, 학생회 자리에 아메리카당 후보를 낸다. 그들은 당선되면 학생의 교칙 위반을 판단할 대법원 설립을 추진하겠다고 약속한다. 학생인권당은 여덟 명의 후보를 낸다. 우리는 하원 폐지를 공약으로 제안한다. 밤늦도록 모여서 슬로건을 만들고 우리 후보들의 사진을 전면에 내세우는 포스터를 만든다.

결국, 이것은 경쟁이 안 되는 게임이다. 핼은 하급생들을 대상으로 열정적인 개표 자원봉사자들을 모집했다. 그들은 교직원들의 감독하에 대형 교실의 긴 테이블에 앉아 계산기로 투표 결과를 기록한다. 계산기가 없어도 누가 이겼는지 예측할 수 있다. 그들의 풀 죽은 풋풋한 얼굴에 결과가 다 쓰여 있다. 한 시간 안에 투표의 흐름이 분명해진다. 우리의 후보자 모두가 승리할 것이다. 핼은 꿈이 산산조각 난 채 눈물을 흘리며 교실을 떠난다.

그 학년의 나머지 시간 내내 핼과 나는 말하지 않는다. 몇 개의 수업을 같이 듣는데도 그렇다. 마침내 어느 토론 여행 도중에 나는 그가 혼자 앉아 아침 식사를 하는 모습을 보고는 단단히 결심을 한 뒤 다가가 같이 앉아도 되겠느냐고 묻는다. 다음 날 있을 토너먼트 일정에 관해 이야기하고 나니 어색한 침묵이 자리 잡는다. 둘 다 토론 대회 참가자인데 말이 잘 안 나온다. 나는 침을 삼키고 몇 번이나 말을 꺼내려다 실패한 끝에 사과 비슷한 말을 중얼거린다.

핼은 고개를 끄덕이며 고맙다고 하고는 시선을 돌린다. 나는 그의 풀 죽은 얼굴에서 굴욕적인 패배의 고통을 본다.

같은 해 후반, 학교 식당에서 이와 다르지만, 똑같이 불편한 대화를 나눈다. 평소 어울리는 무리와 거짓 대화를 나눌 에너지가 없는 어느 날, 나는 사람들의 눈을 쳐다보지 않는 수줍음 많고 깡마른 여학생 옆에 앉는다. 적어도 세 개의 수업을 같이 들어서 얼굴은 알아보지만 이름은 모른다.

그녀에게 생활에 관한 몇 가지 질문을 하는데, 뜻밖에도 경계를 푼다. 그녀는 아버지가 술에 취하면 자신과 엄마를 때린다고 말한다. 그래서 그녀는 방과 후에 아버지에게 들키지 않게 자기 방으로 몰래 들어간다. 그녀는 이 상황에서 어떻게 해야 할지 알 수가 없다. 집을 나서면 돌아갈 때 아버지가 허리띠를 쥐고 맞이할 것이다. 집에 머물러 있으면 아버지가 예고 없이 침실로 슬그머니 들어올 것이다.

이야기를 듣고 있으니 이해가 되기 시작한다. 선생님들이 부를 때 그 여학생이 왜 긴장해서 움찔하는지. 왜 복도 한쪽 구석에 붙어서 바닥만 보며 걷다가 사물함에 부딪치는지도.

나는 몇 가지 격려의 말을 하고 여학생이 수업 시간에 발표했던 과제에 대해 칭찬한다. 그러나 곧 할 말이 떨어진다. 내가 연습해 둔 대화 목록에는 그녀와 같은 사람에게 적용할 만한 것이 없다. 지난 2년간 내가 연마한 것은 자기 발전의 방법들이었지 다른 사람들을 기운 나게 할 방법은 아니었다.

그날 저녁 들판을 가로질러 불 켜진 트레일러 주택으로 걸어 가는데 의심이 불현듯 나를 덮친다. 우리 집에는 여러 문제가 있 지만, 그 여학생이 겪고 있는 것과 같은 문제는 없다. 우리 둘 다 자신이 피해자라고, 니체의 표현으로는 노예라고 느낀다. 하지만 누가 더 나을까. 고개를 숙이고 삶을 헤쳐 가는 사람일까, 아니면 내가 핼에게 그랬던 것처럼 다른 사람의 등을 밟고 올라설 길을 찾는 사람일까?

문득 나의 변신 프로젝트를 다른 관점에서 보게 된다. 사람을 허무는 일이 세워 주는 일보다 더 쉽다는 생각이 든다.

17 / 크레셴도

가족은 사랑이 어떻게
호불호를 뛰어넘고, 무관심, 경쟁심, 심지어 반감과도
공존하는지 가르쳐 준다.
—존 업다이크, 〈메뚜기 형제〉

내 과학책 중 한 권에는 어느 박물학자가 새와 뱀이 뒤엉켜 죽음의 춤을 추는 광경을 우연히 목격하는 대목이 나온다. 대형 검정 뱀이 까투리의 몸통을 감고 날아갈 수 없게 날개를 조인다. 새는 연속해서 몇 피트씩 뛰어오르고, 내려올 때마다 뱀의 몸통을 돌이 많은 사막의 땅에 내리찍는다. 분노하여 쉿 소리를 내는 뱀은 까투리를 놓아 주지 않고, 녀석이 도약할 때마다 더욱 세게 조인다.

그 대목을 읽으면서 나는 새와 뱀이 아니라 형과 어머니가 죽음의 포옹으로 얽혀 있는 모습을 떠올린다. 고등학교 시절 집에서 내가 방어적 껍데기 속으로 들어가 있는 동안, 형은 하나님 및 어머니와 정면으로 맞섰다.

형이 고등학교 5학년 때의 두 장면이 내 기억에 새겨져 있다.

첫 장면에서 어머니는 형의 바지춤에 있는 허리띠를 쥐고 끄르기 시작한다. 허리띠로 형을 때릴 생각이었다. 그런데 열여덟 살에다 180센티미터가 넘는 형은 어머니가 바지를 끌어내려 볼기를 때리려 한다고 생각한다. 형은 벨트 버클을 손으로 감싸고 어머니를 밀어낸다.

어머니의 눈이 분노로 타오른다. 어머니가 무기를 찾아 우리 침실로 달려가자 트레일러가 흔들린다. 어머니는 테니스 라켓을 들고 다시 나타난다. 라켓을 높이 쳐들고 우리 쪽으로 달려든다. 형은 앞으로 걸어가 어머니의 손목을 잡고 라켓을 움켜쥔다.

그 몇 초 동안 나는 형의 유년기가 끝났음을 본다. 머리로는 진작에 어머니를 앞지른 형이 이제는 힘으로도 어머니를 압도한다. 서로를 노려보는 두 사람의 눈빛은 둘 사이의 뭔가가 깨어졌음을 보여 준다. 어쩌면 영원히.

두 번째 장면은 만화 주인공 스티커가 덕지덕지 붙어 있는, 주일학교에서 버린 라임빛 녹색의 피아노 앞에 형이 앉아 있는 모습과 함께 펼쳐진다. 어머니가 뭔가에 대해 캐묻기 시작하면, 형은 종종 피아노를 치고 피아노 소리보다 더 크게 말대꾸를 한다. 생각의 속도로 말이 이리저리 날아다니고, 말의 수위가 높아지고 소리도 더 커진다. 그에 따라 형은 모차르트와 쇼팽에서 벗어나 차이콥스키와 라흐마니노프의 곡을 요란하게 연주한다. 나는 침실로 물러나 형의 연주 너머로 오가는 모든 말을 듣는다.

어머니가 악담을 한다. "넌 사랑에 대해 아무것도 몰라. 사랑이 뭔지 말해 주마. 네 빨래는 누가 해 주고 네 음식은 누가 요리하니, 응? 난 널 위해 노예처럼 일하고, 네 음악 수업료를 내는데 넌 이렇게 행동하는구나. 넌 세상이 네 덕분에 돌아간다고 생각하지? 넌 돼지야. 게으르고 허접한 돼지! 너의 그 둔한 머리는 그걸 언제나 이해할까?"

"맞아요!" 일련의 요란한 피아노 음 너머로 형이 대거리한다. "난 사랑에 관해 아무것도 몰라요. 그리고 어머니가 그걸 사랑이라 부른다면, 나는 사랑 따윈 없어도 돼요."

갑자기 전화벨이 울리며 음악과 말다툼을 모두 가로막는다. 어머니는 수화기를 집어 들어 턱과 어깨 사이에 끼우고 상대편이 말하는 동안 '네, 네' 하며 응수한다. 나는 상대가 누구인지 알수 있다. 어머니의 성경 클럽이 열리는 집들 중 한 군데에서 아픈 아이와 어려운 결혼 생활을 호소하며 꾸준히 전화를 걸어 오고 있었다. 어머니는 위로하는 어조로 차분히 상담해 주면서 성경 구절을 인용하고 전화로 그 여성과 함께 기도한다.

전화 통화는 최소한 20분간 이어지고 형은 피아노 앞에 가만히 앉아서 기다린다. 고요한 가운데 트레일러 지붕을 두드리는 빗소리가 들린다. 어머니가 전화를 끊는 순간, 형은 요란하게 아르페지오로 연주하고 어머니는 하다 만 장황한 비난의 말을 다시 쏟아 낸다. "그리고 그 비꼬는 표정을 다시 한번 짓기만 하면 그때는 …."

* * *

형과 나는 그래디 병원의 철폐 안에 꽂아 두느라 긁힌 자국이 남은 우리 사진을 보관하고 있었다. 어머니는 형의 사진 뒤에다 아버지가 세 살배기 아들에게 남긴 마지막 말을 적어 놓았다. "엄마를 사랑하고, 동생을 보살피고, 예수님을 위해 살아라."

그 이후 형은 무거운 짐을 졌다. 아버지의 이름과 평판, 임종의 자리에서 받은 엄중한 임무, 한나 같은 어머니의 서원. 형은 초등학교와 고등학교 시절 내내 씩씩하게 노력했다. 형은 경건한 아들이었고, 춤을 추면 안 되고 극장에 다니면 안 되는 이유를 다른 아이들에게 설교했다. 형이 행군 악대를 그만둔 이유도 악대가 재즈 음악을 연주하고 여자애들이 짧은 치마를 입었기 때문이다.

대부분의 형들이 그렇듯, 내 형도 나를 압도하는 뛰어난 지성, 음악적 재능, 운동 실력—영성은 말할 것도 없고—을 갖고 있었고, 나는 약자의 지위를 순순히 받아들였다. 하지만 형의 많은 재능은 잘 풀리지 않았다. 내가 2학년을 월반했을 때 형은 분개했다. 자신이 월반했어야 한다는 것을 알았기 때문이다. 교사들은 마셜이 가장 똑똑한 학생이지만 열심히 하지 않는다고 어머니에게 불평했다. 형은 선생님들의 불평을 무시했다. "아인슈타인은 3학년 때 낙제했어. 케네디 대통령은 성적이 형편없었고."

그러나 어머니에겐 어떤 변명도 통하지 않았다. 어머니는 거듭거듭 형에게 이렇게 말했다. "넌 그냥 무책임한 거야. 너의 문제는 생각을 안 한다는 거야! 상식이 없어."

어머니에게는 그 말을 뒷받침할 만한 충분한 증거가 있었다. 어머니는 늦게까지 일하게 된 어느 날, 저녁 식사 준비를 위한 지시 사항을 미리 적어 두었다. "팟파이를 박스에서 꺼낸다. 딱딱한 표면을 잘라 낸다. 쿠키 시트에 얹는다. 오븐 온도를 400도로 맞춘다. 35분 동안 조리한다." 어머니가 집에 도착했을 때 오븐의 문이 용의 입처럼 활짝 열린 채 트레일러가 타는 듯 뜨거워져 있었다. 형은 항변한다. "오븐 도어를 닫으라는 말 안 했잖아요."

어머니가 우리를 양육하는 상당한 기간에 형과 나는 불편한 동맹 관계였다. 우리는 싸웠고 경쟁했고 가끔은 서로의 잘못을 일러바쳤다. 그러나 테니스 라켓 사건 이후로 모든 것이 달라졌다. 그때부터 죽 우리는 동지이자 친구로 함께 뭉쳤다.

* * *

내게 새로운 세상을 열어 준 고등학교에서 형은 괴짜의 기질을 기른다. 형은 이름 때문에 놀림을 받는 빌리 피클시마Picklesimar*와 메뚜기를 산 채로 먹고 KKK 단원 삼촌을 둔 작지만 거친 맬컴 같은 특이한 친구들을 선택한다. 형은 무슨 일이든 시도해 본다. 그저 어떻게 되는지 알아보려고 하루에 63잔의 물을 마신다. 맨손으로 파리를 잡는 기술을 완벽하게 익혀 우리 트레일러 집 맞은편의 교회 건물에서 수백 마리의 파리를 죽인다. 형은 박쥐에 매료되는데, 파리를 잡는 박쥐의 재주 때문일 가능성이 있다.

형은 키가 크고 갈색 곱슬머리에 잘생겼지만 외모에 전혀 신경을 쓰지 않는다. 서로 어울리지 않는 요란한 옷을 입는데, 그 대부분은 필라델피아 교회의 선교 박스에서 나온 것이다. 어떤 이유에서인지 형은 이 닦는 것을 싫어한다. 어릴 때는 칫솔을 들고 물을 틀어 놓고는 이를 닦는 체하곤 했다. 그러다가 고 4 때 비싼 대가를 치른다. 우리의 돌팔이 치과의사가 형의 남은 윗니

---

* simar는 17~18세기에 유행한 옆선이 떨어진 재킷이나 무릎까지 오는 치마이므로 '피클치마'쯤 된다.

열두 개를 마취제도 없이 다 뽑은 것이다.

"의사 선생님은 바보가 아니야. 본인이 무슨 일을 하는지 알고 있어." 그날 밤 형이 아픈 턱을 어루만지며 틀니를 해야 한다는 사실에 불평하자 어머니는 그렇게 말한다. "그뿐 아니라, 이제 더 이상 충치는 없을 거잖니." 틀니로 분명히 좋아진 부분이 있다. 형은 더 이상 충치와 이 빠진 부분을 가리려고 손을 입에 대고 있지 않아도 된다. 하지만 형의 의치는 나중에 한 치과대 학생이 에모리 의학 박물관에 기증하라고 요청할 정도로 너무 엉터리다. 틀니 때문에 형은 트럼펫을 그만두고 피아노를 택할 수밖에 없게 된다.

내가 고등학교 활동들에 전념하는 동안 형은 영성에 에너지를 쏟는다. 형은 '승리하는 그리스도인의 삶'에 관한 어머니의 책들을 읽고 그 잡히지 않는 '최고 수준의 삶'에 도달하려고 진지하게 노력한다. 형은 나와 달리 학교 YFC 클럽을 창피해하지 않고 오히려 자원해서 클럽 회장을 맡는다. 나보다 훨씬 성실한 형은 시각적 증언의 한 방편으로 크고 빨간 YFC 성경이 보이도록 해서 교과서와 함께 들고 다닌다. 누군가 피아노 연주를 칭찬할 때마다 형은 이렇게 대답한다. "제가 한 게 아닙니다. 주님이 주신 은사입니다."

형은 너무 세속적이라는 이유로 야구 카드와 모노폴리를 포기한다. 그래도 볼링은 계속 치러 다닌다. 마지막 학년에 형은 새 여자 친구에 관한 이런저런 이야기로 나를 즐겁게 해 준다. 버지니아의 사립 기숙학교에서 고든 고등학교로 전학을 온 여학생이다. 세련되고 냉소적인 내털리는 형의 열렬한 영적 태도를 매력적이라고 느낀다. 형은 그녀를 설득해 화장과 롤러스케이트를 그만두게 하지만 그녀와 손을 잡거나 키스할 때마다 죄책감을 느낀다. 형이 모든 신체 접촉을 피하자고 제안하자 그녀는 주저한다. 그리고 며칠 후 형은 우편으로 배달된 카드 한 장을 받는다. "가까워지는 것을 더 이상 염려하지 않아도 돼." 내털리는 형의 첫 번째 진짜 로맨스를 빠르고 고통스럽게 끝내 주었다.

고등학교는 형에게 지적 자극을 별로 주지 못한다. 친구들은 형을 '걸어 다니는 백과사전'이라고 부른다. 브리태니커 백과사전에서 읽은 내용을 대부분 기억하기 때문이다. 형은 대수와 수학 문제들을 푸는 다양한 과정들을 시간 낭비로 느낀다. 형에게는 정답이 바로 보이기 때문이다. 수업 시간에는 책상과 책상 사이로 쪽지들을 몰래 돌리며 체스를 둔다. 라틴어 시간에는 미리 본문들을 번역해 둔 뒤 그 자리에서 번역하는 것처럼 들리게 하려고 머뭇거리며 읽는 척한다.

일부 교사들은 형의 관심을 사로잡으려고 시도한다. 형의 라틴어 선생님은 조지아 대학교에 장학생으로 입학 신청을 하라고 격려한다. 어느 날 저녁, 형이 좋아하는 피켄스 선생님은 형을 태우고 가서 보수 사상가 러셀 커크의 강연을 듣게 한다. 형은 흥분한 상태로 집에 돌아와 나를 깨우더니 이렇게 알린다. "오늘 밤까지 내가 독립적 사고를 하지 못했다는 것을 방금 깨달았어!" 나는 형에게 불을 끄고 가서 자라고 말한다. 그리고 형의 최초의 독립적 사고에 대해서는 결코 듣지 못한다.

                    * * *

고등학교가 지루해진 형은 음악을 더욱 진지하게 받아들이기 시작한다.

하루는 형이 조표들의 다른 분위기를 내게 설명하려 시도한다. 마치 조표들에 감정이 있는 것처럼. "G장조로 이걸 들어 봐. 햇빛과 여름이 생각나지 않아? 이걸 F단조의 악절과 비교해 봐. 폭풍처럼 우울하게 들려." 나는 고개를 끄덕여 맞장구를 친다.

우리 트레일러의 녹색 피아노는 건반이 64개뿐이다. 양쪽 끝에서 12개씩이 통째로 빠져 있다. 하지만 그 덕분에 우리의 비좁은 거실에 들어올 수 있었다. 좀 더 어려운 곡이 있으면 형은 우리 집 옆에 있는 콘크리트블록 주일학교 건물로 간다. 거기서는 적어도 온전한 건반으로 연습할 수 있다. 만성 저성취자였던 형이 그 두 대의 낡은 악기로 천재의 재능을 보여 주기 시작한다.

어느 날 나는 트레일러의 피아노 앞에 앉아 체르니 연습곡들을 그럭저럭 치고 있다. 그때 형이 내 피아노 연습을 중단시키고 말한다. "음 하나 눌러 봐. 아무거나."

나는 아무 건반이나 누른다. "F 샵?" 형이 묻는다.

"어떻게 알았어? 봤어?"

"아냐, 아냐, 다시 해 봐."

나는 몸으로 형의 시선을 확실히 가로막고는 다른 건반, 또 다른 건반을 뚱땅거린다. 형은 매번 음을 맞힌다. 내가 열 개의 불협화음을 누르자, 형은 모든 음을 차례로 말한다.

우리는 그것으로 놀이를 한다. "전화의 발신음은 어떤 음이야?" 내가 묻는다. 형은 우리 집의 로터리다이얼 수화기를 들어

올리더니 가온 C 위에 F음과 A음의 조합일 거라고 추측한다. 절대음감의 소유자는 만 명 중 한 명이라는데, 내 형이 바로 그 재능을 가졌다. 형은 차량 경적과 사이렌의 음을 맞히는 연습을 하고 기차 기적 소리의 도플러효과*를 추적한다.

형은 거의 완벽한 기억력도 갖고 있다. 라디오에서 복잡한 노래를 듣고 나중에 피아노 앞에 앉아서 그대로 쳐낸다. 이런 솜씨를 지켜보면서 나는 형을 새로운 수준에서 존경하게 된다. 형의 재능은 저절로 고개가 숙여지는 모차르트의 재능처럼 보인다. 나는 베토벤의 단정치 못함과 리스트의 기행에 대해 읽었다. 그렇다면 내 '무책임한' 형이 사실은 천재일 가능성이 있을까?

고등학교 4학년 때 형은 플로리다 잭슨빌에서 열리는 YFC 콘퍼런스 피아노 경연 대회에 참가하고 대회의 수준에 압도된다. 자극을 받은 형은 피아노 숙달이라는 단일 목표에 모든 힘을 쏟아붓고 수준 높은 새 교사를 구한다. 형은 매일 방과 후에 연습하면서 폭넓은 음계와 번개처럼 빠른 화음으로 우리 트레일러나 주일학교 교실을 흔들어 놓는다.

다음 해 경연 대회용으로 형은 〈복의 근원 강림하사〉의 변주곡을 선택한다. 형의 곡은 높은 음역에서 시작하고, 두 손가락으로 연주하는 멜로디가 단순하게 흐른다. 그다음에 웅장한 제시부가 펼쳐지면서 형의 손가락이 건반 위아래를 달리다가 마침내 연속되는 장엄한 화음으로 마무리된다. 내 형이 그런 작품을 작

---

* 움직이는 물체에서 나는 소리가 자신과 가까워지면 소리가 더 높아지고, 멀어지면 소리가 더 낮아지는 현상.

곡했다니, 믿을 수가 없다.

형이 연습할 때 내가 그 찬송의 연주를 얼마나 많이 들었던가?

> 복의 근원 강림하사
> 찬송하게 하소서.
> 한량없이 자비하심
> 측량할 길 없도다.
> 천사들의 찬송가를
> 내게 가르치소서.

형은 잭슨빌에서 입상하지만 우승은 놓친다. 그래서 두 배의 노력을 기울인다. 그해 여름 말에는 필라델피아 마라나타 교회의 헌금 시간에 연주를 해 달라는 요청을 받는다. 형이 첫 번째 악장의 간단한 부분을 연주하는 동안 나는 긴장되면서도 뿌듯한 마음으로 신도석에 앉아 있다. 이제 곧 멋진 부분이 나올 것이다.

그런데 연주가 끝났다고 생각한 목사가 불쑥 일어나 이렇게 말한다. "고맙다, 마셜." 굴욕을 당한 형은 구부정한 자세로 자리로 돌아가 앉는다.

* * *

형은 다른 대학교나 음악학교에 지원하지 않고, 인접 주인 사우스캐롤라이나의 성경 대학에 가라는 어머니의 명령에 따르기로 한다. 형의 선생님들은 크게 실망한다. 형이 내게 말한다. "어머니랑 싸워 봐야 아무 소용없어. 성경 대학에 가도 여기서 벗어날 수 있고, 아마 어디 다른 곳으로 편입할 거야."

9월에 어머니와 나는 형을 태우고 성경 대학으로 향한다. 나는 형을 도와 옷과 책이 담긴 상자들을 들고 계단을 올라 남자 기숙사의 형 방으로 간다. "이곳이 형 마음에 들었으면 좋겠다." 나는 그렇게 말하고 형을 어색하게 안는다. 갑자기 외로움이 느껴진다. "집에 남아 있는 동생 잊지 마."

형이 말한다. "넌 잘 지낼 거야. 학교에서 많은 시간을 보내잖아. 집에 오래 머물지도 않으면서."

차를 몰고 애틀랜타로 돌아가는 네 시간 동안 어머니는 별로 말이 없다. 어머니가 아주 느리게 운전한다는 걸 알고 내가 말한다. "주간고속도로에는 최저속도가 있을걸요. 아마 그래서 저 차들이 헤드라이트를 켜고 경적을 울리는 걸 거예요."

어머니가 쏘아붙인다. "언제부터 운전 전문가가 된 거냐? 넌 아직 운전면허증 딸 나이도 안 됐어." 나는 돌아오는 길 내내 입을 다문다.

바로 그달, 어머니는 이사하기로 결정한다. 페이스 침례교회에 모종의 권력 싸움이 일어나는데, 어머니는 담임 목사의 반대편에 있다. 어머니가 말한다. "긴장을 참으면서 여기 머물 수가 없구나." 교회는 쪼개지고 있고, 어머니의 친구들도 대부분 떠나고 있다.

그 친구들 중 한 사람이 우리가 최소 비용으로 임대주택에 들어갈 수 있게 해 준다. 우리는 나무 바닥과 차고, 울타리가 쳐진 마당이 있는 진짜 교외 주택으로 이사한다. 트레일러는 남겨 둔다. 고등학교 마지막 학년에는 유진 크로의 집을 내가 사는 곳을 숨기기 위한 교란물로 더 이상 쓰지 않아도 된다.

형이 떠나고 새로운 장소에 왔으니 나는 가정생활도 함께 달라지기를 바란다. 달라지기는 한다. 그러나 내가 기대하던 방식은 아니다. 어머니의 기분은 날씨만큼이나 변덕스럽게 변한다. 어떤 때는 유쾌하고 행복하다가, 어떤 때는 심술을 부리며 화를 낸다. 나는 의아해진다. '누구에게 화를 내는 건가요, 어머니? 당신을 저버린 남편인가요? 당신을 배반한 하나님인가요? 도무지 마음에 들지 않는 아들들인가요?'

자주 옛 침묵이 내려앉고 내 곁에는 이야기할 형조차 없다. 함께 침실을 쓰던 때보다 300킬로미터 이상 떨어진 곳에 사는 지금, 형이 내게 더 의미 있게 다가온다.

나는 어떤 것에도 영향을 받지 않겠다는 계획을 한창 진행 중이고, 집은 그 계획을 매일 시험한다. 종종 밤늦게까지 잠 못 이루고 침대에 누워 있으면 복도 저쪽에서 어머니가 숨죽여 우는 소리가 들린다. 나는 어찌할 바를 모른 채 무력하게 누워 있다. 아버지의 죽음과 그 이전에 엄한 외할머니와 함께 연립주택에서 보낸 세월까지 어머니의 고된 삶을 떠올리다가 강한 연민을 느낀다.

다음 날 아침 나는 잘하려고 노력하지만 어머니가 밤새 완고해졌음을 발견할 뿐이다. 어머니는 스토브 위에 올린 오트밀을 저으면서 훌쩍인다. 금속 스푼이 냄비에 부딪쳐 요란한 소리를 낸다.

"무슨 일이에요, 어머니?"

"무슨 일이냐고? 난 죽었다, 애야! 머리가 돌아가질 않아! 일주일 내내 가르친 다음 유치원 스쿨버스를 운전하지. 넌 절대 이해 못 할 거야. 여자들은 이렇게 기분이 안 좋을 때가 있어. 내가 어떤 압박을 받고 있는지 아니? 청구서, 엉망이 된 교회, 네 형. … 난 죽었다! 내가 무엇을 감내하고 있는지 아무도 몰라. 너희 둘은 나를 신경쇠약으로 몰아가고 있어."

그날 내내 내가 무슨 말을 해도 상황은 악화되기만 한다. 곧 있을 토론회와 연극 연습에 대해 말하면 이런 대답이 돌아온다. "넌 집에 머물지를 않아! 늘 나가 있지!" 학교로 가는 더 빠른 길을 얘기하면 이런 대답이 돌아온다. "지도에 뭐라 나오건 난 개의치 않아, 아들. 거기 가는 길은 내가 제일 잘 알아. 넌 언제쯤 내 말을 듣는 법을 배울 거니?" 내가 재판장 앞에 불려온 러시아 정치범처럼 느껴진다. 유죄판결을 받으리라는 것은 알지만 무슨 잘못을 저질렀는지는 모르는 정치범.

형이 사라지자 나는 유일한 표적, 어머니의 격렬한 감정의 배출구가 된다. 표본 병에서 빠져나가지 못하는 내 딱정벌레처럼 갇혀 버린 느낌이다. 형과 달리 나는 맞서 싸울 시도조차 하지 않는다. 감정을 느끼기 전에 숨기고 가리고 막아 버리는 습관으로 돌아간다.

* * *

어머니가 재혼하지 않은 것은 나와 형, 우리 때문이다. 어머니는 우리가 어렸을 때 그 사실을 분명히 밝혔다. "난 너희가 다른 아빠를 절대 받아들이지 않으리라는 것을 알았다. 너희에게 그런 걸 요구하지 않으마." 이제 어머니는 집안을 꾸리기 위해 아침부터 밤까지 노예처럼 일해야 한다. 그런데 우리는 어머니에게 어떻게 보답하는가? 집안 허드렛일에 게으름을 부린다. 음악 레슨 연습은 안 하고 테니스를 친다. 부러진 팔로 터치풋볼 같은 어리석은 짓을 한다. 전깃불을 켜 놓고 다니고 변기 시트를 올려놓는다.

그 기억들이 종이에 베인 상처처럼 따갑게 다가온다. 집 안팎에서 더 열심히 일하자고 다짐하고, 형이 없으니 형이 하던 허드렛일까지 맡는다. 하지만 어떤 것도 도움이 되지 않는다. 매주 해야 하는 잔디 깎기를 잊어버린 채 토론 토너먼트에 참석하기 위해 떠난다. 돌아오면 앞마당에서 무릎을 꿇고 가위로 풀을 자르는 어머니를 발견한다.

때로는 밤에 어머니가 닫힌 내 방의 문밖에 서서 훌쩍이는 소리가 들린다. 그런 때는 어머니의 어조가 달라진다. "내가 세상 최고의 어머니가 아니라는 건 나도 안다. 하지만 난 최선을 다했어, 아들. 정말 최선을 다했다고. 듣고 있니? 어쩌면 필라델피아로 도로 가서 지미 외삼촌을 보살펴야 할까 보다. 아니면 보살필 노인들의 집을 알아보던가. 언젠가 네가 집에 와 보면 내가 없을지도 몰라. 그때 넌 세상이 얼마나 험한지 알게 될 거야. 넌 후회하겠지만, 그때는 이미 늦을 거야."

나는 어둠 속에 누운 채 두 손으로 양쪽 팔을 꽉 붙잡는다. '아무것도 느끼면 안 돼. 느끼지 말아야 해.'

나도 형처럼 떠나고 싶다. 하지만 학교 상담 교사의 권유처럼 질 떨어지는 성경 대학이 아니라 진짜 대학에 가고 싶다. 내가 CDC 인턴 과정에 합격했을 때, 어머니는 내가 죄라도 지은 것처럼 행동했다. "넌 그런 일자리를 맡을 준비가 되지 않았어. 월반을 허락하는 게 아니었는데." 고등학교 마지막 학년이 시작되었을 때, 영어 선생님은 내가 졸업생 대표 연설을 할 가능성이 있다고 몰래 얘기해 준다. 그 이야기를 전해도 어머니는 아무 반응이 없다.

형이나 내가 무슨 일을 해도 어머니를 기쁘게 할 수 없고, 우리의 삶은 어머니 본인의 실패한 꿈과 특히 어머니가 우리에게 품었던 꿈, 그 서원을 아프게 떠올리게 할 뿐이라는 사실을 서서히 이해하게 된다. 그것이 바로 어머니가 성경 대학을 그토록 고집하는 이유라는 것도 깨닫는다. 어머니는 우리가 멀어지고 있다는 사실을 느낄 수 있다.

우리는 조심스럽게 온갖 문제를 이야기하지만 한 가지 진실만은 건드리지 않는다. 어머니의 한 아들은 이미 떠났고 다른 아들은 떠날 날을 손꼽아 기다리고 있다는 것, 어머니는 통제력을 상실했다는 것, 그리고 아들들은 절대 남편을 대신하지 못할 것이고 어머니의 필요를 채워 줄 능력이 없다는 것.

때때로 어머니의 얼굴에서 두려움과 상실의 표정을 본다. 환멸에 빠진 과부이자 한부모인 어머니처럼 생각해 보려고 애써 보지만 이내 포기하고 만다. 나는 그저 나처럼 생각할 수 있을 뿐이다.

하지만 한 가지는 분명해진다. 만약 이것이 승리하는 그리스도인의 삶이라면, 이것이 수십 년 동안 죄를 짓지 않은 사람의 모습이라면, 나는 그런 삶에 얼씬도 하고 싶지 않다는 것이다.

몇 주에 한 번씩 형의 편지를 받는다. 형의 전매특허 같은 청록색 잉크를 넣어 만년필로 쓴 편지다. 형은 정말 행복해 보인다.

성경 대학에서 형의 재능은 대번에 인정을 받는다. 형은 모든 신입생의 의무인 음악 시험을 치렀는데 담당 교수가 결과를 발표한다. "한 학생이 200문제 중에서 199문제를 맞혔습니다. 대중음악에 관한 한 문제만 틀렸습니다." 그렇지만 형은 여전히 기본 음악 감상 과목을 들어야 한다. 이 대학은 규칙에 따라 움직인다.

형은 학교 채플에 있는 화려한 9피트짜리 스타인웨이 그랜드 피아노와 바로 사랑에 빠진다. 그 피아노는 형이 연주했던 어떤 피아노와도 다른 소리와 터치감을 갖고 있다. 형의 연습 소리를 듣기 위해 다른 학생들이 채플 안으로 들어와 뒷좌석에 앉는다. 형은 돈을 벌기 위해 성악과 학생들의 반주를 맡는데, 그들은 가파른 언덕 기슭에 자리 잡은 낡은 건물에서 가슴이 떡 벌어진 테너에게 배운다. 성악 교사는 새로운 반주자가 악보가 있든 없든 모든 음악을 모든 조성으로 연주할 수 있다는 사실을 발견하고 기뻐한다.

어느 주일에 형은 교회 예배를 위한 피아노 연주자의 자리를 잠깐 대신하기로 자원한다. 그 교회의 목사가 선언한다. "형제자매 여러분, 여러분이 찬송가를 고르시면 우리가 초대한 피아니스트가 즉각 특별한 편곡을 내놓을 것입니다." 소문이 퍼지고 형은 곧 주말마다 약속이 잡힌다.

형은 학교의 순회 합창단 메인 피아니스트가 된다. 형은 합창단의 오르간 연주자 래리와 함께 헌금송으로 연주할 피아노/오르간 듀오 편곡 작품을 만든다. 어느 날 저녁 오하이오의 한 교회에서 형은 주일학교 교실에서 예배당으로 가져온 피아노의 음이 오르간보다 반음 낮게 조율되어 있는 것을 알게 된다. 형은 성탄절 연휴에 집에 와서 말한다. "내가 이제껏 해 본 일 중에서 가장 어려웠어. 모든 음을 그때그때 봐 가면서 반음 높은 조성으로 조옮김을 해야 했거든. 절대음고 440사이클Hz인 A음을 연주하는데 A플랫이 들리니까 미치겠더라. 일부러 소리를 듣지 않고 순수수학을 연습하는 것처럼 곡을 연주해야 했어." 마침내 형은 영웅이 된다.

형은 학교 수업에 열정적으로 참여한다. 극단적 칼뱅주의자라는 평판에 자부심을 갖는 선배들이 형을 격려하는데, 그들은 주권적이고 모든 것을 통제하시는 하나님을 믿는 강경한 신자들이다. 같은 성탄절 휴가 기간에 형은 조나단 에드워즈의 설교 〈성난 하나님의 손에 붙들린 죄인들〉의 장점에 대해 말한다. 나는 고등학교 영어 수업에서 그 설교문을 공부했지만 아무 재미가 없었다. 대학교 1학년 시절이 끝날 무렵 형은 2,000쪽에 이르는 장 칼뱅의 《기독교 강요》를 모두 읽어 낸다.

휴가 기간에도 그리스어와 히브리어 어휘를 익히려고 한 묶음의 플래시카드를 공부한다. 형이 말한다. "수업은 쉬워. 학교의 수업료가 정액제라는 것을 알게 되면서 주당 27시간의 수업을 신청했어." 주 15시간인 보통 수업의 거의 두 배에 이른다. 한동안 형은 활기를 찾은 것처럼 보인다.

18 / 대학

모든 답을 아는 것보다

몇 가지 질문을 던지는 것이 더 낫다.

—제임스 서버, 〈너무 많이 알았던 스카티〉

고등학교 5학년 재학 중에 나는 형이 다니는 사우스캐롤라이나의 성경 대학에 지원한다. 상담 교사가 묻는다. "이 결정 확실한 거니? 우리 학교에서 너 정도 성적이면 듀크나 데이비드슨 같은 곳에 장학금을 받고 갈 수 있어."

상담 교사의 말은 나를 크게 유혹한다. 그러나 받아들일 수 있는 대학을 놓고 형과 어머니가 충돌하는 것을 너무나 많이 본 터라 불가피한 일로 싸우지 않기로 결심한다. 성경 대학 2년을 단기 대학 비슷하게 생각하고 거기서 2년 정도 다니다가 어딘가 다른 곳으로 편입하면 될 거라고 생각한다. 다시 한번 형의 발자취를 따르기로 한 것이다. 그렇게 되면 집을 떠나 첫 1년은 형과 함께 지낼 시간도 생길 터였다. 그 외에도, 1966년에 이 학교의 일 년 학비는 숙박비를 포함하여 2,000달러가 안 된다.

신입생 오리엔테이션 참석차 대학으로 가는 네 시간 동안 차 안에서 어머니는 기분이 좋지 않고, 우리는 거의 말을 하지 않는다. 그 주 내내 어머니의 성난 눈빛은 내게 집을 떠나는 것이 너무 신난다는 티를 내지 말라고 경고했다. 캠퍼스에 도착하자 나는 기숙사 열쇠를 받아 온다. 내가 지상의 소유물 전부—옷가지가 가득 든 옷가방 둘, 책 상자 하나, 오픈 릴식 녹음기—를 새 거처로 옮기는 동안 어머니는 흐린 9월의 하늘을 이고 차 옆에 서 있다. "잘 지내, 알았지?" 어머니가 내게 남기는 마지막 말이다.

이층 창으로 어머니의 차가 캠퍼스를 세 번이나 돈 다음에 사라지는 것을 보면서 어리둥절해진다. 몇 년 후에야 나는 어머니가 나를 내려준 후에 조지아주 경계에 이를 때까지 계속 울었다는 것을 알게 된다. 하지만 당장에는 어머니의 엄한 가면 뒤의 모습을 볼 도리가 없다.

하지만 어머니와의 껄끄러운 작별에도, 사우스캐롤라이나의 숨 막히는 더위에도, 나의 기분은 가라앉지 않는다. 새장의 문이 활짝 열린 기분이다. 이제 나는 독립했고 마침내 자유롭다.

* * *

토론 대회 참가차 갔던 여러 대학은 승강기에서 지린내가 나고 벽이 그라피티로 뒤덮여 있었다. 이곳은 그렇지 않다. 기숙사는 티끌 하나 없고 소독제 냄새가 난다. 대학에서는 비용 절감을 위해 모든 학생이 의무적으로 한 가지 일을 맡도록 요구한다. 나는 화장실 청소를 자원한다. 폼 나는 임무는 아니지만 여름에 쓰레기 수거차에서 일해 본 내게는 거슬리는 일도 아니다.

빛이 드리운 자리

곧 룸메이트 밥을 만난다. 애슈빌의 기숙학교 졸업생인 그는 인생의 주요 관심사가 여자와 축구, 이 둘이다. 운동을 마치고 옷을 갈아입던 그는 내가 그의 양말을 빤히 쳐다보는 것을 알아차린다. "그래, 나 양말대님 써. 양말이 흘러내리지 않게 잡아 주는 건 이것뿐이더라고. 보다시피 축구 연습으로 종아리가 너무 굵어져서 말이야." 나는 내 친구들도 다 양말대님을 쓴다는 듯 고개를 끄덕인다.

첫날 저녁에 신입생 중 많은 남학생이 야외 테라스에 모여 인사를 나눈다. 한 명씩 자기소개를 한다. 나이가 좀 많은 한 학생은 해군에 있을 때 항구에 내리면 늘 여자를 사귀는 죄악된 삶을 살았다고 말한다. "맥주 파티 대신에 그리스도에 대한 신앙을 나누는 대학에 들어와서 너무 기쁩니다. 즐기는 삶은 이미 맛보았고 그런 삶은 막다른 골목에 이를 뿐이거든요." 또 다른 신입생은 자신에게 플로리다의 부유한 기독교 사업가를 허락해 주신 하나님께 감사한다. 사업가는 그가 오렌지 과수원에 있는 쥐가 들끓는 오두막에서 산다는 것을 알고 성경 대학에 다닐 수 있게 지원했다.

무리의 가장자리에 선 나는 대화에 끼어들어야 하는 건지 따져 본다. 열성적 그리스도인들에게 둘러싸여 있으니 옛날의 그 분열된 느낌이 되살아난다. 무리에 속하고 싶은 마음도 있고, 여기서 벗어나고 싶은 마음도 있다. 그러나 나는 기독교 대학에 적응하는 최고의 방법은 그리스도인처럼 행세하는 것이라고 결정한다. 그것은 내가 잘 아는 길이다. 두어 번 침을 삼킨 후에 나도 간증을 한다. "여기 있는 일부 학생들과 달리 나는 거의 평생을 그리스도인으로 살았어요. 하지만 지난 몇 년 동안 주님과 멀어져 있었지요." 그런 식으로 말을 이어 가면서 여름 캠프의 비슷한 모임들에서 완벽하게 익힌 문구들을 되풀이한다.

내가 간증을 마치자, 옆에 서 있던 낯선 사람이 어깨동무를 하면서 이렇게 말한다. "축복합니다, 형제님. 하나님이 형제님을 힘 있게 쓰실 거라고 믿어요." 파도처럼 밀려드는 지지를 느끼기가 무섭게 자기혐오의 저류가 뒤따른다. 당장에 돋보이기 위해 무슨 일이든지 하고 보는 나의 행태가 다시 등장한 것이다.

오리엔테이션 주간에도 나와 어울리지 않는 곳에 있다는 생각에 마음이 가라앉는다. 학생들의 미소는 사라질 줄 모르고 그들의 노래는 너무나 달콤하고 그들의 말은 모두 예측 가능하다. 영성으로 포장된 그런 언어는 전에도 들었다. "하나님이 차를 주셨어요"는, 실제로는 '부모님이 근사한 고등학교 졸업 선물을 주셨어요'라는 뜻이다. "하나님이 주립대학의 문을 닫으셨다"는 말은 '합격을 못 했다'는 뜻이다. "오늘 버스를 놓쳤어요. … 그래도 주님이 그것을 허락하신 이유가 있을 거예요" '하나님을 탓할 게 아니라 다음에는 알람을 맞춰 놔야 하지 않을까?'

며칠 후 내가 있는 기숙사를 찾아온 형이 상급생 친구 몇 명에게 나를 소개한다. 내가 회의적 태도를 털어놓자 그들은 웃으며 이렇게 말한다. "대학 생활을 일종의 게임이라고 생각해. 나름의 용어와 규칙이 있는 거야. 여기에 적응하고 싶으면 게임에 참여해야 돼. 그냥 흐름을 따라가고 크게 말썽 일으키지 말고 살아남도록 해 봐. 이 학교 이후에 진짜 삶이 있으니까. 여기선 그냥 견디는 거야."

가끔은 나 말고 모두가 영적 비밀을 가진 것 같은 불편한 느낌이 든다. 다른 학생들은 가까운 친구 이야기를 하듯 하나님에 대해 말한다. 온종일 성경을 공부하는 것에 더없이 만족하고 교수들이 말하는 내용을 의심 없이 전부 받아들이는 것처럼 보인다. 하지만 대부분의 경우, 나는 다른 결론을 내린다. 비밀 같은 건 존재하지 않고, 다른 이들의 행동을 모방하고 바른말을 따라 하는 학습된 순응 패턴이 있을 뿐이라는 것이다.

나는 배교자 역할을 하는 데서 왜곡된 즐거움을 찾기 시작한다. 교수들을 난처하게 할 만한 질문들을 조사해서 수업 준비를 해 온다. 다른 학생들이 얼굴을 붉히고 고개를 돌릴 때까지 말없이 빤히 쳐다본다. 식당에서는 그저 반응이 궁금해서 여학생 옆에 앉아 이런 질문을 한다. "넌 네가 예쁘다고 생각해?" "섹스는 해 봤니?" "지금까지 했던 것 중에 가장 못된 짓이 뭐야?"

* * *

모든 학생은 학칙 책자를 한 권씩 받는데, 그 책자를 읽고 서명해야 한다. 66쪽이라는 책자의 분량은 완벽한 구성임을 내세운다. "이봐, 우리에겐 성경 66권의 책당 한 쪽씩 교칙들이 있어!"라고 말하는 것 같다. 대학은 학생들의 대리 부모, 그것도 엄한 부모를 자처한다. 금지된 활동으로는 볼링, 춤, 카드놀이, 당구, 공공 링크장에서의 스케이트, 영화, 복싱, 레슬링, 그리고 "발레, 춤, 외설적 노래가 나오는 오페라와 뮤지컬의 공연" 등이 있다.

이어지는 필수 모임들에서 남자부 학생부장은 학칙을 강조한다. "우리는 이 학칙들을 아주 진지하게 받아들입니다. 하나하나가 성경의 원리에 근거하고 있고, 여러분 모두 캠퍼스에 머무는 동안 학칙을 기꺼이 따르겠다고 서명했습니다." 수염 금지와 두발 제한은 나에게 이상하게 느껴진다. 교과서에 나오는 예수님, 사도들, 그리고 대부분의 남자 성인들은 수염을 기르고 긴 머리를 나부끼고 있기 때문이다.

1960년대에는 성 혁명이 사회 곳곳을 휩쓸었지만 이 학교의 밀폐된 환경을 뚫지는 못했다. 학칙 책자에는 "학생들은 손잡기, 포옹, 키스, 또는 일체의 신체 접촉을 절대 피해야 한다"라고 나와 있다. 유혹이 너무 커지는 걸 막기 위해 저학년 학생들에겐 주당 두 번의 데이트—물론 더블데이트다—시간이 허락되는데, 그중 한 번은 교회 예배에 참석해야 한다. 그 외에는 약혼한 사이라도 하루 한 번 저녁 식사 시간에 식당에서만 '어울릴' 수 있다. 그 밖에는 커플 사이의 가벼운 대화도 일체 금지다. 전화 연락도 안 된다.

여학생들에게 적용되는 기준은 더 엄격하다. 학칙은 여학생들에게 바지를 금지하고, 바지가 허용되는 일부 활동의 경우에도 치마 아래에만 입을 수 있다고 규정한다. 내가 신입생이던 해에 여학생 치마는 무릎 아래까지 내려와야 했다. 교직원들이 여자 기숙사 로비에 서서 상습 위반자들을 찾고 용의자가 포착되면 치마 길이를 좀 더 정확히 측정하기 위해 바닥에 무릎을 꿇게 한다.

학교는 성性을 방사능 물질처럼 취급한다. 밸런타인데이가 다가올 무렵, 교학과 사무실에서 아르바이트를 하는 동기 여학생이 방금 목격한 괴이한 장면에 대해 말한다. 흰 장갑을 낀 여자부 학생부장이 파티 장식으로 쓰일 작은 하트 모양의 사탕을 하나하나 검열하더라는 것이다. '넌 내 거야', '영원한 친구', '내 밸런타인 선물을 받아 줘' 같은 문구는 검열을 통과하지만 '애인', '뜨거운 입술', '사랑해'는 쓰레기통으로 직행한다.

학교가 아무리 애써도 너무 빨리 변하는 미국 문화에 학칙이 보조를 맞출 수가 없다. 이후 미니스커트의 시대였던 2년 동안, 용인되는 여자 치마 길이는 무릎 중간으로 올라갔다가 다시 무릎 바로 위까지 올라간다. 남학생들의 경우를 말해 보면, 빌리 그레이엄의 안내를 받은 장발의 '예수 사람들' 몇몇이 학교에 입학한다. 이 새로운 회심자들을 맞이한 학생부장들은 그들에게 이발소로 가라고 명령하고 레코드 앨범을 압수한다. 당사자들이 경악할 만한 조치다.

학생들은 '기독교적 증언과 일치하지' 않는 모든 음악을 멀리해야 한다. 그런데 이 구절은 해석의 여지가 너무 많다. 나는 여전히 고전음악을 더 좋아하지만, 가끔 혼자 헤드폰을 쓰고 있을 때는 사이먼 & 가펑클이나 비틀스의 테이프를 듣는다. 학교 바깥에서는 로큰롤이 방송을 점령하고 있다. 신입생 시절에 밥 라슨이라는 강사가 며칠 동안 캠퍼스에 머물면서 로큰롤의 위험에 대해 강연했다.

음악가인 라슨은 번쩍거리는 일렉트릭 기타를 들고 채플 앞에 서서 몇 개의 요란한 코드를 뜯어 우리가 직면한 위험을 실제로 보여 준다. 그의 말에 따르면 로큰롤의 진동은 인간 뇌의 맨 아래에 있는 숨뇌를 영구적으로 변형시킨다. 그는 비틀스 매니저의 말을 인용하는데, 매니저는 자신의 밴드에 대해 이렇게 말한다.

"이제껏 이 정도로 군중에 대한 영향력을 발휘한 사람은 히틀러 뿐이었다."

밥 라슨의 방문으로 반反로큰롤 분위기가 활활 타오른다. 어느 날 밤, 교정 한복판에 모닥불이 피어오른다. 수십 명의 학생이 소장하고 있던 레코드를 부수어 불길 속으로 던진다. 나는 열성적인 어린 학생에게 클래식 앨범은 불에 던지지 말라고 호소한다. 그는 "이것들은 하나님께 영광을 돌리지 못해"라고 말하고 녹아 가는 엘비스 프레슬리와 롤링스톤스 레코드판 위에 베토벤과 브람스 앨범을 내던진다.

몇 달이 지나자 나는 성경 대학의 폐쇄적 환경에 익숙해진다. 그런 환경이 거의 정상적으로 보이기 시작한다. 그러다 방학이 되어 집으로 돌아가면 그렇지 않다는 것을 깨닫는다. 애틀랜타 거리에서는 미니스커트 차림에 노브라의 여성들, 베트남전쟁에 반대하는 성난 시위자들, 민권운동가들이 학생들과 함께한 주먹을 높이 치켜들고 '블랙파워 설루트Black Power salute'•를 시현하며 행진한다. 나는 아미시 사람이 [뉴욕 맨해튼의] 타임스 스퀘어에 도착한 뒤 느낄 만한 급작스러운 문화 충격을 경험한다.

조부모님 댁에서 〈룩Look〉지와 〈라이프〉지의 사진들을 넘겨보다가 민권운동 지도자들의 피투성이 머리, 불붙은 저소득층 주택단지, 히피족을 두들겨 패는 경찰들, 네이팜탄 화상을 입고 비명을 지르는 발가벗은 어린 소녀의 모습을 본다. 성경 대학에

• 흑인 인권운동을 지지하는 의사 표시.

서는 왜 아무도 이런 이들에 대해 말하지 않는지 의아하다. 미국은 수천 명의 젊은이를 동남아시아의 정글로 보내 죽게 만들었고, 주요 도시와 대학들에서 폭동과 성 혁명이 일어났는데, 그때 우리 성경 대학 학생들은 칼뱅주의의 미묘한 요점들을 가지고 토론하고 머리 길이와 스커트 길이를 재고 있었다.

* * *

형이 다른 기숙사에 있다 보니 우리는 자주 만나지 못한다. 성경 대학의 첫해에 보여 준 형의 열정이 식어 버린 게 분명하다. 형이 피아노보다 탁구를 치는 데 더 많은 시간을 쓰는 것만 봐도 알 수 있다. 어느 날 내가 제안한다. "좀 걷자. 형은 행복해 보이지 않아."

형이 씁쓸하게 말한다. "행복할 리가 없지. 방금 조이스가 헤어지자고 했거든. 내가 신앙이 부족하대."

우리는 포장된 도로를 내려가 흙길로 들어선다. 그 길은 내가 탐험해 온 숲으로 이어진다. 형은 얼마 전 말하기 수업에서 있었던 일을 이야기한다. "이 학교는 일종의 사상 통제를 실시해. 말하기 수업에서는 각자 원하는 주제로 모두가 두 번의 연설을 해야 해. 첫 번째 연설에서 나는 춤을 허용해야 한다고 주장했어. 두 번째 연설에서는 록 음악에 대한 학교의 입장을 다루었지. 내가 록 음악 못 듣는 건 너도 알잖아. 하지만 록 음악을 금지하는 학교의 논리는 말도 안 돼. 성경 어디에도 부도덕한 음악이 있다는 말은 찾을 수가 없어."

내가 관심을 보이자 형은 연설의 몇 가지 주장을 요약해 준다.

"오랫동안 교회는 음악계에서 새로운 내용이 등장할 때마다 반대했어. 예를 들면, 중세 시대에 교회는 작곡가가 트라이톤 음정을 쓰지 못하게 했지. 그거 있잖아. 온음 세 개가 합해진 음정 말이야. 교회에선 그것을 '음악 속 악마'라고 불렀어. 하지만 지금은 고전음악에서 안 나오는 데가 없지. 아마 얼마 후면 교회에서 록 음악을 듣게 될 거고 이 학교는 우스꽝스러워 보일 거야."

형은 두 개의 연설로 D-와 F를 받았다. 형은 그런 점수를 받은 이유가 준비 부족이나 발표에 문제가 있어서가 아니라 교수와 견해가 달라서라는 것을 알았다. 형은 학부장에게 호소했고, 학부장은 이렇게 조언했다. "그냥 교수님이 싫어하지 않을 만한 주제를 고르게나."

"어떻게 했는데?" 내가 묻는다.

"섬김에 대한 연설을 했고 A+를 받았지."

몇 주 후 형은 자신이 그리스도인인지 확신이 없다고 말한다. 형은 한 여학생에게 데이트를 신청해 함께 피아니스트 반 클라이번의 공연을 들으러 간다. 공연이 끝난 뒤 형은 그 연주를 비판했고 두 사람의 대화는 좀 더 개인적인 내용으로 넘어갔다. "내가 구원받았는지 확신할 수가 없어." 형은 여학생에게 그렇게 털어놓았다. 그녀는 형에게 로마서의 여러 구절을 소개하고 영접 기도(형은 이 기도문을 외우고 있었다)에 대해 이야기한 뒤 함께 기도했다. 다음 날, 형은 달라진 것을 느끼지 못했다.

"무슨 일이 일어나야 하는지는 모르겠지만, 이곳 사람들이 말하는 평온함이나 평화는 전혀 없었어. 나는 뭔가 초자연적인 대상, 나보다 더 큰 어떤 것에 사로잡히는 느낌을 받아 본 적이 없어." 형은 말을 멈추고 이렇게 덧붙인다. "어쩌면 음악에서는 다를지 몰라. 하지만 그건 그리스도인이 아니라도 느낄 수 있잖아. 뭐가 가짜고 뭐가 진짜인지 어떻게 알지?"

내게는 형에게 줄 답이 없다. 나 역시 늘 같은 질문으로 씨름하고 있기 때문이다. 나는 얼마 전에 있었던 일을 얘기한다. "팀이 슬픈 이야기를 들려준 채플 예배 기억해? 자기를 보러 오던 약혼녀가 자동차 사고로 죽었다는 이야기를 했잖아. 학교 전체가 울고 그를 위해 기도했었지. 나중에 애틀랜타에 있는 팀의 누이가 그러더라. 팀은 억제된 동성애자이고 약혼한 적도 없다고. 다 지어낸 이야기라고."

형과 나는 의심을 해소하지 못한 채 헤어진다. 얼마 후 채플 예배 시간에 나는 룸메이트 밥이 계단을 올라 학장에게 마이크를 잡아도 되겠느냐고 묻는 것을 보고 깜짝 놀란다. 그는 흐느끼면서 고등학교 시절에 지은 죄를 학교 측에서 달가워하지 않을 만큼 자세히 털어놓는다. 그런 요란한 과거를 전혀 몰랐던 나는 충격을 받는다.

"저는 선교사 부부의 아들이지만, 이제야 그리스도인이 되는 중입니다." 밥이 너무나 진정성 있고 힘 있게 말하자 다른 학생들 몇 명이 앞으로 나와 밥에게 함께 기도하자고 청한다.

몇 달 후 밥은 그날 말한 내용 중 많은 부분이 지어낸 것이라고 인정한다. "일단 말을 시작하니까 온갖 엉뚱한 이야기들이 막 나오는 거야."

형의 질문이 내 질문이 된다. '무엇이 진짜이고 무엇이 가짜인지 어떻게 알지?'

* * *

학교는 모든 학생에게 지역 내의 사역을 지원하는 기독교 봉사 과제를 선택하도록 요구한다. 형은 자연스럽게 인근 교회들에서 피아노 반주를 맡는다. 내가 선택 가능한 목록을 살펴보니 포트 잭슨 부대에서의 채플 봉사, 당시 '정신지체자들의 집'으로 불리던 시설에서의 봉사, 축호 전도, 교도소나 소년원 방문 등이 눈에 들어온다.

1964년형 내시램블러를 가진 동기생이 내게 다른 친구와 함께 쇠사슬 죄수 봉사를 하자고 말한다. "그게 뭔데?" 내가 묻는다.

"말 그대로 함께 사슬에 매인 사람들이 있는 감옥이야. 핵심은 주일마다 차로 기결수 노역 캠프로 가서 예배를 드리는 거야. 나는 작년에도 이 봉사를 했어. 남부식 식당에 들러 진짜 맛있는 아침 식사도 하고. 그리고 안전은 염려하지 마. 그 사람들은 사슬에 묶여 있으니까."

아침 식사에 대한 그의 말은 옳다. 그렇게 맛있으면서 몸에 안 좋은 음식은 처음 먹어 봤다. 그리츠, 레드아이 그레이비*, 소금 간을 잔뜩 한 컨트리 햄, 달걀 프라이를 올린 프라이드치킨식 스테이크. 배를 두둑이 채운 후, 우리는 노역 캠프로 출발하고 교도관 한 명이 임시로 만든 채플로 안내한다. "이 사람들 정신 좀 차리게 해 줘요." 그는 내 어깨를 친근하게 두드리며 말한다.

경비원 한 명이 장전된 산탄총을 들고 문 앞에 서 있다. 문 안

• 그레이비는 육즙에 소금과 후추를 비롯한 각종 부재료를 넣은 소스. 여기에 커피를 넣은 것이 레드아이 그레이비다.

쪽에서 얼룩말 무늬 죄수복 차림의 흑인 40명을 보고 나는 깜짝 놀란다. 그들 각각의 발목에 채워진 사슬에는 대포알처럼 생긴 것이 매달려 있다. 죄수들이 자세를 바꿀 때마다 사슬이 철컹대며 거슬리는 소리를 낸다.

우리 학생들은 십계명에 대한 연속 설교를 준비했다. 죄수들 옆의 벤치에 앉아, 보호받고 자란 십 대의 성경 대학 학생인 내가 십계명을 헤아릴 수 없이 많이 어긴 사람들에게 무슨 말을 할 수 있는지 의아해진다. 하지만 우리 팀은 기운 나는 음악으로 그들의 마음을 얻는다. 동료 중 한 사람이 아코디언을 연주하고 그들에게 신청곡이 있느냐고 묻자 청중의 분위기가 살아난다. 〈나 같은 죄인 살리신〉과 〈하나님의 나팔소리〉는 그가 아는 곡이다. 〈날아갈 거야〉와 〈눈처럼 새하얀 비둘기의 날개 위에〉는 모르지만 아는 체하면서 적당히 연주해 낸다.

예배가 끝난 뒤 교도관은 우리가 죄수들과 어울릴 수 있게 해 주고, 나는 책으로만 읽었던 삶에 대해 듣게 된다. 술 취한 아버지, 칼싸움, 밀주, 주크조인트juke joints*, 명예 살인, 경찰의 만행. 전문 도둑이 내게 유용한 조언을 한다. "많은 사람이 밤에 전등불 하나만 켜 놓고 도둑을 속일 수 있을 거라고 생각하지. 우린 그 정도 가지곤 안 속아. 그냥 욕실등을 켜 둬. 그러면 자지 않고 깨어 있는 사람이 정말 있는지 없는지 확신할 수가 없거든."

---

* 미국 남동부에서 운영하던 술집. 음악 댄스 클럽과 도박장을 겸한다.

＊ ＊ ＊

그 학년 말에 형의 영적 위기가 깊어진다. 어머니가 뭔가 의심스러워하는 것이 분명하다. 편지에서 형의 영혼 상태에 대해 자꾸만 묻기 때문이다. 형이 어머니에게 편지를 안 쓴 지가 몇 달이나 되었기에 내가 큰아들 소식을 알 수 있는 유일한 출처다.

어느 날 형의 룸메이트가 나를 불러내 묻는다. "형한테 무슨 일이 있는 거야? 지난주 의무적인 개인 경건의 시간에 성경에서 눈을 떼더니 이렇게 말했어. '이건 인간의 책일 뿐이라고 생각해.'" 학교명에 성경이 포함된 학교에서 그런 말은 반역이나 다름없다.

형의 냉소주의는 곧 나를 능가한다. 형의 동기생 한 명이 2학년 채플 시간에 있었던 일을 들려준다. 그 시간에 학생들은 돌아가며 '인생 성경 구절'을 말했다. "잠언, 로마서, 에베소서의 전형적인 구절들이 나왔지. 그런데 네 형이 일어서서 진지한 얼굴로 한 구절을 아주 빠르게 읊는 거야. '서쪽 파르바 두 길에 넷, 파르바에 둘이더라.' 역대상에 나오는 구절이었어(26:18, 한글 KJV). 네 형은 출처도 제시했지. 빨리 말하면 방언하는 것처럼 들려.

그다음 네 형은 또 다른 인생 성경 구절이라면서 시편 137편을 제시했어. '오 바빌론의 딸아 … 네 어린 것들을 집어서 바위에 메어치는 자는 행복하리로다'(8, 9절, 한글 KJV). 네 형 괜찮은 거 맞아?"

교직원들은 형을 긴급 기도 제목에 올린다. 형이 반주자로 함께하는 두 명의 음대 학생이 언덕 기슭의 연습실로 형을 부른다. 연습실 뒤쪽의 프로판 난방기에서 쉭 소리가 나고, 그들은 형에게 귀신이 들렀다고 여기고 쫓아내려고 시도한다. 형의 머리에 안수하고 예수님의 이름으로 악령에게 떠나라고 명령한다. 형은 아무것도 느끼지 못한다.

나와 둘만 있는 자리에서 형은 새로운 목표를 세웠다고 말한다. 66쪽짜리 학칙 책자에 실린 모든 규칙을 어긴다는 목표다. 처음엔 단순한 위반으로 시작한다. 여학생과 손을 잡기, 아침 경건회 빼먹기, 침대 정리 정돈 안 하기. 몇 주가 지나자 형은 지루해져서 가장 사악한 행위인 술 마시기를 시도하기로 한다.

형도 나도 술을 마시는 그리스도인을 만난 적이 없고 '독주 demon rum'를 매도하는 설교를 수십 편 들었다. 그리스도인들은 금주법 운동을 주도했다. 금주법은 14년밖에 지속되지 않았지만 사우스캐롤라이나 시골의 많은 카운티에서는 1960년대에도 여전히 주류 판매를 금지하고 있다.

두 명의 싫증 난 상급생이 형의 목표 달성을 돕기로 한다. 그들은 형에게 말한다. "먼저 술을 구할 곳을 찾아야 해. 그건 이 주에서는 쉽지 않은 일이야. 주류 판매점 간판을 다는 건 불법이라서 술을 판다는 뜻으로 건물 옆쪽에 물방울무늬를 그려 놓지." 그들은 물방울무늬 판매점을 찾은 후 싸구려 로제와인을 산다. 근처 맥도날드에서 얼음이 담긴 잔 세 개를 구하고 흙길을 달려 브로드강 옆에 있는 외딴 장소로 간다.

그날 저녁, 기숙사의 내 방에서 형은 자세한 이야기를 들려준다. "강변이 아니라 절벽 끝에 선 기분이었어. 어머니가 술을 어떻게 생각하는지 너도 알지. 한 모금 홀짝하면 평생을 알코올중독자로 살게 되는 줄 알잖아. 친구들이 와인을 종이컵에 부어 놓고 얼음이 녹아 차가워지도록 몇 분을 기다렸어. 나는 영벌을 안겨 줄 액체를 마시려 하고 있었지. 컵을 들어 입에 갖다 대는데 손이 벌벌 떨리더라고. 정말이야."

"무슨 맛이야?" 내가 묻는다.

"끔찍해. 살짝 현기증이 돌고 심장이 빠르게 뛰는 것 같았는데, 흥분한 탓이겠지. 난 한 컵을 다 마셨어. 그다음 우리는 캠퍼스로 돌아왔지. 그게 다야." 시작에 비해 결말은 시시해 보였다.

며칠 후 형은 큰 중압감을 느낀다. 심각한 죄를 저질렀다는 양심의 가책이 형을 짓누른다. 형은 남자부 학생부장에게 모든 사실을 알리고, 학생부장은 형의 비행에 대한 이야기를 열중해서 듣는다. "마셜, 나를 찾아와 회개를 하다니, 자네는 올바른 일을 했어. 내가 적절한 처벌을 결정하겠네." 형은 안도의 한숨을 내쉰다.

그러나 학생부장의 말은 거기에서 끝나지 않는다. "하지만 자네도 알다시피 자네의 회개는 완전하지 않아. 자네와 공모한 학생들의 이름을 말해 주게. 그전까지는 자네의 회개를 온전히 받아들일 수 없네."

형의 가슴이 철렁 내려앉는다. 때는 5월이고, 졸업까지 몇 주 남지 않았다. 형과 함께한 학생들의 이름을 밝히면 대학 측에서는 4학년인 두 학생을 집으로 돌려보낼 가능성이 높고, 그들의 학적 기록은 아예 입학한 적이 없는 것처럼 사라질 것이었다. 학생부장은 판돈을 올린다. "마셜, 자네는 내게만 고백하는 게 아닐세. 성령께서 자네의 온전한 회개를 기다리시네."

형이 그 소식을 범죄 공모자들에게 전하자 그들은 격분하여 기숙사 방 안에서 서성인다. "네가 우리한테 이럴 수는 없어! 그건 네 생각이었지 우리 생각이 아니었잖아. 우린 지난 4년을 이곳에서 보냈고 수천 달러를 썼어. 안 돼, 네가 이럴 순 없어." 형은 지독한 수치심에 머리를 찧는다.

다음 날, 두 4학년 학생 중 한 명이 그들의 유일한 희망이 될지도 모를, 말도 안 되는 계획을 생각해 낸다. 그는 밤새 학칙 책자 전체를 다시 읽고 놀라운 사실을 발견했다. 책자 어디에도 술을 언급한 대목이 없다는 것이었다. 음주는 너무나 자명하고 극악무도한 죄라서 살인이나 수간獸姦이 그렇듯 금지하는 규정을 따로 써야 한다는 생각을 누구도 못 한 것이다.

제정신이 아닌 4학년생이 선언한다. "우리의 방어 논리는 하나뿐이야. 음주가 죄라고 믿는 그리스도인이 있다고는 생각지도 못 한 것처럼 행동해야 해. 억지라는 건 나도 알지만 한번 생각해 봐. 나는 성공회 신자야. 성공회 교회에서는 성찬 포도주를 매주 내놓는다고. 그건 신성한 거잖아. 그리고 성경은 포도주를 수십 번 언급하고, 가끔은 긍정적으로 말하지. 음주가 죄인 줄 몰랐다고 학생부장을 설득하는 것이 유일한 길이야."

그날 밤 형의 두 친구는 나를 불러들여 계획을 차근차근 알려준다. "학생부장 역을 맡아 줄 사람이 필요해. 우리는 이걸 비밀로 해야 하고, 너라면 네 형을 배신하지 않을 거라고 믿을 수 있지."

이후 이틀에 걸쳐 두 4학년생은 자신들의 변호 논리를 연습한다. 나는 그들이 자신들의 이야기를 완전히 숙지할 때까지 그들의 말에서 일관성이 없고 모순되는 부분을 잡아내는 검사 역할을 맡는다. 우리가 연습하는 동안, 형은 두 손으로 머리를 감싸

쥔 채 기숙사 침대에 앉아 있다. 형의 코에 땀방울이 맺혀 바닥으로 뚝뚝 떨어진다.

형은 죄책감과 패배감에 사로잡히고 마음이 너덜너덜해진 채로 학생부장실로 가서 두 명의 이름을 밝힌다. "마셜, 하나님이 자네에게 복 주실 거네. 자네의 회개는 완전해졌어. 자네에게 학내 봉사 25시간을 부과하네. 자넨 용서받았다고 여겨도 좋아. 어려운 일이었다는 거 나도 아네. 하지만 자네는 바른 일을 했어."

그날 오후 두 명의 4학년생은 학생부장 앞에 선다. 그들은 자신들의 이야기를 그대로 밀고 나간다. 학생부장의 태도로 보아 그들의 이야기를 한마디도 믿지 않는다는 걸 알 수 있었지만 포기하지 않는다. 학생부장은 교수들로 구성된 심의위원회에 그들을 넘기고, 심의위원들은 다시 이사들과 상의한다. 두 명의 4학년생은 졸업식 때 학위를 받을 수 있을지 모르는 상태로 기말고사를 치른다.

율법주의자들은 그 명칭의 정의처럼 규칙을 따른다. 대학 측은 진술되지 않은 규칙을 어겼다고 누군가를 처벌할 수는 없다는 결론을 내린다. 4학년생들은 졸업하고 학칙은 개정된다. 형은 다른 대학으로 편입하기 위해 지원서를 작성하기 시작한다.

크랜리가 냉정하게 말했다. 있잖아,

네가 믿지 않는다고 말하는 종교로 네 마음이

가득 차 있다는 건 흥미로운 일이야.

—제임스 조이스,《젊은 예술가의 초상》

그해 여름에 형이 탈출을 계획하는 동안, 나는 '바퀴벌레 마차'라는 애칭으로 알려진 푸드 트럭에서 일자리를 잡는다. 회사가 열일곱 살 대학생에게 차량을 맡기고 애틀랜타 교외에 자유롭게 풀어 놓는다는 사실이 놀라울 뿐이다. 새벽 5시에 일을 시작한다는 것이 유일한 단점이다. 나는 해가 뜨기 전에 트럭 한쪽에 커피, 수프, 뜨거운 샌드위치를, 다른 쪽에는 차가운 샌드위치, 스낵, 얼음에 재운 청량음료를 싣는다.

트럭 운전자들은 온전히 실적제로 일한다. 좋은 노선은 이미 다 찼기 때문에, 처음 몇 주 동안 나는 거의 빈손으로 집에 돌아온다. 다른 일을 찾아야 하나 생각할 무렵 노다지를 발견한다. 나는 건설 중인 고속도로 끝에 새로운 택지가 개발되고 있는 것을 눈여겨보고, 거기서 제이크라는 현장감독을 만난다. 그는 내게 거래를 제안한다.

"좋은 생각이 있어. 내가 매일 애선스에서 이 애들을 트럭에 태우고 이리로 오거든." 그는 목재 더미 위에 앉아 있는 민소매 차림의 흑인 십 대 일꾼들을 가리킨다. "여긴 너무 외딴곳이라 어디 가서 점심 먹을 시간이 안 돼. 매일 정오에 이리로 와라. 아이들이 주문하는 것을 기록해 두면 임금 지급일에 급료에서 바로 빼서 현금으로 지급하마."

그전 일주일 동안 팔았던 것보다 더 많은 음식물을 그날 판다. 알아듣기 힘든 시골 억양으로 말하는 배고픈 일꾼들은 각각 샌드위치 두 개, 콜라 두 병, 브런즈윅 스튜* 한 그릇, 디저트로 문파이 하나 또는 케이크 한 조각을 주문한다. 나는 오후에 차가운 음료수와 간식을 더 가지고 돌아온다. 그들이 무엇을 좋아하는지 봐 뒀다가 다음 날 아침에 더 많은 양을 트럭에 싣는다.

주말을 앞두고 백인 현장감독은 일꾼들을 한 사람씩 부른다. "루시어스, 점심 값 정산할 시간이야." 제이크는 일꾼들에게 시간당 2달러를 지불하는데 당시 최저임금보다 높은 액수다. 그는 20달러짜리 지폐 네 장을 꺼낸다.

그 주에 루시어스가 시킨 음식 값을 더해 보니 52달러 64센트다. 나는 그 액수를 20달러 지폐들에서 제한다. 잔돈을 루시어스의 손에 놓자 그는 돈을 쳐다보고 다시 현장감독을 쳐다본다.

• 콩, 야채, 고기가 들어간 토마토 기반의 스튜.

"십장님, 겨우 이게 내 몫의 전부라고요?" 그가 오픈 픽업트럭 뒤에 앉아 한 시간을 달려와 닷새 내내 목재를 끌고 못을 박는 생고생을 한 결과로 손에 쥔 것이 겨우 27달러 36센트다.

제이크가 대답한다. "안됐지만 그런 것 같네. 너희들 모두 점심 식사를 좀 줄여야겠구나."

루시어스와 친구들은 다음 주에도 그다음 주에도 같은 양을 주문하고 그것이 여름 내내 이어진다. 나는 식품 납품 업체에서 매긴 정가를 청구하고, 매주 말이 되면 200달러가 넘는 돈을 집에 가져간다.

그해 여름 나는 내부적 관점에서 불의를 본다. 금요일 밤마다 나의 수익을 계산하면서 죄책감에 어쩔 줄 모른다. 그 소년들이 작렬하는 조지아의 태양 아래서 배수로를 파고, 콘크리트를 섞고, 볼트를 망치로 치면서 번 액수보다 내가 번 것이 훨씬 많기 때문이다. 그래도 새로운 주가 시작되면 그 일을 반복한다. 성경 대학 등록금을 벌려면 할 수 없다고 스스로 합리화한다.

* * *

와인 사건의 여파에서 아직 헤어나지 못한 형은 다른 학교에 지원하는 일로 여름의 대부분을 보낸다. 형은 시카고 부근의 명문 기독교 대학인 휘튼을 목표로 삼는다. "그곳에는 음악대학이 있어서 1순위 후보야. 지원 마감일은 놓쳤지만 취약 계층 전형으로 나를 받아 줄 가능성이 있어."

형은 당부한다. "절대 어머니와 이 문제를 상의하지 마. 어머니가 놀랄 테고, 어쨌건 안 될 수도 있으니까."

그러다 인생을 영원히 바꾸는 결정적인 날 중 하나가 찾아온다. 그날은 여느 날과 똑같이 시작된다.

음식 납품 트럭 일을 마치고 집에 돌아오니 형이 그날의 우편물을 살펴보며 식탁에 앉아 있다. 형이 고개를 들더니 열린 봉투를 흔들고 복권이라도 당첨된 것처럼 환하게 웃으며 환성을 지른다. "놀랍지 않니? 학교에서 나를 받아 준대. 게다가 장학금까지 제안했어."

"와, 축하해. 제일 원하던 학교가 됐네. 휘튼은 굉장하다고 들었어. 게다가 기독교 학교잖아. 어머니도 반대하지 않을 거야."

그것은 완벽한 오판이었다. 그날 저녁, 우리 세 사람은 식탁에 둘러앉아 저녁을 먹는다. 내가 낮에 일터에서 있었던 일을 이야기하는 동안 형은 별로 말이 없다. 형의 마음이 흥분으로 소용돌이치고 있다는 것을 알 수 있다. 식사가 끝날 무렵, 형이 그 편지를 꺼낸다. 그리고 긴장된 목소리로 말한다. "그런데 오늘 좋은 소식을 받았어요. 휘튼 대학에서 저를 받아 주기로 했고 장학금도 주겠대요."

어머니는 대화를 머릿속으로 미리 연습이라도 한 것처럼 재빨리 반응한다. 어머니는 형이 편입할 학교를 찾아보고 있다는 것을 알았고, 형은 지나가면서 휘튼을 언급한 적이 있다.

"차라리 하버드 같은 데를 가지 그러니." 어머니는 낮고 거친 목소리로 그렇게 말한다. 학교 이름을 발음할 때 경멸감이 느껴진다. "하버드에선 하나님을 믿는 시늉조차 하지 않잖아. 휘튼 사람들은 하나님을 믿는다고 주장하지만, 그들은 자유주의자들이야. 우리와 똑같은 단어를 써도 거기엔 진심이 담겨 있지 않아.

그들은 배교자들이다, 아들. 거기서는 다른 세속 학교와 똑같이 신앙을 잃을 가능성이 높다. 어쩌면 더 높을지도 몰라."

형이 미끼에 걸려든다. "말도 안 돼요. 휘튼은 기독교 대학이에요. 다른 어떤 학교들처럼 편협하지 않을 뿐이라고요. 빌리 그레이엄이 거기 다녔잖아요?"

잘못된 답변이다. 어머니의 언성이 올라간다. "그래, 그 사람을 봐라. 자유주의자들과 가톨릭 신자들을 자기 연단에 초대하고 교황과 만나고 언젠가 러시아를 방문할 거라고 얘기하지. 내가 하고 싶은 말이 바로 그거야."

폭풍이 닥칠 것을 감지한 나는 소파로 물러나 두 사람이 싸우는 것을 지켜본다. 어머니는 엄지손가락을 물어뜯는다. 턱의 힘줄이 꿈틀대는 것이 보인다. 분노를 알리는 확실한 표시다. "학비는 어떻게 마련할 계획인데? 돈은 나무에서 열리지 않아. 난절대 도와주지 않을 거다. 그리고 거기까지 어떻게 갈 생각이냐? 넌 차도 없잖아."

형은 장학금에 대해 설명하고 보스턴에 있는 친구 래리가 애틀랜타에 와서 휘튼까지 태워 주기로 했다고 말한다. "래리와 저는 함께 듀엣곡을 연주해요. 래리는 합창단의 오르간 연주자였고 저는 피아노를 쳤어요. 래리도 성경 대학에서 휘튼 음대로 편입할 거예요. 우리는 룸메이트가 될지도 몰라요."

어머니의 눈이 좁아지고 얼굴이 일그러지더니 이전에 한 번도 본 적이 없는 사납고 거친 표정이 된다. "똑똑히 들어, 아들. 누구도 널 휘튼으로 태워다 주지 못할 거다. 너는 아직 스물한 살이되지 않았으니까 이 주에선 미성년자야. 교회의 반즈 부인은 연방판사 밑에서 일하지. 너를 태우고 주 경계선을 넘는 사람이 누구든 유괴 혐의로 영장을 발부하게 할 테다."

어머니는 말을 멈추고 형과 눈싸움을 벌인다. "내 말이 농담 같니? 난 그렇게 할 거야. 한번 시험해 봐."

형은 물러서지 않는다. "그럼 비행기로 갈 거예요. 그 사람이 어떻게 할 건데요? 델타항공에 영장을 발부할 건가요?"

어머니가 다음 위협을 생각하는 동안 침묵이 내려앉는다. 어머니의 얼굴 표정은 변하지 않지만, 턱의 힘줄이 더 빠르게 꿈틀댄다.

어머니가 입을 열자 분노의 말들이 터져 나온다. "비웃고 싶으면 실컷 비웃어라. 난 널 멈추기 위해선 뭐든지 할 테니까, 애야. 내 말 잘 들어라. 네가 이 계획을 성사시킬 방법을 찾아낸다면, 한 가지는 장담하마. 나는 네가 살아 있는 동안 매일 하나님께 너를 꺾어 달라고 기도할 거야. 어쩌면 넌 끔찍한 사고를 당해서 죽을지도 몰라. 그렇게 되면 교훈을 얻겠지. 아니, 더 좋은 생각이 있어. 넌 온몸이 마비될지도 모르겠구나. 그러면 누운 채 천장을 바라보면서 깨닫게 되겠지. 하나님의 뜻에 맞서고 어릴 때부터 접한 모든 신앙의 가르침에 저항한 것이 얼마나 큰 반역 행위였는지 말이야."

어머니의 말이 독가스 구름처럼 방 안에 드리운다. 한번 내뱉은 말은 다시 주워 담을 수가 없다. 형이 자리를 박차고 일어난다. 의자가 얼마나 세게 바닥을 긁었는지 생채기가 남는다. 형은 자기 침실로 향하고 몇 초 후 문이 쾅 닫히는 소리가 들린다.

나는 계속 고개를 숙인 채 잡지를 읽는 체한다. 시야가 흐려지고 관자놀이에서 맥박이 빠르게 고동친다. '심장아, 진정해.' 그것 말고는 아무 생각도 나지 않는다.

긴장된 침묵이 이어지는 동안 나는 아버지가 철폐 속에서 꼼짝 못 하고 누운 채 머리 위의 형광등을 바라보는 모습을 떠올린다. '나는 네가 살아 있는 동안 매일 하나님께 너를 꺾어 달라고 기도할 거야.' 어머니가 그것을 기도하겠다고?

* * *

형과 나는 이후 수십 번이 넘게 그 장면을 함께 복기했다. 우리는 생생한 세부 사항들을 기억한다. 정크메일 더미 위에 놓여 있는 편입 승인서에 볼록하게 도드라진 'W', 분노로 일그러진 얼굴에서 쏟아지는 차갑고 가혹한 말들. 하지만 우리는 한 가지 결정적인 지점에서 늘 의견이 갈린다. '더 좋은 생각이 있어'라는 말 다음에 어머니가 실제로 무슨 말을 했는가 하는 것이다.

나는 어머니가 전신 마비로 위협했다고 기억하는데, 형의 기억은 다르다. "더 좋은 생각이 있어. 어쩌면 넌 미쳐 버릴지도 모르겠구나." 그 말은 형의 뇌리에 박혀 결코 사라지지 않았다. 나무의 심재를 짓누르는 가시철조망처럼. 지금까지도 나는 형의 무의식이 어머니의 위협에 대한 기억을 휘튼에서 실제로 벌어진 일로 대체한 것이라고 믿는다.

* * *

그해 여름에는 가족의 침묵이 더 길어진다. 집 안의 긴장을 피하기 위해 나는 식품 배달 일을 늦게까지 할 구실을 찾는다. 형은 그래디 병원에서 잡역부로 최저임금을 받고 일하면서 실내용 변기를 치우고, 대학에 가기 위해 모든 돈을 저축한다. 형은 어머니와 부딪히지 않으려고 일부러 저녁 근무를 신청해서 일하고 아침 늦게까지 잔다.

어머니는 학교가 부모들에게 요구하는 재정 지원 양식 작성을 거부한다. 고맙게도 휘튼 대학은 그것을 무시한다. 어머니는 형의 친구 래리가 형을 학교까지 태워 주지 못하게 막겠다던 약속도 지킨다. 결국 형이 시카고행 비행기에 탈 수 있게 윈스턴 삼촌이 공항까지 태워 준다. 삼촌은 형의 나이에 도로의 차를 얻어 타고 캘리포니아까지 갔던 사람이고, 미국의 더 많은 부분을 보는 것이 조카에게 좋을 거라고 생각했다. 게다가 삼촌이 형에게 말한 대로, 형은 "우리 가문에서 대학을 졸업하는 첫 번째 얀시가 될 기회를 얻은" 것이었다.

소중한 동지가 떠나고 나는 2학년으로 성경 대학에 돌아간다. 나는 형의 친구들과 어울리는데, 대부분 형의 편입을 부러워하는 것 같다. 이 무렵 나는 기독교인 놀이를 하려는 모든 노력을 포기한다. 형의 냉소주의가 전염된 것인지도 모르겠다.

고등학교에서 나는 열심히 공부했고 머리를 써서 경쟁할 줄 아는 학생이었다. 그런데 이곳에서는 지성이 부정적인 것으로 보인다.

성경 수업들은 여러 의문을 불러일으킨다. 구약성경에 등장하는 온갖 폭력을 어떻게 이해해야 하는가? 엘리사가 곰을 불러내 자신을 괴롭히는 자들을 공격하게 한 것, 여호수아가 가나안 족속을 집단 학살한 것, 단순한 실수를 저지른 사람들을 하나님이 죽음으로 벌하신 일을 어떻게 이해해야 할까? 예수님의 부활에 대한 요한의 기록을 믿어야 할까, 마태의 기록을 믿어야 할까? 상충되는 세부 내용 중에서 어느 쪽을 신뢰해야 할까? 수업 시간에 이런 문제들을 제기하면, 다른 학생들은 나를 집단의 결속을 깨뜨리려는 방해꾼이나 면역 체계를 뚫고 들어온 병균 보듯이 한다.

나는 '나쁜 씨앗'이라는 사람들의 평가를 점점 더 받아들인다. 배척은 개의치 않는다. 이미 수년 동안 단단한 껍데기 아래로 들어가서 대세에 순응하라는 압력에 저항한 경험이 있다. 나는 이 학교에서 일어나는 몇 가지는 도무지 받아들일 수가 없다.

미국 하원의원의 아들이자 캠퍼스의 전설적 인물인 미스터 S를 살펴보자. 그는 이 학교 역사의 초창기에 이곳 학생이었고 이제는 존경받는 교수가 되었다. 그는 앞을 똑바로 바라보고 목청껏 소리치며 강의한다. 그의 강의는 모든 학생이 참가할 수 있도록 보통 학교 채플에서 열린다. 팔을 흔들고 리듬감 있는 어조로 말하는 그는 로봇처럼 보일 정도다. 내가 극복하려고 노력해 온 남부 억양이 강하다.

"어떤 사람들은 이렇게 묻습니다. '프랭크, 성경에서 어떤 책을 제일 좋아합니까?' 나는 이렇게 말합니다. 내가 성경에서 제일 좋아하는 책은 바로 지금 공부하는 책입니다. 그리고 성경에서 제일 좋아하는 장은 바로 지금 공부하는 장입니다."

그는 알파벳을 죽 따라가기도 한다. "예수 그리스도는 알파와 오메가이십니다. 이 말이 뜻하는 바는 예수 그리스도께서 A이시고, 예수 그리스도께서 B이시고, 예수 그리스도께서는 C이시고…." 놀랍게도, 그는 그런 식으로 알파벳 26개 글자를 다 말한다.

나는 1학년 때 미스터 S의 구약성경 개론 수업을 들으면서 그의 말을 끊을 방법은 바로 앞에 앉아 곤경에 처한 사람처럼 팔을 흔드는 것뿐임을 알게 되었고, 이후 정기적으로 그렇게 한다. 그는 그럴 때만 질문을 허용한다. 미스터 S는 나를 답답하게 하는 데 있어서 최고의 교수다. 그는 교내의 그 누구보다 극단적 견해를 갖고 있고, 가톨릭 신자들을 맹공격한다. 그는 J. B. 필립스가 번역한 성경을 배척하는데, 그 이유는 J. B. 필립스가 맥주를 마시고 파이프 담배를 피웠던 C. S. 루이스와 친구였기 때문이다. 그는 일요일이나 월요일 신문을 읽지 않는다. 그 일자의 신문을 제작하려면 직원들이 주일에도 일해야 하기 때문이다.

미스터 S는 성경 대학 교직원 대부분이 그렇듯 성(性)에 관해 과민한 것 같다. 결혼한 지 25년이 되었지만 그는 자동차 뒷좌석에서 아내와 최대한 멀리 떨어져 앉으려고 한다. 두 사람이 부부인지 모르는 누군가가 가까이 있는 그들을 보고 엉뚱한 생각을 하는 일이 없게 하려는 것이다. 그는 백화점에서 수영복을 판다는 이유로 그 백화점 물건을 모두 처분한다. 수영복을 파는 것은 '남녀 혼합 수영'을 반대하는 그의 확신에 어긋나는 일이기 때문이다. 그는 수업에 들어온 처녀들에게 악의에 찬 어조로 경고한다. "립스틱을 바르는 것은 세상을 향해 이렇게 말하는 것과 같습니다. '내게 키스해 줘요! 키스해 줘요!'"

미스터 S의 견해 중 일부는 대학 당국을 긴장하게 만들지만, 그래도 그들은 학교의 아이콘이자 동창들이 가장 좋아하는 교수인 미스터 S를 용인한다. 나는 다른 것은 제쳐두고라도 그의 교수 스타일만은 반대한다. 그는 "세련됨이 성령의 가장 큰 장애물"이라고 주장하고, 그 이유 때문인지 우리에게 무의미하게 시간만 드는 과제를 낸다. 매일 우리는 250쪽의 공책에 담긴 빈칸 채우기 문제들의 답을 완성한다. 그런 구닥다리 방법은 고등학교에서도 쓰지 않았다.

신입생 시절에 나는 매일 저녁 적어도 한 시간씩, 내가 아는 누구보다 많은 시간을 들여 공책에다 과제를 했다. 하지만 미스터 S는 내게 B를 줬다. 수업 시간에 질문을 했다고 벌을 주는 건가? 나는 면담을 요청해 그를 만나서 물었다. "공책에 점수를 매기실 때 어떤 기준을 쓰시는지 알고 싶습니다. 저는 앞으로 나아지고 싶거든요."

미스터 S의 책상 옆에는 200권이 넘는 두꺼운 검정 공책이 쌓여 있다. 어떻게든 그는 3일 안에 그 공책들의 점수를 다 매길 것이다. 그는 미소를 짓고 나서 절대적 확신이 담긴 어조로 대답했다. "각 공책에 합당한 점수를 성령께서 내게 말해 주시네." 그런 주장에는 반박할 수가 없다.

그런데 2학년 때의 새 룸메이트는 나의 많은 공책들을 보고 이렇게 생각한다. '내가 이 모든 수고를 감수할 필요가 있나?' 그는 나 몰래 공책 표지의 개인 식별 용지를 교체해서 내 공책을 자기 공책처럼 제출한다. 미스터 S는 그에게 A+를 준다. 나의 의심이 확신이 되는 순간이다. 성령께서 부정행위자에게 상을 주실 것 같지는 않다.

* * *

미스터 S와 스타일과 기질에서 정반대인 또 다른 교수가 있다. 그는 학내에서 가장 사랑받는 인물이다. 미스터 H는 소심하고 극도로 내성적인 사람이지만 강의실 앞에 서면 완전히 달라진다. "여기를 보세요." 그는 이렇게 입을 열고는 혀를 옆으로 내밀어 입술을 적시고 무엇을 가르치든 학생들을 매료시킨다. 그의 아동 심리학, 선지서, 성경 해석학은 학교에서 가장 인기 있는 강의로 꼽힌다.

어느 날 정해진 스케줄에 따라 미스터 H가 강사로 채플 연단에 오른다. 그는 거기에 한동안 서 있다가 그 자리에 모인 교직원과 학생들을 올려다본다. 그는 목청을 가다듬고 입술을 적시고는 이렇게 말한다. "이번 주 내내 주님이 주시는 말씀이 있는지 귀를 기울였습니다. 하나도 받지 못했습니다. 그러니 돌아가셔도 좋습니다." 그다음 그는 자리에 앉고, 거기 모인 모든 사람은 어리벙벙한 상태가 된다. 우리는 침묵 속에 채플을 빠져나간다.

그날 이후로 나는 미스터 H를 무척 좋아하게 된다.

그는 어린 시절의 깊은 상처를 암시하는 말을 하지만 자세한 내용은 절대 얘기하지 않는다. 그 상처의 출처가 무엇이든, 그것은 그가 판에 박힌 신앙을 가르치지 않는 이유다. 나는 미스터 H가 나날이 커지는 학교에 대한 답답함을 털어놓을 만한 사람이라고 믿고 그에게 개인 면담을 요청한다.

나는 그에게 말한다. "저는 이곳에 있을 사람이 아닌 거 같습니다. 사람들은 저를 일종의 일탈자로 취급하지만, 솔직히 말해서 학교 자체에 약간 진절머리가 납니다." 그는 전혀 놀라지 않고 계속하라는 뜻으로 고개를 끄덕인다.

"이 학교에서는 은혜를 보기 힘듭니다. 일부 학생들은 학교가 댄의 죽음을 다룬 방식에 당황했습니다."(그 전해에 3학년생 한 명이 근처 강에서 익사했다. 댐 방류로 수위가 갑자기 올라간 탓이었다.) "혹시 아셨습니까? 주일에 수영을 한 댄이 하나님의 벌을 받아 익사한 거라고 수업 시간에 공공연히 말하는 학생들이 있었습니다. 그런데 선생님들은 그들의 말을 반박하지 않았습니다. 그리고 대학 당국은 댄과 함께 있던 학생에게 봉사활동 벌칙을 부과했습니다. 가장 친한 친구를 잃고 충격에 빠져 있는 사람에게 말입니다."

미스터 H는 계속 귀를 기울이고 나는 말을 이어 간다. "'승리하는 그리스도인의 삶'에 대한 말을 늘 듣지만, 제가 볼 때 그건 자기 의를 내세우는 경쟁 분위기를 조성할 뿐입니다. 학생들은 신앙이 좋아 보이려고 가짜 간증을 합니다. 교수들은 파이프 담배를 피운다는 바보 같은 이유로 C. S. 루이스를 거부합니다. 그리고 작년에 제 형이 와인 한 잔을 마신 일 때문에 학생부장에게 어떤 일을 당했는지 교수님도 아실 겁니다.

대학 당국이 틀렸음을 인정하는 경우를 본 적이 없습니다. 그들이 몇몇 잘못된 결정을 내렸다는 사실을 저나 교수님이나 다 아는 데도 말입니다. 학칙은 매년 바뀌지만, 학생부장들은 이전의 학칙들이 자의적이었음을 결코 인정하지 않고, 성경적 원리 운운하는 말 뒤로 숨습니다. 밥 라슨이나 미스터 S 같은 사람들의 극단적 견해에 누구도 도전하지 않습니다. 그리고 여학생들이 신고했던 그 성경 교수 말입니다. 그는 아무런 해명도 없이 그냥 사라져 버렸습니다. 제가 볼 때 그건 은폐입니다."

미스터 H는 안경을 벗고 민머리를 어루만진다. 그는 이제껏 한마디도 하지 않았고 한 번도 내 말에 끼어들지 않았다. 내가 너무 멀리 갔나 싶은 생각이 든다.

"저는 지금 이곳에서 제가 은혜를 전혀 경험하지 못하고 있다는 말을 하고 싶은 것 같습니다. 이곳엔 권위와 통제와 고매한 이상이 있습니다. 그러나 실수를 용인할 여지는 별로 없고, 학교의 노선과 다른 생각을 가진 사람을 위한 자리도 없습니다."

그는 책상 의자를 흔들며 잠시 기다렸다가 마침내 입을 연다. "자네 말이 옳아. 우리는 몇 가지 실수를 했지. 이곳에 있는 우리는 평범한 사람들이네. 완전하지 않지." 그의 부드러운 어조에 긴장이 조금 풀린다.

우리는 한 시간 가까이 이야기를 나눈다. 내가 느낀 바를 털어놓을 상대가 있다는 것만으로도 안도감이 든다. 그의 말 한마디가 나의 뇌리에 박힌다. "어쩌면 여기에 은혜가 있는데, 자네에게 그것을 받을 수용체가 없는 것일지도 몰라." 다른 여느 교수의 입에서 그런 말이 나왔다면 분개했겠지만, 미스터 H의 말은 그렇게 다가오지 않았다.

'어쩌면 그런지도 몰라.' 터벅터벅 기숙사로 돌아가면서 그런 생각을 한다. 사람들의 최악의 모습을 보도록 나를 유혹하는 것은 무엇일까? 나는 학교만큼이나 결함투성이인지도 모른다.

며칠 후 나는 채플에 앉아 있다. 학교는 학생들에게 매일 예배에 참석할 것을 요구하고 질병 이외의 사유로는 결석을 허용하지 않는다. 그 시간은 내가 그해에 가장 고대한 채플 중 하나다.

트로피카나의 소유주 안토니 로시가 방문하기로 되어 있다. 시칠리아 출신의 이민자인 로시는 트로피카나를 세계 최대 규모의 신선한 오렌지주스 공급업체로 만들었고, 이후* 결국 펩시콜라가 이 기업을 사들인다. 우리는 로시가 대학의 주요 후원자 중 한 사람임을 안다. 너그러운 그는 플로리다에서 학교로 바로 냉장 트럭을 보낸다. 매주 트럭이 도착하면 학생들이 달려 나가 오렌지주스와 자몽주스 상자들을 내리는 일을 돕는다. 식당에서는 아침 식사 시간에 오렌지주스와 자몽주스를 무제한으로 제공한다.

안토니 로시는 학교의 영웅이다. 그가 채플 시간에 시칠리아어로 레위기를 읽기만 해도 우리는 기립박수를 보낼 것이다. 우리는 조용히 앉아서 심한 이탈리아어 억양으로 그가 전하는 메시지에 귀를 기울인다.

로시는 그날 할 수 있는 수많은 얘기 중에도 자신의 가장 큰 실패를 주제로 선택한다. 어느 해 이른 한파로 작황을 망쳤을 때 그는 당도를 높이려고 오렌지주스 통에 설탕을 불법적으로 쏟아붓다가 걸렸다. 그는 고액의 벌금을 냈고 경쟁사들에 밀려 사업을 접을 뻔했다. 그 역경은 그에게 굴욕을 안겨 주었고, 그가 그리스도인으로서 쌓아 온 평판도 한동안 훼손되었다. 그러나 그는 그 어떤 성공보다 그 실수를 통해 더 많은 교훈을 배웠다고 말한다.

성경 대학을 다니면서 들은 수백 편의 채플 강연 중에서 내 기

• 1998년.

억에 선명하게 남아 있는 두 명의 강사가 있다. 실패와 약점을 인정한 단 두 사람, 미스터 H와 안토니 로시다.

* * *

어느 날 사복음서에 대한 수업을 마치고 나서, 형과 내가 예수님의 비유에 나오는 돌밭이라는 결론을 내린다. 우리의 토양은—아마도 태양에 과도하게 노출된 탓에—딱딱하게 구워졌고 그 위에 떨어진 믿음의 씨앗은 뿌리를 내리지 못한다.

나는 절대 모범적 성경 대학생이 될 수 없을 거라는 확신이 든다. 그렇다면 이곳에 남아 있는 기간 동안 둘 중 하나를 선택해야 한다. 충실한 위선자가 되어 모범적인 성경 대학생 행세를 할 것인가, 진실한 배반자로 솔직하게 살 것인가. 나는 후자를 택한다.

말 없는 증인을 정반대로 적용하여 나는 야외에 앉아 도발적인 서적들을 읽는다. 하비 콕스의 《세속도시》, 버트런드 러셀의 《나는 왜 기독교인이 아닌가》 같은 책들이다. 나는 이상적 학생의 모습과 정반대라는 평판을 은밀히 즐긴다. 채플 시간에 〈타임〉, 〈에스콰이어〉 같은 잡지를 읽기 시작한다. 연사들이 성경을 주해해 나가는 동안 나는 구정 대공세*, 미라이 학살**, 체코슬로바키아의 프라하의 봄***을 복습한다. 며칠 지나지 않아 발코니에 있는 출석 점검원 중 하나가 나를 신고한다. 나는 학생부장의 호출을

• 베트남전쟁 당시 벌어진 대규모 군사 공세 중 하나. 북베트남 인민군, 남베트남 민족해방 전선이 베트남 공화국과 미국 및 동맹국 군대에 맞서 1968년 1월 30일 개시한 작전으로 구정에 단행된 기습 공격이었다.

받는다. 술을 마신 형을 취조했던 바로 그 사람이다.

"자네가 채플 시간에 잡지를 읽고 있었다는 소식을 들었네."
그가 말을 시작한다.

"맞습니다, 학생부장님. 잡지를 읽었습니다." 내가 순순히 인
정하자 그의 얼굴에 놀라움이 스친다. 그러나 그는 강경하게 나
온다.

"우리는 학생들이 연사들의 지혜를 배우길 바라는 마음으로
채플에 많은 정성을 들인다네." 그가 말한다.

"이해합니다. 그런데 아셔야 할 게 있습니다. 저는 강사의 말
을 들으면서 동시에 잡지를 읽을 수 있는 능력을 연마했다는 겁
니다."

학생부장은 멀티태스킹이 가능하다는 식의 변명을 들어 본 적
이 없는 게 분명하다. 의자에 등을 기대고 앉더니 한동안 턱을 두
드리다가 이렇게 응수했기 때문이다. "설교자는 어떻게 생각할
까? 설교자는 말을 하는 동안 자네가 잡지를 읽는 것을 볼 것 아
닌가."

"좋은 지적입니다, 학생부장님. 괜찮으시다면 제가 기꺼이 채
플 설교자에게 사전에 상황 설명을 하겠습니다."

그 대화는 다른 경우들과 달리 무승부로 끝난다. 곧 내게 우

•• 1968년 3월 16일 베트남 중부의 마을 미라이에 윌리엄 켈리 중위가 이끄는 찰리
   중대가 진입하여 베트콩 소탕이라는 명분 아래 총 504명의 민간인을 무차별 학살
   한 사건이다.
••• 1968년 체코슬로바키아에서 일어난 민주 자유화운동. 이 운동을 막기 위해 불법
   침략한 소련군의 군사 개입 사건을 포함하여 '체코 사태'라고도 한다.

호적인 어느 교수가 교수 위원회 특별 기도 제목에 내 이름이 올라갔음을 알려 준다. 이제 나는 형처럼 일탈자들 사이에 자리 잡았다.

이제 둥지를 떠날 시간이다. 나는 형의 새 보금자리인 휘튼 대학으로 가기 위해 편입 신청서를 작성한다. 이제 이번 학년의 남은 기간만 어떻게든 살아남으면 된다.

* * *

내가 성경 대학에서 씨름하는 동안 형은 휘튼에서 새로 발견한 자유를 만끽한다. 형이 휘튼에 도착한 시점은 학교 역사상 가장 많은 논쟁이 있었던 때였다. 형은 몇 주에 한 번씩 내게 학교 신문을 한 부씩 보낸다. 그 신문에는 베트남전쟁에 반대하는 사설과 ROCT(학생 군사 교육단) 의무 훈련에 반대하는 학생 시위 기사가 실려 있다. 한 반체제 학생이 휴대용 확성기를 들고 에드먼 채플 계단에 서 있다가 반대할 만한 채플 메시지가 나오면 즉각 반박한다는 내용도 있다.

형은 놀랄 만큼 충실하게 편지를 보내온다. 매주 나는 청록색 잉크로 쓴 가늘고 긴 필체의 편지를 받는데, 알아보기 힘든 500단어 분량이 한쪽을 이루고 있다. 그리고 각각의 서한은 새로운 지적 모험을 기록한다.

한 편지에서 형은 정서적 수준에서 하나님의 실재를 경험할 일은 없을 것 같지만 기독교를 지지하는 합리적 근거를 마침내 받아들이게 되었다고 말한다. 형은 몇 주 동안 무신론 실존주의자들이 쓴 열두 권의 책을 읽었고 인간 존재의 무의미함을 알게 된 사람의 정직한 반응은 자살뿐이라는 결론을 내렸다.

다음 편지에서는 고교회파 성공회 교회에 다닌다는 말과 함께 그곳의 예술성과 예전에 매료되었다고 썼다. "다음엔 가톨릭 성당을 한번 가 볼까 봐." 얼마 후에는 다수의 폴란드인이 거주하는 밀워키 지역에서 대통령 후보인 유진 매카시Eugene McCarthy*지지 선거운동에 참가한 일을 열정적으로 기록한 편지가 온다(형은 배리 골드워터**를 지지했던 사람이다).

드문 전화 통화에서 형은 프란시스 쉐퍼Francis Schaeffer가 일주일간 휘튼을 방문한 이야기를 한다. 스위스에서 온 강사 쉐퍼는 알프스산의 도보 여행자처럼 무릎까지 오는 넉넉한 반바지 차림이라고 한다. "좀 이상한 사람이긴 하지만 현대 문화에 관해 많이 알아. 사르트르와 카뮈를 인용하고 펠리니Fellini***와 베리만Bergman****의 영화들도 언급해. 휘튼의 학생들은 그런 내용에 익숙하지 않거든."

형은 쉐퍼의 강연 하나가 끝난 후 그에게 사적으로 몇 가지 질문을 할 기회가 있었다고 말한다. "성경은 살아 있는 말씀이고 하나님은 성경을 통해 직접 사람들에게 말씀하신다고 하셨지요?"

---

* 민주당 진보파의 중진으로 1969년 민주당 대통령 후보에 출마하였으나 민주당 지명 대회에서 낙선했다.
** 1950~1960년대의 연설과 저작을 통해 공화당 내에서도 극우 보수파의 지도자로 알려졌다. 1964년에 공화당 대통령 후보로 지명되었으나 초보수적인 정견을 내세워 민주당 후보인 L. B. 존슨에게 큰 표차로 패했다.
*** 페데리코 펠리니. 이탈리아의 영화감독.
**** 잉마르 베리만. 스웨덴의 영화감독.

"그렇습니다." 쉐퍼가 대답했다.

"그러면 성경과 이를테면 빌리 그레이엄이나 노먼 빈센트 필의 차이를 어떻게 구분할 수 있나요?"

쉐퍼의 대답—"그냥 압니다"—은 형을 만족시키지 못했다.

형의 다음 편지는 그야말로 놀라운 내용이다. 나는 형이 보내준 학교 신문에서 대학 당국이 눈살을 찌푸리는 권위주의적 교회, 거의 사교 같은 교회에 관해 읽었는데, 형은 호기심에서 그 교회를 찾아가 보기로 했다. 형의 편지는 이렇게 시작한다. "하나님을 찬양하라! 진짜로 일이 일어났어. 성령세례와 방언의 은사를 받았어. 이런 강력한 체험은 처음이야. 하나님을 아는 일이 시작되었어."

나는 형의 편지들에 어떻게 반응해야 할지 알 수가 없다. 형이 내 답장을 받을 무렵에는 이미 관심사가 다른 데로 넘어가기 때문이다. 한 주 한 주 지날수록 변화의 속도는 더 빨라지고, 나는 형이 자제력을 잃고 있는 게 아닌지 걱정이 된다. 형의 정신, 형의 성격이 통제 불능의 상태로 치닫는 듯하다.

나의 우려는 결국 현실이 된다. 휘튼에서의 첫 학기 말에 형의 뇌에 갑자기 이상이 생긴다. 교과서를 읽으려고 하는데 두 단어를 결합할 수가 없다. 형은 학교 상담가와 면담을 한다. 그는 임박한 철학 시험을 연기할 수 있게 해 주고 정신과 의사를 소개한다.

정신과 의사는 종합 검사를 실시한 후 이렇게 말한다. "마셜, 정신병원에 입원하겠다고 동의하지 않으면 치료를 맡을 수가 없어요. 솔직히 말해, 당신의 경우는 분명히 자살의 위험이 있거든요. 전문가로서 나는 그에 따른 법적 책임을 감수할 수 없어요."

형은 기숙사에 틀어박힌다. 철학 과목 수강을 취소하고 피아노에 전념하면서 음악에서 피난처를 찾는다. 형은 다른 피아노 전공자를 만나는데, 다이앤이라는 매력적인 금발의 여학생이다. 그녀와 함께 피아노 이중주를 연주하면 형은 진정이 된다.

그해 여름 애틀랜타에서 만난 형은 세계주의자 맏형으로 돌아와 있다. 우리는 매일매일 밤늦게까지 형의 경험에 대해 이야기한다. 형은 첫해의 하이라이트로 꼽을 만한 사건들을 이야기한다. 시카고에 쏟아진 장대한 눈보라, 다이앤의 기숙사 지붕에서 그녀와 키스를 나누고 애무하던 일, 밀워키에서 육체노동자 유권자들을 상대로 선거운동을 하던 일, 흡연의 흥분, 휘튼의 미식축구 점수를 정확하게 예언했던 위저보드*까지.

형이 받았다던 성령세례를 내가 언급하자 형은 가볍게 무시한다. "뭐가 진짜고 뭐가 가짜인지 누가 알아? 그런 일이 있었고, 이게 내가 말할 수 있는 전부야."

• 사후 영혼과의 대화를 위해 만들어진 보드게임. 동양의 분신사바와 비슷하다.

5부.

은혜를 받다

전율

오그라든 제 마음에 초록이 다시 찾아올 거라고
누가 생각이나 했겠습니까? 제 마음은
아주 땅속으로 들어가 버렸습니다….

—조지 허버트, 〈꽃〉

한편, 나는 형과 다른 궤적을 밟고 있다. 2학년 기간을 보내면서
냉소주의는 서서히 누그러진다. 학교의 새로운 봉사 과제인 '대
학교 사역'에서 어느 정도 위안을 얻는다. 우리 네 명의 남학생은
사슬에 매인 죄수들에게 설교하는 대신에 토요일 저녁마다 인
근의 주립대학교를 방문하기 시작한다. 그곳 대학생들과 신앙에
관한 대화를 나누는 것이 목표다.

  첫 번째 방문에서 성경 대학의 실용적인 건물과 전혀 다른, 호
화로운 기숙사와 학생 라운지에 눈이 휘둥그레진다. 눈앞의 광
경에 매료된 나는 콘서트, 연극, 기타 학생 활동을 알리는 요란한
포스터들로 뒤덮인 게시판을 꼼꼼히 들여다본다. 이곳 사람들을
회심시키고 싶은 마음보다 이들 중 하나가 되고 싶은 마음이 더

크다. 나는 더 밝고 활기찬 세상을 갈망한다. 북한 사람이 국경 너머 남한의 빛나는 불빛을 응시할 때 어쩌면 이런 마음일지도 모른다.

나는 마약 파티, 팬티 사냥*, 폭음의 타락상을 보게 될 거라고 예상한다. 하지만 그런 문화는 아직 사우스캐롤라이나에 상륙하지 않았거나 숨어 있는 모양이다. 내 눈에 보이는 것은 커피숍에서 과제를 하거나 잔디밭에서 원반던지기를 하는 대학생들뿐이다. 그들이 평상시에 입는 리바이스 청바지와 티셔츠가 눈에 띈다. 하지만 성경 대학의 옷차림에 견주면 어떤 복장도 평상복으로 보일 것이다. 성경 대학에서는 매일 저녁 스포츠 재킷에 넥타이 차림으로 식사하러 가고 청바지는 금지되어 있다.

교내를 돌아다니다 한 무리의 운동선수들이 테라스에 앉아 있는 모습이 눈에 들어온다. "어디서 오셨어요?" 내가 묻는다.

"우린 예일대 야구부예요. 그쪽은 어디서 왔어요?"

"음, 인근 성경 대학에 다닙니다. 영적인 일들에 관해 이야기하고 싶은 사람이 있는지 보러 왔어요." 그들은 서로 능글맞은 웃음을 교환한다. 나는 계속 말한다. "있잖아요, 하나님의 경륜 economy에 따라…."

"그거 재밌는데요." 운동선수 중 하나가 도중에 끼어든다. "하나님에게도 경제economy가 있는지 몰랐네요." 그의 팀원들이 웃음을 터뜨리자 얼굴에 피가 몰리는 것이 느껴진다. 나는 TV를

• 1950대 미국 대학 남학생들이 여학생 기숙사를 습격해 팬티를 훔쳐 오던 짓거리.

보러 학생회관으로 향한다.

복음을 전하려던 시도가 실패로 돌아갔다고 이야기하자 팀원들이 나를 안심시킨다. "걱정 마, 필립. 적어도 넌 씨를 뿌렸잖아. 하나님의 말씀은 헛되이 돌아오지 않아."

그 첫 번째 시도 이후 나는 거의 매주 토요일 저녁에 주립대학교 학생회관에 머물면서 한 주간 놓친 스포츠와 뉴스를 따라잡는다. 의무 사항인 전도 보고서 작성에 필요한 약간의 이야깃거리를 모을 정도로만 대화에 임한다. 나머지는 윤색한다.

* * *

수업 과제들 때문에 성경을 계속 공부할 수밖에 없는데, 그런 성경 공부가 뜻밖에도 흥미진진해진다. 전도서를 읽으면서 나의 암울한 냉소주의와 같은 것을 발견한다. "내가 해 아래에서 행하는 모든 일을 보았노라. 보라, 모두 다 헛되어 바람을 잡으려는 것이로다"(1:14). 시편과 욥기를 읽을 때는 이 신성한 책들이 하나님에 대한 분노에 찬 비난을 담고 있는 사실에 놀란다. "주의 얼굴을 나에게서 어느 때까지 숨기시겠나이까 … 주께서 모든 사람을 어찌 그리 허무하게 창조하셨는지요"(시 13:1, 89:47). 교수들은 보통 이런 대목들을 외면하지만, 성경에는 이런 식의 분노 표출이 흔하다.

주일학교에서 배운 이야기들 말고는 내가 예수님에 대해 잘 모른다는 사실을 깨닫는다. 내 어린 시절의 교회들은 서신서와 구약성경에 집중했다. 사복음서를 공부하면서 더욱 놀라운 일들을 만난다. "너희는 진리를 알게 될 것이며, 진리가 너희를 자유롭게 할 것이다"(요 8:32, 새번역). 자유를 억압하는 캠퍼스에서 예수님의 이 약속은 내게 아이러니하게 들린다. 이 사람이 좋아지기 시작한다. 예수님은 누군가가 질문을 할 때 "하나님은 언제나 기도에 응답하시지만 그 응답이 '안 돼'일 때도 있다" 같은 순환 논증을 결코 쓰지 않는다. 예수님은 불가사의하고 규정하기 힘들고 파악하기 어렵다. 대부분의 경우, 그분은 질문을 했던 사람에게 질문을 돌려준다.

예수님이 캠퍼스에 나타나신다면 대학 당국이 그분을 어떻게 대할지 궁금해진다. 예수님도 교사들에게 질문한다는 이유로 저격을 당할까?

형은 내게 C. S. 루이스의 책들을 읽으라고 격려한다. 루이스는 학내에서 기피 인물이므로 나는 그의 책들을 열심히 읽는다. 그러면서 믿음으로 부드럽게 이끌리는 것을 느낀다. 가장 인상 깊은 루이스의 책은 내가 고등학교에 입학할 때 출간된 《헤아려 본 슬픔》이다. 암 투병을 하던 아내를 잃은 슬픔을 기록한 일기다. 루이스가 "한밤중의 미칠 것 같은 순간들"을 견디기 위해 분투하는 대목을 읽다가 고개를 들어 주변에 있는 행복한 얼굴의 학생들을 본다. 나는 다시 껍질을 닫고 내 안에 숨는다.

놀랍게도, 성경 대학은 하버드에서 학위를 받은 사회학자를 고용한다. 나는 그가 개설한 과목에 수강 신청을 한다. 곧 그의 수업은 나를 성경 대학의 거품 밖으로 이끌어 내고, 내가 속한 환경을 잘 이해하도록 돕는다.

그 교수는 어빙 고프먼의 책 《수용소》를 사회학 연구 과제로 낸다. 저자가 '총체적 기관'이라 부르는 조직들에 대한 기념비적 연구서다. 고프먼은 교도소, 군대, 수도원, 정신병원—그리고 성경 대학?—같은 기관들이 그 안의 수용자들을 점진적으로 길들여서 시간이 흐르는 동안 수용자들은 통제된 환경에 익숙해진다고 말한다. 동전을 던지면 튀어 오를 만큼 침상을 단단히 정리하고 하사관의 얼굴이 비칠 정도로 반짝거리게 군화를 닦는 능력은 전쟁터에서 신병에게 전혀 도움이 되지 않는다. 하지만 그런 규율은 군대의 지휘 구조를 강화한다. "내가 책임자고 너는 내가 하라는 대로 해야 한다"는 메시지를 각인시킨다.

나는 우리 학교가 사회적 통제의 검증된 방법들을 쓰고 있음을 깨닫는다. 나의 의심이 옳다고 확인시켜 주기라도 하듯, 나와 수차례 개별 면담을 한 남자부 학생주임은 몇 가지 사소한 규칙들이 학생들에게 순종을 가르치기 위해 남겨 두는 것이라고 어느 면담 자리에서 인정한다. 나는 그 말에서 착상을 얻어 사회학 연구 과제를 진행한다.

설문 양식을 등사하여 모든 남자 신입생과 4학년생에게 나눠 주고 "이 학교에 입학할 때 어떤 교칙이 가장 신경 쓰였나요?", "입학한 이후로 학교에 대한 반항심이 줄어들었나요?" 같은 비학술적 질문들을 묻는다. 나의 직감대로, 4학년들은 신입생들이 터무니없다고 생각하는 교칙과 정책들을 받아들이고 심지어 옹호하기까지 한다.

학생부장이 쓰레기통에서 내 등사본 설문지를 발견하고, 나는 또다시 교수들의 감시 대상 명단에 오른다. 대학 총장이 나의 연구 과제에 대해 사회학 교수를 다그치며 말한다. "이건 반란입니다! 신입생들에게 설문을 할 순 없어요. 신입생들은 우리를 모르잖습니까!" 총장의 말은 정확히 내가 말하려는 바였다.

그 연구 과제는 학교의 하부 문화와 학교가 그토록 애써 수호하려 하는 신앙의 본체를 구분하도록 돕는다. 어쩌면 나는 하나님이 아니라 하나님을 대변하는 사람들에게 저항하는 것인지도 모른다는 생각을 하게 된다. 나는 유년기를 보낸 교회들의 인종관과 정치관을 이미 불신하게 되었다. 또 어떤 것을 거부해야 할까? 이보다 훨씬 더 어려운 질문이 있다. 나는 무엇을 붙들어야 할까?

같은 시기, 1,300킬로미터 떨어진 휘튼에 있는 형은 조증이 악화되어 유미주의唯美主義에서 무신론적 절망으로, 거기서 오순절파로, 그러다 정신 붕괴에 이르기까지 점점 빠른 속도로 넘어간다. 나는 매일 학교 우편함으로 달려가 형이 보낸 최신 소식을 찾는다. 나와 함께 살아남은 사람, 나의 선구자이자 안내자가 나를 저버리고 있다. 나는 외롭다. 붙잡을 만한 단단한 판자, 물에 떠 있게 해 줄 모종의 방법이 절실히 필요하다.

사복음서 중에서 요한복음 6장의 한 장면이 나를 사로잡는다. 내가 아는 예수님은 동포들에게 거부당하고 십자가에 못 박힌 메시아다. 그러나 요한의 기록은 그분의 사역 초기의 인기를 엿보게 해 준다. 거대한 군중이 예수님을 따라다니면서 그분의 기적에 매료되고, 그분의 모든 말씀을 붙들고, 그분을 왕으로 세우려고 열의를 보인다. 그런데 예수님은 어떻게 반응하시는가? 혼자 있을 수 있는 산으로 물러나신다. 군중은 단념하지 않고 그분을 쫓아간다. 다음 날, 예수님이 더없이 가혹한 말씀을 전하시자 군중은 크게 거부감을 느끼고 가장 가까운 제자들을 제외한 모든 사람이 그분을 떠나간다. 예수님이 열두 명의 핵심 제자들에게 너희도 떠나고 싶으냐고 물으시자 그들은 이렇게 대답한다. "주님, 우리가 누구에게 가겠습니까?"

내가 생각하는 하나님은 자신에게 감히 저항하는 모든 사람을 꺾으려 하는 강압적 존재, 우주적 깡패였다. 그런데 요한복음의 이 기록에 등장하는 예수님은 아쉬워하고 쓸쓸해 보이기까지 하며 믿음을 강요하는 일에 아무런 관심을 보이지 않는다. 예수님은 고프먼이 말한 총체적 기관의 기법을 쓰지 않으시는 것이 분명하다.

하나님이 언젠가는 꼭 나를 형처럼 으스러뜨리실 것만 같다. 어머니는 그런 말로 우리를 위협했다. 하지만 성경을 통해 나는 반항자를 좋아하시는 하나님을 배운다. 간통자 다윗, 사기꾼 야곱, 불평꾼 예레미야, 배반자 베드로, 인권 유린자인 다소 사람 사울 같은 이들에게 힘을 주시는 하나님을 배우고 있다. 그분은 탕자들을 이야기의 주인공으로 삼는 아들을 두신 하나님이시다.

그 하나님이 나처럼 냉소적이고 음험한 놈의 자리도 마련하실 수 있을까?

* * *

어느 토요일 저녁, 주립대학교에서의 사역 과제를 마치고 성경 대학으로 돌아온다. 도시 한복판에 자리 잡은 시끄럽고 번창하는 문화 공동체와 숲과 농지로 둘러싸인 조용하고 고립된 집단. 나는 두 캠퍼스 사이의 극명한 대조를 느끼며 생각에 잠긴다.

고등학교 시절을 떠올린다. 근본주의 교회의 경내에 있는 트레일러에서 살던 시절이었다. 그 교회는 '세상'과의 분리를 자랑스러워했다. 우리는 수많은 즐거운 활동들을 회피했다. 교회의 벽에는 단 하나의 예술품 장식도 없었다. 음악은 있었지만, 그 상당 부분은 미래의 삶을 향한 갈망을 표현했다. 언젠가 천국에 갈 소망을 품고 지상의 삶을 견디는 것이 우리의 목표처럼 보였다. "이 세상은 내 집 아니네. 여긴 지나가는 곳일 뿐." 우리는 그렇게 노래했다.

기본적인 질문이 내 안에서 떠오른다. 이곳에서 더 나은 삶의 암시조차 경험하지 못하는 사람이 더 나은 삶 자체를 고대할 이유가 있을까?

책을 읽다가 아우구스티누스를 발견한다. 여자, 예술, 음식, 철학에 조예가 깊은 그는 피조물들의 선함을 노래한다. 그는 회심하기 이전의 세월에 대해 이렇게 말한다. "나는 빛을 등지고 있었고, 내 얼굴은 빛이 비추는 대상들을 향하고 있었다." '좋은 선물들'을 뜻하는 라틴어 문구 '도나 보나*dona bona*'는 그의 글에 줄곧 나타난다. 그에게 "이 세상은 웃는 곳"이고 하나님은 라르기토르*largitor*, 즉 "선물을 아낌없이 주시는 분"이다.

웃는 곳이라. 세상을 그렇게 생각해 본 적이 한 번도 없다. 어쩌면 나는 H. 교수가 말한 대로 선함을 받아들일 수용체가 없는지도 모른다. 도나 보나를 어떻게 찾을 수 있을까?

* * *

가끔 통금 시간이 지난 후 밤중에 기숙사에서 몰래 빠져나와 채플로 가서 스타인웨이 그랜드피아노 앞에 앉는다. 기이한 재능을 가진 형의 그늘 아래 살면서 나는 사람들 앞에서 피아노를 친 적이 없다. 6학년 때 위긴스 부인과 함께 준비하고 대실패로 끝 난 공연이 마지막이다. 그러나 나는 악보를 보고 모차르트, 쇼팽, 베토벤, 슈베르트의 곡을 즉석에서 그럭저럭 칠 수 있다. 속도를 늦추고 댐퍼 페달을 꾹 누르고 있어야 하긴 하지만. 나는 그 채플 에서 많은 시간을 보낸다. 건반 바로 위의 작은 불빛을 제외하면 완전히 깜깜한 그곳에서.

나는 언제나 폴리리듬에서 머뭇거렸다. 폴리리듬은 말하자면 왼손이 두 개의 음을 치는 동안 오른손은 서로 이어지는 세 개의 음을 치는 기술이다. 나는 간단하게 시작한다. 6까지 세면서 두 손이 다른 박자에 들어오게 하는 것이다. 세 음과 네 음을 같이 치는 일은 훨씬 더 힘들다. 그러던 어느 날 숫자를 세지 않고도 해낼 수 있게 된다. 내 두 손이 독립적으로 움직이고 있음을 처음 으로 깨닫는다.

그 한밤의 막간에 나는 손가락으로 건반을 눌러 내 무질서한 세계에 촉각을 통한 질서를 부여한다. 위대한 음악에서는 주어 진 음 다음에 단 하나의 올바른 음이나 화음만 올 수 있고, 이것 이 어그러지면 듣기 싫은 소리가 난다. 내 연주가 나아질수록 빈 예배당에 메아리치는 음악이 더 참되고 심지어 숭고하게 들린 다. 그리고 협화음으로 해결되며 끝나는 클래식 작품들의 만족 스러운 종결은 뭔가가 제대로 마무리되었다는 느낌을 준다. 내 삶의 다른 부분에서는 도무지 찾을 수 없는 느낌이다.

나는 영혼을 진정시키는 아름다운 무언가를 창조하고 있다. 의심, 사회적 모욕, 묻어 둔 상처, 위선, 불안. 이 모두가 사라지고 음악이 그 자리를 대체한다. 채플을 떠날 때는 모든 것이 잘될 거라는 희망을 조금 더 품게 된다. 말로는 표현할 수 없지만 나는 그것을 직감한다. 잠시나마 세상은 웃는 곳이 된다.

어느 날 밤, 드뷔시를 시도한다. 모차르트와 베토벤 다음에 쳐서 그런지 도무지 예측할 수가 없고 멜로디는 구름처럼 가볍다. 과감하고 실험적인 곡을 치고 있다는 느낌이 들자 심장이 두근거린다. 드뷔시 다음에는 무소륵스키의 〈전람회의 그림〉과 〈차이콥스키 교향곡〉의 피아노 편곡 작품을 시도한다. 음악은 내 안에서 말로 표현할 수 없는 감정들을 끌어낸다.

레닌은 자신이 베토벤 음악을 듣지 않는 이유가 아이들의 머리를 쓰다듬고 싶어지기 때문이라고 말한 적이 있다. 대학 캠퍼스에는 어린아이가 없지만, 이제 나는 그 말의 의미를 이해한다.

채플을 빠져나와 별들이 반짝이는 시원한 밤공기 속으로 발을 내딛는다. 상쾌하고 황홀한 기분으로 콧노래를 부르다 열린 기숙사 창을 통해 다시 현실로 돌아온다. 통금을 어긴 것이 걸리지 않기를 바라면서.

* * *

가끔은 밤에 잠들기 전에 캠퍼스의 불빛 너머, 달빛과 별빛만 있는 도로로 나가서 조깅을 한다. 그러던 어느 날 밤, 어린 시절의 기억이 떠오른다. 교회 후원으로 필라델피아 프랭클린 연구소로 현장학습을 갔을 때였다. 우리 아이들은 전시물 사이를 뛰어다녔는데 천체 투영관에서는 다들 가만히 자리에 앉았다. 그 방은 완전히 깜깜해졌고 행성들과 별들이 하나씩하나씩 나타났다. 곧 천장 전체가 빛들로 반짝였다.

마침내 지구가 시야로 들어왔는데, 파랗고 아름다운 작은 점이 공간에 떠 있는 모습이었다. 잠시, 고작 1초였지만 우리는 자신을 있는 그대로 느꼈다. 광대함의 바다에 떠 있는 작은 행성의 작은 무리의 아이들로. 천체 투영관 돔의 반짝이는 빛들을 경이롭게 바라보는 동안 기이할 만큼 새로운 느낌이 들었다. 어둠 속에서 조깅을 하는 지금에야 그것이 피조물에게 대단히 걸맞은 느낌이라는 것을 깨닫는다.

나는 홀로 있는 시간을 더 갖기 위해 400에이커의 캠퍼스를 둘러싼 숲에서 낮에 하이킹을 시작한다. 침목을 따라 걷다가 크레오소트(목재보존제) 냄새에 지쳐 숲 깊숙한 곳으로 들어간다. 숲 속에는 인동덩굴의 향이 여자의 향수처럼 공기 중에 맴돈다. 사우스캐롤라이나의 풍경은 어린 시절에 충성스러운 개를 데리고 탐험을 다니던 기억을 떠올리게 한다.

어느 날, 아름다움이 희미하게 남아 있는 무언가가 내 눈을 사로잡는다. 낙엽 사이에 자리 잡은 금색 번데기다. 더욱 눈부신 생명이 탄생하면서 버려진 것이었다. 아래로 손을 뻗어 쪼개진 원통의 번데기를 집어 든다. 최고 수준의 예술 작품 같다. 하지만 누구를 위한, 그리고 누가 만든 예술 작품이란 말인가?

우연히 연못을 발견하고 동물들이 나의 존재를 잊을 때까지 거기에 가만히 앉아 머무른다. 마침내 10분이 지나자 악어거북 한 마리가 기어 나와 반쯤 가라앉은 통나무 위에서 햇볕을 쬔다. 사향쥐가 유리 같은 연못 수면에 코를 대어 V자 모양의 파문을 낸다. 나는 물방울무늬 새끼 사슴이 눈과 귀로 바싹 경계하며 다가와 조심스럽게 머리를 숙이고 물을 마시는 광경을 지켜본다. 아이보다 키가 크고 마른 왜가리가 연못 가장자리에 부드럽게 착지한 채, 긴 다리로 물에 들어와 뻣뻣한 차렷 자세로 선다.

바로 그때 굵고 낮은 베이스의 소리가 꺽꺽 하고 들린다. 고개를 들어 보니 포수의 글러브만큼 크고 통통한 녹색 황소개구리가 활짝 웃는 듯한 모양의 입을 다물고 있다. 녀석이 연못 속으로 뛰어들면서 요란한 첨벙 소리가 난다. 그 바람에 내가 움찔하자 모든 생물이 사라진다.

인간이 그 자리에서 보든 말든 벌어지는 자연의 붓놀림과도 같은 이 생물들 앞에서 나는 숨이 멎을 것만 같다. "저는 당신을 너무 늦게 사랑하게 되었습니다. 너무나 오래되었으면서도 너무나 새로운 아름다움이시여!" 아우구스티누스는 하나님께 돌아가는 데 너무나 오래 걸린 것을 애석해하면서 그렇게 고백했다. 하지만 "흉한 상태에서도 저는 당신이 만드신 피조물들의 아름다움에 그냥 빠져 버렸습니다."

학교 수업들은 보이지 않는 세계─전지, 전능, 주권 같은 개념들─에 너무 골똘히 집중한다. 그러나 여기 보이는 세계에서 믿음의 가장자리에 있는 나는 이 아름다움의 근원을 알고 싶은 욕망이, 청하지도 않았는데 처음으로 일어나는 것을 느낀다. G. K. 체스터턴이 말한 대로 "무신론자에게 최악의 순간은 정말 감사한 마음이 드는데 감사할 대상이 없을 때다."

자연은 성육신이나 '승리하는 그리스도인의 삶'에 관해서는 아무것도 가르쳐 주지 않는다. 그러나 자연은 제왕나비를 만든 존재를 만나고 싶은 욕망을 내 안에서 일깨운다.

＊ ＊ ＊

"여호와 하나님이 이르시되 사람이 혼자 사는 것이 좋지 아니하 니…"(창 2:18).

성경 대학 첫해에 나는 할당된 80분의 '교제' 시간에 같이 저 녁을 먹자고 여러 여학생에게 요청했다. 그것은 어색한 일이었 다. 옷을 과하게 차려입은 남학생들이 보도를 지나 여학생 기숙 사로 가서 철저한 감시를 받는 접촉 금지 대화 시간에 함께할 '데이트 상대'를 찾아야 했다. 배교자라는 나의 평판 때문에 딱 잘라 거절하는 여학생들도 있었다. 불쾌한 시간을 충분히 같이 보냈으니 다시는 데이트를 청하지 말라고 분명히 말하는 여학생 들도 있었다.

2학년이 되자 연애는 관심 밖으로 밀려난다. 낭만적 사랑이 존재하는지도 확신할 수 없다. 세계 대부분은 중매결혼으로 잘 굴러가고 그중에는 사랑 없는 결혼도 많다. 우리의 서구식 사랑 개념은 12세기의 이탈리아 음유시인들이 만들어 낸 것이라는 글 도 읽었다. 내가 볼 때, 연애는 거의 언제나 오해를 낳고 감정만 상하게 한다.

나는 등록금을 벌기 위해 학내의 가장 불쾌한 일자리에 지원 한다. 덥고 혼잡한 설거지 구역에서 하는 일인데, 학생들은 식사 를 마친 후 식기를 거기다 둔다. 우리 노동자들이 식기에서 남은 음식을 긁어내고, 유리잔과 은 식기류를 분리하고, 그것들을 전 부 물로 헹궈 낸 다음 컨베이어벨트형 식기세척기에 놓으면 쉿 소리와 함께 증기가 나오면서 세척이 이루어진다. 나는 스테인 리스스틸 싱크대에서 대형 냄비에 묻은 고기 조각, 파스타, 기름을 문질러 벗기는 일도 한다. 쓰레기 수거차에서 하던 작업을 연상시키는 냄새 나고 더러운 일이다.

그 설거지 구역에서 나는 재닛을 만난다. 막 편입해 새로 들어온 학생이다. 그녀는 식기 반납대로 다가오면서 언니와 함께 웃었는데, 그때 그 호리호리한 몸매와 플립 헤어스타일*이 내 눈에 들어온다. 그녀는 식판을 건네면서 뭔가 살짝 비꼬는 말을 하고, 내 눈은 문을 향해 멀어지는 그녀의 모습을 따라간다. 그녀는 무릎 중간이라는 교칙을 시험하는 여름 면 드레스를 입고 있다. 나는 음식과 땀과 고동색 설거지 물로 오염된 흰 티셔츠 차림이다.

나는 재닛에게 데이트를 신청하고 친구 커플에게 오는 주말에 함께 더블데이트를 하자고 제안한다. 그러나 그날 데이트 일정은 시작이 좋지 않다. 오후에 나는 축구경기 홍보를 한 뒤 빌린 오토바이를 타고 급히 기숙사로 돌아가다가 오토바이가 돌부리를 치면서 공중으로 날아오른다. 다리가 오토바이에 깔리면서 부러진다.

저녁에 만나기로 한 세 사람이 병원으로 나를 데리러 온다. 병원에서 나는 두 개의 목발 사용법을 연습하고 있다. 재닛이 내게 건넨 첫마디—"어떤 사람들은 관심 좀 받겠다고 별일을 다 한다니까"—가 나의 관심을 끈다. 그녀는 장난기 있게 수다스럽다. 새침 떠는 성경 대학 여학생에게 예상한 모습과는 다르다.

친구 커플이 시내를 거니는 동안 재닛과 나는 자리에 앉을 수

---

* 머리카락의 끝이 얼굴의 바깥 방향으로 구불거리게 만든 머리 모양.

있는 피자집에 있기로 한다. "나는 언제나 피자를 먹어 보고 싶었어." 재닛이 말한다. 잠시 나는 그녀도 나처럼 보호를 받으며 자랐나 보다고 생각한다. 하지만 정반대다. 그녀는 선교사 부부의 딸로 콜롬비아와 페루에서 자랐다. 내가 교외의 초등학교들을 오가는 동안, 그녀는 아마존강 지류에서 피라냐를 잡고, 앵무새와 오실롯 새끼, 세발가락 나무늘보를 반려동물로 길렀다.

나는 열일곱이고 그녀는 기껏해야 스무 살인데 재닛은 나이에 비해 세상 물정에 아주 밝은 사람처럼 보인다. 그녀는 1950년대와 1960년대의 팝송 가사를 백과사전처럼 외우고 있다. 미시시피의 사립대학에서 일 년, 플로리다의 커뮤니티 대학에서 또 일년을 보냈다. 미시시피에서는 공부할 때 졸지 않으려고 담배를 피워 봤고 콜라를 섞은 럼주를 좋아하게 되었다. "그러면 내가 여기 왜 있을까? 지금 그게 궁금하지? 간단해. 돈이 떨어졌거든. 아빠가 내게 모교로 편입하면 등록금을 내주겠다고 약속했고."

곧 나는 재닛이 나만큼이나 성경 대학에 불만이 많은 유일한 학생이라는 사실을 알게 된다. 우리는 교칙, 자격 미달 교사들, 대학의 폐쇄적 분위기에 대해 불평하면서 그날 저녁 시간을 보낸다. 그녀는 잘난 체하는 내 태도에 주눅 들지 않고 내가 냉소적인 말을 하면 자기만의 냉소적인 말로 받아친다. 그녀는 모든 일에 대해 자기 생각이 있고 그 생각을 맹렬히 옹호한다. 학교로 돌아온 나는 목발을 짚고 절뚝거리며 기숙사로 돌아온다. 마치 토론 대회에 참석했다가 진 것 같다.

침대에 누운 채 고통으로 시작했다가 즐거움으로 끝난 그날 저녁을 곱씹는다. 재닛 생각을 떨칠 수가 없고 그러고 싶지도 않다. 그녀는 감정을 억눌러선 안 되고 표현해야 한다는 독특한 생각을 갖고 있다. 뭔가가 맘에 들지 않으면 화를 내고 모든 사람이 그 사실을 알게 한다. 그녀의 기쁨도 똑같이 전염성이 있다. 그녀는 "마음을 소매에 걸치고 다닌다 I wear my heart on my sleeve"•고 표현하는데, 내가 그 이상한 표현을 들은 것은 그때가 처음이다.

우리는 다음 날 저녁을 먹으면서 다시 만나고 그다음 날에도 만난다. 재닛은 충동적이고 즉흥적이고 누구를 만나든 적극적으로 상대한다. 데면데면하고 서먹한 나의 태도와는 정반대다. 나와 달리, 그녀는 삶이 관찰이나 분석의 대상이 아니라 살아 내야하는 것이라고 믿는다. 내가 그녀의 모습에서 모순을 지적하면 월트 휘트먼의 시구詩句로 이렇게 받아넘긴다. "내가 모순된다고? 그래 좋다. 나는 내 자신이 모순되게 하리라. … 내 안에는 많은 내가 있으니." 그리고 그녀는 정말 그렇다.

그해 겨울에 캠퍼스에 드물게 눈이 내린다. 아마존 정글과 플로리다 남부에서 자란 재닛은 눈을 본 적이 없다. 그녀는 목욕 가운 차림으로 기숙사에서 달려 나오고―당연히 교칙 위반이다―그녀의 룸메이트는 황홀경에 빠진 그녀의 꾸밈없는 모습을 사진으로 포착한다. 사진 속의 그녀는 두 손바닥을 위를 향해 들고 눈을 빛내며 고개 들어 하늘을 바라본다. 입을 크게 벌리고 공중에서 떨어지는 하얀 다이아몬드를 잡겠다고 혀를 쭉 내밀고 있다.

아름다움, 기쁨, 부드러움, 제한하지 않음. 그녀가 짧은 시간에

• 감정을 숨김없이 드러낸다는 뜻.

내 안에서 불러낸 것들에 놀란다. 나는 주저하면서 과거의 이야기들을 꺼낸다. 누구에게도 말한 적 없는 내용이다. 트레일러 거주 지역에서 보낸 시간, 고의적으로 부러뜨린 팔, 거북이 사건, 나의 인종주의, 어머니의 분열된 성격, 형의 정신쇠약까지. 하나씩 꺼낼 때마다 거부당할 마음의 준비를 하지만 그녀는 공감해준다. 대체로 나는 의도한 것보다 더 많이 말하고, 이야기하다가 내가 아는 것보다 더 많은 것이 드러나기도 한다.

나의 신중한 감정적 자기통제 프로그램이 산산조각 난다.

* * *

거의 매일 저녁 연애편지를 쓴다. 공책에 초안을 쓴 뒤 진짜 편지지에 정성껏 옮긴다. 재닛이 향수가 뿌려진 편지지에 답장을 보내오면 나는 읽기 전에 코를 갖다 대고 한껏 향을 맡는다.

여자는 남자 안에서 무엇을 볼까? 재닛이 무엇 때문에 나에게 끌렸는지 나는 모르고 그에 대해선 별로 생각하지도 않는다. 내가 아는 것은 그녀가 내 인생에 있기를 원하고 그녀 없는 삶은 상상할 수 없다는 것뿐이다.

그녀에게 예이츠의 시를 보낸다.

> 그 천을 그대 발밑에 깔아드리고 싶으나
> 나는 가난하여 가진 것이 꿈뿐이라
> 그대 발밑에 내 꿈을 깔았습니다.
> 사뿐히 밟으소서. 그대가 밟는 것은 내 꿈이오니.

빛이 드리운 자리

재닛은 정말 사뿐히 밟는다. 그녀는 엘리자베스 배럿 브라우닝의 소네트 한 편으로 응답한다.

> 패배한 병사가 피로 젖은 땅에서
> 자신을 일으켜 주는 이에게 칼을 건네고 항복하듯이
> 꼭 그처럼, 사랑하는 이여, 나도 여기서 내 싸움이 끝났음을
> 마침내 기록합니다. …
> 나를 더 사랑하여 나를 더 값지게 해 주세요.

내게 무슨 일이 벌어지고 있는 것일까? 호감 가는 여자가 내게 손을 내미는 단순한 행위로 모든 것이 달라졌다. 선善은 믿을 수 있는 것이 되었다. 나는 껍데기를 벗고 나와 인류 안으로 다시 들어가고, 얼간이 짓을 멈춘다.

성탄절 연휴 기간에 플로리다로 가서 재닛의 가족을 만난다. 침울한 침묵에 잠긴 우리 집에 비하면, 그녀의 집은 벌집 같다. 여섯 명의 수다스러운 딸들이 있으니 나는 거의 말을 하지 않고 말할 필요도 없다.

해변을 거닐거나 인근 공원의 그네에 그냥 앉아 처음으로 오랫동안 둘만의 시간을 갖는다. 신체 접촉을 금지하는 엄격한 학칙은 학교 밖에서 이루어지는 신체 접촉을 더욱 짜릿하게 만드는 예상 밖의 결과를 낳는다. 오늘날의 '훅업 문화hookup culture'**

• 모르는 사람과 만나 하룻밤 즐기고 헤어지는 문화, 섹스는 하되 마음은 주지 않는 커플 문화.

는 서로의 온기가 느껴질 만큼 가까이 앉는 일, 담요 아래 스치는 손가락, 교내에서라면 퇴학까지 당할 수 있는 키스가 주는 짜릿한 전율을 도저히 헤아릴 수 없을 것이다.

내가 충동적으로 말한다. "좋은 생각이 있어. 우리 이번 학년 마치고 나서 같이 형이 다니는 휘튼 칼리지로 편입하면 어떨까? 훨씬 더 좋은 교육을 받게 될 거야."

언제나처럼 재닛은 즉흥적으로 재빨리 동의한다. "난 이미 대학 세 군데를 다녀봤잖아. 네 번째라고 안 될 게 뭐 있겠어."

며칠 후, 나는 그레이하운드 버스를 타고 다른 주로 이동한다. 친척들을 만나러 온 어머니를 보러 가는 길이다. 재닛과 점점 더 멀어지면서 창밖에 펼쳐지는 평탄하고 특징 없는 풍경을 내다보고 있으니 울컥 목이 멘다. 내 눈에 뭔가가 있음을 느끼고 몇 번 빠르게 눈을 깜빡인다. 7년 만에 처음으로 볼에 흐르는 촉촉한 눈물을 느낀다.

대학에 돌아온 나는 또다시 뼈가 부러져서 수술을 받는다. 이번에는 축구를 하다 발이 부러졌다. 닷새 동안 병원에 누워 연녹색 천장을 바라본다. 재닛이 어찌어찌 학교를 빠져나와 병문안을 온다. 그녀는 열이 나는 내 상처 부위에 한 손을 얹더니 갑자기 울음을 터뜨린다. 눈물이 빗물처럼 내 환자복에 뚝뚝 떨어진다. 몸이 떨린다. 추워서 그런 건 아니다.

몇 주 후 재닛의 생일이 다가온다. 아직 목발에서 벗어나지 못한 나는 기숙사 주방으로 쿵쾅거리며 내려가 첫 케이크를 그럭저럭 구워 낸다. 버터를 부드럽게 푸는 법을 몰라서 초콜릿 아이싱이 노란색 버터 조각들로 얼룩진다. 절뚝거리며 걷는 날 위해 룸메이트가 교정을 가로질러 케이크를 날라 준다. 다시 한번 재 닛의 눈물이 흘러내린다.

그날 저녁 우리는 저녁 식사를 거른다. 나는 재닛에게 채플로 따라 들어오라고 말한다. "선물을 준비했어. 초등학교 6학년 이 후로 내 연주를 듣는 건 네가 처음이야." 나는 스타인웨이 피아 노 의자를 조절하고, 재닛은 지나가는 사람들의 눈에 띄지 않게 의자 뒤쪽 바닥에 자리를 잡는다. 두 손이 떨린다. 몇 주 동안 베 토벤의 〈비창 소나타Sonata Pathétique〉를 연습해 왔다. 관객은 단 한 명이지만 그런 곡을 연주하려면 내 안의 모든 용기를 끌어모 아야 한다. 그러나 그것은 재닛의 생일 선물이고, 곡명이 모든 것 을 말해 준다. 감정적 또는 열정적 소나타.

내가 마지막 화음을 쳤을 때 그녀의 눈이 반짝인다. 그녀가 마 침내 말한다. "고마워. 언제나 기억할게." 그녀는 내게 키스를 날 린다. 교정에서 허락된 유일한 형태의 키스다. 우리는 따로 채플 을 빠져나온다. 누가 보고 둘이 함께 있었다고 보고하는 일이 없 도록.

* * *

"네 편지는 정말 아름다워." 어느 날 저녁 우리가 빌린 폭스바겐 비틀을 타고 재닛의 할머니 댁 진입로에 있을 때 그녀가 말한다. "하지만 네 입으로 직접 하는 말을 듣고 싶어. 나에 대한 감정을 말해 줘."

나는 얼어붙는다. 우리는 함께하는 미래를 상의했고 결혼 이 야기까지 했다. 그래도 나는 그 말을 입 밖에 낼 수가 없다. 어린 시절 이후로 누구에게도 그 말을 한 적이 없다. 누구도 사랑하지 않았고 내게 사랑할 수 있는 능력이 있는지도 몰랐기 때문이다. 그녀는 기다린다. 1분이 지나고 또 1분이 지난다. 그렇게 그녀는 모두 10분을 기다린다. 심장이 쿵쾅대고 입이 바짝 마르는 그 10분이 지난 후 마침내 나는 그 말을 할 수 있게 된다. "난 … 너를 … 사랑해." 재닛이 그 고백을 내 가장 깊은 자아에서 끌어냈다.

아우구스티누스는 말했다. "사랑에 빠진 사람을 보여 달라. 그가 하나님께로 가는 길에 나선 이임을 보여 주겠다." 많은 예외가 떠오르지만, 내 경우는 아우구스티누스의 말이 사실로 드러난다. 어느 날 밤 나는 기숙사 방에서 재닛이 내게 준 브라우닝의 시집 《포르투갈인이 쓴 소네트》를 획획 넘겨 본다. 그 소네트 중에서 다음의 문구를 발견한다.

나의 연인, 나의 연인이여,
그대는 세상이 사라졌을 때 내게 왔고,
오로지 하나님만 추구하던 나는 그대를 발견했어요!

나는 곧 그 마지막 행의 순서를 뒤집게 된다. "오로지 그대만 추구하던 나는 하나님을 발견했어요!"

21 / 만남

태양을 보지 않았다면

나는 그늘을 받들며 살았으리

그러나 빛이 비춰 내 황무지를

새로운 눈으로 보게 되었다네—

—에밀리 디킨슨

자연, 음악, 낭만적 사랑은 내가 정서적·영적 평지에서 벗어나 위로 올라갈 사다리가 되어 주었다. 그러나 어디로 올라간단 말인가? 숲속을 거닐다 보면 가끔 뭔가가 지켜보고 있다는 느낌을 받고, 보이지 않는 무엇—곰, 퓨마—이 저 어딘가에서 따라오고 있을지 모른다는 살 떨리는 가능성을 인식한다. 어두운 채플에서 피아노를 치고 있으면 때때로 초월적 아름다움이 밀려오는 것을 느낀다. 재닛과 함께 로맨스의 떨림을 경험하고 실제적인 기쁨을 처음으로 맛본다. 하지만 사다리의 마지막 단은 오를 수 없다.

하나님은 성경 대학 교정에 안개처럼 드리워 있다. 다들 하나님을 찬양하고 간증하고 공부하고 두려워한다. 하지만 내게는 가정에서든 교회에서든 대학에서든 신앙의 몸짓이 늘 신뢰할 수 없는 것으로 드러났다. 내 자신 역시 신뢰할 수 없는 존재라는 사실이 밝혀졌다. 나는 너무나 자주 그리스도인의 외관을 받아들였지만, 그 실체는 연기처럼 사라져 버리고 말았다.

나는 캠퍼스의 배교자라는 정체성을 받아들인다. 성경 대학 학생들은 그들이 사랑하는 교수님들과 논쟁을 벌이고 채플 시간에 〈에스콰이어〉를 읽고 기도 모임을 업신여기는 나 같은 사람과 어떻게 지내야 할지 모른다. 대부분 그들은 나를 피한다. 재닛도 나와 똑같은 취급을 받는다. 그녀는 기숙사에서 룸메이트를 배정받지 못한 유일한 여학생이다. 그녀가 감수성 예민한 어린 영혼에게 잘못된 영향을 주지 않게 하려는 조치다.

예외는 있다. 내가 다리 수술을 받은 후, 포르투갈 출신 친구 조는 나를 보살피기 위해 임시로 내 룸메이트와 방을 바꾼다. 그는 판지로 장치를 만들어 내 다친 다리가 침구에 닿지 않도록 하고 식당에서 음식을 가져다준다. 대학교 사역팀인 조와 다른 두 명은 내가 기독교 봉사 과제 시간 대부분을 대학교 라운지에 있는 텔레비전으로 스포츠를 보는 데 쓴다는 걸 안다. 하지만 그들은 잔소리를 하지 않고 신고도 하지 않는다.

* * *

2학년의 2월 말, H. 교수가 해석학 수업 시간에 과제를 낸다. "하나님이 성경의 한 대목을 통해 말씀하신 경우를 가지고 에세이를 써 오세요."

나는 무엇을 써야 할지 전혀 떠오르지 않는다. 내가 아는 한, 하나님은 내게 말씀하신 적이 없다. 성경을 통해서 말씀하신 적은 더더욱 없다. 가끔 앵무새처럼 정답을 따라 하고 올바른 말로 기도했지만, 배역의 대사를 외워서 공연했다는 느낌이 떠나지 않았다. 진짜와 가짜를 구분할 수가 없다.

H. 교수는 에세이 제출 마감일을 한 주 뒤로 정한다. 나는 받아들여질 만한 내용을 지어내기 위해 주일학교 시절을 떠올려 보기 시작한다.

며칠 뒤 대학교 사역팀은 수요일마다 진행하는 기도 모임을 위해 모인다. 모임은 일정한 순서를 따른다. 조가 기도하고, 크레이그가 기도하고, 크리스가 기도한 다음, 세 사람이 모두 말없이 정중하게 나를 기다린다. 나는 절대 기도하지 않고, 잠깐의 침묵이 흐른 뒤 우리는 눈을 뜨고 각자의 기숙사 방으로 돌아간다.

에세이 마감 시한이 다가오는 가운데, 의무적인 수요 기도 모임에 마지못해 합류한다. 조가 기도하고, 크레이그가 기도하고, 크리스가 기도한다. 그리고 평소처럼 그들은 몇 초 기다린다. 그때 나는 소리 내어 기도하기 시작한다. 모두 놀란다. 하지만 가장 놀란 사람은 내 자신이다.

"하나님…." 나는 그렇게 입을 열고, 방 안에는 긴장이 가득하다. 복도에서 문이 쾅 닫히는 소리가 들리면서 내 말을 가로막는다.

다시 말을 시작한다. "하나님, 우리가 여기 모였습니다. 우리는 지옥으로 가고 있는 1,000명의 주립대학교 학생들을 걱정해야겠지요. 하지만 아시다시피, 저는 설령 지옥이 있고, 그래서 그들이 전부 지옥에 간다 해도 전혀 개의치 않습니다. 제가 지옥에 간다 해도 상관없습니다."

차라리 주술을 부리거나 아동 인신 제사를 바치는 게 나을 것이다. 그런데도 내 친구들인 이들은 아무도 움직이지 않는다. 입이 마른다. 나는 침을 삼키고 말을 이어 간다. 무슨 이유인지 선한 사마리아인 비유에 관해 말하기 시작한다. 어느 수업에서 막 공부하기 시작한 비유다. "우리는 사마리아인이 배수로에 피투성이로 누워 있는 유대인에게 느꼈던 마음을 그 대학교 학생들에게 느껴야 마땅합니다. 하지만 제겐 그런 마음이 없습니다. 아무것도 느끼지 못합니다."

바로 그때 어떤 일이 일어난다. 우리가 연민을 품어야 할 사람들을 염려하는 마음이 내게 전혀 없음을 인정하자, 기도 중에 이비유가 새로운 시각으로 내게 다가온다. 나는 기도하면서 비유의 장면을 머릿속으로 그리고 있었다. 긴 옷을 입고 터번을 쓴 가무잡잡한 중동 사람이 배수로 속 더럽고 피 묻은 형체 위로 몸을 굽힌다. 그런데 느닷없이, 내 머릿속 스크린에서 둘의 얼굴이 변한다. 사마리아인은 예수님의 얼굴이 된다. 노상강도를 당한 처량한 유대인도 다른 얼굴이 된다. 그것이 내 얼굴임을 알아보고 나는 깜짝 놀란다.

내 상처를 닦아 주고 흐르는 피를 멎게 하려고 예수님이 물에 적신 천을 가지고 천천히 몸을 숙이는 것을 지켜본다. 상처 입은 범죄 피해자인 내가 그분이 몸을 굽혀 내게 다가올 때 눈을 뜨고 그 얼굴에 정면으로 침을 뱉는 것을 본다. 환상도 성경의 비유도 믿지 않는 배교자인 내가 그 심상에 당황한다. 말문이 막힌다. 나는 돌연히 기도를 멈추고 일어나 방을 나간다.

그날 저녁 내내 무슨 일이 벌어진 것인지 곰곰이 생각한다. 그것은 정확히 말하면 환상이 아니었다. 그보다는 생생한 백일몽이나 깨달음epiphany에 가까웠다. 그럼에도 불구하고, 그 장면이 머리에서 떠나지 않는다. 일격에 나의 교만함이 산산조각 났다. 나는 늘 아웃사이더라는 나 자신의 상태에서 안전함을 느꼈고, 성경 대학에서는 믿음의 아웃사이더를 뜻한다. 그런데 이제 나는 새롭고 굴욕적인 내 모습을 포착했다. 오만함과 비웃는 우월감에 빠진 나야말로 가장 가난한 자인지도 모른다.

수치심이 나를 압도한다. 자기통제의 허울이 벗겨진 데 따른 수치심이다. 나도 결국 이 캠퍼스에서 또 하나의 판에 박힌 그리스도인이 되고 말 거라는 수치심이기도 하다.

재닛에게 짧은 쪽지를 써서 조심스럽게 말해 둔다. "뭔가 일이 있었는데 며칠 기다렸다가 말하고 싶어. 그런데 내 평생 처음으로 진정한 종교적 경험을 했는지도 모르겠어."

* * *

H. 교수는 다음 수업 시간을 "하나님이 내게 말씀하셨을 때"를 다룬 에세이 발표에 할애하겠다고 약속했지만, 다른 이야기로 빠졌다가 시계를 보고 수업이 끝나기까지 10분밖에 안 남았음을 알게 된다. "세상에, 두 명 정도 발표할 시간밖에 없겠군요." 그는 유감스러워하며 말한다. "발표할 사람?"

한 여학생이 손을 든다. 그녀는 하나님이 성경을 통해 너무 자주 말씀하시기 때문에 고르기가 어려웠다고 말한다. 발표 시간은 6분 정도 소요된다. 시간을 재는 이유는 내 에세이를 발표해 볼까 생각했기 때문이다. 또 다른 학생이 발표를 이어 가는 동안, 내 이마에 땀이 송글송글 맺히는 것이 느껴진다. 이제 발표할 기회가 없을 것 같아지자 나는 안도한다.

그 학생이 발표를 마치자 H. 교수가 말한다. "고마워요. 한 사람 정도 더 발표할 시간이 있는 것 같군요." 강의실 여기저기서 손이 올라오고 나도 손을 절반 정도 든다. 교수는 강의실을 살피다 나와 정면으로 눈이 마주친다. 나는 개별 상담을 한 이후라 그가 내 이름을 부를 가능성은 없다고 생각한다.

"필립, 발표해 주겠어요?"

일어서는데 다른 학생들이 눈길을 주고받는 것이 보인다. 나는 목청을 몇 번 가다듬고 발표를 시작한다. "C. S. 루이스는 하나님이 때로는 우리가 그분께 발길질을 하고 비명을 지르고 주먹으로 치는 데도 우리를 그분께로 끌고 오심으로 은혜를 베푸신다고 말한 적이 있습니다. 그것이 나의 이야기입니다."

내 손에 들린 종이가 떨리고 있다. 나는 통제력을 유지하려고 노력한다. 강의실은 조용하고 아무도 움직이지 않는다. 나는 계속한다. "H. 교수님이 이 과제를 내셨을 때 나는 신음 소리를 냈습니다. 무엇에 관해 쓸지 수요일 저녁까지 아무 단서가 없었습니다. 여기 그 내용이 있습니다."

나는 고개를 들어 시계를 보고 다시 과제로 눈을 돌린다.

"이 수업이 끝난 후 모두가 나를 모른 척해 주시면 좋겠습니다. 여러분의 격려는 진실하겠지만, 제가 거기에 너무 의지하게될 테니까요. 이 학교에서는 적절한 눈물을 섞은 간증을 한 번만 해도 거의 모든 그룹에서 받아 줍니다.

여러분 대다수가 나를 어떻게 생각하는지 잘 알고 있습니다. 나는 웃지 않고 수업 시간에 혼자 앉습니다. 식사 기도를 하지 않습니다. 채플 시간에 잡지를 읽습니다. 나는 스스로가 지적이라고 생각하고 모든 것을 논리적으로 추론하려고 합니다. 내 형이 그랬던 것처럼 말입니다. 어차피 A를 받을 수 있는데 왜 시험 전에 기도를 해야 합니까? 제가 전혀 상관하지 않는 사람들을 위해 왜 기도해야 합니까?

계속하기 전에 한 가지를 덧붙이고 싶습니다. 가장 사랑스럽지 않은 사람이 보통 가장 사랑이 필요한 사람이라는 겁니다."

수업 종료를 알리는 종이 유난히 크고 날카롭게 울린다. 다른 강의실들은 점점 비고 복도가 학생들의 재잘거림으로 가득 찬다. 우리 강의실에서는 누구도 책과 과제를 챙기지 않는다. H. 교수는 내게 계속 읽으라는 손짓을 한다.

나는 기숙사 방에서 있었던 경험과 즉흥적 기도를 간략히 묘사한다.

"내가 사람들을 얼마나 싫어하는지 하나님께 말하기 시작했습니다. 빌어먹을 온 우주가 지옥에 떨어진다 해도 전혀 개의치 않을 거라고 말했습니다. 하나님을 사랑하지 않는다고, 사랑한 적도 없고 사랑하는 법도 모른다고 말했습니다. 그 사실을 하나님이 아직 모르는 것처럼 말입니다.

그런데 뭔가 일이 벌어졌습니다. 이번에 하나님은 내 면전에서 문을 쾅 닫지 않았습니다. 비록 내가 원하지 않았어도, 나는 하나님께 선한 사마리아인이 품었던 사랑을 어떤 식으로든 내게 달라고 구하고 있었습니다. 이유 없이 비이성적으로 사랑한 이의 사랑을. 혐오스럽고 더러운 부랑자를 사랑한 이의 사랑을. 한편으론 하나님이 내 기도를 들어 주시지 않기를 바라면서 말입니다.

그때 깨달음이 왔습니다. 내가 그 부랑자였고, 하나님은 나를 도우려고 하셨습니다. 하나님이 몸을 굽히고 다가오실 때마다 나는 그분의 얼굴에 침을 뱉었습니다. 그뿐만 아니라, 나는 부랑자로 남고자 했습니다. 내가 선택한 지적이고 세련된 부랑자로.

욥은 이렇게 말했습니다. '내가 주에 대하여 귀로만 들었사오나 이제는 내 눈으로 주를 보나이다. 그러므로 내가 나를 미워하고 티끌과 재 속에서 회개하나이다'(욥기 42:6-7, 한글 KJV).

이것이 바로 제게 일어난 일입니다. 지난 수요일 저녁에 하나님이 제게 말씀하셨습니다."

나는 책을 집어 들고 강의실의 누구보다 먼저 문으로 향한다. 그리고 바로 복도의 시끄러운 군중에 휩쓸린다. 그날 온종일 학생들은 나의 요청을 존중해 준다. 누구도 내 팔을 두드려 자기들 무리로 맞이하지 않는다. 내가 부탁한 대로, 그들은 나를 내버려 둔다.

나의 상당히 큰 일부는 이것 또한 지나가리라고 예상한다. 앞으로 나가 예수님을 마음에 영접했는데 그분이 거기 없는 것을 발견한 적이 얼마나 많았던가? 신앙을 되찾는 일에 대한 소심한 두려움도 느낀다. 그러나 나를 불시에 덮친 그것은 내가 구하지도 바라지도 않았던 은혜의 선물임을 인정할 수밖에 없다.

* * *

가구가 거의 없는 기숙사 방의 소기도 모임에서 회심했던 날짜를 적어 둔다. 그로부터 50년이 지났지만, 그날은 여전히 내 인생의 특별한 축이 된 순간으로 강렬하게 남아 있다. 그 수요일 저녁 내 발밑의 모래가 빠져나갔고 다음번 파도가 어디서 나를 덮칠지 알 수 없었다.

한번은 회의적인 친구에게 그 경험을 들려 주었다. 친구는 호기심을 갖고 귀를 기울였다. 그는 당시에 일어난 일을 다른 식으로 설명할 수 있다고 말했다. 여러 해 동안 나는 근본주의적 가정교육에 반발했고, 당연히 그런 억압은 내 안에 깊은 '인지 부조화'를 만들어 냈을 것이다. 오랫동안 기도하지 않고 지냈으니, 전통적인 형식은 아니었다지만 다시 기도를 하는 순간 감정의 홍수가 밀려왔을 테고, 그것이 선한 사마리아인 비유와 비슷한 '계시'를 유발했다고 본다면 그리 놀랄 일은 아니라는 설명이었다.

그의 말을 들으면서 나는 미소를 지었다. 그의 말에서 예전의 나를 느꼈기 때문이다. 나는 그와 비슷한 언어를 사용해 내 동료 학생들의 수십 가지 개인 간증이 별것 아니라고 설명했었다. 회심은 안에서 볼 때만, 같은 회심자들에게만 의미가 통한다. 회심하지 않은 사람에게 회심은 미스터리나 망상으로 보인다.

여러 해가 지난 후, 나는 회심에 관해 연구하는 한 기독교 철학자의 편지를 받았다. 그에게 나의 회심을 요약한 기록을 써 보냈더니 그는 내가 설득력 있는 합리적 논증을 제시하지 않아서 놀랐다는 내용의 답장을 보내왔다. "당신은 신앙주의자fideist입니까?" 나는 사전에서 그 단어를 찾아봐야 했다. 과학적 추론이나 철학에 의거해서가 아니라 신앙에 의거하여 '믿는 사람'이다.

나는 이렇게 답장을 썼다. "모르겠습니다. 그 사건이 제게 일어났다는 것, 제 인생에서 가장 확실한 사건이 제가 계획한 것도 아니고 구상한 것도 아니라는 것이 제가 아는 전부입니다. 저는 그 순간들을 제 인생에서 도무지 지워 낼 수가 없습니다. 저는 선택받았다고 느꼈습니다."

결국, 내 믿음이 되살아난 일은 논리나 노력과는 별 상관이 없고 헤아릴 수 없는 하나님의 신비와 속속들이 관련이 있다. 사도 바울은 그 신비 앞에 머리를 숙였다. 자칭 '죄인 중의 괴수'인 그가 어째서 자신이 박멸하겠다고 맹세했던 메시지를 선포하는 일에 선택받았을까? 바울에겐 하나님이 친히 하신 말씀을 인용하는 것 외에는 다른 답이 없다. "내가 긍휼히 여길 자를 긍휼히 여기고 불쌍히 여길 자를 불쌍히 여기리라"(롬 9:15).

그 말씀을 읽을 때마다 움찔하게 된다. 내가 하나님을 외면할 때도 하나님을 추구했던 형 생각이 나서다. 그리고 아버지도 생각이 난다. 나보다 훨씬 더 경건한 사람이었고 하나님을 섬기는 일에 온전히 헌신했던 아버지는 스물네 살 생일을 맞기도 전에 죽었다. 바울처럼, 욥처럼, 나는 하나님을 대신해서 말할 엄두도 낼 수 없다. 그분이 거저 주시는 은혜의 선물을 두 팔 벌려 받을 수 있을 뿐이다.

그 겨울밤 대학 기숙사 방에서 나는 깨달았다. 저기 누군가 있다는 것을. 더욱이, 그분은 나를 사랑하는 분이라는 것을. 나는 전능하신 하나님의 가벼운 손길, 하나님의 손가락이 가볍게 치는 것을 느꼈고, 그것은 내 삶의 경로를 새로이 잡게 하는 데 충분했다.

* * *

그 무렵 재닛과 나는 학년 말에 휘튼 대학으로 편입하기 위해 준비를 시작했다. 우리는 편입 허가를 받았고 재정 지원 신청서도 작성했다.

그러던 어느 날 나는 그녀를 기숙사로 데려다주면서 말한다. "편입에 대해 다시 생각해야 할 것 같아. 우리 둘 다 휘튼에 가는 데 필요한 돈이 없어. 게다가, 우리 둘 다 여기서 추가 학점을 많이 이수한 상태라 한 학기 조기 졸업이 가능해."

그 학기 내내, 그리고 여름이 되도록 우리는 선택지를 놓고 상의한다. 신임 총장이 유망한 신임 교수들 몇몇을 고용했고, 학문적 전망이 나아졌다. 결국, 우리는 학교에 편지를 써서 3학년으로 수업에 합류할 수 있는지 묻는다. 그리 내키지는 않지만, 우리는 이곳에서 더 배울 것이 있음을 느낀다.

22/ 형

말해 보세요. 한 번뿐인 거칠고 소중한 삶으로
당신은 무엇을 하려고 하나요?
—메리 올리버, 〈여름날〉

내 삶을 변화시킨 성경 대학에서의 경험은 어머니에게 아무런 인상도 주지 못한다. 어머니는 내가 성경 캠프와 교회에서 꾸며낸 모습으로 지내는 것을 보았다. 나는 음험한 놈, 위선자다. 어머니는 그 기숙사 방에서 무슨 일이 있었건 간에 오래가지 못할 것이라고 생각한다. 그뿐만 아니라, 어머니는 형 걱정만으로도 버겁다. 형은 브레이크 없는 자동차처럼 딴 길로 위태롭게 질주하고 있었다.

때는 1968년, 많은 대학생들처럼 형도 저항 문화에 합류했다. 형이 휘튼에서 3학년을 마치고 여름에 집에 왔을 때, 어머니는 공항에서 형을 보았다. 형의 덥수룩한 긴 머리와 수염을 보자마자 어머니는 등을 돌리고 대화를 거부했다. 그해 여름에 어머니는 형이 집에 머무는 것을 허락하지만 교회 출석은 금지한다. 교인들이 히피처럼 생긴 아들을 보면 어머니의 평판이 나빠질 터였기 때문이다. 형은 그 규칙을 기꺼이 따른다.

여름 내내 나는 가족 간의 줄다리기에 갇힌 느낌을 받는다. 나는 뭔가 굳건한 기반을 탐색하면서 조심스럽게 신앙으로 조금씩 되돌아간다. 물론 형이 걱정되지만, 의로운 심판을 내세우는 어머니의 태도 앞에서는 움츠러들게 된다. 형을 '저주'하는 기도를 하겠다던 위협을 어머니가 이행했는지 궁금하지만, 그 폭발력 있는 주제를 감히 꺼내지는 못한다.

어머니와 형이 옛날의 충돌을 재현하면, 나는 감정 과다인 두 거인들 사이에서 몸을 사리고 대체로 옆에서 듣기만 한다. 정치, 종교, 베트남전쟁을 비롯해 어떤 주제로 이야기하든 형은 어머니와 정반대 의견을 내세운다. 어머니가 말한다. "네가 휘튼에 가면 무슨 일이 벌어질지 나는 알고 있었어. 널 봐. 정확히 내가 예상했던 대로 되었잖아."

첫 학기 정신 붕괴에 충격을 받은 형은 정신과 의사를 찾기 시작한다. 페니는 수차례 매주 만나서 형의 인생 이야기를 듣고, 여름이 끝날 무렵 '만성 편집증적 미분화형 정신분열증'이라는 진단을 내린다. 형이 그 소식을 무심하게 언급하자 나는 둘도 없는 친구인 형을 빤히 바라본다. 내가 정말 형을 아는 걸까? 형이 감정과 행동의 변화가 심한 것은 사실이지만 정신이 병들었다고?

"사실대로 말해 봐." 4학년을 맞아 휘튼으로 돌아가기 위해 여행 가방을 꾸리는 형에게 내가 묻는다. "형은 형이 정말 미쳤다고 생각해?"

"모르겠어. 하지만 페니가 내 목숨을 구해 줬어. 몇 주 전에 징

병위원회에 가서 신체검사를 받았거든. 신체검사는 높은 점수로 통과했어. 그리고 부사관에게 페니가 준 '극비' 봉투를 건넸지. 그는 봉투에 담긴 서한을 한번 보더니 내게 돌아가라고 하더라고. 페니의 진단이 나를 군대에서, 어쩌면 베트남에서 구해낸 거야."

마지막 상담 시간에 정신과 의사는 형에게 선물 하나를 더 준다. 그날 저녁에 형이 내게 이렇게 말한다. "너도 페니 알지. 부드러운 말씨 때문에 감상적인 남부 여자라는 인상을 주지. 하지만 그렇지 않아. 그녀가 몸을 앞으로 내밀고 내 눈을 똑바로 쳐다보더니 이렇게 말하는 거야. '마셜, 나는 이 말을 했다는 것을 부인할 거예요. 하지만 당신 어머니가 미쳤다는 거 당신도 알지요, 그렇지 않아요?'"

형이 다시 말을 하려고 할 때 목소리가 갈라진다. "그런 가능성은 한 번도 생각해 본 적이 없어. 나는 대답하지 않았지만, 페니는 내가 꽤나 충격을 받았다는 것을 알 수 있었지. 그녀는 몇 분 기다리더니 이렇게 덧붙였어. '그 사실을 받아들이지 않으면 당신은 결코 건강해지지 못할 거예요.'"

* * *

나는 성경 대학으로 돌아가고 형은 휘튼 음대에서 공부를 재개한다. 그 학기에 형이 보낸 편지들에는 여자 친구 다이앤과 재회한 이후 새로이 행복한 어조가 담긴다. 두 사람은 시간이 날 때마다 피아노 듀엣곡을 연습한다. 다이앤은 내게 이런 편지를 쓴다. "마셜은 내가 지금까지 만난 사람 중에 가장 부드럽고 감수성이

풍부하고 더없이 낭만적인 사람이에요. 음악 한 곡을 듣고 울음을 터뜨릴 수 있는 사람이에요." 두 사람은 결혼을 이야기하기 시작한다.

그러나 성탄절 연휴를 맞아 형과 내가 애틀랜타에 있을 때 파국이 찾아온다. 형은 그녀에게 매일 편지를 쓰지만 답장을 받지 못하고, 어느 날 작별의 편지 한 통이 온다. 그 편지에서 다이앤은 자신이 부모님에게 그에 대해 너무 많은 이야기를 했다고 털어놓는다. 부모님은 그녀가 '그 장발의 불가지론자'를 계속 만나는 것을 절대 금지했다.

형은 암담해진다. 생각에 빠져 침실에 앉아 있거나 동네를 산책하며 담배를 피운다. 내가 무슨 말, 무슨 행동을 해도 형의 침울함을 뚫고 들어갈 수가 없다. 다시 침묵이 집 안을 지배한다.

휘튼에 돌아간 형은 학교 정신과 의사를 찾아가고, 그는 페니의 진단을 확인해 준다. 형은 학교를 중퇴하기로 결정한다. 마지막 학기를 남겨 둔 상태로. 어느 날 학교 우편함에 도착한 봉투를 뜯어 보니 수수께끼 같은 쪽지가 들어 있다. "비가 내린다. 온도는 0도. 미쳤다는 판단을 받고 패배자로 집에 간다." 형은 애틀랜타로 되돌아간다.

땡전 한 푼 없고 살 곳도 없는 상태로 희망을 잃은 형이 어머니 집의 진입로에 나타난다. 이후 몇 주 동안 형은 멍하게 지낸다.

전화 통화에서 나는 어떻게 지내느냐고 묻는다. 형은 씁쓸한 대답을 한다. "어떻게 생각해? 난 실패자야. 대학은 중퇴하고 미쳐 버린 나를 못 견뎌하는 어머니와 함께 살고 있지." 그 학년 남은 기간 내내 나는 편지와 전화를 통해 형과 계속 연락한다.

우리의 역할이 바뀌었다. 형이 동생이고 내가 보호자처럼 되어 버렸다.

수입이 필요해진 형은 옛 고용주였던 그레디 병원에 연락하고 다시 일자리를 얻는다. 억센 주임 간호사는 교육받은 잡역부를 부리게 된 것을 기뻐하며 형을 챙긴다. "남자 씨." 그녀는 병원의 모든 남자를 그렇게 부르고 형도 그렇게 부른다. "죽은 사람들에 대해 어떻게 생각해요, 남자 씨? 대부분의 다른 남자들은 죽은 사람들을 무서워해요." 근무 첫날에 형은 화상으로 죽은 시신을 바퀴 달린 들것에 옮기기 위해 그 손을 잡는데, 새까맣게 탄 시신의 피부가 마치 장갑처럼 크게 벗겨진다. 형은 당황하지 않는다. 그때부터 죽 주임 간호사는 환자가 사망하면 형을 호출한다.

형은 영안실에서 철제 테이블에 누운 시신들을 살핀다. 아버지도 척추 교정 센터로 이송되지 않았다면 거기 누웠을지도 모른다. 형은 질병, 총상, 찔린 상처로 죽은 망자들의 살았을 때의 삶을 상상해 본다. 형은 언젠가 전화로 이렇게 말한다. "영안실이 좋아. 우선 거기는 에어컨을 틀어 놓거든. 그리고 누구도 귀찮게 하지 않아. 그래서 점심 시간엔 거기 가서 철학책을 읽어."

또 다른 잡역부가 형에게 《유란시아서The Urantian Book》를 준다. 지미 헨드릭스와 제리 가르시아에게 영향을 준, 철학과 심령술이 뒤섞인 2,097쪽 분량의 장황한 책이다. 《유란시아서》는 천상의 존재들이 불러 준 내용을 받아쓴 것이라고 주장하고, 형은 그 책의 내용이 완벽하게 설득력 있다고 여긴다. 그리고 또다시 형은 잠깐씩 모든 것이 설득력 있다고 여긴다.

매일 형이 일을 마치고 집으로 들어오면 어머니는 얼굴을 찡

그린다. 어머니의 눈앞에는 한때 선교사가 되려고 했고 십대선 교회 회장이었으며 성가대 피아노 반주를 했던 아들 대신 장발의 해괴한 존재가 있다. 한번은 형이 존 레논의 것과 같은 둥근 철테 안경을 쓰고 나타나자 어머니는 형을 집 안에 들이기를 거부한다.

형은 병원 근무를 마치면 볼링장에 갔다가 자정이 지나서야 귀가한다. 어머니와 마주치지 않기 위해서다. 따뜻한 밤이면 형은 집 밖 접이식 의자에 발가벗고 앉아 잠자리에 들고 싶어질 때까지 담배를 피워 댄다. 형이 구독하는 〈플레이보이〉지가 집으로 배달되자 한바탕 난리가 난다.

며칠 후, 집에 돌아온 어머니는 형의 방이 비어 있는 것을 발견한다. 형은 이사를 나갔고, 어머니는 형이 어디 있는지 전혀 모른다. 어머니는 1년 동안 형을 다시 보지 못한다.

* * *

나는 5월에 잠시 학교를 나와 형을 찾아 나선다. 형은 일하는 병원을 바꾸었고 양심에 따른 병역 거부자와 그의 여자 친구, 수시로 들락거리며 바닥의 침낭에서 '자는' 무리로 이루어진 비공식 공동체 안에서 산다. 형은 나를 그곳으로 초대하여 이렇게 말한다. "어이 친구들, 성경 학교에서 온 엄격한 내 동생을 소개합니다."

형은 그곳을 구경시켜 주고 평화와 사랑의 세대의 경이로움에 대해 자세히 이야기한다. 형은 한 방은 오렌지색, 다른 방은 자주색으로 칠했고 종이컵을 풀로 붙여서 조명 기구를 만들었다. 알

록달록한 바틱* 천들이 실로 만든 거미줄 조각들과 함께 천장에 매달려 있다. 형은 공동체 사람들과 함께 중고품으로 산 액세서리들을 가리킨다. 라바 램프, 콩주머니 의자, 검은색의 푹신한 변기 커버.

형을 주기적으로 찾아가는 나를 어머니는 아주 못마땅해한다. 마침내 형은 완전한 자유에 도달한 것처럼 느껴진다. 형에게 새로운 친구들이 생긴다. 그중 누구도 형의 행동을 감시하지 않고 형을 판단하지도 않는다. 형은 뭐든지 먹고 싶은 것을 먹는데, 주로 매시드 포테이토와 마카로니와 치즈를 고른다. 어떤 날에는 아무 말도 하지 않고, 또 어떤 날에는 철학을 논하고 근본주의자로 자란 이야기를 해서 사람들을 즐겁게 해 준다. 그리고 형이 어디선가 구해 온 고물 피아노 앞에 앉을 때는 모든 대화가 중단된다.

얼마 후 형은 어느 록 밴드 멤버들과 함께 아파트로 이사한다. 그들은 형에게 자기들 방식의 음악과 삶을 가르친다. 그들은 퀘일루드**를 건네며 이렇게 말한다. "이걸 한번 해 봐. 록 음악을 들으려면 제대로 된 약물이 필요해." 그러나 록 음악도 퀘일루드도 형에겐 아무 효과가 없다. 다음 날 밤에 형은 환각 버섯을 시도했고 이번엔 우주가 폭발한다. 그 약물이 효과를 발휘하는 동안 형은 17분 동안 이어지는 헤비메탈 즉흥곡, 아이언 버터플라이의 〈인-어-가다-다-비다In-A-Gadda-Da-Vida〉에 매료된다.

- 인도네시아의 전통 직물 염색.
- 최면성 진정제.

형은 중독된다. "내 경력을 바꿀 거야. 록 오르간 연주자가 될 거야." 형은 그렇게 말한다. 형이 휘튼의 첫해에 보내온 편지들이 떠오른다. 그때 형은 거의 매주 인생 철학이 통째로 바뀌었었다. 또다시 형은 룰렛 휠처럼 쌩쌩 돌아간다.

형은 로큰롤이 아니라 마약에, 주로 LSD에 중독된다. 매주 일요일 오후에 형과 새 친구 몇 명은 형의 1949년형 플리머스—얼마 전 안시 할아버지에게 물려받은 유산이다—를 타고 피드몬트 공원으로 간다. 거기서 환각제를 복용한 뒤 비눗방울을 불고 연을 날린다.

풀밭에 그냥 다리를 꼬고 앉아서 주변 세상이 변하는 모습을 지켜보기도 한다. 하늘에 뭉게뭉게 피어오른 흰 구름이 둘로 쪼개져서 달리의 그림처럼 지상으로 뚝뚝 떨어진다. 태양의 껍질이 벗겨지고 블러드 오렌지 조각처럼 쪼개진다. 목줄을 맨 개가 공중으로 떠올라 유니콘으로 바뀐다. 형은 손을 뻗어 유니콘을 어루만진다. 촉감이 생생하게 느껴진다.

애시드*를 복용한 뒤에 보고 듣고 느끼는 세상은 이전보다 훨씬 좋다. 꽃들은 비현실적인 강렬함으로 빛나고—노란색 꽃잎들은 황금빛이 되고, 붉은 장미는 에메랄드 잎에 자리 잡은 루비가 된다—때로는 말도 한다! 일행 중 누군가가 마리화나를 피우려고 성냥을 긋는다. 찬란한 빛이 타오른다! 근처에서 밴드가 음악을 연주하고 있고, 형은 여러 악기가 내는 개별 음을 다 듣는다.

• LSD의 속칭.

형은 LSD 전도사가 된다. 그리고 내게도 권한다. "이거 한번 해 봐. 하버드의 티머시 리어리는 LSD가 정신분열증 치료에 도움이 될 수 있다고 하는데 그 사람 말이 맞는 것 같아. 애시드를 하면 내 문제들을 잊게 되고 마음이 활짝 열리거든. 네가 영적인 것, 심지어 초자연인 것을 탐구하는 데 도움이 될지도 몰라." 나는 정중히 거절한다.

나는 형에게 판단하는 말이나 심지어 가벼운 반대처럼 들리는 말도 하지 않는 법을 배웠다. 그런 말은 어머니와 관련된 기억들을 떠올리게 하고 형은 그것을 참지 못한다.

* * *

그 여름이 지나고 나는 성경 학교로 돌아가 마지막 한 학기를 마무리한다. 재닛과 나는 1970년 1월에 조기 졸업을 하고, 6월로 계획한 결혼식을 위해 애틀랜타로 거처를 옮긴다. 둘 다 인구조사국에 일자리를 잡고 휘튼으로 이사 갈 돈을 모으기 시작한다. 나는 휘튼 대학원 입학 허가를 받은 상태였다.

어느 시원한 3월 저녁, 어머니는 성경 수업을 하러 나가고 나혼자 집에 앉아 있다. 어머니는 형을 못 본 지가 1년 가까이 되고, 나는 형의 새로운 생활 방식에 대해 자세한 내용은 거의 말하지 않았다.

전화벨이 울린다. "밀드러드 얀시 부인 계십니까?" 수화기를 들자 남자 목소리가 들린다.

"아뇨, 안 계십니다. 전할 말씀이 있으신가요?"

"그럼 필립 데이비드 얀시 씨는 계십니까?"

"전데요. 무슨 일인가요?"

"여기는 디캘브 카운티 경찰서입니다. 현재 마샬 얀시 씨를 구금 중인데, 상태가 상당히 안 좋습니다. 약을 했다고 하는데, 모르겠습니다. 여기 와 보셔야 할 것 같습니다. 주위에서 가장 힘센 사람을 데려오시라고 말씀드리고 싶습니다."

"이유를 여쭤봐도 될까요?"

"네. 마샬 얀시 씨가 폭력적이라서요."

내가 따지고 든다. "형은 평화주이자입니다. 누구를 해칠 사람이 아니에요."

그러자 그 사람이 푸근하게 웃는다. "오, 그래요? 그 사람, 벌써 두 사람을 때려눕혔고, 해머록*을 걸어서 나를 땅바닥에 쓰러뜨렸습니다. 혼자 오시지 않는 게 좋을 겁니다."

전화를 끊고 나자 흉곽에 진동이 느껴질 정도로 심장이 거세게 뛴다. 두렵고 불안하다. 경찰의 말을 믿을 수가 없다. 나는 마샬의 정신과 의사 페니에게 전화를 걸어 조언을 구한다. 그녀는 형을 안전한 곳—그녀가 마땅한 장소를 찾아보겠다고 한다—으로 데려가고 음식을 섭취하게 해야 한다고 말한다. "지금 환각을 보고 있어요. 그러니 제정신이 들 때까지 곁에 있는 게 중요해요."

그다음, 믿을 수 있는 윈스턴 삼촌에게 전화를 걸어 애틀랜타 외곽의 디케이터 경찰서로 와 달라고 부탁한다.

---

* 레슬링에서 상대 선수의 팔을 등 쪽으로 꺾어 잡는 방법.

바깥 온도가 약 4.5도다. 필요할 경우에 대비해 여분의 재킷을 챙긴다. 내 심장은 레이싱카 엔진처럼 진동하고 있지만, 몸을 한껏 제어하여 간신히 빨간불에서 서고 제한속도를 지킨다.

나와 통화한 친절한 경찰관, 경사가 경찰서에서 나를 맞이하고 상황을 설명한다. 탁 트인 경찰서 안은 치직 대는 무선 신호와 종이컵으로 커피를 마시는 경찰관들이 가득하다. "일이 이렇게 된 겁니다. 우리는 노신사의 전화를 받았습니다. 낙엽을 긁어모으고 있는데 벌거벗다시피 한 히피―당신의 형이겠지요―가 집 마당으로 들어왔다는 겁니다. 노인은 형님한테 도움이 필요하냐고 물었다가 턱을 세게 얻어맞았습니다. 그분이 고소하지 않은 걸 다행으로 여기셔야 해요.

우리가 현장에 가 보니 형님이 팬티 차림으로 풀밭에 앉아 있더군요. 그 친구가 레슬링으로 나를 바닥에 쓰러뜨렸어요. 그 친구를 떼어 내려고 내 동료가 두 사람이나 달라붙어야 했어요. 보다시피 난 작은 사람이 아닌 데도 말입니다."

* * *

곧 삼촌이 도착한다. 우리는 한동안 이야기를 나누면서 경사에게 형의 이력을 약간 들려준다. 마침내 그가 말한다. "이렇게 합시다. 난 당신 형을 풀어 줄 의향이 있어요. 보니까 전과도 없네요. 이번 일로 마약에 대한 교훈을 배우겠지요. 당신이 보호하는 걸로 하고 풀어 줄 수 있습니다. 한 가지 의문만 풀리면 됩니다. 그 친구 양팔에 바늘 자국이 잔뜩 있어요. 어떻게 된 거냐고 물었더니 헌혈을 한다더군요. 이봐요. 그렇게 헌혈을 많이 하는 사람은 없어요. 헤로인을 하는 겁니까?"

나는 형이 희귀한 혈액형을 갖고 있어서 정기적인 혈장 헌혈로 여분의 돈을 번다고 설명한다. 경사는 만족하는 듯 보이고, 우리를 콘크리트 유치장으로 안내한다. 희미한 전구 바로 밑에 있는 철제 스툴에 형이 앉아 있다. 기둥 뒤로 양손에 수갑이 채워져서 등이 구부정하다. 맨발에 여전히 팬티 차림으로 벌벌 떨고 있다. 씻지 않아 더러워진 곱슬머리가 덥수룩하다. 안경은 사라지고 없다. 형이 천천히 고개를 들고 멍한 눈으로 나를 본다. 그러나 알아보는 기색은 없다.

형이 계속 나를 쳐다보자 갑자기 목덜미가 서늘해진다. 마셜은 언제나 교양 있는 맏형이었다. 대학 주최 토론 대회에서 철학자들의 글을 줄줄 인용하고 턱시도 차림으로 클래식 콘서트에서 연주하던 사람이었다. 그런데 지금 내 앞에 있는 이 사람은 야생 동물을 닮았다.

나는 벽에 손을 짚고 몸을 가눈다. "형, 나야, 필립. 윈스턴 삼촌도 오셨어. 형을 집으로 데려가려고 왔어."

경사가 형의 수갑을 풀어 주며 말한다. "갑시다, 친구. 이번에는 그냥 보내 드립니다. 다시는 이런 어리석은 짓을 하지 마세요." 형은 손목을 문지르지만 아무 대꾸가 없다.

나는 서둘러 차로 가서 여분의 재킷을 가져오고 경사는 형이 입을 만한 더러운 운동복 바지 한 벌을 챙겨 온다. 차가운 바깥으로 나가면서 형의 입술이 움직이는 것을 보지만, 혼잣말을 하고 있음을 깨닫는다. 조수석 문을 열어 주면서도 형이 나를 공격하지는 않을 거라는 확신이 없다. 그날 저녁 처음으로 형은 내 눈을 똑바로 쳐다본다.

"긴장 풀어, 동생." 정신이 돌아온 형이 말한다.

* * *

페니는 말한 대로 안전한 장소를 찾아 두었다. 믿을 만한 교회 직원의 아파트다. 우리는 클로이의 집으로 차를 몰고 가서 이후 몇 시간 동안 형이 현실로 돌아오기를 기다린다. 형은 속을 두툼하게 채운 소파에 앉아 있고 몇 분마다 한 번씩 고개를 들어 오랜 시간 나를 뚫어져라 쳐다본다. 형의 동공이 커져서 갈색의 홍채를 몰아낸다. 나는 형의 눈길을 감당하지 못한다. 어릴 때 우리는 자주 눈싸움을 했고, 나는 늘 졌다.

클로이가 묻는다. "뭘 좀 먹을래요, 마셜? 햄 샌드위치는 어때요?" 형은 레이저 눈빛을 그녀에게 돌리고 아주 살짝 고개를 끄덕인다. "좋아요! 마요네즈 좋아해요? 머스터드는? 치즈는요? 빵은 어떤 종류를 좋아해요?" 반응이 없다.

나는 클로이에게 형의 음식 취향을 알려 주고 그녀는 종종걸음으로 부엌에 간다. 형은 양손 엄지손가락으로 구부린 두 집게손가락을 문지르고 있다. 예전에 형은 가상의 건반을 한 옥타브씩 양쪽 집게손가락에 표시해 놓고 머릿속에서 늘 흐르는 곡을 연습하는 것을 보여 준 적이 있다.

클로이가 샌드위치를 가지고 돌아오자, 형은 한 손으로 그것을 잡고 테이블 램프 가까이 들어 올린다. 형은 샌드위치를 이리저리 비틀고 살필 뿐 먹지도 않고 내려놓지도 않는다. 그래도 아이스티는 좀 마신다. 독이 들었을지도 모른다고 의심하는 것처럼 망설이며 한 번에 한 모금씩.

"여기가 어딘지 알아?" 내가 형에게 묻는다. 형이 내 쪽으로 돌아보지만 다시는 형의 눈길을 받아 내지 못한다. 나는 페니의 도움으로 찾아온 클로이의 아파트라고 설명한다. "걱정 마. 우리가 곧 집에 태워다 줄게."

10분 후 형이 묻는다. "여기가 어디야?" 나는 설명을 되풀이한다.

자정이 조금 지나서 마침내 형이 집에 가자고 한다. 형은 좀더 차분하고 이성적으로 보인다. 무슨 일이 있었던 것인지 차 안에서 묻는다. 형은 누구를 때린 기억이 없고 체포된 장소에 어떻게 갔는지도 모른다. 그곳은 형이 사는 곳에서 8킬로미터나 떨어져 있었다.

형의 거처에 도착하니 일곱 명의 친구들이 안 자고 기다리고 있다가 우리를 보고 기뻐한다. 형과 나는 여기저기서 포옹을 받고, 내가 그날 일을 짧게 설명한다. 그들의 반응은 열정적이다. "근사한데, 경찰을 공격했는데 풀어 줬단 말이야? 정말이지, 세상에서 제일 운 좋은 개새끼야!" 그들이 웃음을 터뜨리고 등을 두드리며 축하의 말을 하자 형의 긴장이 눈에 띄게 풀린다.

모두가 조용해지고 우리는 사건이 어떻게 이어진 것인지 함께 재구성해 본다. 그날 오후, 형의 친구들은 거실에서 LSD 정제를 좀 돌렸다. 형은 이렇게 회상한다. "이유는 모르겠지만, 너희 모두가 날 죽이려고 한다는 생각이 갑자기 들었어." 형은 밖으로 달려 나갔고 친구 두 사람이 뒤를 쫓았다. 그들이 형을 붙잡자 형은 뿌리치고 두 주먹을 사납게 휘두르다가 달리기 시작했다. 형이 애틀랜타의 번화가 중 하나인 폰스더리언 애비뉴 한복판을 달려가는 장면이 그들이 본 마지막 모습이었다.

자세한 내용들이 형의 기억 속의 뭔가를 자극하고, 형은 하던 이야기를 이어 간다. "미안, 친구들. 사방이 위험해 보여서 그랬어. 기괴한 가면을 쓴 악마들이 모든 차에서 내게 기관총을 쏘아 댔어. 집마다 대포가 튀어나온 벙커가 있었고. 가슴이 쿵쾅쿵쾅 뛰는 게 느껴졌어. 악마 하나가 내 몸을 붙잡았거든. 나는 알았어. 계속 달려야 한다는 걸, 안 그러면 죽을 거라는 걸⋯." 형이 말을 멈춘다. 모두 말이 없다.

"결국, 나는 죽었어. 지옥에 떨어져서 거대한 법정 앞, 악신들의 회의 앞에 섰지. 그건 꿈처럼 느껴지지 않았어. 그 생물들은 정말 실감 났어. 놈들을 만질 수 있었거든. 그놈들이 내 삶에 어떤 가치가 있었는지 증언하라는 거야. 내 인생이 모종의 가치, 정당성이 있다는 것을 증명해야 했지. 그래야 나를 다시 현실로 돌려보낸다고 했거든."

형의 목소리가 점점 약해진다. 다들 형의 말을 알아듣기 위해 귀를 쫑긋 세운다. "그렇게 법정 앞에서 벌거벗고 서 있는데 할 말이 아무것도 없는 거야. 난 실패자야. 누구와도 마음을 나눌 수 없어. 완전히 혼자야. 그때, 바로 앞에 어떤 사람이 보여서 그에게 손을 뻗었어. 그것이 내가 기억하는 마지막 장면이야. 그런데 사람들 말로는 그 사람이 나에게 턱을 얻어맞은 노인이래. 그분이 경찰을 부른 것 같아."

형의 친구들은 손뼉을 치고 환호성을 지른다. 이것은 그들이 들은 최고의 환각 체험담이다. LSD는 '천국과 지옥의 마약'이다.

형은 지옥에 갔다가 살아 돌아와 이야기를 들려준 것이다.

* * *

이 일로 당황한 형은 마약을 끊기로 결심한다. 그러나 환각 체험의 기억은 각성보다는 우울함을 안겨 준다. 악신들의 심판은 내면의 목소리가 줄곧 말하던 내용이 사실임을 보여 주었다. 자신이 실패자라는 것이다. 형은 계속 살아야 할 단 하나의 타당한 이유도 찾지 못한다.

형이 이렇게 낙담한 모습은 본 적이 없다. 재닛과 나는 6월에 결혼식을 올리고 그 직후 곧장 휘튼으로 떠날 생각이다. 그런데 이런 상태의 형을 두고 떠날 생각을 하니 겁이 난다. 형은 우리 결혼식에 참석하겠다고 확실하게 말하지 않는다. 나는 그날 형이 나타날 거라는 희망을 거의 접는다.

나는 계속 집에서 지내고, 6월이 다가올수록 어머니는 형만큼이나 기분이 안 좋아진다. 형의 공동체 생활이나 마약에 대해서는 어머니에게 아무것도 말하지 않았다. 그러나 어머니는 휘튼에서 큰아들이 어떻게 변하는지 보았고, 내게 어떤 일이 벌어질지 능히 상상할 수 있었다.

재닛과 나는 총 300달러의 저렴한 예산으로 소박한 결혼식을 계획한다. 재닛의 웨딩드레스는 빌리고 결혼 피로연은 견과류와 박하사탕 같은 간식으로 준비한다. 우리가 바라는 것은 문제 많은 가족을 벗어나서 다른 곳으로 떠나 함께 새로운 삶을 시작하는 것뿐이다. 그러나 어머니는 막바지의 일격으로 우리의 기념식을 망친다.

교회 문을 여니 형이 서 있다. 애틀랜타에서도 유난히 더운 날인데 중고품 할인점에서 구한 모직 양복을 조끼까지 차려입었다. 형이 자신의 대항 문화의 환경을 떠나 교회 예식이라는 고지식한 세계로 들어온다는 것, 특히 어머니가 그 자리에 있는 줄 알면서도 그렇게 한다는 것이 어떤 의미인지 알기에 나는 눈물이 나오는 것을 간신히 참는다.

전통적 결혼식이 진행된다. 오르간 음악이 흐르고 짧은 설교가 끝나고 현대식으로 약간만 다듬은 혼인 서약을 한다. 모든 것이 순조롭게 진행되다가 교회 지하실에서 열린 피로연에서 문제가 생긴다. 사진사로 와 준 먼 친척이 피로연장에서 한 가지 생각을 떠올린다. "보세요, 얀시 집안사람들의 단체 사진을 찍겠습니다. 성이 얀시인 분들은 다 나오세요."

피로연장의 반대쪽에서 소란이 일어나고 어머니의 목소리가 크게 들린다. "내 아들이라는 저 작자와는 절대 사진 안 찍어!" 어머니는 그렇게 선언하고 피로연장을 성큼성큼 빠져나간다. 피로연장이 위층의 텅 빈 예배당만큼이나 조용해진다.

형은 고통과 창피함 사이의 어디쯤 되는 표정을 짓고 있다. 나는 황급히 달려가 형에게 사과한다. 형이 말한다. "뭘 기대하겠어? 여기 오는 게 아니었는데."

* * *

다음날 재닛과 나는 시카고로 출발한다. 가난한 부부의 신혼여행이다. 처음에는 교회 지하실의 장면이 구름처럼 우리 위에 머무른다. 재닛은 속상해한다. 이해할 만한 반응이다. 나는 형의 정신 상태가 더 염려스럽다. 하지만 하루 정도 지나자 자유의 느낌이 찾아온다. 우리는 느긋하게 북쪽으로 가면서 애틀랜타와 시카고 사이의 즐길 만한 것들을 한껏 즐기고 가족의 혼란에서 멀리 떨어진 새로운 삶을 계획하기 시작한다.

휘튼의 방 한 칸짜리 아파트에 도착해서 짐을 풀고 난 뒤 형에게 전화를 건다. 형은 그 어느 때보다 실의에 빠진 상태다. 형은 결혼식 때 있었던 일에 대해 내가 염려했던 부분은 묵살하고 자살에 대해 말한다. "내가 믿는 바를 따라가야 해. 내 인생은 아무 의미가 없어. 카뮈는 자살이 진짜 의미 있는 유일한 철학적 문제라고 말했어. 그 사람 말이 옳아. 하지만 실행에 옮기고 나면 더 이상 문제가 아니지."

형은 자신의 계획을 들려준다. 차를 몰고 미국을 횡단하면서 여러 가지 생각을 카세트테이프에 녹음한 다음, 골든게이트 다리에서 뛰어내릴 거라고 한다. 카세트 녹음기는 내게 작별 선물로 남길 거라고 말한다. "언젠가 네가 그중에서 글로 쓸 만한 소재를 발견할지도 모르니까."

형의 침울한 어조는 이것이 그냥 해 보는 협박이 아니라는 확신이 들게 한다. '계속 말을 시켜.' 나는 자살 상담 전화에 관한 뉴스 기사를 떠올리며 속으로 말한다. 내가 느끼고 있는 두려움을 들키면 안 된다. 나는 가는 길에 시카고에 들르라고 형에게 차분하게 이야기한다. 그때에도 형이 여전히 자살을 생각한다면 정신과 의사의 도움을 받을 수 있을 거라고 판단했다. 형이 약속한다. "물론이지. 너한테 들러서 작별 인사를 해야지."

이후 몇 주 동안 형은 우편으로 오는 모든 신용카드 신청서에

서명을 하고 친구들을 위한 선물을 구입한다. 그중에는 고가의 오디오세트도 있다. 형은 마지막 작별 파티를 열어 친구들의 우정에 고마움을 표하고 그들을 위해 구입한 선물을 줄 계획을 세운다. 형의 계획을 아는 몇몇 친구들이 형의 마음을 돌리려고 최선을 다하지만 소용이 없다. 형은 죽기로 단단히 마음먹었다.

작별 파티의 밤, 요란한 음악이 흘러나오고 커플들은 춤을 추고 마약과 술이 거리낌 없이 돈다. 친구 중 하나가 형에게 슬그머니 다가간다. "어이, 친구, 애시드 좀 할래?"

"아니, 난 이제 그거 안 해. 정말 안 좋은 환각 체험을 했거든."

"에이, 이봐, 옛정을 생각해서 그러는 거야. 한 알 정도로 문제가 되진 않아. 더후The Who의 〈토미Tommy〉라는 대단한 앨범을 갖고 있어. 이건 록 오페라야. 우드스톡에서 연주했던 거야. 네가 좋아할 것 같아."

형은 거절하지만, 친구들이 다 마약을 하는 것을 보고는 합류하기로 결정한다. 형은 LSD 정제를 삼키고 오디오 스피커 앞에 앉아 약의 효과를 기다린다. 음반 해설을 읽으면서 〈토미〉에 집중하던 형은 자기 인생을 비추는 듯한 환각의 거울을 본다. 토미는 "귀먹고 말 못 하고 눈먼" 기이한 아이다. 그의 오감이 닫힌 이유는 세뇌를 일삼은 어머니 때문이다. 오랜 학대 끝에 그는 '애시드 여왕'에게서 마법의 알약을 받고, 영적 해방을 얻어 오감을 되찾는다.

음악과 마약은 다시 한번, 다른 차원으로 가는 문을 연다. 형의 영혼은 몸 위의 어딘가로 떠오른다. 몇 분마다 한 번씩 형은 자신이 다른 현실로 빠져들 것 같은 느낌을 받고, 지상으로 되돌아가기 위해 의지력을 발휘해 힘껏 분투한다.

다음 날 아침, 형은 뇌의 일부가 화학적으로 재구성된 상태로 깨어난다. '자살? 누가 자살을 하고 싶어 한다는 거야? 푸른 풀밭, 파란 하늘, 멋진 친구들—인생은 아름답잖아.' 형은 몇 주 동안 준비해 왔던 계획을 바로 포기한다.

다음 날 형이 전화를 한다. "캘리포니아 안 갈 거야. 갚아야 할 빚이 많거든. 일을 하나 더 알아봐야 할 것 같아."

23 / 저주

> 과거는 결코 죽지 않는다. 심지어 지나가지도 않는다.
>
> ―윌리엄 포크너, 《한 수녀를 위한 진혼가》

휘튼으로 떠난 후, 내 인생은 형의 인생과 전혀 다른 길을 간다. 둘 다 유년기의 유독한 영향에서 회복되고 있지만, 우리는 정반대 방식으로 반응한다. 형은 모든 종교를 거부하는 당당한 무신론자가 되고, 나는 기독교 잡지 〈캠퍼스 라이프〉에서 일하기로 한다.

돌이켜 보면 내가 글 쓰는 직업을 구하는 것은 필연인 듯하다. 지면의 기록들은 교회 부흥회와 성경 대학에서 들었던 날카로운 목소리들보다 고압적인 느낌이 덜하다. 글은 무엇을 지키고 무엇을 버려야 할지 결정하고 마음을 정할 조용한 공간을 제공한다.

나는 거의 10년에 걸쳐 폴 브랜드 박사와 여러 권의 책을 공동 저술한다. 폴 브랜드 박사는 세상에서 가장 미천한 이들로 꼽힐 만한 인도의 나병 환자들에게 인생을 바친 성자 같은 외과 의사다. 나는 그를 통해 다른 훌륭한 그리스도인들도 만나게 되는

데, 그중에는 현대 호스피스 운동의 창시자와 런던 큐가든(왕립식 물원)의 원장도 있다. 내가 인터뷰한 그들은 내 신앙이 굳건한 토 대 위에 자리를 잡는 데 도움이 된다. 과거의 상처들이 서서히 치 유된다.

그러다 마침내 다른 사람의 신앙에 편승하기만 할 게 아니라 나의 신앙을 탐구해 볼 때가 되었다는 느낌을 받는다. 내 책들의 제목은 나의 자신 없는 첫걸음을 알린다.《내가 고통당할 때 하 나님은 어디 계십니까?》,《하나님, 당신께 실망했습니다》. 여러 해가 지나고 나서야 나는 좀 더 중심적인 문제들을 다루는데, 이 때에도 대부분 질문의 방식으로 주제에 다가간다.《기도하면 뭐 가 달라지나요?》,《교회, 나의 고민 나의 사랑》.

글을 쓸 때마다, 형은 비웃는 악령처럼 내 어깨 위에 앉아 이 렇게 묻는다. "너 그걸 정말 믿어? 아니면 그냥 진부한 말과 선전 을 쏟아 내는 것뿐이야?" 교회의 흠을 언어의 화장으로 적당히 가리고 싶은 유혹을 받을 때, 형은 내가 정직한 태도를 계속 유지 하게 만든다. '무엇이 진짜이고, 무엇이 가짜야?' 형은 그렇게 몇 번이나 물었고, 나는 모든 저서에서 이 질문의 주위를 맴돈다. 나 는 회의론자의 입장을 존중하려고 안간힘을 다한다. 성경 대학 에서 내가 어떤 대접을 받았는지 기억하기 때문이다.

형은 과거에서 달아나기 위해 몇 년에 한 번씩 새로운 모습으 로 변신하는 반면, 나는 과거를 발굴하는 직업을 찾아냈다.

* * *

같은 가족, 같은 환경에서 자란 형제가 결국 이렇게 다른 길을 걸게 될 수 있다는 사실이 놀랍다. 공교롭게도, 형은 자살에 대한 집착이 희미해진 대신에 섹스에 몰두하게 되었다.

결혼식 이후 처음으로 내가 애틀랜타를 방문했을 때, 형은 자신의 모험을 적나라하고 자세하게 들려준다. 형은 일하던 병원의 간호사에게 동정을 잃고 나서 곧 서너 명의 직원들과 함께 난교파티를 벌였다. 그다음, 《집단혼Group Marriage》이라는 책을 통해 프리섹스에 기반한 공동체를 세운다는 착상을 얻었다.

"그래서 병원의 또 다른 간호사 린다를 골랐지. 얼굴이 매력적이고 늘 내게 잘해 줬어. 문제는 그녀가 과체중이고 그것을 상당히 부끄러워한다는 거야. 우리는 휴식 시간을 같이 보내곤 했는데, 그녀가 지금까지 데이트를 한 번도 못 해 봤다고 털어놓았어. 정말이지 큰 범죄 아니야? 너무나 사랑스러운 사람인데, 미를 숭배하는 미국의 어리석은 관습 때문에 그녀는 패배자로 낙인이 찍힌 거야. 나는 그 문제를 잠깐 생각한 다음 우리 집에 들어와서 같이 살자고 즉흥적으로 말했어. 집단혼 개념에 대해 설명했고 그녀는 한번 시도해 보겠다고 했지."

나는 그들의 공동체 집에 앉아서 형의 이야기를 듣는다. 집 이곳저곳에 린다의 손길이 느껴진다. 빈 와인 병이 굴러다니지 않고 더러운 접시들이 쌓여 있지도 않고 옷가지가 널려 있지도 않고 벽에 누드 사진도 없다.

"여긴 전부 몇 명이나 살아?" 내가 묻는다.

"밤마다 달라. 기본적으로는 잠잘 곳이 필요한 모든 사람이 올 수 있지. 지금은 에모리 대학 치대생과 첼로와 색소폰을 연주하는 그의 여자 친구가 있어. 어떤 밤에는 향을 피워 놓고 마리화나를 몇 대 피우기도 해. 밤늦게까지 몇 시간씩 찬양을 연주하기도 하고. 네가 좋아할 만한 대목이지? 엉터리 피아노로 클래식 음악을 연주할 마음은 나지 않고 대중음악은 내가 잘 모르니까."

형이 방에서 잠시 나가고 부엌에 있던 린다가 들어온다. "우리 모두 잘 지내요. 하지만 당신 형은 더러운 걸 전혀 개의치 않는다고 말해야겠네요. 우리는 그 문제로 아직도 맞춰 나가는 중이에요. 한번은 내가 그이를 게으름뱅이라고 부르는 실수를 저질렀어요. 그러니까 아주 광분하더군요. 그 말이 어머니에 대한 어떤 기억을 촉발시킨 게 분명해요."

'적어도 친구들이 있고 더 이상 자살 이야기는 하지 않네.' 나는 그렇게 생각하면서 일리노이로 돌아간다. 형은 차분해진 것 같다. 피아노를 조율하고 수리하는 새로운 일자리도 잡았다.

그러나 1년 후, 형이 전화를 걸어와 캘리포니아로 가는 길에 내게 들를 거라고 말한다. 순간 나는 숨이 턱 막힌다. "형 … 지난번 그걸 다시 계획하는 건 아니지, 그렇지?"

"아냐, 아냐. 자살할 계획 같은 거 없어. 새로 시작하고 싶을 뿐이야. 린다는 더 이상 끌리지가 않아. 지루해졌어. 그녀의 뚱뚱한 몸을 눈감아 줄 수 있을 줄 알았는데, 내 생각이 틀렸어. 2년 정도 같이 살았으니까 그걸로 충분해."

어느 비 오는 늦은 밤, 형은 린다에게도 피아노 가게 주인에게도, 물론 어머니에게도 아무런 사전 언급 없이 얼마 안 되는 물건을 피아트 뒷자리에 싣고 캘리포니아로 떠난다.

이후 몇 주 동안 나는 린다의 절박한 전화를 여러 차례 받는다. 나는 그녀에게 이렇게 말한다. "예. 당신을 떠나고 이틀 후에 이곳에 들렀다 갔어요. 아뇨, 연락처는 몰라요. 샌프란시스코로 간 것 같아요."

* * *

몇 달 후, 형과 나는 다시 연락이 닿는다. 바이블 벨트를 벗어난 형은 다들 자기 방식대로 살아가는 캘리포니아에서 잘 지낸다. 형은 지역 오페라단에서 연주하고, 은퇴하는 피아노 조율사의 업무와 고객을 넘겨받는다. 거기에 더해 주요 피아노 제조사인 볼드윈이 (샌프란시스코) 만안 지역의 특별 행사들을 위해 형을 고용한다. 형이 뻐긴다. "최근에 유명한 두 사람한테 피아노를 조율해 달라는 요청을 받았어. 넌 백만 년이 지나도 그 사람들 이름 못 맞힐걸." 나는 생각할 수 있는 모든 이름을 대지만 둘 다 놓친다. 리버라치Liberace•와 교황이다.

형의 캘리포니아 생활의 중심은 여자들이다. 형은 오페라단에서 한 뮤지션을 만나고 금세 그녀의 집에 들어가 같이 산다. 두 사람은 1년 후에 갈라서지만, 형은 그녀를 설득해 육체적 관계만 이어 가기로 하고 그 상태로 1년을 더 만난다. 그녀와 헤어질 때 형은 자제력을 잃고 다시 자살 이야기를 꺼낸다.

하지만 곧 형은 다른 상대를 발견하고 기분이 좋아진다. 몇 달 후 나는 서부로 출장 일정을 잡고, 다시 만난 형은 최신 소식을 신나게 전해 준다. 형은 지역의 클럽에서 이탈리아 혈통의 웨이

• 1919~1987, 화려한 스타일로 유명했던 미국의 피아니스트이자 가수.

트리스 안드레아를 만났다. 그녀는 자유연애에 대한 형의 생각에 공감했고 성을 중심으로 한 관계를 제안했다. 그녀는 형에게 '지배자-복종자' 관계를 소개했고, 두 사람은 각자의 역할을 자세히 기록한 계약서에 서명했다. 형은 노예가 되어 그녀를 섬기면서 모든 명령에 순종하기로 동의했다.

"설명하긴 어렵지만 다른 사람을 섬기는 데는 대단히 보람찬 뭔가가 있어." 형이 아주 열심히 말하는데, 몇 년 만에 처음 듣는 들뜬 어조다. "그녀가 나를 통해서 살고 있는 것 같아. 그녀가 모든 결정을 내려. 나는 그 결정을 수행하기만 하면 돼. 그것이 뭔가 묘하게 해방감을 안겨 줘. 이렇게 행복한 적이 없었어."

형의 어떤 선택에도 놀라지 않는 법을 배웠지만, 이건 한계를 넘은 느낌이다. 나는 주저하며 말한다. "내가 이해할 수 있게 도와줘, 형. 형은 형을 지배하려 하는 어머니에게서 벗어나려고 평생 노력해 왔어. 그런데 지금 형은 '승리하는 그리스도인의 삶'을 다룬 책들에 나오는 것과 같은 단어들을 쓰고 있어. 그 단어들을 하나님이 아니라 한 여자에게 적용한다는 것만 다를 뿐…."

형이 끼어든다. "나도 알아, 알아. 날 믿어. 나도 그 생각을 했어. 내 성격 안에 있는 뭔가가 누군가에게 복종하도록 나를 몰아가는 게 아닌가 싶어. 나는 하나님의 완전한 종이 되도록 양육을 받았지. 그게 무슨 뜻이건 간에 말이야. 나는 그럴 수가 없었고 그저 그런 척 연기했을 뿐이지. 이제 나는 한 여자를 상대로 같은 기회를 갖게 된 거야. 어쨌든 그것이 내 성정에 잘 맞아."

안드레아는 형에게 일찍 일어나서 커피를 내리고 깨끗한 수건과 김이 모락모락 나는 커피를 준비해서 아침 샤워를 마친 그녀를 맞이하라고 명령한다. 그녀는 매일 저녁 형이 와인을 마셔도 되는지 안 되는지, 화장실에 언제 갈 수 있는지, 두 사람이 언제 성관계를 할지—아니면 안 할지—결정한다.

형은 언제나 동생을 놀라게 하는 것을 즐겼다. 형은 복종자 역할에 또 어떤 일이 포함되는지 계속해서 설명한다. 안드레아는 형을 자기 무릎 위에 엎드리게 한 뒤 패들이나 회초리로 엉덩이를 때린다. 형에게 수갑을 채워 침대에 묶는다. 심지어는 리모컨으로 조종하는 목줄을 매라고 명령하기까지 한다. 형이 뭔가 마음에 안 드는 언행을 하면, 그녀는 얼마나 나쁜 일인가에 따라 1부터 10까지 세기의 전기 충격을 가한다.

나는 입을 꾹 다물고 반응하지 않으려고 최선을 다한다. 그리고 주제를 바꾼다. 하지만 형은 다른 것에 대해서는 할 말이 없다. 형의 말은 이어지고 내가 듣고 싶지 않은 부분까지 세세하게 설명한다. 나는 형이 여전히 학칙 책자의 모든 규칙을 어길 방법을 찾고 있다는 생각이 든다.

안드레아와의 관계는 그녀가 형을 싫증 낼 때까지 1년 동안 이어진다. 그다음 형은 브렌다를 만난다. 이번에는 형이 지배자 역할을 맡고 브렌다는 한동안 거기에 동조한다. 그러나 그녀는 결국 그 관계의 변태성이 너무나 불편해져서 '유년기 성추행 피해 성인들' 그룹에 합류하고 자신이 아동 성 학대의 피해자라는 사실을 받아들이게 된다. 그녀가 관계의 경계를 설정하자마자 두 사람의 관계는 깨어진다.

관계가 끝날 때마다 형은 낙심한다. 브렌다가 떠난 후, 형과 나는 전화통을 붙잡고 많은 시간을 보낸다. "헤어진다고 해서 왜 신체적 접촉까지 끝내야 하는 건지 이해가 안 돼. 내 피아노 조율 예약을 잡아 주는 그녀에게 내가 비용을 지불하는 것처럼, 그녀와 성관계를 하고 돈을 내면 어떨까?" 나는 그녀가 반대할 이유를 설명해 보지만 소용이 없다.

형 인생의 그다음 단계는 정말 예상 밖이다. 반문화적이던 형은 캘리포니아에서 10년을 보내고 점차 제대로 된 중산층의 일원이 된다. 형은 골프를 시작하고 와인 감정가가 된다. 무엇보다, 형은 브리지에 전념한다. 놀라운 기억력에 힘입어 게임에 나오는 카드를 다 기억하고, 충분한 전략을 익혀 승리를 거두기 시작한다.

어느 날 저녁 브리지가 끝난 후 칵테일을 마시는 시간에 형은 몰리를 만난다. 세 아이를 둔 몰리는 얼마 전에 두 번째 남편과 이혼한 상태였다. 그녀는 보수가 많은 직업을 갖고 있고, 형은 그녀와 집을 합치고 나서 처음으로 재정적 염려 없이 살게 된다. 그들은 해외여행을 하고, 유람선을 타고, 리노와 라스베이거스에서 도박을 한다.

두 사람은 곧 정식으로 결혼식을 올리고 나는 그 자리에 참석한다. 몰리는 고급 차, 비싼 보석, 로맨스 소설을 좋아한다. 형과는 스타일이 전혀 다르다. 하지만 두 사람은 그럭저럭 결혼생활을 잘 꾸려 간다. 중독 문제가 있었던 몰리의 두 전남편에 비하면 형은 성공한 사람처럼 보인다.

* * *

이 모든 기간에 어머니와 형은 서로 연락하지 않는다. 사실, 내가 형과 관계를 이어 가는 것 때문에 어머니와 나 사이에 골치 아픈 긴장이 계속 생긴다. 어머니는 형과 우호적으로 어울리는 일이 형에게 찬성한다는 뜻이 된다고 믿는다. 내 생각은 정반대다. 나는 형이 어떤 합당한 모습, 바람직한 모습을 갖추어서가 아니라 있는 모습 그대로 사랑받는다고 느낄 필요가 있다고 믿는다.

형이 휘튼에 갈 때 어머니가 저주했던 얘기를 내가 꺼낼 때마다 어머니는 그것을 언젠가 그 애를 다루실 "주님께 맡긴 것"이라고 변호한다. "그 모든 사람들이 그 애가 주님을 섬기는 일을 하도록 기도했으니, 그 애가 반역할 때 하나님이 정신을 앗아 가는 건 당연한 일이지. 하나님을 피해 달아날 수는 없어."

오래전, 묘지의 흙더미 위에서 어머니는 형을 신성한 제물로 하나님께 바쳤다. 어머니가 볼 때 형은 꼬리에 꼬리를 무는 의도적 반역 행위로 그 서원을 파괴했다.

가끔 나는 형에 관한 토막 소식을 던지고, 어머니는 그 소식을 대부분 무시한다. 한번은 애틀랜타를 방문하여 볼일을 보러 가는 어머니를 차에 태우고 이동한 적이 있다. "몇 년 전 형이 결혼했다는 말씀, 드렸던가요?" 내가 다소 짓궂게 묻는다. 어머니는 대답이 없다. 나는 어머니가 앉아 있는 조수석을 바라본다. 어머니는 아들 소식에 아무런 관심을 보이지 않고 가만히 있다.

나는 셔츠 주머니에 손을 넣는다. "여기요. 결혼식 사진이 하나 있어요. 샌프란시스코 인근 정원에서 열린 야외 결혼식이었어요." 놀랍게도, 어머니는 사진을 받고 의사가 엑스레이 사진을 살피듯 꼼꼼히 들여다본다.

어머니가 마지막으로 본 맏아들의 모습은 요란한 1960년대

스타일의 옷을 입은 장발의 히피였다. 이제 어머니는 정장 차림의 성숙하고 말끔한 남자가 신부 드레스를 입은 여인의 허리를 한 팔로 안고 있는 모습을 보고 있다. '어머니 머릿속에서 무슨 생각이 지나가고 있을까?' 나는 궁금해진다.

꼬박 5분이 지난다. 마침내 어머니가 말한다. "아랫니는 손봤다니?"

형과 의절한 후에도, 어머니는 여전히 어머니처럼 생각하는 것을 피할 수 없다. 그러나 사진을 내게 건네면서 가시 돋친 말을 참지 못한다. "이 결혼이 얼마나 오래갈지 모르겠구나."

* * *

형과 다시 만날 때면 갈라진 우리 가족에 대한 균형 잡힌 시각을 가지려고 노력한다. 그런 노력의 일환으로 한번은 영화 〈위대한 산티니〉 이야기를 시작한다. 팻 콘로이의 회고록에 근거한 이 영화는 난폭한 해병대 장교 아버지의 지배를 받는 가족을 묘사한다. 산티니는 아이들을 돼지라고 부르고 줄지어 행진하게 만든다. 그가 농구 대결에서 자신을 이긴 아들을 괴롭히는 장면은 지켜보기가 어렵다.

형이 말한다. "그 영화를 보고 나서 3일 동안 눈물이 나고 분통이 터졌어. 어머니와 함께 살던 때의 온갖 기억들이 되살아났거든."

내가 말한다. "그 영화 나도 힘들더라. 하지만 형, 우리보다 훨씬 안 좋은 가정의 트라우마를 극복하는 사람들도 많아. 우리는 성적 학대를 당하진 않았잖아. 각목으로 때리거나 철조망 뒤에 가둔 사람도 없었어."

"나도 알아." 형이 말한다. 그러나 형의 얼굴의 고통스러운 표정은 영혼의 상처가 몸의 상처만큼이나 깊은 후유증을 남길 수 있음을 보여 준다.

어머니에게 편지를 써서 감정을 일부라도 덜어 보라고 형에게 권한다. "피해자의 상처에 대해 내가 찾아본 자료들은 하나같이 '털어놓는 일', 특히 학대자와 맞서는 일이 치유 과정의 중요한 부분이라고 말하더라고."

형은 내 말을 귀담아들었던 모양인지 곧 한 쪽짜리 편지를 쓴다. 거의 30년 만에 어머니에게 보낸 첫 번째 서한이다. 형은 한 부는 어머니에게, 한 부는 내게 보낸다.

우리가 마지막으로 나누었던 여러 대화 중 일부분을 기억하실 겁니다. 그때 어머니는 내가 죽거나 미쳐 버리도록 매일 기도할 거라고 말했어요. 그래요, 어머니는 정확히 그렇게 말했어요. 어머니가 아들에게 그런 말을 할 거라고 믿는 사람을 아직 만나지 못했어요. 단 한 명도요. 내가 그런 말을 들은 것은, 오로지 어머니가 결정한 대로 선교사가 되려 하지 않는다는 것 때문이었어요.

그로부터 넉 달 후, 어머니는 형의 생일에 답장을 보낸다. 어머니는 몇 가지 다른 오해에 대해서는 설명하려 시도하지만 그 무시무시한 기도에 관해서는 아무 말도 하지 않는다.

형은 편지를 보낸 것을 후회한다. "어머니가 살아 있다는 사실을 떠올리니까 너무 짜증이 나."

* * *

재닛과 나는 시카고 대도시권에서 20년을 산 후, 콜로라도주 덴버 서부의 산기슭으로 이사한다. 그리고 그해 8월에 형이 우리를 방문한다.

형과 우리 부부는 한 주 동안 차를 타고 돌아다니면서 우리가 새로 정착한 주의 아름다운 자연을 탐험한다. 여행의 마지막 날 밤, 형은 파손 방지를 위해 완충재로 감싼 값비싼 레드와인 한 병을 여행 가방에서 꺼낸다. 형은 한 잔을 마시고 또 한 잔, 또 한 잔을 더 마신다. 술잔이 더해질 때마다 점점 더 시무룩해진다. 형의 말이 불분명해지더니 불쑥 흐느낌을 삼킨다.

"무슨 일이야, 형?"

"그냥 … 뭐랄까, 너랑 재닛과 함께 있으니 네가 얼마나 의미 있게 살고 있는지 알겠어. 넌 전 세계를 다니며 북 투어를 하지. 사람들에게 영향을 주고, 사람들이 너에게 관심을 가져. 네가 죽으면 사람들이 널 그리워할 거야. 나도 널 그리워할 거고. 네가 없이 산다는 건 상상도 할 수 없어."

형은 말을 멈추고 와인을 한 모금 홀짝인다. 그러고 나서 목소리를 가다듬으려 애쓴다. 방은 따뜻하고 조용하다. "내가 죽어도 아무도 개의치 않을 거야. 나는 의미 있는 일을 하나도 하지 못했어. 난 실패자야. 내 인생은 엉망진창이야."

재닛과 내가 끼어들어 우리가 관심을 갖는다고, 우리가 사랑한다고 힘주어 말한다.

내가 위로할 요량으로 이렇게 말한다. "형은 지금 마흔다섯 살이야. 그런데 인생이 끝나가는 것처럼 말하고 있어. 세상에, 형은 이제 막 시작한 거나 같아. 무슨 일을 이루고 싶은데? 형의 인생은 결코 끝나지 않았어."

형은 몸을 앞으로 내밀고 자신의 와인을 골똘히 쳐다본다. 눈물이 한 방울 떨어져 와인 잔 안에서 주홍빛 방울들이 튄다. "너도 알잖아. 난 변할 수 없어. 그 사람이 살아 있는 한 안 돼. 이건 그 사람이 내게 남긴 유산이야."

"무슨 소리를 하는 거야? 형, 어머니는 예순여덟 살이야. 머리가 하얗고 주름살이 가득해. 가끔은 지팡이를 짚고 걸어. 형이 어머니를 안 본 지 적어도 20년은 되잖아. 어머니와 4,800킬로미터 떨어진 곳에 살고 있고. 그런데 형은 아직도 어머니가 인생을 지배하도록 내버려 두고 있단 말이야?"

형이 말한다. "저주 때문이야. 그 사람이 날 저주했어. 나를 한 번도 믿지 않았어. 어머니가 믿어 주지 않는 자식이 어떻게 자신을 믿을 수 있겠어? 그러다 내가 휘튼으로 갔지. 어머니는 내가 죽거나 미쳐 버리기를 바란다고 했어. 그것을 위해 기도했어. 아마 지금도 기도하고 있을걸. 이건 마녀의 저주 같은 거야. 그 사람이 살아 있는 한 나는 아무것도 되지 못할 거야. 뭔가 할 수 있을 것 같았는데 안 되더라고. 그 사람과 나는 공존할 수 없어." 형의 목소리는 비통하다기보다 지친 것처럼 들린다. 술 때문에 말뿐 아니라 감정도 어눌해진 것 같다.

이전까지 형은 자신의 깊은 영혼의 상처를 내게 드러낸 적이 없었다. 형은 어머니뿐 아니라 하나님에게도 저주받았다고 느낀다. 마치 어머니와 하나님이 분리될 수 없는 존재인 것처럼. 우리는 밤늦도록 이야기를 나누지만 내가 하는 어떤 말도 형에게 가닿지 못한다. 형은 완전히, 어찌해 볼 수 없을 정도로 절망한 것 같다.

시계가 새벽 두 시를 알리기 직전, 내가 일어선다. "형, 아침 일찍 비행기를 타야 하잖아. 우리 모두 잠을 좀 자야 해. 하지만 한 가지는 약속할게. 형이 저주받았다고 믿는다면, 내가 다음번 애틀랜타에 갈 때 형의 동생으로서 어머니에게 분명하게 말하고 그 저주를 철회하라고 요청할게."

형은 콧방귀와 숨죽인 흐느낌 사이의 뭔가를 내뱉는다. 그리고 말한다. "행운을 빌어."

* * *

재닛과 나는 애틀랜타의 콘도에서 성탄절을 보낼 계획을 이미 세워 놓은 터였다. 내 도움으로 어머니가 구입한 콘도였다. 우리는 비행기를 타고 가서 차를 렌트하고 이후 며칠 동안 트리를 장식하고 선물을 교환한다. 어떻게 하면 형에게 한 약속을 가장 잘 이행할 수 있을지 궁리하느라 속이 다 울렁거린다.

성탄절 다음 날, 재닛은 일부러 긴 산책을 나가고 나는 어머니에게 식탁에서 좀 보자고 말한다. "드릴 말씀이 있어요." 내 말에 어머니는 의심의 눈길을 보낸다. 턱의 힘줄이 벌써부터 꿈틀대는 것이 보인다.

내가 말을 시작한다. "어머니, 아시다시피, 저는 그동안 죽 형과 연락을 해 왔어요. 저한텐 어머니와 형 모두 소중해요. 그래서 두 사람 사이에 끼어 있는 기분이 들어요. 형이 여러 가지로 힘든 시기를 보내고 안 좋은 결정을 많이 내린 건 분명해요. 하지만 어머니, 이 말씀은 꼭 드려야겠어요. 형은 상당히 좋아졌어요. 지금은 결혼도 했고, 양아들도 셋이나 됐고, 그 어느 때보다 안정된 모습이에요. 많이 달라졌어요."

어머니는 빙하라도 녹일 만한 이글거리는 눈빛으로 나를 보면서 아무 말도 하지 않는다. 사람이 그렇게나 화나 보일 수 있다는 것을, 보지 않았다면 못 믿었을 것이다. 나는 물 한 모금을 홀짝여 입술을 축이고 8월에 형이 콜로라도에 왔던 일을 설명한다. 형이 마지막 날 밤에 했던 말을 거의 그대로 반복한다. "그러니까 제 말의 핵심은요, 형은 어머니에게 저주받았다고 믿고 있다는 거예요. 그리고 그 저주를 철회할 수 있는 사람은 어머니뿐이에요."

나는 어머니가 어떤 대답을 할지 다각도로 생각해 보았다. 내 말을 무시할 수도 있다고 생각했다. '글쎄다, 다들 순간의 화를 못 이겨 나중에 후회할 말들을 하지 않니.' 내가 그 대화를 다 들었다는 사실을 알면서도 형이 휘튼 대학으로 편입하는 것을 '저주했던' 운명의 장면을 부인할 수도 있을 것 같았다. 나는 가능할 것 같은 모든 시나리오를 떠올려 봤다. 딱 한 가지만 빼고.

어머니는 아무 말이 없다. 적어도 3분은 지난 것 같다. 냉장고 모터가 켜졌다가 꺼진다. 밖에서 쓰레기 수거차가 으르렁대는 소리가 들린다. 겨드랑이에 난 땀이 차갑게 느껴진다. 어머니가 마침내 입을 연다. 영화 〈엑소시스트〉에 나오는, 육체에서 분리된 것 같은 목소리로 음절을 또박또박 끊어서 말한다.

"나는 하나님이 모든 수단을 사용해서 네 형을 꺾어 주시도록 기도할 거라고 말했다. 그래서 네 형이 자신의 한계에 다다르도록. 그것이 어떤 사고를 의미한다 하더라도 말이다. 그때 네 형은 그 학교로 가는 것을 축복해 달라고 청했지. 너는 내 아들이 자기 원하는 대로 뭐든지 하고, 어려서부터 배운 모든 가르침과 정반대로 가겠다는데 내가 축복할 거라고 생각했니? 그건 아이에게 쥐약을 먹이는 것과 같아."

내 귓속에서, 그리고 식탁에 댄 손가락 끝에서 심장박동이 느껴진다. 나는 최대한 부드럽게 말한다. "형이 그런 태도를 사랑이라고 받아들이기가 얼마나 어려웠을지 모르시겠어요?"

어머니는 그 말에 발끈한다. "넌 그런 사랑 이해하지 못할 거다. 네가 이해할 거라고 생각하지도 않았어."

"어머니 말씀이 맞아요. 전 이해 못 해요."

"최근에 콜로니얼 힐스 교회에서 폴 목사님을 만났다. 목사님은 마셜이 하나님을 안다고 확신한다고 하시더구나. 내가 물었지. '폴 목사님. 목사님은 성경을 잘 아시니까 여쭤볼게요. 그 애가 여전히 살아 있어야 한다고 정말로 생각하세요? 아시다시피, 용서받을 수 없는 죄, 죽음에 이르는 죄가 있잖아요."

나는 목소리를 높이지 않으려고 노력한다. "어머니, 형이 죽기를 바라시는 건가요?" 내가 마침내 묻는다. 대답이 없다. 홍관조가 조롱하듯 밖에서 명랑하게 노래한다. "말씀해 보세요. 어머니 아들이 죽기를 바라시는 건가요?"

"그놈은 아무 권리가 없…." 어머니는 웅얼거리며 말하다 중간에 문장을 끊는다. 그리고 바울이 한 사람을 "그 육체가 망하도록" 사탄에게 넘겨준다고 말한 고린도전서의 한 구절을 언급한다. 어머니는 이렇게 덧붙인다. "몇 절 아래에서 사도는 그런 부도덕한 사람들과는 어울리지도 말아야 한다고 말하지." 그 공격이 나를 겨냥한 것임을 감지하자 내 마음은 황급히 자기방어 태세를 갖춘다.

그때 바깥문이 활짝 열려서 우리 둘 다 깜짝 놀란다. 재닛이 돌아온 것이다.

나는 일어나서 침실로 들어가 재닛에게 어머니와의 대화에 관해 말한다. 그다음 유나이티드 항공에 전화해서 며칠 뒤의 항공편을 바로 다음 날로 변경하여 성탄절 휴가를 단축한다. 나는 이곳에 팽배한 정신에서 벗어나야 한다. 그것은 하나님의 이름으로 분출되는 독선적인 악의 정신이다.

돌아가는 비행기 안에서 이 모든 일이 어떻게 시작되었는지 회상한다. 슬픔에 빠진 젊은 과부의 신성한 서원이 어떻게 이 정도까지 타락할 수 있을까?

저주를 해제하려던 시도를 형에게 말하자 형은 웃는다. "뭘 기대했냐? 그래도 네가 노력한 점은 인정할게."

* * *

2001년 9월에 어머니의 분노가 다시 끓어넘친다. 그때 나는《그들이 나를 살렸네》를 막 출간했고, 그 책은 나의 인종주의적 과거와 내가 배우고 자란 남부 근본주의에 대해 말한다. 〈애틀랜타 저널 컨스티튜션〉은 영리하게 이제 기독교 작가로 자리를 잡은 애틀랜타 출신 인물의 취재를 아프리카계 미국인 기자에게 맡겼다.

기자가 내게 단도직입적으로 묻는다. "인종주의적 내용을 정말 믿으셨습니까, 아니면 다른 사람들의 생각을 그저 따라간 것뿐이었나요?" 나는 주저하다가 그 내용을 정말로 믿었다고 사실대로 말한다. 나는 쿠클럭스클랜에 대한 학교 과제를 썼다. 가끔 흑인 비하 단어들을 사용했고 인종주의적 농담도 구사했다. 흑인종은 열등하다는 교회의 가르침을 고등학생이 될 때까지 받아들였다.

기자는 자신이 내 어머니와 인터뷰를 하고 마셜과 접촉해 보면 어떨지 묻는다. 그가 그들과의 대화에서 무슨 말을 듣게 될지 상상하자 웃음이 나온다. 나는 대답한다. "저도 저널리스트입니다. 이곳은 자유 국가고요. 연락이 닿는다면 얼마든지 인터뷰하셔도 됩니다."

몇 주 후, 일요일자 잡지의 특집 기사는 다음과 같이 시작된다.

필립 얀시는 500만 권의 책을 팔았고 전 세계를 다니며 기독교 출판계에서 최고의 상을 여러 번 수상했다. 하지만 그는 수년간의 노력에도 불구하고 77세의 한 애틀랜타 여성을 팬으로 만들 수 없었다. 필립의 어머니 밀드러드 얀시는 아들과 기독교 신앙을 공유하는데도 아들의 책 15권 중 단 한 권도 읽지 않았고, 그 이유를 말해 주지도 않는다. 밀드러드 얀시는 아들과의 신학적 차이에 대한 질문에 이렇게 대답한다. "그 애는 제 아버지랑 똑

• 조지아주의 대표 지역신문.

같아요. 얀시 집안이잖아요. 이 정도로만 말해 둡시다."

어머니가 무슨 뜻으로 아버지 이야기를 꺼낸 것인지 어리둥절
하다. 억눌린 적대감 같은 것일까?

기사는 더 나아가 일체의 신앙에서 등을 돌린 형의 말을 인용
한다. 그리고 기독교에 대한 나의 견해와 어머니의 견해가 어떻
게 다르냐는 질문에 대한 내 답변을 싣는다. "어머니는 구약성경
의 심판과 진노의 하나님을 더 편안하게 여기십니다. 세상에서
하나님이 사랑하는 사람들은 극소수에 불과하다고 믿으시죠."

기사가 나온 후 나는 며칠을 기다린다. 그러고 나서 어머니에
게 전화를 건다. 어려운 대화가 되리라는 걸 안다. 날짜는 2001년
9월 12일, 나는 세계무역센터 공격으로 미국이 하루 전에 경험
한 끔찍한 비극에 관해 몇 분 동안 이야기한다. 어머니는 아무런
반응이 없다. 어머니는 계속 침묵을 지키고 나는 이렇게 말한다.
"애틀랜타 신문에 실린 저에 관한 기사 보셨을 거예요."

어머니는 마침내 입을 열고, 나는 형에 대한 저주를 철회하라
고 어머니에게 말했던 그 긴장된 성탄절 때와 같은 어조의 목소
리임을 감지한다. "내 의사 친구가 그러더구나. 제 어머니를 그
렇게 지독히 공격하는 사례는 처음 본다고." 그러고 나서 어머니
는 이 말을 덧붙인다. "결국 그때 낙태를 했어야 했나 보다."

낙태 운운하는 말이 나를 가리키는 것임을 파악하기까지 1분
이나 걸린다. 낙태를 죄 목록의 꼭대기에 두는 여인의 입에서 그
런 말이 나오다니.

대꾸할 말이 몇 가지나 떠오르지만 억지로 누른다. 저널리스

트의 본능이 발동한 덕이다. 나는 제대로 들은 건지 확인할 수 있게 녹음을 하지 않은 것을 아쉬워한다. 어머니의 말을 종이에 정확히 받아 적으면서 진정하려고 애를 쓴다.

"네 아빠가 돌아가셨을 때, 한 여성이 내가 계획대로 선교지에 나갈 수 있도록 너희를 키워 주겠다고 제안했지. 그녀의 제안을 받아들였어야 했는지도 몰라. 그랬다면 우리 모두 형편이 더 나았을 텐데."

낙태, 유기. 어머니는 복수를 위해 더 깊이 파 내려간다. 나는 감정을 억누르고 어머니의 말을 계속해서 받아 적는다.

대화의 주제가 형으로 넘어간다. 형은 어머니의 친구들과 가족에게 30년째 유령 같은 존재다. 그들은 형이 존재하지 않는 것처럼 살아간다. 그런데 그런 형의 말이 지역신문에 인용되었다. 형은 기자에게 이렇게 말했다. "나는 내가 찾을 수 있는 모든 형태의 기독교를 시도해 봤습니다. 어느 누구의 어떤 말도, 어떤 행동도 내 안에 변화를 만들어 내지 못했습니다."

어머니는 그 인용에 대해 법석을 떤다. 어머니의 아들, 탕자, 자백한 이단자. "두고 봐라. 조만간 주님께서 그놈을 꺾으실 테니까!" 어머니가 날카로운 목소리로 말한다.

내가 끼어든다. "꺾으시는 게 아니라 녹이시는 거겠지요?"

"아냐, 그놈의 경우에는 주님께서 꺾으실 거다."

"목소리가 화나신 것 같은데요." 내가 말한다.

"난 화나지 않았다. 상처받은 거지! 둘은 달라. 분노는 극복할 수 있어. 사라지지. 상처는 속에 남는다. 결코 사라지지 않아."

24/ 형제

2009년 6월, 탄자니아로 사파리 여행을 떠난 형은 극심한 기침 증세를 보였다. 형은 몰리와 함께 캘리포니아로 돌아와서 내게 말한다. "거의 잠을 못 잤어. 기침하느라 내장이 다 나오는 줄 알았다니까. 우리는 인적이 없는 외딴곳의 천막에서 지냈는데, 약도 없고 기침을 멈출 방법도 없더라고."

닷새 후 골프를 치던 형은 사물이 둘로 보이기 시작하고 어디로 골프채를 휘둘러야 할지 판단하지 못한다. 두통과 거듭 밀려오는 메스꺼움을 떨치려고 주말 내내 잠을 청한다. 월요일이 되자 상태는 너무 안 좋아진다. 형은 직접 차를 몰아 진단을 받으러 가고, 의사는 즉시 구급차를 부른다.

그날 늦게 몰리가 공포에 사로잡혀 병원에서 전화를 건다. "형에게 무슨 일이 일어나는 건지 모르겠어요. 말이 안 되는 소리를 하고 걷는 데도 문제가 있어요. 병원에서는 뇌졸중을 의심하고 혈액 항응고제를 투여하고 있어요."

그녀가 형에게 전화기를 건네고 나는 몇 가지를 묻는다. 형은 횡설수설하고 알아들을 수 있는 말은 한마디도 하지 못한다. "병원에서는 뭐라고 그래?" 내가 묻는다. 형은 내가 이해할 수 있는 문장 하나를 간신히 말하고는 다시 횡설수설로 돌아간다. "젠장 아무 말도 안 해 줘!"

곧 의사들은 희귀한 종류의 뇌졸중인 목동맥 박리라고 진단한다. 탄자니아에서 형이 기침을 너무 심하게 한 나머지 그 힘에 목의 대동맥이 척추에 짓눌리면서 혈관이 찢어졌다. 그리고 찢어진 조직판이 뇌로 이어지는 혈액 공급을 거의 막아 버렸다. 이후 한 주 동안 산소가 부족해진 뇌가 여러 기능을 하나씩 정지시켰다. "제트기 조종사가 연료를 아끼기 위해 여러 시스템의 스위치를 끄는 것과 아주 비슷"하다고 의사가 설명한다. 혈관 폐색은 이제 언어능력과 운동능력 같은 핵심 작용들에 영향을 끼치고 있다.

의사는 인근의 스탠퍼드 병원으로 전원을 결정하고, 그곳에서 형은 뇌수술을 받을 수 있는지 검사를 받을 것이다.

나는 조지아의 나이 든 어머니를 만나러 가려던 계획을 취소하고 캘리포니아행 비행기표를 예약한다. 공항에 마중 나온 몰리를 만나 곧장 스탠퍼드 병원으로 향한다. 형은 중환자실에서 수술을 기다리고 있다. 거기서 본 광경에 그만 다리가 풀리고 피부가 차가워진다. 환자복을 입은 형의 몸에는 열다섯 개가 넘는 튜브와 선이 복잡하게 연결되어 있다. 혼수상태로 누워 있는 형은 앞을 똑바로 바라본다. 우리가 침대로 다가가도 동공이 확대된 형의 눈은 아무런 반응이 없다.

간호사가 우리에게 알려 준다. "반사작용이 전혀 나타나지 않습니다. 전혀요." 간호사는 실제로 보여 주려고 형의 얼굴 앞에서 손뼉을 치지만 형의 눈은 꿈쩍도 하지 않는다.

형의 움직임 없는 몸을 내려다본다. 팔에서 동맥 라인 하나가 내려와 있다. 피아노를 조율하고 조립하던 강인한 오른손은 손가락을 오므린 채 늘어져 있다. 영양분을 주입하는 영양 보급관이 코에 연결되어 있고, 여러 약을 섞은 수액백에서 약물이 목에 설치한 포트로 떨어진다. 바늘이 들어갔던 부위마다 거즈에 핏자국이 배어 있다.

재닛은 공항으로 떠나는 내게 마지막 한마디 조언을 했다. "잊지 말고 형에게 계속 말을 걸어." 호스피스 병동의 원목으로 있는 그녀는 혼수상태의 환자들이 아무 반응이 없어도 들을 수 있다는 것을 안다.

병원에 온 첫날, 나는 몸을 숙여 형의 귀에 입을 대고 속삭이며 기도한다. "형, 하나님이 형을 미워하신다고 생각한다는 거 알아. 그런데 그건 사실이 아니야. 하나님은 우리가 어릴 때 들었던 그런 분이 아니야. 그분은 형을 사랑하시고 형이 회복되기를 원하셔. 난 사람들에게 형의 소식을 알리는 이메일을 보냈고 형을 위해 매일 기도하고 있는 사람들의 답 메일 수십 통을 받았어."

눈을 떴을 때 전기충격 같은 자극이 내 온몸을 관통한다. 꼼짝도 하지 않는 형의 왼쪽 눈에서 반짝거리는 한줄기 눈물이 형의 뺨 옆으로 자국을 만들며 흘러내린다. 내 눈도 따가워진다. 이후 며칠 동안 나는 기도할 때마다 같은 현상을 거듭거듭 본다. 꼼짝도 하지 않고 감각도 없는 육신 안에 형의 일부가 남아 있다는 유일한 증거다.

그 주 내내 몰리와 나는 중환자실 바깥의 대기실에 앉아 기다린다. 형의 병실로 들어가는 일은 두 시간마다 5분씩만 허용된다. 의사들에 따르면 형의 유일한 희망은 ECIC(머리 안팎 두름길 조성술)라는 어려운 외과수술을 받는 것인데, 혈액 항응고제 때문에 수술을 늦춰야 한다고 한다. 다행히, 스탠퍼드 병원에는 이 정교한 수술에 정통한 신경외과 의사가 있다. 그는 수술 과정을 이렇게 설명한다. "두개골을 열고 두피 조직에 혈액을 공급하는 동맥을 절개할 겁니다. 그다음에 그 동맥을 연결하는 터널을 뇌 깊숙이 만들 겁니다. 사실상, 경동맥의 막힌 부분을 돌아가는 우회로를 만들어 뇌의 혈액 공급을 재개하는 거죠."

수술은 거의 일곱 시간 동안 이어지고, 면도한 형의 머리 한쪽에 S자 모양의 긴 상처가 남는다. 몰리와 내가 허락을 받고 형을 보러 들어갔을 때, 한 가지 변화가 바로 눈에 들어온다. 형의 눈길이 문에서부터 우리에게 고정되더니 침상에 이를 때까지 죽 따라온다. 형은 말을 할 수 없고 한쪽 다리도 거의 움직일 수 없지만, 그래도 내가 질문을 하면 가끔 내 손을 꽉 쥔다.

* * *

나는 그해 남은 기간 내내 매달 캘리포니아에 가서 형의 경과를 확인한다. 형은 뇌졸중으로 몸의 오른쪽이 마비되었고 추론과 언어를 관장하는 뇌 부위가 손상되었다. "이름이 마셜인가요?"

언어치료사가 묻는다. 네. "이름이 프랭크인가요?" 네. "이 문장을 완성해 주세요, 마셜. 그녀는 ＿＿으로 문을 연다." 형은 잠시 생각하고는 자신 있게 대답한다. 모자. "그 대답이 맞는 것 같아요, 마셜? 그녀는 모자로 문을 연다?" 예. 맞아요.

시간이 지나면서 형은 조금씩 삶으로 돌아온다. 먼저 왼쪽 팔다리로 휠체어 다루는 법을 익힌다. 수술을 받고 6개월이 지났을 때 형이 전화를 걸어 아이처럼 뿌듯해하며 알린다. "일어섰어! 일어섰다고!" 몰리가 뒤에서 형을 지도한다. "아뇨, 마셜, 동생에게 당신이 걸을 수 있다고 말해요. 지팡이를 짚고 두 걸음을 내디뎠어요." 1년이 넘어서야 형은 용기를 내서 휠체어를 버리고 지팡이에 의지해 걷는다. 부자연스러운 걸음걸이로 뻣뻣한 오른쪽 다리를 크게 돌리면서 걷는다.

말이 돌아오는 것이 가장 어렵다. 형의 뇌가 생각하는 내용과 전혀 다른 헛소리가 종종 입에서 튀어나와 끝없이 좌절하게 된다. 아프기 전에 형은 외국에 나갈 때 그 나라의 언어를 사전에 어느 정도 배워 두곤 했다. 형은 몰리와 함께 여행을 준비하면서 기본 스페인어, 프랑스어, 이탈리아어, 터키어, 중국어, 스와힐리어를 공부했다. 이제는 이 모든 것이 옛날 일이다. 형은 아이의 영어를 말하기 위해 힘껏 애쓰고 있다.

콜로라도에서 나는 한 주에 두 번씩 형의 컴퓨터에 접속해 뇌졸중 환자들을 위한 일련의 훈련을 함께 진행한다. "다음 중 같은 목록에 속하지 않는 것은 무엇인가? 망치, 토끼, 개, 말." 형은 잠시 생각하고는 말이라고 결정을 내린다. "왜 말을 고른 거야, 형?" 크잖아, 너무 크다고! "그래, 그 말도 맞아. 하지만 토끼, 개,

말, 이 단어들의 공통점은 없을까? 망치와 다른 점 말이야." 긴 침묵이 흐른 후 형이 말한다. 없어. 말이야.

나의 제안에 따라 몰리는 형에게 왼손잡이를 위해 만든 피아노곡집을 사 준다. 하지만 형은 좌절감을 안겨 준 몇 번의 시도 끝에 포기한다. 뇌졸중은 형의 언어, 독립성, 합리적 사고 구성 능력을 앗아 갔고, 이제는 형이 가장 사랑하던 것마저 훔쳐 갔다.

* * *

형의 증상에 대해 처음 들었을 때, 나는 어머니에게 짧은 이메일을 보내 조지아에 못 갈 수도 있다고 미리 알렸다. 그리고 나중에 어머니에게 전화를 걸어 좀 더 자세한 내용을 전했다. 어머니가 말했다. "흥미롭구나, 그렇지 않니. 그놈은 한때 아프리카 선교사가 되고 싶어 했다. 결국 관광객으로 거기에 갔고, 이제 이런…."

형을 쇠약하게 만든 뇌졸중이 어머니의 기도에 대한 응답이라고 보는 것은 아닌가 하는 고통스러운 생각이 뇌리에 스친다. 하지만 형의 뇌수술 후 어머니는 형에게 카드를 보내 전에는 한 번도 입 밖에 낸 적이 없는 말, "나는 언제나 너를 사랑했다"를 적고 "우리가 구하는 것이나 생각하는 모든 것보다 훨씬 풍성하게 행하실 수 있는" 하나님에 관한 성경 구절(엡 3:20, 한글 KJV)을 덧붙인다. 그 소식에 나는 잠시 생각에 잠긴다. 어머니가 누그러지기 시작하는 걸까?

몰리는 지체없이 내게 전화해 분노를 쏟아낸다. "도대체 당신 어머니는 무슨 뜻으로 이 카드를 보낸 거예요? 마셜의 뇌졸중 이야기를 그 사람에게 했어요? 어떻게 그런 사악한 여자와 여전히 어울릴 수가 있어요?"

나는 과거에 무슨 일이 있었건 간에 어머니는 아들인 형이 심각한 위험에 처했다는 사실을 알 권리가 있음을 설명하려 한다. "그 점은 이해하실 거라 믿어요. 몰리도 자녀들을 둔 어머니잖아요."

"그 여자는 아무 권리가 없어요. 당신 어머니는 내 남편이 죽거나 미치기를 바랐다고요. 어머니로서의 모든 권리를 오래전에 상실했어요. 그 여자가 길 건너에서 불타고 있다고 해도, 나는 다가가서 침 한 방울 보태지 않을 거예요."

두 거인 사이에 끼여 있는 듯한 느낌이 또다시 엄습한다. 해결되지 않은 과거라는 틈이 둘을 갈라놓고 있다.

* * *

어머니가 아흔 살을 맞은 2014년, 나는 어머니의 마음의 문을 열기 위해 한 번 더 시도한다. 어머니는 언제나 바다를 사랑했기에 나는 사우스캐롤라이나의 해변 별장을 빌린다. 그곳엔 어머니가 알루미늄 보행기로 이용할 수 있는 승강기가 설치되어 있다. 어머니는 별장 발코니에 앉아 모래사장에서 노는 아이들과 파도를 즐거이 지켜본다.

그러던 어느 오후, 어머니와 함께 발코니에 앉아서 내가 말한다. "어머니가 이제 아흔 살이 되셨네요. 정말 대단하세요. 인생을 돌아볼 때 후회되는 게 있나요?" 어머니는 잠시 생각하더니 마침내 말한다. "없어."

나는 어머니를 압박한다. "형과의 관계는 어때요? 그 부분에서는 후회가 없어요?"

어머니는 40년도 더 전에 애틀랜타에서 마지막으로 형을 봤던 때를 언급한다. 내 결혼식 직후에 어머니가 작은 수술을 받고 회복 중일 때, 형과 "어떤 여자"가 병원으로 찾아왔다. "과거는 잊어버리고 새로 시작하자꾸나." 어머니는 형에게 그렇게 말했다. 어머니에게 그 말은 사과에 해당했고 아들은 그것을 사과로 받아들여야 마땅했다.

나는 한동안 침묵한다. 형은 그 몇 단어를 사과로 받아들이기는커녕 관계의 치유를 위한 한 걸음으로도 인정하지 않은 것 같다. 그 이후 다시는 어머니를 보지 않았기 때문이다.

"어머니, 형도 저도 어머니의 인정, 축복을 받은 적이 없다고 느낀다는 건 슬픈 일이에요." 내가 마침내 말한다.

"그래, 슬픈 일이지." 어머니는 재빨리 대답한다. 더 이상의 말은 없다.

"어머니가 외할머니에게 인정받은 적이 없다고 느끼는 것도 슬픈 일이에요." 어머니는 무표정한 얼굴로 고개를 끄덕인다.

"재혼을 생각하신 적이 있나요?"

어머니가 갑자기 활력을 얻어 의자에서 허리를 꼿꼿이 편다. "아니, 마셜이 절대 찬성하지 않았을 거다!"

"어머니, 형은 그때 세 살이었어요. 수백만 명이 재혼을 해요. 형은 새아버지에게 적응했을 거예요."

우리는 거의 한 시간 동안 조심스럽게 이야기를 나눈다. 거의 모든 대화의 배후에 오래된 상처와 적개심이 웅크리고 있다. 나는 어머니가 우리를 위해 한 모든 일에 감사를 표현하고, 어머니가 우리에게 큰 상처가 되는 말들을 했다는 사실도 이야기한다.

내가 말한다. "때때로 어머니는 극심한 분노를 벌컥 쏟아 내요. 형이 죽거나 마비되거나 미치게 해 달라고 기도할 거라는 맹세 말이에요. 몸이 불편해진 지금 형에게 그 맹세가 어떻게 느껴질지 생각해 보세요. 제 결혼식 피로연에서 소란을 피우신 일도 그래요. 제게 '결국 그때 낙태를 했어야 했나 보다'라고 말씀하셨잖아요."

어머니가 말을 끊지 않기에 나는 계속한다. "형과 제가 어머니에게 상처를 드린 건 저도 알아요. 형은 삶의 여러 선택을 통해서, 저는 제가 쓴 몇 가지 내용으로 어머니를 아프게 했어요. 어머니는 하나님께 우리에 대한 서원을 하셨는데 우리는 어머니의 기대를 저버렸어요. 그건 저도 인정해요. 하지만 그에 대한 반응으로 어머니가 '넌 내게 상처를 줬어'라고 하시는 것과 '네가 죽기를 바란다', '넌 태어나지 말았어야 했어'라고 말씀하시는 것은 정말 큰 차이가 있어요."

어머니는 여전히 말을 끊지 않고 시선을 돌리지도 않는다. "어머니, 그거 아세요? 다들 때때로 통제력을 잃고, 무르고 싶어질 말들을 해요. 그래서 은혜가 필요한 거예요. 그래서 형도 저도 어머니의 완전주의 신학이 감옥의 철창 같다고 느끼는 거예요. 어머니가 잘못을 직시하고, 인정하고, 미안하다고 말하고, 그렇게 나아갈 수만 있다면 …."

어머니는 대답을 하지 않고, 나는 포기한다. 어머니에게 뭔가 전해진 내용이 있을까? 나는 공허감과 회의감을 느끼며 주말에 돌아온다.

한 달 후, 애틀랜타에 잠깐 들러 어머니를 만나고 저녁 식사를 같이한다. 어머니는 다섯 쪽 분량의 편지를 건넨다. 나빠지는 시력을 무릅쓰고 본인의 컴퓨터로 공들여 타이핑한 편지다. "내가 이걸 마셜에게 보내면 읽지 않을 게다. 다음에 그 애를 만날 때 네가 직접 읽어 주지 않겠니?" 나는 그러겠다고 약속한다.

공교롭게도 그때 형은 뇌졸중 이후 첫 비행기 여행을 계획하고 있었다. 몰리가 캘리포니아의 공항까지 형을 태워 주고 탑승 수속을 대신 해 준다. 공항 경호원들이 형의 휠체어를 게이트까지 밀어 주어 덴버로 가는 비행기를 타도록 돕는다.

나는 형이 올 때까지 어머니의 편지를 잘 보관했다가 덴버 공항에서 형을 태우고 집으로 가는 길에 차 안에서 편지 이야기를 한다. "강렬한 내용이야. 언제 읽고 싶은지 형이 결정해. 여기 머무는 동안 언제라도 좋아."

"오늘 밤!" 형이 말한다. 형의 격한 반응에 나는 깜짝 놀란다.

내가 묻는다. "괜찮겠어? 힘든 휴가가 될 수도 있는데."

"그래, 그래." 형이 고집한다.

저녁 식사 후 우리는 거실에 앉고 나는 편지를 천천히 읽는다. 머리를 다친 형이 어머니가 말하는 내용을 이해할 수 있도록 한 단락이 끝날 때마다 멈춘다. 어머니는 방어적인 자세를 내려놓고 부드러운 어투로 썼다. 어머니는 형을 저주하는 기도를 하겠다고 위협한 사실을 부인하지 않지만, 자신은 그 위협을 결코 실행에 옮기지 않았다고 주장한다.

난 한 번도 그런 기도를 하지는 않았다. 뭔가 주장하고 싶은 게 있을 때 꼭 진심은 아닌 말을 하게 되지 않니. 상대방에게 내가 진지하다는 걸 알려 주려고 말이야. 하지만 상황이 그렇게 되어서 정말, 정말 미안하구나. 그것은 내 의도가 아니었고 너의 용서를 구할 수밖에 없다.

이런다고 우리 관계가 달라질 거라고 생각하지는 않지만 어쨌든 너의 용서를 구한다. 너는 내 맏아들이고 나는 너를 거의 아홉 달 동안 내 심장 아래에 품고 다녔다. 어머니는 그것을 잊지 않아. 넌 나를 네 어머니로 생각할 수 없을지라도, 나는 이날까지 너를 위해 기도했고 네가 잘되기만 빌었다. 나는 내 인생의 최고의 나날들을 너를 돌보는 데 바쳤고 선택할 수 있다면 다시 한번 그렇게 할 거다.

편지를 전부 읽는 데 거의 30분이 걸린다. 그 시간 내내 형은 성한 손으로 눈물을 닦아 내고, 어머니가 쓴 내용에 반대할 때는 목소리를 높인다. 형은 두 가지 말로 반응한다. 사건들에 대한 어머니의 견해에 동의할 수 없을 때마다 형은 이렇게 외친다. "허튼소리!"

그리고 가장 감동적인 대목에서 이렇게 외친다. "너무 늦었어요! 45년이나 늦었어요!"

* * *

그다음 달, 아시아에서 북 투어 중이던 나는 몰리가 보낸 이메일을 받는다. 그녀가 브리지 클럽에 갔다가 집에 와 보니 마셜이 의

빛이 드리운 자리

식을 잃은 채 바닥에 쓰러져 있었고 한 손에는 반쯤 빈 3.8리터 짜리 위스키병이, 근처에는 베르무트˙ 한 병이 놓여 있었다는 내용이다.

그녀는 이렇게 썼다. "나는 있는 대로 화를 냈어요. 자살하려고 했다는군요. 그 사람한테 차를 몰고 절벽에서 뛰어내리든지 머리에 총을 쏘든지 좀 더 확실한 방법을 써야 했다고 말했어요. 당신은 무가치한 존재이고 내 인생의 성가신 짐 덩어리라고 소리쳤어요. 너무 심한 말이었는지 모르겠지만 그때는 이혼을 진지하게 고려했어요. … 이미 알코올중독자와 이혼한 전력이 있는데 또 다른 알코올중독자와 함께 살 이유는 없죠."

마음이 무너진다. 시차 때문에 그녀에게 전화할 때를 기다리며 뜬눈으로 밤을 새운다. 다음 날 그녀는 사건의 전모를 알게 된다. 형은 알코올뿐만 아니라 최소한 30정의 엠비엔(수면제)과 30정의 바리움(신경안정제)을 삼켰다. 자살하는 데 무엇이 필요한지 인터넷에서 검색하고 실행할 계획을 세운 것이다. 뇌졸중 이후로 5년간 그 약들을 매일 복용했던 형의 몸에 내성이 생기지 않았다면 틀림없이 죽었을 것이다.

나는 항공사에 전화를 걸어 돌아가는 길에 샌프란시스코에 들르는 일정을 만든다. 북 투어는 그로부터 열흘 더 이어지고, 나는 한국과 대만에서 청중 앞에 서서 고통의 문제와 기도의 능력에 관해 강연한다. 하지만 내 마음은 1만 킬로미터 떨어진 곳에 있

˙ 포도주에 브랜디나 당분을 섞고, 향료나 약초를 넣어 향미를 낸 술.

는 형에게 가 있다. 형은 이제 어떻게 될까.

마침내 미국에 도착해서 형을 만났다. 부서지고 초라해진 모습이다. 더듬거리는 말로 형은 몰리와 세인트로렌스 수로*에서 유람선을 탔을 때 배 밖으로 뛰어내릴 생각이었다고 말한다. 몸이 성치 않아 난간을 넘어갈 수 없었고 그래서 약과 술을 이용하기로 한 것이다.

형은 내게 장담한다. "다시는 안 할 거야. 최악의 숙취를 겪었거든."

형은 자신의 수난을 설명하는 동안에도 계속 몸을 가누지 못했다. 욱신거리는 두통을 느끼며 깨어났고 자신이 아직 살아 있다는 사실에 충격을 받았다. 엿새를 기다렸다가 의사를 보러 갔다. 의사는 자살 시도 이후의 진료 프로토콜에 따라 형을 카운티 병원에 있는 정신과 병동에 72시간 동안 머물게 했다. 그곳에서는 편집적 조현병 환자들이 복도를 서성거렸고, 창문을 지날 때마다 외부에 있는 가상의 적들을 피해 몸을 숙였다.

형이 말한다. "지옥이었어. 뻐꾸기 둥지. 그들은 내 지팡이가 무기라고 생각했지. 그걸 빼앗아 가는 바람에 걸을 수가 없었어." 그들은 형의 틀니도 제거했기 때문에 거의 먹을 수도 없었다. 약도 압수해서 그곳에 있는 내내 지독한 두통에 시달려야 했다. 밤에는 형을 또 다른 환자와 한 방에 가둬 두었다. 온몸에 문신이 가득한 135킬로그램 중량의 보디빌더였다. 옆방에서는 한

---

* 북미 5대호와 대서양을 연결하는 수로.

정신병자가 밤새 악을 쓰며 음란한 말을 내뱉었다. 형은 그 기억을 회상하며 몸을 부르르 떤다. "한숨도 못 잤어. 단 한숨도!"

그로부터 얼마 후, 몰리가 이혼소송을 제기한다. 그렇게 해서 형 인생의 다음 단계가 시작되고, 그 단계는 지금까지 이어지고 있다. 나는 서둘러 여기저기를 다니며 사회복지사, 이혼 변호사, 부동산 중개인을 찾는다. 그리스도인 친구들의 네트워크의 도움으로 형은 새로운 아파트로 이사한다.

우리는 블레어 빌리지에서부터 트레일러 주택, 골절과 질병, 페이스 침례교회, 성경 대학, 서로의 결혼식, 1960년대에 이르기까지 온갖 일을 함께 겪었고, 이제 나는 형을 지키는 자가 되었다.

* * *

3년 후, 형은 다시 한번 덴버로 여행을 온다. 이제 나는 여행의 처음과 끝을 다 챙겨야 한다. 형을 공항까지 태워다 주고 짐을 실어 줄 새너제이*의 친구를 찾는다. 형은 매주 청소와 빨래를 해 주는 도우미의 도움을 받아 혼자 살 수 있게 되었다. 새로운 것에 대한 욕구를 잃어버린 형은 브리지, 물리치료, 다양한 온라인 실어증 그룹을 오가는 규칙적인 일상을 고수한다. 〈뉴요커〉지와 다양한 책을 읽지만, 내용은 거의 기억하지 못한다.

형은 계속 사교 기술을 연마하고 있고, 이번 여행에 재닛과 나와 대화하는 데 도움이 될 만한 질문 목록을 언어치료사에게 받

---

* 캘리포니아의 도시.

아 왔다. 나도 형에게 제시할 나름의 질문 목록을 갖고 있다. 형의 장기 기억은 예리하고, 이번 방문의 목적 중 하나는 내가 이회고록을 쓰기 시작한 것과 관련이 있다. 형에게 우리의 과거에 관해 물으면, 언제나 정직하고 자세하게 답해 준다.

우리가 함께 있을 때마다 형은 자기를 위해 피아노를 쳐 달라고 고집을 부린다. 그 임무는 어색하고 창피하다. 트레일러에서 살던 시절이 떠오른다. 그때 형은 자기가 즉석에서 손쉽게 연주할 수 있는 곡을 더듬더듬 치는 나를 보면서 답답해하며 고개를 가로젓곤 했다.

이번에는 재닛이 새로운 제안을 한다. "마셜, 왼손은 멀쩡하잖아요. 필립이 오른손으로 고음부를 연주하고 마셜은 저음부를 연주하는 게 어때요?" 우리는 그렇게 한다. 재닛은 서로 다른 뇌가 통제하는 두 개의 손이 동시에 피아노를 치는 광경을 아이폰으로 녹화한다.

나중에 그 영상을 보면서 나는 생각에 잠긴다. 형제인 우리는 체스부터 토론, 테니스, 골프에 이르기까지 모든 일에서 자주 경쟁했다. 그런데 이제는 형의 장애로 서로 협력할 수밖에 없게 되었다. 한 주에 한 번 정도 형은 스스로 해결할 수 없는 아파트의 어떤 문제나 말을 안 듣는 컴퓨터 또는 재정 문제로 내게 전화를 건다. 한때 특이한 자율성으로 유명했던 형이 이제는 기꺼이 의지하는 사람이 되었다.

* * *

우리 가족의 이야기가 병실의 어머니 주위로 두 형제가 모여 마지막 축복을 전하는 화해의 장면으로 마무리될 수 있다면 좋겠다. 아들이자 동생인 나는 내 마음이 그런 해결과 치유의 장면을 간절히 바라는 것을 느낀다. 우리 가족 안에서, 특히 어머니 쪽에서 해빙의 조짐을 보았지만, 위의 시나리오 같은 낙관적인 장면은 없었다. 인생이 동화 같은 이야기를 따라가는 경우는 드물다.

이 글을 쓰는 동안 어머니의 아흔여섯 살 생일이 지나갔다. 몇 년 전, 형의 전동 휠체어가 박살 났을 때, 어머니는 새 휠체어를 사라고 본인이 저축해 둔 돈을 헐어서 내게 2,000달러를 보냈다. 형은 그것을 거의 매일 탄다. 어머니가 어떤 수준에서 여전히 아들을 아낀다는 가시적인 증표다.

"넌 나를 네 어머니로 생각할 수 없을지라도, 나는 이날까지 너를 위해 기도했고 네가 잘되기만 빌었다." 어머니는 마지막 편지에서 그렇게 썼고, 나는 그 내용을 형에게 소리 내어 읽어 주었다. "넌 나를 네 어머니로 생각할 수 없을지라도"라는 문구는 지금까지도 어머니를 떠나지 않고 있고, 어머니는 그런 상황을 되돌리기를 바라며 생명의 끈을 붙들고 있는지도 모른다.

어머니가 최근에 내게 말했다. "날 위해 한 가지를 해 줄 수 있니? 마셜이 아직도 나를 어머니로 생각하는지 물어봐 다오." 당연히 나는 그러겠다고 했다.

나는 형에게 몇 번이나 물었다. 그때마다 형은 정답을 찾기 위해 애쓰고 있다고 말한다. 형이 할 수 있는 말은 "뭐라고 해야 할지 모르겠어"가 전부다.

25 / 여파

내가 전의 나와 같을 것이라고 생각 말라.
내가 이전의 내게 등을 돌렸다는 것을
하나님은 아시며 온 세상도 알게 될 테니.
—셰익스피어, 《헨리 4세 2부》

어느 날 고등학교 시절에 내가 엉터리 학생인권당을 만들어 짓밟았던 정치적 열성파 핼의 편지를 받는다. 아픈 기억이 되살아난다. 수십 년 전, 저널리스트로 활동하던 초기에 나는 잡지 기사로 당시의 일에 대해 썼는데, 나와 핼 모두를 호의적이지 않게 그리면서 그의 실명을 쓰는 바보 같은 실수를 저질렀다. 뜯지 않은 편지를 만지작거리는 동안 땀이 흐른다. 그 안에 무엇이 들어 있을지 두렵다. 어쩌면 법률 문서일지도 모르고, 적어도 받아 마땅한 질책 정도는 될 것 같다.

첫 단락에서 핼은 그 옛 기사를 우연히 봤다고 밝힌다. 하지만 내가 쓴 내용에 전혀 기분 상하지 않았다고 분명하게 말해 준다. 나의 혈압이 정상으로 돌아오고, 자리에 앉아 계속 읽어 나간다.

핼은 여섯 쪽 분량의 괘선지에 고등학교 졸업 이후의 자기 인생을 이야기한다. 예상대로 그는 세상을 변화시킬 수 있다고 진심으로 믿고서 정치 활동에 뛰어들었다. 하지만 정치에 환멸을 느끼게 되었다. 공군으로 베트남전쟁에 참전했고, 돌아온 후에 이혼했다. 우울증과 싸우다가 복음서를 읽어 보기로 마음먹었는데, 이전에는 해 본 적이 없는 일이었다.

"예수님이 내게 생생하게 다가오셨어. 바로 그때 나는 처음으로 그분을 인격적으로 만난 거야." 편지는 그렇게 말하고 있다. 나는 읽기를 멈추고 잠시 그 문장을 음미한다. 내가 알던 핼은 종교적 신앙에 아무 관심이 없었다.

편지는 더 나아가 중요한 방향 전환을 기록한다. 핼은 정치적 포부를 버리고 신학교에 들어가 캔들러 신학부(에모리 대학교)에서 박사 학위를 받았다. 그는 존 웨슬리가 사회정의를 위해 일한 모범적인 기독교 지도자라고 보고 그를 연구했다. 고등학교 시절의 내 적수가 이제 웨슬리 학자라니, 믿을 수가 없다.

나는 핼의 편지를 읽으면서 눈물을 흘린다. 핼은 사랑이 넘치는 겸손한 방식으로 고등학교 시절의 내 잔인한 장난질을 용서했다. 나는 그의 초청에 따라 직접 그를 찾아가 만나고 우리는 절친한 사이가 된다.

그 경험은 내가 수십 년 동안 지고 살았던 죄책감의 짐 하나를 덜어 준다. 하지만 그의 은혜로운 행위를 생각하다 보니 내 양심을 괴롭히는 과거의 여러 사건이 마음에 홍수처럼 밀려든다. 그 중 몇 가지는 여러 글에서 암시한 바 있다. 하지만 내가 상처를 주거나 마음을 상하게 했을지도 모르는 과거의 여러 사람에게 직접 다가간 적은 없었다. 나는 내 과거의 어두운 면을 정직하게 직시할 때가 되었다고 판단한다.

* * *

먼저 조지아로 가서 헬과 내가 겨루었던 고등학교를 다시 찾는다. 학교는 이제 챌린저호 참사로 목숨을 잃은 아프리카계 미국인 우주 비행사 로널드 맥네어의 이름을 달고 있다. 내가 졸업하기 전에는 어떤 소수 인종 학생도 남부연합 소속 장군의 이름을 딴 이 학교에 감히 들어오지 못했다. 하지만 이제는 복도를 돌아다녀도 백인의 얼굴이 전혀 보이지 않는다. 학교는 완전히 변화했다.

다음으로 나는 유년 시절의 여러 교회로 발걸음을 돌린다. 어머니의 영적 고향인 필라델피아의 마라나타 교회가 문을 닫고 건물을 다인종 교회에 팔았다는 것을 알게 된다. 그런 교회에 건물을 넘기는 것은 이제는 작고한, 인종주의적 '함의 저주' 이론을 가르쳤던 조지 H. 먼델 목사가 받아들이기 힘든 일이었을 것이다. 충격적인 소식이 하나 더 있다. 먼델 목사의 '승리하는 그리스도인의 삶'의 메시지를 이어받은 그의 아들이 자신이 운영하는 '소년의 집' 샤워실에서 소년들의 나체 사진을 찍은 혐의로 체포되었다는 것이다.

나는 조지아의 콜로니얼 힐스 침례교회 목사였던 폴 밴 고더에게 연락한다. 라디오와 텔레비전을 통해 전국적으로 추종자들을 모았던 그는 날선 말이 담긴 편지를 보내 내가 쓴 글 중 일부에 깊은 상처를 받았음을 알린 바 있다. 나는 그에게 고통을 준

것에 대해 사과하고 콜로니얼 힐스 교회에 대한 긍정적 기억이 많다고 안심시킨다.

북부에서 온 밴 고더 목사에게는 그 시기 남부 교인들의 타고난 인종주의는 없었다. (어머니는 이렇게 주장했다. "그분은 인종주의자일 수가 없어. 펜실베이니아 출신이잖아.") 그렇지만 그의 지도하에 있던 교회는 인종 통합에 수동적으로 임했고 한동안 흑인들이 교회 및 교회가 운영하는 학교에 다니지 못하게 막았다. 콜로니얼 힐스 교회는 내가 함의 저주 이론을 처음 들은 곳이기도 하다. 그 교회의 백인 회중은 교외로 옮겨 갔고, 이제 옛 건물에는 '신앙의 날개'라고 불리는 아프리카계 미국인 그룹이 들어와 있다.

타고난 인종주의자였던 나는 속죄할 것이 많다. 어느 콘퍼런스에서 나는 대형 교회 목사인 토니 에번스의 딸 프리실라 에번스 샤이어를 만난다. 토니 에번스는 콜로니얼 힐스 교회에서 교인 등록을 거부당했던 카버 성경 연구소의 옛 학생이다. 프리실라가 태어나기 전의 일이다. 나는 그녀에게 교회 건물이 팔리기 전에 그 교회에서 열렸던 회개 예배 이야기를 해 주고, 우리는 애틀랜타가 크게 진보했음을 보여 주는 이야기들을 주고받는다. 프리실라는 신앙을 지닌 채 살아남았고 기독교 작가이자 동기부여 강사로 활발히 활동하고 있다.

이후에 나선 북 투어에서 나는 그녀의 남동생 앤서니 에번스─TV쇼 〈더 보이스〉에 참가하기도 했다─에게 음악을 맡긴다. 내가 옛날 일을 얘기하자 그는 미소를 짓는다. "예, 기억합니다. 하지만 그건 오래전 기억이에요. 어떤 것들은 더 좋아진 것 같습니다."

존 맥닐 2세와 점심 약속을 잡는다. 딸을 콜로니얼 힐스 교회 유치원에 입학시키고 싶어 했지만, 거절당했던 그 사람이다. 희끗희끗한 머리를 하고 부드럽게 말하는 맥닐 박사는 몇 시간에 걸쳐서 민권운동 이전에 남부에서 자라면서 겪은 일들을 회상한다. 제2차 세계대전 기간에 그는 공군에 자원하고 조지아 시골의 고향 마을을 떠나 입대했다. 버스 터미널에서 계산원이 표를 팔고는 그를 쳐다보더니 이렇게 말했다. "있잖아요, 이건 규칙 위반이지만, 당신은 내 나라에 봉사하고 있으니 유색인용 뒷문이 아니라 앞문을 써도 된다고 봐요."

군 복무를 마친 후, 맥닐은 복음주의 신학교 20군데에 지원했다. 그가 유색인이라는 이유로 한 군데 빼고는 모두 그를 거절했다. 그는 역사적으로 흑인 학교였던 카버 성경 연구소—우리 아버지가 가르쳤던 그 학교다—의 첫 번째 아프리카계 미국인 교수가 되었고 더 나아가 학장으로 섬겼다. 그런데도 그가 네 살배기 딸을 콜로니얼 힐스 침례교회에 입학시키려 했을 때, 교회는 그 아이를 거절했다.

맥닐 박사는 온유한 마음으로 그 일을 회상한다. "원통한 마음은 없습니다. 어머니는 내게 하나님이 사람을 차별하지 않는다고 가르치셨으니까요. 그래서 열등하다고 느끼면서 자라지는 않았어요. 상황이 언젠가 달라지리라는 것을 알았고, 계속 열심히 살아갔습니다."

그의 말을 듣는 동안 내가 어릴 때 했던 인종주의적 농담들이 떠올라 회한과 부끄러움이 밀려온다. 나는 사람들을 차별했고 백인들만 존중했다. 사과를 하려는데 목이 메어 말이 막힌다. 내

빛이 드리운 자리

가 맥닐 박사를 위로해야 할 터인데, 오히려 그가 나를 위로한다.

내가 불의에 공모했음을 다시금 인식하면서 식당을 나선다. 맥닐 박사는 카버 성경 연구소에서 임기를 마친 후, 애틀랜타에 교회를 개척했고 그곳에서 50년 넘게 목회했다. 나는 아프리카계 미국인이 한때 그들을 '소유했던' 주인들과 그들을 억압했던 백인 후손들의 종교를 받아들인다는 것이 놀랍다. 하지만 결국 어느 쪽이 예수님의 정신을 더 많이 드러냈을까?

* * *

화해 여행의 일환으로 페이스 침례교회의 마지막 예배에 참석한다. 나는 이 저항적 근본주의 교회의 경내에 자리 잡은 트레일러에서 살면서 고등학교 시절을 보냈다. 동네의 인종적 구성이 다양해지면서 교회는 도시에서 더 먼 곳으로 이사했지만, 그것으로 충분하지 않았던 게 분명하다. 페이스 침례교회는 소수 인종으로 다시 한번 둘러싸이기 때문이다.

달콤한 아이러니라고 할까, 이 교회도 한 아프리카계 미국인 회중에게 건물을 매각한다.

나는 페이스 침례교회의 마지막 예배에 슬며시 들어간다. 한 번이라도 출석한 적이 있는 모든 사람에게 열려 있는 재회의 시간이다. 200명가량 되는 무리 중에서 내가 알아볼 수 있는 얼굴은 몇 명 안 된다. 시간 왜곡이 일어나 십 대 친구들의 배가 불룩 나오고 머리가 벗겨져 중년이 되어 버린 것 같다.

회중을 40년 동안 이끌었던 하워드 파일 목사는 '믿음을 위해 싸우라'는 교회 모토를 되풀이한다. "나는 그 싸움을 싸웠습니다. 달려갈 길을 마쳤습니다." 그의 몸은 세월로 인해 굽었고 내 기억보다 더 작아 보인다. 불타는 빨간 머리는 하얗게 되었다.

긴 예배 시간 동안 사람들이 이 교회를 통해 하나님을 만난 일을 간증한다. 나는 그들의 말에 귀를 기울이면서 그 자리에 없는 사람들, 어느 정도는 페이스 침례교회 때문에 하나님을 등지게 된 내 형 같은 사람들의 무리를 떠올린다. 일어나서 그들을 대변하고 싶지만, 문을 닫는 교회에 또 다른 부정적 장면을 더하지 않기로 한다.

나중에 나는 파일 목사와 스타벅스에서 따로 만나기로 약속을 잡는다. 그는 최근에 일흔여덟 살이 되었고 세월과 더불어 부드러워져 있었다. 그는 첫 번째 아내를 땅에 묻었고, 재혼했고, 비극적 사고로 손녀를 한 명 잃었다. 의례적 인사말을 교환한 후 나는 묻는다. "궁금합니다. 지난 세월 동안 어떻게 달라지셨습니까?"

그가 대답한다. "기본적인 믿음은 달라지지 않았네. 하지만 내가 몇 가지 실수를 했다는 생각이 확실히 드네. 우리가 겪었던 교회 분열의 일부를 자네도 기억할걸세."

내가 그와의 만남을 마련한 것은 내 행동 몇 가지—특히 여름 캠프에서의 행동—에 대해 사과하기 위해서였고 내가 글로 그에게 상처를 주지는 않았는지 알기 위해서였다. 그는 그렇지 않다며 오히려 내가 《놀라운 하나님의 은혜》에서 쓴 내용에 고마움을 표한다. 그는 애석해하며 말한다. "내가 하나님의 은혜의 측면을 더 알았더라면 좋았겠다고 생각하네. 자네가 형, 어머니와 함께 진입로 건너편의 트레일러에서 살던 그 시절을 떠올려 보면, 나는 하나님의 은혜 안에서 자라야 할 부분이 너무나 많았던 젊은 설교자였어. 자네가 지금 글로 다루는 비은혜를 내가 보여 준 게 아닌가 싶군."

내가 방문한 여러 교회를 숙고하다 보니, 가족이 그렇듯 교회도 어려운 사람들의 문제 많은 집단이라는 생각이 든다. 인생은 어렵고 우리는 대응방법을 모색한다. 주일마다 충실하게 교회에 나와 지옥 불, 죄에 대한 형벌, 임박한 아마겟돈 전쟁으로 위협하는 목사의 설교를 듣던 페이스 침례교회 교인들을 생각한다. 그들이 교회에 나온 것은 두려움 때문이기도 했지만, 인생의 여러 공격을 견디려면 서로가 필요했기 때문이다. 어려울 때 가족이 필요한 것처럼 말이다. 노동자 계층인 그들은 저녁마다 집에 앉아 신학의 세밀한 요점들에 신경 쓰지 않았다. 그들의 고민은 각종 청구서를 처리하고 아이들을 먹이는 일에 있었다. 한 가족의 집이 불타거나 술 취한 남편이 아내를 집에서 쫓아내고 문을 잠가 버릴 때, 과부가 식료품을 구할 형편이 안 될 때, 교회가 아니면 다른 어느 곳을 찾겠는가?

어머니에 대해서도 생각한다. 지난 세월 어머니의 성경 수업에 깊은 영향을 받은 사람들을 수십 번이나 만났다. 그뿐만 아니라, 어머니는 문제가 있는 가정에서 도망쳐 나온 젊은 여자들에게 몇 번이나 피난처를 제공했다. 어머니의 공적 평판은 여전히 온전했다. 오직 형과 나만 어머니의 다른 면을 목격했다.

언젠가 조카가 내게 보내 준 인용문 하나가 교회를 균형 잡힌 시각으로 바라보게 해 준다. "어떤 사상을 믿는다고 주장하는 사람들의 행태가 그 사상의 책임은 아니다." 어른이 되고 나서 나는 복음을 믿는다고 주장하는 사람들에게 들었던 복음의 메시지

를 자세히 살피면서 그 '사상', 생명을 주는 본질 자체를 찾는 데
시간을 썼다.

페이스 침례교회의 마지막 예배에 참석하고 나서는 성경 학교 동
기들 모임에 합류한다. 바닥을 부지런히 닦고 잔디를 깎고 쓰레기
를 치우는 학생들 덕분에 캠퍼스는 언제나처럼 티끌 하나 없다.
재학 시절의 묘목들이 그늘을 드리우는 큰 나무로 자란 것을 보
자 흘러간 시간이 실감이 난다. 학생부장이 나를 추궁하고 교수들
이 나의 퇴학 여부를 가지고 논쟁하던 캠퍼스를 다시 걷고 있으
니 혼란스럽다. 30년이 지난 지금 나는 귀빈 대접을 받는다.

　동트기 전에 일어나 친숙한 흙길에서 강을 따라 조깅을 한다.
황금빛이 희미하게 도는 이른 시간의 하늘은 물처럼 맑고, 나는
아침의 냉기에 몸을 떤다. 휴대용 라디오의 주파수를 대학 라디
오방송국에 맞추고 나서 학교의 많은 것들처럼 음악도 극적인
변화를 겪었음을 알게 된다. 이제 학교 방송국에서는 밥 라슨이
불태우라고 선동했을 만한 음반들을 튼다. CCM 몇 곡이 이어지
고 난 후, 조지 베벌리 셰이가 지은 오래된 노래를 아름다운 솔로
목소리가 아카펠라로 노래한다.

　　　주 예수보다 더 귀한 것은 없네

　　　이 세상 부귀와 바꿀 수 없네 …

　　　주 예수보다 더 귀한 것은 없네

　　　이 세상 명예와 바꿀 수 없네

　　　이전에 즐기던 세상 일도

　　　주 사랑하는 맘 뺏지 못해.

그 길을 달리다 보니 마음이 평온해진다. 이 학교에서 나는 자주 부적응자처럼 느꼈었다. 하지만 한 가지 부분에서는 학교와 나의 고백이 같다는 생각이 든다. 나도 예수님보다 귀한 것은 없다. 하나님이 나를 이곳에서 만나 주셨다는 사실에 견주면 이 학교에서 경험한 모든 것은 별로 중요하지 않다.

그날 동기 모임에서 동기들은 학생 때 배웠던 문구로 말한다. "하나님이 내게 승리를 주신다. … 그리스도를 통해 나는 모든 것을 할 수 있다. 모든 것이 합력하여 선을 이룬다. … 나는 승리하며 걷고 있다." 하지만 대학 졸업 이후의 삶을 이야기할 때는 다른 어휘를 사용한다. 몇 명은 만성피로 증후군을 앓고 있고, 또 몇 명은 임상적 우울증을 앓는다. 한 부부는 최근에 십 대 딸을 정신병원에 입원시켰다. 이런 생생한 개인적 이야기들과 그 위에 덮어씌우는 영적 포장 사이의 괴리에 나는 움찔한다.

캠퍼스에 있는 동안 교수들과 행정직원들도 만난다. 전 총장이 묻는다. "왜 우리를 비방합니까? 왜 부정적인 측면에 집중합니까? 올해의 동문상도 드렸잖아요. 그런데 기회만 나면 냉정하게 우리를 혹평하더군요."

불시에 기습을 당한 나는 곧장 답변을 하지 못한다. 마침내 내가 말한다. "누구를 비하하거나 할 뜻은 없습니다. 제가 여기서 받았던 뒤섞인 메시지를 가려내려는 시도로 보시면 될 것 같습니다."

그는 물러서지 않는다. "나는 기독교 사역을 하는 사람들에 관한 온갖 자극적인 이야기를 압니다. 하지만 그들에 관한 이야기는 절대 쓰지 않을 겁니다. 그런 글은 엄청난 고통을 초래할 테니까요. 나는 남에게 대접을 받고자 하는 대로 남을 대접하라는 황금률에 따라 삽니다."

나중에 그의 말을 곰곰이 생각하다가 다른 사람들에게 고통을 줄 수 있는데도 나의 과거를 파고드는 이유가 바로 그것임을 깨닫는다. "무엇이 진짜이고 무엇이 가짜야?"라는 형의 질문은 지금도 나를 괴롭힌다. 나는 성경보다 더 진짜인, 또는 정직한 책을 알지 못한다. 성경은 등장인물들의 결점을 전혀 숨기지 않는다. 만약 내가 현실을 왜곡했거나 나 자신을 잘못 표현했다면 누구라도 그것을 내게 알려 주기를 바란다.

성경 대학 방문은 내가 애틀랜타에서 형의 옛 히피 친구 다섯 명을 만난 일과 선명한 대조를 이룬다. 그들이 공동체를 이루어 살던 시절을 생각하면, 1960년대는 그들 인생의 정점임이 분명하다. 그들은 결혼, 자녀, 경력, 또는 다른 어떤 것보다 섹스, 마약, 로큰롤의 시기에 대해 더 열정적으로 이야기한다.

"잭은 어디 있어요?" 나는 강아지처럼 형을 따라다니던 한 친구를 떠올리며 묻는다.

이런 대답이 돌아온다. "슬픈 이야기야. 잭은 여기 올 수 없어. 그는 테이블 위에 앉아 고개를 숙인 채 몸을 앞뒤로 흔드는데 사실상 뇌가 죽은 상태랄까. 각성제 없이는 아무것도 못 해. 지금도 채혈사로 병원에서 피를 뽑는 일을 하고, 출근하기 전에 약을 잔뜩 하지. 잭과 아내는 둘 다 병원에서 구한 정맥주사로 마약을 해."

그들은 내게 비슷하지만 다른 이야기들도 들려준다. 형이 공동체로 초대했던 순진한 간호사 린다는 나락으로 치닫지 않으려고 싸웠다. 그녀는 마리화나와 자낙스정(신경안정제)에 중독된 후에 치료를 받았고 20년 넘게 약을 하지 않았다. 형의 친구들 이야기를 듣다 보니 내 성경 학교 동기들은 상태가 그렇게 나빠 보이지 않는다.

*   *   *

여기까지 쓰고 노트북 덮개를 닫았을 때 노령의 어머니가 전화를 한다. "네 형 최근 사진을 보내 줘서 고맙다. 그 애 팔에 붕대를 감았더구나. 다쳤니?" 형이 넘어져서 팔을 심하게 긁혔고 병원 응급실에 가서 치료를 받아야 했다고 설명한다. 오랜 침묵이 흐른다. 그다음, 어머니가 묻는다. "있잖니. 내가 그 애에게 쪽지를 하나 쓰면 전달해 주겠니?"

"물론이죠." 큰아들에게 메시지를 전해 주겠느냐고 작은아들에게 물어봐야 하는 어머니의 수모를 의식하며 내가 말한다. 그러자 어머니의 애처로운 질문이 이어진다. "그 애가 내 편지를 읽을까?"

우리 가족의 화해 여행은 아직 끝나지 않았다. 어머니와 통화가 끝난 후, 나는 한동안 말없이 앉아 있다. 무슨 일이 있었기에 많지도 않은 우리 가족이 이렇게 찢어진 것일까?

나는 '익명의 근본주의자들' 웹사이트에서 우리보다 훨씬 엄격하게 교회식 양육을 받은 사연들을 접했다. 내가 읽은 여러 회고록에는 알코올중독자 아버지들이 테니스 라켓 정도가 아니라 야구방망이를 들고 자녀들을 쫓아다니는 장면이 나온다. 어머니들은 자녀에게 먹을 것도 주지 않고 옷장에 며칠씩 감금한다. 자녀가 의사나 랍비 대신 예술가가 되기로 결심했다는 이유로 의절하거나 집에서 내쫓는다.

"나는 내 나름대로 최선을 다했다." 어머니는 그렇게 주장하는데, 어머니의 과거에 대해 알면 알수록 그 말을 더 믿게 된다. 하지만 이후 이어진 모든 사태의 중심에는 뭔가 다른 요인이 있는 것이 분명하다.

여느 어머니처럼, 어머니도 맨살로 우리를 안고, 우리 손가락 발가락을 헤아리고, 사랑의 행위에 이어 자신의 몸이 아홉 달 만에 만들어 낸 생명에 경이를 느꼈을 것이다. 우리가 비틀대며 첫걸음을 내디뎠을 때와 처음으로 몇 단어를 발음했을 때 어머니는 기쁨의 미소를 지었을 것이다.

우리 형제의 십 대 시절, 우리는 어머니가 이해할 수 없는 방식으로 말하고 행동하면서 어머니와 멀어졌고, 어머니는 그것을 막아 보려고 맹렬히 시도했다. 어릴 때 그토록 유망했던 두 아들이 십 대가 되자 어머니의 인생 안팎에서 꼴사나운 모습을 보이고 말도 거의 하지 않았다. 아이들을 미지의 세상에 내보내는 것은 어머니에게 참으로 무서운 일이었을 것이다. 새로운 생명을 세상에 내놓는 경이를 경험한 어머니로서는 그들이 유감스러운 모습으로 변해 가는 것을 보는 일이 참으로 괴로웠을 것이다.

십 대 시절 형과 나는 〈이스라엘 나의 영광〉보다 풍자 잡지 〈매드MAD〉를 더 좋아했다. 우리는 영화를 보고 싶어 했고 급우들이 화제로 삼는 음악을 듣고 싶어 했다. 우리는 성경만 자꾸 배우는 것이 아니라 진짜 교육을 원했다. 그러나 어머니는 사탄이 어떻게 일하는지 알고 있었다. 사탄은 삼킬 자를 찾아다니는 우는 사자이지만 광명의 천사로도 나타난다. 사탄은 점진적으로 유혹한다. 헤로인에 앞서 담배, 비틀스 이전에 엘비스 프레슬리, 포르노 영화에 앞서 〈오셀로〉로 유혹한다. 어머니는 카드를 하나씩 위태롭게 쌓아 올려 믿음의 기념물을 세웠는데, 본인의 아들들, 친아들들이 바닥의 카드들을 잡아당기고 있었다.

"최선의 것이 부패하면 최악의 것이 된다corruptio optimi pessima"는 오래된 라틴어 격언이 있다. 사랑에서 시작된 것이 나중에는 그 반대와 유사한 것으로 변질될 수 있다. 한 아프간 어머니는 자신의 종교적 헌신과 애국심 때문에 십 대 딸에게 자살 조끼를 입힌다. 애틀랜타의 한 젊은 과부는 하나님의 역할을 떠맡아 처음에는 철폐에 있는 남편에게, 그다음에는 남겨진 두 아들에게 최선의 것이 무엇인지 결정한다.

내 어머니를 둘러싼 미스터리는 어린 시절 어머니가 우리에게 들려준 장면에서 시작된다. 어머니가 축축한 남편의 무덤 위에 엎드려서 봉헌의 기도를 바치는 장면이다. 슬픔과 배신감에 짓눌린 어머니는 본인의 미래뿐 아니라 믿음까지 형과 나에게 걸었다. 어머니는 한나가 사무엘을 바친 것만큼이나, 아니 아브라함이 이삭을 바친 것만큼이나 진지하게 제물을 바쳤다. 우리의 삶이 각자의 길로 나아갔을 때, 어머니의 신성한 제물은 연기처럼 사라졌다.

한나가 아들 사무엘을 엘리 제사장에게 넘겨주는 이야기, 내가 가장 달가워하지 않는 성경 이야기를 다시 들여다본다. 밤늦게 주님의 집에 누워 있던 소년은 "사무엘아" 하고 누군가 자신의 이름을 부르는 소리를 세 번이나 듣는다. 그때마다 사무엘은 엘리에게 달려가지만 엘리는 이렇게 말한다. "나는 너를 부르지 않았다. 도로 가서 누워라." 마침내 지혜로운 노제사장은 소년을 부르는 분이 하나님이심을 깨닫는다.

순식간에 나는 그 장면을 완전히 새로운 시각에서 보게 된다. 엘리도 사무엘의 어머니도 소년에게 뭔가를 맡기지 않고, 하나님이 그를 부르신다는 사실이다. 형과 나는 평생 어머니 서원의 무게에 눌려 살았다. 하지만 그런 서원을 하는 것은 어머니의 권리를 넘어서는 일이었다.

형은 나름의 여러 선택을 했고, 그중 상당수는 자멸적인 것으로 드러났다. 형은 고통받는 천재였을까? 형이 정말 정신분열증 환자였을까? 모르겠다. 그리고 2009년의 뇌졸중 이후로 그런 질문들은 고려할 가치가 없어졌다. 오늘날까지도 형은 전혀 접촉이 없는 어머니와 맞서 싸우고 본인이 존재를 부인하는 하나님에게 맞선다. 형은 소위 '무신론자 교회'에 다닌다. 믿지도 않는 하나님에게 대항하는 데 엄청난 에너지를 쏟는 인본주의자들의 일요일 모임이다. 가장 최근에 만났을 때 형의 커피 테이블에는 《만들어진 신》 한 권과 저자 리처드 도킨스 강연 티켓이 놓여 있었다.

신앙의 상처는 영구 문신처럼 새겨져 있다. "형이 변할 거라고 생각해?" 친구들이 내게 물으면 나는 아니라고 대답할 수밖에 없다. 은혜와 용서에 너무 늦은 때란 없지만 본인이 그렇다고 결정하면 얘기는 달라진다.

* * *

우리는 참고할 만한 그림 없이 1,000피스짜리 조각 퍼즐을 맞추는 것처럼 하루하루, 한 장면 한 장면을 살아간다. 시간이 지나고서야 의미 있는 패턴이 드러난다. 나는 이 회고록에서 내가 쓴 다른 책들에 대한 일종의 프리퀄을 썼다. 돌이켜 보니 내 인생의 두 가지 테마는 고통과 은혜임이 분명해 보인다. 그 두 가지가 나의 모든 책에서 드러난다.

내가 글을 쓰면서 고통의 주제를 탐구하는 이유는 고통을 겪는 많은 사람들이 위로를 받기보다는 혼란을 겪기 때문이다. 특히 교회가 자주 그런 혼란의 출처가 된다. 일찍부터 나는 우리가 믿는 바가 지속적인 결과, 때로는 치명적인 결과를 낳는다는 사실을 배웠다. 내 아버지를 위해 기도했고 그가 치유될 거라고 확신했던 사람들은 굳건한 믿음과 최선의 의도를 갖고 그렇게 했지만, 그들은 틀렸고 그 결과는 비극으로 막을 내렸다.

나의 형 마셜은 잘라 내는 방식으로 고통에 대처했다. 대학을 중퇴하고, 음악적 포부를 포기하고, 가족을 버리고, 두 여자와 이혼하고, 다른 이들과의 관계를 끊었다. 부분적으로는 형이 보여 준 선례 때문에, 나는 좋은 것이든 나쁜 것이든, 건강한 것이든 병든 것이든 모든 가닥을 한데 엮어 내려고 시도했다.

신약성경은 고통을 나쁜 것—결국 예수님은 치유 행위에 전념하셨다—이지만 구속救贖될 수 있는 것으로 제시한다. 우리는 이 부서진 행성에서 고통이 어떤 식으로든 유용하고, 심지어 구속적인 것이기를 바란다.

심지어 나는 극심한 근본주의의 영향을 받으며 보낸 세월에 대해서도 감사할 줄 알게 되었다. 그 시간 덕분에, 우리가 내리는 선택이 심오한 중요성을 갖고 있고 삶은 그냥 이런저런 일의 연속이 아니라 운명의 장이 될 수 있다는 사실을 깊이 깨달았다. 나는 음악과 언어를, 특히 성경의 언어를 사랑하게 되었다. 자기 규율을 배웠고 대부분의 무분별한 행동을 피했다. 결국 허비한 시간은 없었다.

은혜가 나의 두 번째 테마인 이유는 은혜의 반대가 갖는 힘을 알기 때문이다. 비은혜는 형과 어머니 사이의 어두운 에너지에 연료를 공급한다. 한쪽에 있는 상처 입고 앙심을 품은 마음과 다른 쪽에 있는 의로운 심판을 내세우는 마음이 서로 대립한다. 어떤 힘이 그들을 반세기 동안 서로 대화하지 못 하도록 막았을까? 너무나 자주 가족들, 이웃들, 정치인들, 인종들, 국가들을 갈라놓는 완고한 교만의 힘이다.

어린 시절 내가 다닌 교회들에서는 하나님의 은혜를 노래했지만 나는 그것을 좀처럼 느끼지 못했다. 나에게 하나님은 어떻게든 저주하고 처벌하려 드는 엄격한 감독관으로 보였다. 그러나 나는 우리의 온전함을 갈망하시는 사랑과 아름다움의 하나님을 알게 되었다. 하나님께 복종하면 쪼그라들게 될 거라고, 유혹을 피하고 내세를 준비하면서 '영적인' 것들에만 암울하게 초점을 맞추게 될 거라고 생각했는데, 실상은 정반대였다. 알고 보니 하나님의 선한 세상은 은혜로 치유된 눈으로 누릴 수 있는 선물이었다.

나의 믿음은 2007년에 시험대에 올랐다. 그때 내가 운전하던 포드 익스플로러가 빙판이 된 콜로라도 도로에서 미끄러져 산비

탈 아래로 총 다섯 번을 구르고 굴러서 떨어졌다. 나는 쇼크 상태로 눈 속을 휘청거리며 헤맸고 지나가던 차에서 그런 나를 발견하고 911에 연락했다.

구급차가 나를 소도시의 병원으로 실어 날랐는데, 의사는 CT 스캔 결과를 보며 부러진 목뼈 파편들 중 하나가 대동맥을 베지는 않았는지 판별하려 노력했다. 그가 말했다. "당신을 덴버로 이송해야 할 수도 있어서, 만약의 경우를 대비해 제트기를 대기해 놓았습니다. 하지만 솔직히 말해, 만약 목동맥이 뚫린 상태라면 덴버까지 버티지 못할 겁니다. 사랑하는 사람들에게 전화를 걸어서 작별 인사를 하십시오. 만약에 대비해서 말입니다."

나는 일곱 시간 동안 침상에 묶여 누운 채 거슬리는 형광등을 바라본다. 아버지가 철폐에서 봤던 광경이자 형이 뇌졸중 이후 몇 달 동안 봤던 광경이라는 생각이 갑자기 떠오른다. 그 시간 동안 내 인생을 돌아봤고, 내가 살아남는다면 회고록을 쓰기로 그날 단단히 결심했다.

죽음에 직면하면 오래된 두려움들이 다시 밀려올 거라고 늘 생각했었다. 진노하시는 하나님을 배우며 자란 시간이 쉽사리 사라지지 않을 거라고. 그러나 집에서 수백 킬로미터나 떨어진 곳에서 죽음을 코앞에 두고 누워 있으면서도 뜻밖의 평온을 경험했다. 나는 압도적인 신뢰감을 맛보았다. 이제는 긍휼과 자비의 하나님을 알기 때문이다.

바닥에 묶인 채 무력하게 누워 있었으니 지독하고 가늠 수 없는 외로움을 느낄 수도 있었을 것이다. 그런데 오히려 내가 그간의 길고 구불구불한 여정에서 혼자가 아니었다는 강한 확신이 느껴졌다. 그해 2월 말 저녁에 나는 병원에서 걸어 나왔다. 목 보호대를 하고 내 인생에 또 다른 기회를 허락하신 하나님께 감사하면서.

숲속에서 방황하던 소년 시절, 정신적 생존을 위해 단단한 껍데기를 만들어 썼던 십 대 시절, 하늘의 사냥개를 피해 달아나던 사랑에 빠진 대학생 시절, 그 모든 자리에서 나는 T. S. 엘리엇이 말한 "지복의 떨림, 천국의 눈짓, 속삭임"을 느꼈다. 나는 두려움이 아니라 감사함 때문에 하나님을 사랑하게 되었다.

은혜는 무엇보다도 선물이다. 내 이야기가 끝날 때까지 계속해서 쓸 수밖에 없는 선물.

글로 쓴 셀카

나의 글쓰기 경력은 50년 전에 시작되었고, 이후 줄곧 이 책을 구상해 왔다. 그동안 나는 정통 유대교인이나 여호와의 증인, 또는 아일랜드 가톨릭 신자로 성장하는 것을 다룬 훌륭한 회고록들을 읽었지만, 내가 속했던 남부 근본주의 양육 환경이라는 독특한 하위문화를 온전히 포착한 회고록은 보지 못했다. 하지만 내 과거를 깊이 파고드는 일은 망설여졌다. 그렇게 하려면 오래된 상처를 열어야 하고 다른 이들에게도 고통을 초래할 수밖에 없음을 알았기 때문이다.

나는 KKK의 십자가 소각, 민권운동, 빌리 그레이엄 시대, 예수사람들 운동, 지미 카터의 '복음주의자의 해', 제리 폴웰이 이끈 조직적 정치 참여, 그리고 보다 최근에 복음주의자들이 도널드 트럼프에게 보내는 지지라는 변칙적 현상까지 두루 겪었다. 그 기간 내내 잡지, 신문, 영화 등의 미디어 전반은 종교를 묘사하는 데 정말 감각이 없었다. 그런 매체가 현실을 보여 주기보다는 캐리커처를 제시하는 데 그치는 것을 보았다.

어린 시절에 극단적 형태의 신앙에 빠져 있었던 나는 외부인들이 도무지 이해하지 못할 어떤 것의 속사정을 잘 안다는 인식을 갖고 있었다. 세월이 흐르면서 교회가 내놓을 수 있는 최악의 것들과 최고의 것들을 다 만났다. 돌이켜 보면 나는 나를 형성하도록 도운 환경뿐 아니라 나 자신을 이해하고 싶어 했다. 이제 혼란스러운 인생을 내가 할 줄 아는 유일한 방식인 글쓰기로 이해해 보려고 시도할 때가 되었다.

회고록은 글로 쓴 셀카 같은 것으로, 한 인물이 전면에 나서고 그 사람의 독특한 관점을 반영한다. 나는 편지, 일기, 친척들 및 과거 지인들과의 인터뷰에 의지했지만, 사건들에 대한 이 책의 해석은 오롯이 나의 것이다. 결국 이것이 회고록의 핵심 아닌가. "기억은 복잡한 물건이다. 진실의 친척일 뿐 쌍둥이는 아니다." 바버라 킹솔버의 말이다.

여기에 실린 일화들 중 일부는 내가 지금까지 쓴 스무 권이 넘는 다른 책들에 종종 위장된 형태로 등장한다. 이 책에서 나는 실제로 일어났던 일을 꾸밈없이 기록하고자 했다. 물론 사생활 보호 차원에서 이름과 세부 내용을 바꾼 경우들은 있다.

어린 시절에 관해 기억할 수 있는 내용을 전부 기록하는 것으로 시작했다. 그렇게 자꾸만 늘어 가는 분량을 잘라 내기 위해 초고를 읽어 준 다른 이들의 조언에 크게 의지했다. 문학 에이전트 캐스린 헬머스와 컨버전트북스 출판사의 탁월한 편집자 데릭 리드에게 끝없는 감사를 전한다. 두 사람은 여러 원고가 책의 형태를 갖춰 가도록 나를 정성껏 이끌어 주었다. 존 슬론, 캐럴런 브릭스, 팀 스태퍼드, 엘리사 스탠퍼드, 로라 캔비, 데이비드 그레이엄, 엘린 랜즈, 데이비드 배넌과 같은 다른 동료들과 친구들은 내가 원고를 10만 단어 분량으로 솎아 내기 전, 24만 단어 분량의 초고를 공들여 읽어 주었다. 해럴드 피켓, 데이비드 콥, 리 필립스, 미키 모들린, 찰스 무어, 존 애버콤비, 에번과 엘리사 모건, 팸 몽고메리, 스콧 볼린더는 간추려진 원고를 읽고 편집을 위한 통찰력을 추가로 발휘했다. 이렇게 원고를 읽어 준 너그럽고 재능 있는 이들이 주위에 있고 펭귄 랜덤하우스의 빼어난 출판팀과 일하는 나는 복 받은 사람이다.

두 명의 조수 멜리사 니컬슨과 조애니 데그넌 바스는 수백 시간을 들여 잔뜩 쌓인 공책, 책, 데이터베이스 목록을 정리했고 거기다 전문적 편집 능력까지 보태 주었다. 그리고 아내 재닛은 긴 집필 과정 내내 헌신적이면서도 유쾌하게 나를 지지해 주었다. 그녀는 내 인생뿐 아니라 이 회고록에서도 주역이니, 결혼 50주년을 기념하는 해에 이 책을 마무리한 것은 합당한 일 같다.

모두에게 감사를 전한다.

필립 얀시,
고통을 관통하는 은혜를 회고하다

1

"소설가는 사실 단 한 권의 소설을 쓰는 거예요. 자신의 목소리, 자신의 책을 찾은 다음에는 그것을 반복해서 쓰는 거죠. 윌리엄 포크너도, 찰스 디킨스도, 앤 타일러도 어니스트 헤밍웨이도, 윌리 케이서도 모두 한 권의 책을 썼어요."

고 유진 피터슨 목사는 성탄절 연휴를 맞아 몇 달 만에 집에 돌아온, 문예창작을 배우는 아들의 이 말에 딱히 동의가 되진 않았지만, 아들이 더 잘 아는 주제인지라 별말을 하지 않았다. 그런데 며칠 후 아들은 동일한 주장을 설교에 그대로 대입한다. "소설가들이 사실 단 한 권의 책을 쓰는 것이라고 말했던 것 기억하세요? 설교도 사실은 단 하나뿐이에요."

이 말은 그냥 듣고 있을 수가 없었다. 그는 자신이 설교를 재탕하지 않는다고, 매주 심혈을 기울인다고 발끈한다. "매주가 새로운 거야. 세상은 변하고 사람들의 삶도 끊임없이 변하지. 그래서 설교도 매번 새로운 거야. 이 성경이 그들의 언어와 상황 속에서 개인화되는 거지." 그는 자신의 설교를 통해 교인들이 하나님의 이야기와 자신들의 이야기가 통합되는 것을 듣는다고, 그것은 매주 새롭게 만들어지는 이야기라고 목소리를 높인다. 아들은 그 말에 굳이 반박하지 않는다.

그런데 그 주에 유진 피터슨의 설교를 듣고 아들이 말한다. "아빠, 그게 바로 아빠의 설교예요. 저는 평생을 그 설교만 들었어요. 아빠의 단 하나의 설교, 아빠의 서명과도 같은 설교지요." 유진 피터슨은 그 말이 민망했는지 화제를 바꾸었지만, 알고 보니 그것은 그가 '자기만의 설교를 하는 목사'라는 최고의 찬사였다.

이 회고록의 저자인 미국의 작가 필립 얀시야말로 단 하나의 글, 서명과 같은 책을 일관되게 써 온 사람이라고 말할 수 있을 것 같다. 그의 모든 책은 '은혜'라는 하나의 주제에 대한 다각도의 변주가 아닐까. 여기서 은혜가 고통을 관통하여, 고통 속에서 주어지는 것이라는 점이 중요하다. 고통이 은혜가 경험되는 자리이기에, 그의 글에서는 언제나 회의와 질문이 끊이지 않는다.

필립 얀시의 글에서 문제가 깔끔히 정리되고 오래오래 행복하게 살았다는 식의 결론은 잘 나오지 않는다. 현실이 그렇지가 않다. 오히려 고통은 이어지고, 문제는 그대로인 경우가 많다. 그러나 고통과 문제투성이 현실이 바로 은혜가 주어지는 자리라고, 아니 은혜가 이미 부어지고 있는 자리라고, 얀시는 일관되게 말해 왔다. 그리고 본 회고록에서 그 메시지의 실존적 출처를 밝힌다.

2

　많은 베스트셀러를 쓴 작가라면 회고록을 기존 저서들을 정리하고 돌아보는 기회로 삼을 수도 있을 것이다. 저널리스트 출신이자 저널리즘적 글쓰기로 경력을 쌓아 온 지난날을 돌아보며 그동안 만난 수많은 사람들을 회고할 수도 있을 것이다. 자신이 깊은 영향을 받은 작가들의 사상을 소개하는 것도 가능할 것이다.

　이 모두는 얀시가 써 온 책들에서 꾸준히 해 온 작업들이다. 그래서인지 이 회고록에서 얀시는 자신이 겪은 일에 초점을 맞춘다. 자신의 모든 저작 배후에 놓인 경험을, 다시 말해 회의와 고통과 은혜를 말하기로 작심한 듯하다. 그 경험의 중심에는 형과 어머니가 놓여 있다. 젊은 나이에 엄청난 불행과 믿음의 시련을 만나고 그것에 의연히 맞서고자 나름의 방식으로 분투했던 어머니와 그 영향 아래서 각자의 방식으로 살아남고자 애쓰는 두 아들의 몸부림이 펼쳐진다.

　이 책을 번역하면서 여러 질문이 머리를 어지럽혔다. 첫째, 신앙의 문제에 대한 갖가지 의문이다. 믿음이란 무엇인가. 신앙의 헌신이란 무엇인가. 내 바람대로 일하지 않으시는 하나님, 내 기대와 다른 하나님 앞에서 나는 어떻게 해야 할까. 나보다 훨씬 크신 하나님을 인정하고, 그분 앞에 엎드린다는 것은 무엇을 의미하는가? 그것은 체념과 어떻게 다른가?

　둘째, 율법주의적이고 인종주의를 신봉하는 근본주의 교회, 또는 성경에 충실한 신앙고백을 내세우면서도 실제로는 성경에 위배되는 철학과 실천이 가득한 모든 신앙 공동체의 문제가 뼈아프게 다가왔다. 집 안팎에서 다른 가면을 쓰는 부모의 문제가 여기에 더해진다. 그런 면에서 이 회고록은 신앙 공동체와 부모의 실패에 관한 이야기라고 할 수 있다. 그런 공동체 안에서, 그런 부모 밑에서 은혜를 경험하기는 쉽지 않을 것이다.

이 책에서는 가장 큰 은혜의 자리여야 할 곳에 가장 큰 위험이 도사리고, 누구보다 사랑을 베풀어야 할 이가 가장 큰 상처를 주는 상황이 충격적이고도 비극적으로 펼쳐진다. 그러나 이 책은 그런 환경 가운데서 등장인물들이 겪는 수많은 갈등과 고통, 위선과 좌절, 실패의 이야기인 동시에 그 가운데 부어지는 은혜의 이야기요, 그 은혜가 주어지는 경로에 대한 이야기이기도 하다. 얀시의 회고를 듣고 있노라면, 그가 그동안 써 낸 많은 책은 모두 자신이 경험한 은혜에 대한 간증이자, 그에 대한 주석, 해설이라는 생각이 든다.

얀시의 경험은 그가 은혜의 '파격성', 불공평함, 놀라움을 그토록 줄기차게 강조하는 이유를 짐작하게 한다. 오로지 그런 은혜 안에서만 그는 소망을 발견할 수 있었고, 근본주의와 율법주의에 숨 막혀 지내던 과거에서 벗어날 수 있었다. 이제 인생의 황혼에 이른 얀시가 온몸으로 써 내려간 이 책을 통해 우리는 그가 그동안 줄기차게 전해 온 메시지가 어떻게 잿빛이던 그의 인생에 스며들어 그것을 천연색으로 물들였는지를 생생한 육성으로 들을 수 있다. 사설이 길었다. 이제 입을 닫고 눈과 귀를, 마음을 열 시간이다.

필립 얀시|Philip Yancey

상처 입은 영혼의 대변인이자 탁월한 기독교 전업 작가. 성경과 세상, 인간의 연약함을 꿰뚫어 보는 통찰력과 일상에 하나님의 흔적을 찾아내는 예민함. 어려운 신학적 주제들을 쉽게 풀어내는 솜씨로 '이 시대 최고의 복음주의 작가'라는 찬사를 듣고 있다. 한때 교회에 대한 실망과 그리스도인들의 위선에 질려 교회를 등진 적도 있었지만, 그 기간에 책을 통해 탁월한 기독교 사상가들을 만남으로 인생의 결정적인 전환점을 맞았다. 글이 갖는 위력을 깨달은 그는 '보고 쓰는' 일을 업으로 삼는 저널리스트가 되었으며, 기독교 신앙에 대한 직설적이고 예리한 문제 제기와 하나님의 은혜에 침잠케 하는 글로 수많은 베스트셀러를 저술했다. 휘튼 대학과 시카고 대학에서 공부했으며 〈크리스채너티 투데이〉 편집장을 지냈다. 그의 저서 중 《놀라운 하나님의 은혜》와 《내가 알지 못했던 예수》는 ECPA '올해의 책'에 선정되었으며, 그의 책들은 지금까지 전 세계 40여 개의 언어로 1,500만 부 이상 판매되었다. 지금은 콜로라도주 덴버에서 아내와 함께 살고 있다.

빛이 드리운 자리

필립 얀시 지음 | 홍종락 옮김

2022년 5월 17일 초판 1쇄 발행

펴낸이 김도완	**펴낸곳** 비아토르
등록번호 제2021-000048호	**주소** 서울시 종로구 삼일대로 428, 500-26호
(2017년 2월 1일)	(우편번호 03140)
전화 02-929-1732	**팩스** 02-928-4229
전자우편 viator@homoviator.co.kr	

편집 최은하	**디자인** 임현주
제작 제이오	**인쇄** (주)민언프린텍
제본 다온바인텍	

ISBN 979-11-91851-30-4 03230   **저작권자** ⓒ 필립 얀시, 2022